———— 山东文化世家研究书系 ————

主　编
王志民

副主编
丁　鼎　王钧林　石　玲
王洲明　刘爱敏

教育部人文社会科学重点研究基地
山东师范大学齐鲁文化研究中心"十二五"规划重大项目
中共山东省委宣传部重点资助项目
中国孔子基金会资助项目

山东文化世家研究书系

王志民 主编

孟府文化研究

朱松美 著

中华书局

图书在版编目(CIP)数据

孟府文化研究/朱松美著.—北京:中华书局,2013.12
(山东文化世家研究书系/王志民主编)
ISBN 978-7-101-09445-9

Ⅰ.孟… Ⅱ.朱… Ⅲ.家族-文化研究-邹城市-古代 Ⅳ.K820.9

中国版本图书馆 CIP 数据核字(2013)第 130764 号

书　名	孟府文化研究
著　者	朱松美
丛书名	山东文化世家研究书系
主　编	王志民
责任编辑	彭　伟
出版发行	中华书局
	(北京市丰台区太平桥西里38号　100073)
	http://www.zhbc.com.cn
	E-mail:zhbc@zhbc.com.cn
印　刷	北京市白帆印务有限公司
版　次	2013年12月北京第1版
	2013年12月北京第1次印刷
规　格	开本/710×1000 毫米　1/16
	印张 24¼　插页 5　字数 348 千字
印　数	1-2000 册
国际书号	ISBN 978-7-101-09445-9
定　价	122.00 元

孟府大門

孟府大堂

孟府大堂內"七篇貽矩"匾

孟府仪门

孟府礼门

孟府赐书楼

孟庙乾隆碑亭

孟庙棂星门

孟庙亚圣殿"道阐尼山"匾

孟庙元至顺二年(1334)封孟子邹国亚圣公碑

孟母墓碑

孟子墓碑

孟子林

莱子侯刻石

（以上图片均由作者提供）

总　序

王志民

《山东文化世家研究书系》(28种)(以下简称《书系》)，从2010年初正式启动，历经四个年头，终于面世。这在中国家族文化研究和齐鲁文化研究上都是一项较大的学术工程，其学术价值和影响自待学术界与广大读者的评析，我在这里仅就编纂《书系》的一点粗浅认识和工作过程，作一简述，以期得到读者更多的理解。

一

中国历史上是一个宗法制农业社会，建立在血缘、婚姻基础上的家族是社会构成的基本细胞，也是立国之本。《尚书·尧典》载："克明俊德，以亲九族。九族既睦，平章百姓。百姓昭明，协和万邦。"说明大约从上古以来，家族就是政权存在的基础和支柱。

商周时期，世卿世禄的贵族世家既是政治主体，也是文化上的垄断者。春秋战国时期，世卿世禄制瓦解，出现了百亩之田、五口之家的核心家庭制，但秦汉以后，世家大族逐渐形成。汉代以经学作为晋身入仕的条件，而经学传授又多限于家学私门，"累世经学"与"累世公卿"融二为一，形成了文化家族世代相因的局面，文化世家既是国家政治的中坚，也是文化传承的主体。

魏晋时期，实行"九品中正制"选人用人，"中正"的评定内容，本身就有"家世"、"行状"、"人品"三项，选人要考察家族几代人的文化背景。人才的选举与士族家族制结合在了一起,这就为文化世家的发展提供了制度上的保障,保持了文化世家在政治上的特权和地位的延续,"故家大族,虽无世袭之名,而有世袭之实"①。

隋唐至清代实行科举考试选人用人制度。其破除了自魏晋以来"上品无寒门,下品无世族"的门阀世族文化垄断,为庶族士子开启了晋身仕途之门,这是一个以科举文化传承为主导的时期。在这个漫长的科举时代,新的文化世家的出现往往要经历由文化之兴到科举之荣,再到仕宦之显的发展奋斗过程。而仕宦之家的优越条件,家学、家风的传承影响,往往使世官、世科、世学有机结合在一起,形成科举文化世家。这在明清时期尤为明显。这种家族文化具有传承性和地域性:一个文化世家,在儒家伦理纲常主导下,以科仕为追求,历经数代发展,往往形成具有自身家族特色的家规、家训、家风。这既是一个家族内部的精神连线和传家珍宝,传递着先辈对后代的寄望和父祖对子孙的诫勉,也成为中国传统知识分子"修身、齐家、治国、平天下"人生价值观培育的重要先天环境和成长土壤。历史上诸多卓有成就的文化名人往往出身于数代显赫的文化世家,这是重要的文化基因。与此相应的是,一个科甲连第、人才辈出的文化世家,又往往成为一个县、州或更大区域内的文化地标,其显赫门第以及通过仕宦、联姻、交游、著述、教育等形成的文化传播力深深影响着一个地域的文化发展,提升了区域整体文化形象。正像陈寅恪先生所说:"盖自汉代学校制度废弛,博士传授之风气止息以后,学术中心移于家族,而家族复限于地域,故魏、晋、南北朝之学术宗教皆与家族、地域两点不可分离。"②陈先生在这里说的是六朝的事,但对隋唐科举制以后的情况而言,也颇中肯綮。可见,中华文明的发展传承,家族文化是一个重要载体。在中国幅员广大、地理环境复杂的文化背景下,要深入探求中国传统文化,不可不探求家族文化,亦不可不深入探求地域文化和家族文化的关系,这是我们组织撰写《山东文化世家研究书系》的重要学术动因之一。

---

① 钱穆:《国史大纲》,生活·读书·新知三联书店,1955年,第298页。
② 陈寅恪:《隋唐制度渊源略论稿·礼仪篇》,中华书局,1963年,第17页。

山东文化世家和省外其他文化世家有共同性。以农立家,以学兴家,以仕发家,是历朝历代文化世家的共性。农业社会决定了任何文化世家都必须以农业为基础,必须养成耕读家风。在士、农、工、商四民中,士往往来源于农,由农家子弟经由读书治学转变而来,这在隋唐实行科举制度以后尤其如此。以工立家,以商立家,固然有之,然而,工商以学兴家,以仕发家,由此而成为文化世家者,却微乎其微,几乎不见。文化世家本质属性在于学,无学不成其文化世家。耕读传家,诗书继世,是一切文化世家的共同特征。唯有令其子弟刻苦读书,勤奋治学,通过经世致用而建功立业,光大门第,才能推动一个家族迅速崛起。充满书香的门第,虽然崛起于乡野小农之间,却未必有足够的力量推动家族的发展更上一层楼,这就要求其子弟必须走上"学而优则仕"的道路,以从政谋取高官厚禄,为整个家族的高贵和后续发展提供强有力的支持。可见,农—学—仕,既是文化世家形成与发展的三个必要阶段,也是文化世家建设与构成的三个必要因素,三者缺一不可,而学居于核心地位。

在中华民族文化发展的进程中,齐鲁文化有着特殊地位和贡献。在中华文明的起源时期,这里发现了最早的新石器时代大汶口文化陶器上的文字和龙山文化时期的城市群以及金属器等,展示出山东是中华文明最早的发源地之一。而在被当代学者称为中华文明"轴心时代"的春秋战国时期,山东地区是中华文明的"重心"所在。傅斯年先生说:"自春秋至王莽时,最上层的文化只有一个重心,这一个重心便是齐鲁。"(《夷夏东西说》)秦汉以后,中国的文化重心或移居中原,或西入关中,或南迁江浙,齐鲁的文化地位时沉时浮,但作为孔孟的故乡和儒家文化的发源地,两千年来,齐鲁文化始终以"圣地"特有的文化影响力为民族文化的传承、儒家思想的传播以及中华民族精神家园的建设作出了其他地域文化难以替代的特殊贡献。齐鲁文化的这种丰厚底蕴和特殊历史贡献,使山东文化世家具有一种特殊的历史承担、文化面貌和家族文化内涵。总览《书系》,从齐鲁文化与中华文明关系的角度粗浅概析,至少有以下几个方面值得在这里赘述:

其一,山东文化世家的发展轨迹,反映了齐鲁文化在中华文明发展中历史地位的消长变迁。从历史纵向看，两千年来山东文化世家的发展，呈现出马鞍型"两峰一谷"的特点：汉魏六朝为一高峰，明清为一高峰，两峰之间的隋唐宋金元时期为平谷。这一变迁，反映出齐鲁文化在中华文明发展中的沧桑之旅。两汉时期文化以经学为主体，经学大师多为齐鲁之人，累世经学之家在齐鲁之地大量出现，这为魏晋之后，形成山东文化的高峰期奠定了厚实的基础。《书系》入选的28个文化世家中，六朝时期为7家，大多形成于魏晋之齐鲁，兴盛于随迁之江南，而且都是对当时的政治、经济、学术、文化产生重大影响的显赫家族，如琅邪王氏、兰陵萧氏等。唐宋时期，政治文化重心西移，域内文化世家总体零落式微，自隋至元，本《书系》入选者仅4家。明清时期是山东科举文化世家发展的又一个高峰，这与该时期山东文化的复兴繁荣不无关系。一是明、清两朝大力提倡"尊孔崇儒"。孔孟圣裔封官加爵，登峰造极；孔孟圣迹重修扩建，前所未有，山东的"圣地"气象空前显现。二是明清时代定都北京，山东地理位置优越。以山东为枢纽的大运河成为南北交通大动脉，促进了山东经济的发达，同时也推动了文化的繁荣昌盛。三是山东作为孔孟故乡，自古有崇文重教传统。明、清两朝，特重科举，士人晋身入仕，科考几乎为唯一之途。明代即有所谓"中外文武皆由科举而进，非科举者毋得为官"（《明会典》）的规定，在此背景下，山东域内涌现出众多科举文化世家。科甲连第、人才辈出家族各地多有；一家数代名宦，父子、兄弟文名并显者亦大有人在。一时硕学大儒，诗人名家，多出山东。到清初时，形成"本朝诗人，山左为盛"的局面。山东应为考察明清时代中国科举文化世家最有代表性、典型性的地区之一。这次选入《书系》的文化世家，明清时期有16家之多，占了多半，而且在编纂过程中我们发现，尽管经多方研讨论证，这次仍有较多明清时代显赫的文化家族没有入选，甚感遗憾。

其二，山东文化世家在儒家文化传承及中华民族文化交流融合中作出过特殊贡献。第一，以孔府为代表的圣裔家族是中国文化世家中特殊的文化资源。在两千余年的历史长河中，圣裔家族经沧桑变迁，流散各地，但他们大多发扬了圣裔家族文化传统，将血脉延续与文脉传承相结合，以尊先敬祖与传承儒家文化为己任,对以儒学为主干的中华民族文化传统的形成,对历代政治、文化的发展产生了其他家族无法比拟的巨大文化影响力。第二,山东文化世家的迁徙对儒家文化传播及各地文化的交流融合,乃至中华文化重心的转移,都产生过重大影响。历史上山东文化世家曾有过几次较大规模的迁徙:一是汉代大量山东经学世家迁居关中,助推汉代儒学、经学的西渐和关中文化中心的形成。限于资料缺乏等原因,本《书系》虽然没有入选迁居关中的山东世族,但从《汉书》中记载的以田氏为代表的齐鲁大族对关中文化的巨大影响中可见一斑。二是两晋时期齐鲁世族的南迁促进了南北文化交流。元嘉之后,大批山东世家大族随西晋政权迁往江浙,本《书系》中选入的琅邪王氏、兰陵萧氏、东海徐氏、鲁郡颜氏等都是这方面的代表。他们大多"本乎邹鲁……世以儒雅为业",大力推展儒学,积极融入并影响当地文化,成为数代名宦的世家大族,萧氏甚至成为南朝齐梁时代的皇族,对南北文化的融合及江南地区文化的提升发展,产生了巨大的影响。三是北宋末年,大批孔、孟、颜、曾等圣裔家族随宋室迁都临安而南迁江浙,不仅形成儒学史上著名的孔氏"南宗",而且在江南办教育,授儒学,为宋明理学的繁盛和文化重心的南移作出了贡献。

其三,山东文化世家主导了山东乡邦文化的特色——"礼义之邦"的形成。山东是儒学发源地,自古号称"礼义之邦"。读经崇儒,尤重礼义的区域文化特色代代传承,千年不衰。由于汉代以后儒学独尊地位的确立和孔孟故乡"圣地"文化的不断提升和突显,以及金元以后齐鲁之地又逐步成为山东的统一行政区划,"礼义之邦"即成为山东地域共有的文化特质。而这种区域文化共性在山东文化世家中从不同角度显现出来。从本《书系》所选文化世家文化精神的主体看,这些不同时代、经历各异的家族,崇德、重教、尊老、尚义等"礼义之邦"的文化特色,既展现在圣裔之家,也反映在自汉至清历代文化世家的家风、家规、家训之中。不仅世居山东之地的文化世家,而且由山东外迁江南等地的文化世家,数代之后依然以传承故乡之风、弘扬礼义为家族文化的追求。明清时期,从山西、云南等地迁入山东之地的流民后代,最终发展为科举文化世家者,也从多个方面展现出"礼义之邦"的文化特色。

其四,山东文化世家揭示出众多杰出人物成才与地域家族文化的关系。如果说,家庭是人才成长的第一环境,那么,文化世家则是时代人才的摇篮。历史上山东许多文化世家,杰出人才丛生辈出,曾影响了整个时代的政治文化发展,这种情况尤以六朝时期为显:泰山羊氏,羊祜、羊祉等"二十四史"有传记的即有34人,另有2人曾为皇后;王粲、王弼等彪炳史册的文学、思想大家皆出高平王氏;诸葛亮实出身于山东琅邪阳都(今沂南县)望族,成年后离乡;琅邪王氏既是西晋南迁后司马氏政权的主要政治支柱,号称"王马共天下",也是王戎、王羲之、王肃、王褒、王融等文化名人的共有家族;兰陵萧氏自称为齐鲁"素族"出身,但南迁后,发展为人才辈出的显赫世家,齐、梁时代,荣登"两朝天子"的宝座。这在六朝时期由北南迁世族中,颇为少见。山东文化世家,大多注重家训的传承,而家训受儒家思想的影响,多将立德、立言、勤政、清廉等德才要求作为主旨,这对人才价值观念的养成影响甚大,山东历史上众多的文化名人中,政治上多出忠直清廉之士,文化上多出经学、文学大家,与此关系颇大。这次入选的明清时期各个文化世家,传世文献著述颇丰,都是这方面的反映。例如:明代临朐"冯氏五先生"都以文名著称;新城王氏家族共出30余名进士,不仅仕宦显赫,而且多有著述传世,王渔洋则为清初"诗坛领袖",而且为官特重"清"、"慎"、"勤"。其他如诸城刘统勋、刘墉父子,清代彪炳文学史册的"南施北宋"之宋琬,以及田雯、赵执信、曹贞吉等,都展示出了山东文化世家特有的文化影响和传承力。

二

在《书系》即将出版之时,我们很有必要回顾一下较为曲折的编纂过程。

在项目酝酿策划之初,我们就一直力图将《书系》做成一套有统一组织、有学术方向、有研究规划、有明确要求的学术创新工程。我们主要做了以下两个方面的工作。

(一) 制定编纂原则

其一,学术目标。试图通过《书系》的撰写,深入探求中国优秀文化传统在文化世家层面的传承轨迹,挖掘优秀的家学、家风、家训等家族优秀历史文化资源,为当代新型家庭文化建设提供借鉴;通过探讨齐鲁文化在各个时代文化世家中的文化特点、面貌、发展趋势及文化贡献,深化对各历史时期齐鲁文化的研究;通过探求齐鲁历史文化名人的成长与家族文化培育的关系,为新时期人才培养与家庭教育的关系提供历史的范例。

其二,选目标准。通过反复酝酿论证,我们提出入选的文化世家应为山东历史上在政治、社会、思想学术、文学、艺术等方面有代表性的文化家族;家族中应有在中国文化史上产生重大影响的代表人物;家族发展的兴盛时期,曾对时代社会和文化产生过重大影响;应是家族兴旺,功名显赫,人才辈出,延时较长之家族;文献丰富,资料可考,便于研究。

其三,内容设计。我们提出以下五个方面设计内容,作为拟定纲目、撰写内容的参考:一是家族发展源流。强调考察渊源脉络,探究发展演变,述其流风余韵,辨析兴衰之由。二是家族盛世研析。包括兴盛之因的探求,家族内部管理结构、婚姻关系、家庭伦理、生活方式等,亦包括对家族与时代政治、区域社会、社会交游、社会文化的关系影响等的研究。三是代表人物研究。包括成长、成才与家族文化,成就业绩与家族兴衰,著述文献与文化活动,时代贡献与社会地位等。四是家学家风研究。包括形成、特点、传承、影响及重点个案分析等。五是附录部分。包括家族大事年表、支系图表、文献书目、参考文献书目等。

其四,撰写要求。主要强调四点:一是突出学术性。强调研究深度,注重观点创新,严守学术规范,力求成为该课题学术领域的最新代表性成果。二是强调资料性。做到全面搜集,系统梳理,征引翔实,论必有据。强调注重旧家谱、旧方志、考古新发现及他人著述中新材料的发现、辨析和运用。三是显示乡土性。强调写出地方特色、家族个性、乡邦气象、社会风情。要求从齐鲁文化发展史的角度来考察探讨文化世家,从文化世家角度来透析齐鲁文化。四是关注可读性。强调用平实的学术语言写作,史论结合,文笔流畅,避免文白夹杂,资料堆砌。

(二) 抓好编纂过程

《书系》完成大致经历了三个阶段。

其一,策划启动。早在 2005 年,我在主持完成《齐鲁历史文化丛书》(100 种)之后,旋即着手策划编纂《山东文化世家研究书系》30 种。2006 年秋天,起草了规划方案。后专门多次召开专家论证会广泛征求意见,2007 年春天,规划方案在蒙山召开的齐鲁文化研究基地第六届学术委员会会议上通过,并被列入齐鲁文化研究基地"十一五"规划标志性成果项目,但由于所需资金数额巨大,暂时搁置。2009 年春天,山东省华夏文化促进会恢复成立。在会长、省委原副书记王修智的支持下,该项目作为促进会与齐鲁文化研究基地合作的首项学术工程正式启动,并在当年 12 月底前完成了所有前期准备和选聘作者的工作。2010 年 2 月 1 日,召开了第一次作者签约暨《书系》编纂研讨会议,对整个编纂工作进行了部署,为圆满完成编纂任务打下了良好基础。

其二,提纲研讨。我们将各卷纲目的设计、研讨、确立作为落实编纂主旨的关键环节抓紧抓好,将启动后的六个月作为搜寻基本资料、掌握研究动态、确定编纂提纲的阶段。重点采取了以下措施:一是实行主编、副主编分工与作者联络、研讨、沟通制度。二是多次召开主编、副主编会议,就每位作者提交的编纂提纲(章、节、目)进行预审,逐一充分研讨、审查,提出修改意见。共性问题,则提出统一修改原则,指导修改。三是根据提纲编纂情况,于 2010 年 5 月 21 日至 23 日召开了全体作者编纂提纲研讨会。采取逐个汇报、深入交流、相互审议、共同研讨方式,就提纲拟定中把握特点、突出重点、强调创新、提炼观点等问题达成共识,并在会后作者充分修改的基础上,又先后两次召开纲目审定会议,与作者反复沟通,最后逐一确立。

其三,撰稿统稿。从 2010 年 6 月至 2012 年 8 月为主要撰稿和统稿时间。在此期间,我们定期召开主编会议,及时交流情况,解决有关问题。在保持与作者密切联系的情况下,采取了以下具体措施:一是召开样稿研审会议。就每卷提交的一章样稿中发现的布局谋篇、行文表述、资料引用、政治把握等方面存在的18条共性问题和各卷个别问题进行了汇总研究,提出了修改意见。选取优秀样稿,印发每位作者参考,取得了很好的效果。二是适时召开作者会议,总结交流撰稿情况。2011年4月28日至30日,在济南珍珠泉宾馆召开了全体作者参加的编纂中期研讨分析会。就写作进度不平衡、资料搜集单薄、如何辩证看待历史人物以及严守学术规范等问题,充分研讨,达成共识。提出各卷总体质量把握要求:资料要丰,论述要精,线索要清,行文要通。三是在大多数作者完成后,主编、副主编分工审稿与集中通审相结合。先由分管副主编审查提出意见,经作者修改后,由编委会集中统审稿件。其间先后五次召开主编会议,及时沟通解决书稿中存在的问题。2012年8月上旬,在东营市召开统审书稿会议,邀请中华书局冯宝志副总编参会指导,并共同研究,就22部已交书稿中存在的体例、规模、图片、内容、附录、引文、宗教、学术争议等问题提出8条修改意见。

在2012年9月至2013年6月分批送中华书局审稿期间,我们协同中华书局采取了具体编纂规范问题由书局编辑与作者直接联系修改,学术问题和其他重要问题须经由主编会议研究审定修改的原则。其间,先后三次会同中华书局共同研究书稿修改和出版问题,三次召集部分作者研究书稿修改,千方百计保证书稿质量和编纂出版任务的顺利完成。

数易寒暑,在各位作者的辛勤付出和同仁、编辑的共同努力下,《书系》得以顺利出版。此时此刻,作为主持这项编纂工程的主编,我虽有如释重负之感,但仍有一种绵长的遗憾留在心底:由于我个人学术水平和学术领导能力的限制,该《书系》还存在诸多不足,原来制定的学术目标并没有完全实现;由于个别作者原因,清河崔氏、日照丁氏两个家族的研究没有如期完成,致使出版拖期,原设计30种而只出版了28种;由于作者学养、功力的参差不齐,审稿、统稿时间的仓促,有些稿件存在这样那样的问题,为此,还请学界同仁和广大读者批评指正。

当该《书系》即将出版面世之际,我回顾曲折的编纂过程,内心充满了感激、感动之情:

如果没有省委原副书记、山东省华夏文化促进会原会长王修智同志的鼓励支持,联手启动该《书系》工程很可能被推迟实施或者只是一种让人遗憾的愿景。然而,很痛惜,在《书系》启动不久,王修智同志因病去世,《书系》的编纂因此经历了诸多波折。

如果没有原省长姜大明同志和省委常委、宣传部长孙守刚同志的亲自关心支持,该《书系》就不可能现在顺利出版。

如果没有各位作者四年来的刻苦努力和精诚合作,该《书系》的编纂出版还会遇到更多困难!

我们应该向上述领导和同志们表示诚挚感谢!

衷心感谢中国孔子基金会及其理事长王大千先生的鼎力支持!感谢山东省华夏文化促进会的关注和支持!

当然,我们还应该衷心感谢我的同仁——各位副主编:山东师范大学齐鲁文化研究中心的丁鼎教授、王钧林教授、石玲教授、刘爱敏副教授和山东大学的王洲明教授。四年多来,他们与我夙兴夜寐,竭诚合作,共同努力,才保证了《书系》编纂工作的顺利进行。感谢中华书局副总编冯宝志先生和余佐赞等编辑以及齐鲁文化研究中心同仁们的支持与辛勤努力!感谢山东大学我的老师袁世硕先生、董治安先生和山东师范大学安作璋先生在酝酿策划之初对我的具体指导!感谢我的博士生刘宝春做了大量资料搜集工作!在这里我还要特别感谢省外学者田汉云教授、张其凤教授、谭洁教授、何成博士,他们积极热情地承担相应课题,并以严谨的治学态度,拿出了高质量的成果!感谢孔子研究院原副院长孔祥林研究员,在原作者承担撰稿任务两年后却突然告知无力承担的情况下,毅然接受重担,并以严谨、扎实的治学态度顺利完成了《孔府文化研究》这一最重要的书稿。感谢在该《书系》编纂、出版过程中作出贡献的所有人,例如,各文化世家的故乡及后裔们的大力支持和热情帮助。任何一项学术工程的完成都是众多相识不相识的人从多个方面支持的结果,在完成本《书系》的编纂、出版过程中,我们比任何时候都更深地体会到了这一点!

2012年12月初稿
2013年10月定稿

目录

导　言 …………………………………………………… 1

第一章　孟氏家族源流
第一节　孟氏先祖 ………………………… 12
第二节　孟氏后裔 ………………………… 20

第二章　孟子"升格"与"亚圣"确立
第一节　战国秦汉孟子地位隐而不彰 ……… 71
第二节　魏晋儒学中衰与孟子式微 ………… 80
第三节　唐宋"孟子升格运动" …………… 84
第四节　元代尊孟与"亚圣"封号 ………… 120

第三章　多方扶植与家族崛起
第一节　政府对孟氏家族的政治封赠 ……… 129
第二节　政府对孟氏家族的经济赐封 ……… 150
第三节　政府对孟氏家族教育的优礼 ……… 163
第四节　孔道辅与孟氏家族 ………………… 170

第四章　府庙林墓及其文化内涵
第一节　孟府 ……………………………… 176
第二节　孟子林庙 ………………………… 182
第三节　孟府文物与典籍 ………………… 204

第五章　府务管理与外交关系
  第一节　孟府的府务管理 …………………… 242
  第二节　孟府的外交关系 …………………… 259

第六章　家学教育与母教文化
  第一节　孟府重教的历史机缘 ……………… 288
  第二节　孟府家学管理及其教育特征 ……… 297
  第三节　母教文化及其现象评议 …………… 320

附　　录 ……………………………………………… 353

参考文献 ……………………………………………… 361

后　　记 ……………………………………………… 373

导　言

邹城孟氏家族,是儒家文化史上著名的孔孟颜曾四大家族之一。孟氏家族最杰出的人物——孟子,不仅继孔子之后对儒家文化的发展起到了巨大的推动作用,而且对中国文化的发展也产生了深刻而广泛的影响。在历史上,孟氏家族与孔府关系极为密切,孟府仰仗孔府,但是,仍不失其为邹城地区一个有独特地位和价值的文化世家,值得关注和研究。

一

在中国历史发展进程中,尽管社会形态发生过种种变迁,但以血缘为基础的家族制度却以不同的形式长期保留下来,从史前的父系家长制家族开始,历经三代宗法式家族、魏晋世家大族式家族和宋代以后的封建官僚式家族,两千年绵长流衍,这在东西方历史上都是极其罕见的。

人类文明演进的大致趋势,是社会组织关系的主体由血缘向地缘的转化。但是,这一转化过程又会因各民族、地域、经济、政治诸因素的不同而不同:比如西方古希腊在进入文明社会时,氏族血缘纽带因海上迁移而迅速彻底地被以地域和财产关系为基础的城邦组织取代。与古希腊人不同,中国先民栖居于以农耕为主的东亚大陆,农民世代相沿,聚族而居,安土重迁。在氏族组织解体过程中,血缘家族及其组成的农村乡社因为没有经历像古希腊人那样打破血缘关系的大规模迁徙,而较完整地保存下来。

血缘关系解体的不充分,致使原始社会后期父系家长制公社成员之间的亲族血缘联系延伸到后来的阶级社会,与政治相结合形成了中国独特的血缘——政治社会结构体系。

夏商周三代,作为这一结构体系的典型期,突出体现为政治上宗法制和分封制的互为表里、相辅相成。所谓宗法制,即以家族血缘为依据,从天子依次向下,嫡长子继承,余子分封。层级之间,区分为血缘上的大宗和小宗。以"大"与"小"厘定彼此的经济利益、权力划分和政治等级。所谓"天子建国,诸侯立家,卿置侧室,大夫有贰宗,士有隶子弟,庶人工商各有分亲,皆有等衰"①,即便是对外的政治征服,依然是部落式统治。在这样的统治方式下,被征服者以整族的方式保存下来,最终被一起纳入统治者一方的宗法等级系统之中。周灭商后,被征服的殷民便是"帅其宗氏,辑其分族"②,在周王朝的政治统治下,聚族而居,以殷治殷。

三代以后,虽然这种典型的宗法等级制被颠覆,但这种社会结构体系却以新的形式留存下来。高层皇族的嫡长继承制与底层民众的宗法家族制,通过"家国同构"的理论链接,保持着族权与政权的长期结合。这种社会结构体系的延续,长期熏陶并主导了人们重视血缘伦理的社会心理。这一社会心理,又经由国家政治强化为根深蒂固、不可动摇的社会观念和社会意识。这种深层观念意识的外在体现,就是人们对以血缘为基础的家族组织的无比青睐和深深眷恋。即便是在战乱、动荡、灾荒下的被迫迁移,人们也多是举族缓慢地集体迁徙,到达目的地后,又总是以整族聚居的形式居住下来。两晋之际"永嘉南渡"后,南方侨置郡县的设置,最典型地反映了这一现象。

儒家文化正是植根于这样的政治体系和民族心理之上,并在典型的宗法等级遭遇挫败和颠覆的危难时刻,历史地成为"家国同构"理论链接的论证者和承担者,成为新的观念意识的重塑者,成为血缘——政治结构体系在新形势下的维系者。所以,儒家文化的最大特征是重视血缘伦理,以血缘伦理为根基,以仁义礼乐为主体,致力于融合伦理政治,维护人伦秩序和等级和谐。这一特征,可从当时不同学派的评价中反映出来。《墨子·非

---

① 《左传·桓公二年》,孔颖达:《春秋左传正义》,《十三经注疏》(下册),中华书局,1980年。
② 《左传·定公四年》,孔颖达:《春秋左传正义》,《十三经注疏》(下册)。

儒下》说儒者注重于"亲亲有术,尊贤有等",《庄子·渔父》说孔子"性服忠信,身行仁义,饰礼乐,选人伦,上以忠于世主,下以化于齐民,将以利天下,此孔氏之所治也。"汉初崇尚黄老的司马谈虽然对儒家有"博而寡要,劳而少功"的微词,但也不得不肯定儒家,以其"序君臣父子之礼,列夫妇长幼之别"的巨大社会功用,而成就了其"虽百家弗能易"①的"显学"地位。

朱熹曾经说过这样一段话:"自尧舜以下,若不生个孔子,后人去何处讨分晓?孔子后若无个孟子,也未有分晓。"②此言道出了儒家文化所由以发生的根脉统系。儒家文化的缔造者,从孔子的"孝为仁之本",到孟子的亲亲而尊尊,从"亲"与"君"的同质性,阐发了"孝亲"与"尊君"的一致性,所谓"君子之事亲孝,故忠可移于君"。因为"忠"与"孝"一样,都体现为对权威的绝对服从,"家无二主,尊无二上"③是彼此共同遵守的绝对原则,故可"求忠臣于孝子之门",从而实现了由血缘"亲亲"向政治"尊尊"④的过渡。在以后的历史发展进程中,儒家文化无论依据变化了的形势,进行了怎样的扬弃、调整或转换,其理论核心都始终围绕宗法伦理文化的基本框架。这恰说明,儒家文化生长于中国文化这片广阔而特有的土壤。作为这片土壤之上最茁壮的一棵大树,从根须至顶芽,都有着与这片土壤相同的化学成分,体现着这片土壤的生命活力。

如果说儒家文化是植根于中国文化土壤中的一棵大树,那么,孟子家族文化就是这棵树上结出的一颗果实。虽然从表面形式上看,果实已然不是大树和土壤的面貌。但若进行一番抽丝剥茧式的生物学分析,便不难发现其间同质的元素构成和相同的基因密码。也就是说,孟子家族文化,作为儒家文化的一个重要组成部分,是中国家族伦理文化与中国政治文化相契相融的典型产物。说它典型,是因为它的生成和存在,与其他普通的民间家族文化相比,既有其同质性,又有其异质性。前者缘于中国血缘伦理文化的大前提;后者则因为儒家文化在中国政治文化中扮演的特殊角色。

---

① 《史记》卷一百三十《太史公自序》,中华书局,1982年第2版,第3290页。
② 黎靖德编:《朱子语类》卷九十三《孔孟周程张子》,中华书局,1986年,第2350页。
③ 《礼记·坊记》,孔颖达:《礼记正义》,《十三经注疏》(上册)。
④ 《礼记·大传》,孔颖达:《礼记正义》,《十三经注疏》(上册)。

这从孟府的崛起及其府、衙合一的独特功能上清晰地显示出来。所以,透过孟子家族文化最便于多角度、更深层地考察中国文化特色的诸征象,而这恰是实现民族文化创新和发展的前提。因为,文化的发展只能是在继承基础上的发展,新文化对旧文化的否定,断然不可能如割袍断义般毅然决裂。然而,文化的继承又不可能是全盘拿来,必须建立在对旧有文化的合理剖析与转换之上。这就是研究孟子家族文化的任务和意义所在。

二

历史上,自秦汉迄于近代,对孟子及其相关文化要素的关注,伴随中国的政治变迁和文化起伏而跌宕。不过,其学术研究进路,基本遵循了章学诚所说的"二途"。章学诚在《文史通义·答客问》中曾说:"由汉氏以来,学者以其所得,托之撰述以自表见者,盖不少矣。高明者,多独断之学;沉潜者,尚考索之功。天下之学术,不能不具此二途。"①所谓"独断之学"者,从汉代赵岐、唐宋韩愈、二程、朱熹、王安石、李觏、郑厚、司马光,再到明清戴震、焦循、康有为,乃至于近代徐复观、牟宗三等新儒家,虽然因为思想倾向或问题意识的不同而划归不同阵营,但在研究的着力点上均聚焦于孟子思想,通过诠释《孟子》达到或批判或阐发的目的;所谓"考索之功"者,从元代程复心到明陈士元、薛应旂再到清代考据兴起后出现的阎若璩、周广业、崔述、狄子奇等一大批考据学者。他们用考据的手段,在尽量避免掺杂思想倾向的前提下,对孟子生平行迹进行考索。可见,后者是对前者在广延度方面的深化和拓展。

20世纪以来,特别是改革开放以后,孟子研究再度随文化的勃兴而繁荣,研究成果蔚为大观。然而,思想研究和生平研究依然是这一时期孟子研究的主线和重点所在。前者如袁保新《孟子三辨之学的历史省察与现代诠释》、陈大齐《孟子的名理思想及其辩说实况》、黄俊杰《孟子思想史论》、李振纲《孟子的智慧》、贺荣一《孟子之王道主义》、董洪利《孟子研究》、翟廷晋《孟子思想评析与探源》、杨泽波《孟子性善论研究》、杨大膺《孟子学

---

① 章学诚:《文史通义》卷五《内篇五》,上海书店出版社,1988年,第50页。

说研究》,后者如曹尧德《孟子传》、刘鄂培《孟子大传》、杨泽波《孟子评传》。他们依然延续了章学诚"二途"的研究路径①,在前人的基础上,或揭示了孟子思想的另类系统,或在孟子思想的某一方面提出了超越前人的深刻洞见,或突破纯粹思想研究"诵其诗,读其书,不知其人"(《孟子·万章下》)的局限,知人论世,由孟子思想延伸至对孟子生平的深入考察。

不过,倘若我们深入内部,仔细探究,便会欣喜地发现:新时期的孟子研究,开始由思想、生平向家族文化拓展。在这一方面,研究成就最为卓著的是山东邹县孟子故里的一批文化工作者。他们凭借着厚重的历史和文化意识,得益于天时地利的工作条件,援借了中外各方力量的鼎力支持,近些年积以跬步,不懈努力,陆续出版了《孟子家世》(邹县政协文史资料委员会编)、《孟子与孟氏宗族》(邹城市孟子学术研究会、孟氏宗亲联谊会编)、《孟子与孟子故里》、《孟子林庙历代石刻集》、《孟子林庙历代题咏集》、《孟子志》(刘培桂著)等专著,这些成果,从文献考索到野外考察,透着作者对孟子家族及其文化"好古,敏以求之"②的不懈与执着,为我们展示了孟子家族文化的广阔视阈。他们的开拓性探索,为孟子家族文化的研究打开了一片新天地,开创了一番新局面,是应该载于中国史学或文化研究史册的。

然而,客观地看,这样的研究在学术道路上,依然还是循着以孟子思想为核心向孟子生平进而向孟子家族文化层层外推的研究路数。经过这样的外推,虽然终于触及到了孟子研究的深刻处,把孟子研究真正植入了中国文化的大背景中,实现了对孟子思想由知道"是什么",到进一步知道"为什么"和"怎么样"的深化。但在这样的研究路径下,孟子家族文化始终是以外缘或基础性、背景性形式,而非以核心形式呈现。

如果转换研究路径,以"家族文化"作为问题核心和切入点,那么,关于

---

① 黄俊杰将其划分为哲学/观念史和历史/思想史两大研究进路,"前者在研究方法上将《孟子》视为与社会、政治、经济变迁无关的哲学文献,并有意无意间假定孟子思想体系内各个观念或概念具有某种自主性,在这个假设上解剖孟子学中的重要概念。后者则将孟子及其思想放在历史或文化史脉络中加以考虑,尤其注意分析孟子学在思想史中之浮沉变化。这两种研究进路虽然取径不同,方法互异,但是相辅相成、交光互影处极多。"黄俊杰:《孟子思想史论》卷二《序论》,"中央研究院"中国文哲研究所筹备处,1997年,第9页。
② 《论语·述而》,程树德:《论语集释》,中华书局,2006年。

孟子家族,还需要重点关注以下问题:一是系统性考察。系统论以为,宇宙万物都是兼具开放性和自足性的系统化存在,社会文化亦复如此。孟子家族文化作为中国文化系统的一个部分,既与不断变动着的中国文化、儒家文化及齐鲁地域文化存在着文化要素的双向性渗透和影响,同时,它自身也必然是一个完整的体系化存在。以家族文化为主线进行系统性考察,才便于同时弄清内部结构、层次和各要素及其与外部中国文化之间的整体性、关联性和统一性等本质属性。二是深刻性挖掘。家族文化的研究更多的是透过有形文化现象探索深藏其中的无形文化内蕴,这是文化研究的提升和凝练。就孟子家族而言,比如透过府庙的建筑历史、建筑格局、文物建置、府务与祭祀管理,可以使我们洞见孟子家族文化、儒家文化乃至于中国文化的重要信息,发现和归纳孟子家族文化以及中国文化的兴衰规律。三是联系性思考。家族文化,作为植根于中国文化大背景下的支文化现象,其内在特质天然地存在着与中国文化千丝万缕的联系。可以说,孟子家族文化是中国文化的微观体现,在"家国同构"的社会现实和理论框架下,孟子家族的兴衰又是如何体现了国家政治的脉动?比如宋代以后孟府的崛起与封建社会后期政治倾向及其由此衍生的对孟府的优礼,二者之间存在着怎样不可割裂的联系?借用马端临的一句话,诸如此类,"独非后学者所宜究心乎"?[①]

三

文化研究与历史研究一样,都离不开理论、方法和材料三大要素。理论是先导,方法是路径,材料是基础。由此看来,材料搜集的广泛性和材料运用的严谨性是文化研究的两大原则,也是文化研究者的起码修养。言之无据的驰骋想象和不加审查的滥用材料,是治学的大忌,也是文化研究的大忌。

充分地占有材料,是历史文化研究的基础和保障。中国历史源远流长,但流传下来的史料相对于悠久的历史和丰富的文化内涵而言,已如凤

---

① 马端临:《文献通考·总序》,中华书局,1986年。

毛麟角。不过,相对于研究者而言,缘于五千年文明的绵延不绝和独特的重史传统,目前流传下来的文献资料在数量和范围上依然堪称浩如烟海。

与一般文化相比,家族文化的民间性决定了家族文化研究的材料范围更加广泛、驳杂。除了正、别、杂史等正式编纂成册的文献外,更涉及方志、谱牒、档案、信札、契约、账簿,及上述所列地上地下各种实物资料。材料的零碎性、原始性决定了搜集、整理的艰难。

就孟子家族文化研究而言,材料搜集方面的难度远不止此。历史上,孟子及其家族实际上处于一种难以明言的夹缝状态,一方面因其儒家的身份特征而被推到了社会政治前沿;另一方面,作为亚圣又缺乏像孔子家族一样的正宗与辉煌。因为前者而有孟子地位的提高、孟子家族的崛起及相关材料档案府庙碑碣的丰富;因为后者而使孟子家族文化材料屡遭人为毁坏以至于今日格外稀少。比如府庙碑碣的大量毁坏,孟府档案的几于不存①,以至于成为孟子家族文化研究的最大障碍。巧妇难为无米之炊,缺乏系统、丰富材料的研究,势必要冒言之无据、断烂朝报的危险。然而,学于洙泗、教于齐鲁的机缘与文化者的责任,遂使甘冒危险而不忍妄自菲薄,知难而退。

广征博采是材料搜集的原则。刘知幾有言:"盖珍裘以众腋成温,广厦以群材合构。""征求异说,采摭群言,然后能成一家,传诸不朽。"②自知虽"吹竽已涩,汲绠不修",才、学俱欠,然尚得益于齐鲁文化研究院的支持、师友的帮助,再加上便利的交通信息、先进的技术手段和前人的积淀成果。于是敢于斗胆面对材料的零星、损毁与杂驳,访求学者、后裔,稽求网络信息,探寻谱牒资料,钩沉档案碑碣,虽一砖一瓦、一草一木、一匾一额不敢错过,虽劳顿困苦自不待言,而点滴收获也时时令人欣喜,流连忘返,乐此不疲。

严谨笃实是材料运用的准则。郭沫若曾经说过:"无论作任何研究,材

---

① 注:与孔子相比,孟子虽为儒家代表,但作为后继者,其在历史上的地位则远逊于前者。这一事实,决定了他们抗冲击程度的不同,也同样决定了其材料保护、流传程度的不同。这大概是两者传世材料丰富度迥异的原因。
② 刘知幾:《史通》卷五《采撰》,《四库全书》第685册,上海古籍出版社,2003年,第35页。

料的鉴别是最必要的基础阶段。材料不够固然大成问题,而材料的真伪或时代性如未规定清楚,那比缺乏材料还更加危险。因为材料缺乏,顶多得不出结论而已,而材料不正确便会得出错误的结论。这样的结论比没有更要有害。"①郭沫若道出了材料不足,尤其是不加审查、滥用材料对学术研究的危害。搜集材料之艰辛,为每一个过来人所感同身受。因而,若从情感出发则片言只语不忍舍弃,必欲尽数揽入文中方感心安。然而,这又是治学者在材料运用上的大忌。材料的运用必以行文所需为核心,以科学、严谨、可靠为准则,合则留,不合则去,切忌不加辨别不加删削地叠加滥用。当年司马光撰《资治通鉴》,对材料审慎取舍,将范祖禹《唐纪》六百卷删为八十卷,并严加考辨而成《考异》。做到言必有据,行文精练。其功力之深,我辈望尘莫及,然"《诗》有之:'高山仰止,景行行止。'虽不能至,然心向往之"②。缘于此,本书对材料运用努力坚持以下原则:一是尽量选用可靠的一手材料,一言一语,必寻其真实,核其原文;二是材料取舍以主题所需为准,不以主观喜好滥加堆砌;三是材料不足或史事不清,宁可老实承认,姑且存疑,不敢妄下结论;四是征引材料注明出处,不敢贪前贤之功。

四

历史文化研究离不开理论指导。即便20世纪初,缘于胡适《多研究些问题,少谈些"主义"》一文掀起的关于"问题"与"主义"的讨论,对于理论与方法的认识,实际上也是走了一条殊途同归的路。包括胡适在内,不同立场的学人均不否定学理是"研究问题的工具。……有了许多学理做材料,见了具体的问题,方才能寻出一个解决的方法"③。

在中国史学实践者中,但凡境界高远而又卓有成效者,都始终重视理论对研究的指导意义。李学勤就曾指出:"对一个研究古代历史文化的人来说,理论是极其重要的问题……把理论、材料、眼界三方面的修养结合在

---

① 郭沫若:《古代研究的自我批判》,《十批判书》,人民出版社,1954年,第2页。
② 《史记》卷四十七《孔子世家》,第1947页。
③ 胡适:《多研究些问题,少谈些"主义"》,姜义华主编《胡适学术文集·哲学与文化》,中华书局,2001年,第493页。

一起,我们的学术研究才能有所进步。"①

历史文化研究,无论是材料搜集还是分析评价,都必然是在一定的理论指导下进行,都离不开研究者的理论、思想和观念指导。有什么样的理论指导,就会有什么样的研究结论。没有任何理论指导的历史研究是根本不存在的,关键在于接受哪一种理论观点的影响,以及相应地用哪一种方法进行思考。

本书的写作过程中始终重视理论的指导意义,以马克思唯物史观作为分析历史的理论指导。马克思以前,人们相信:"一切历史变动的最终原因,应当到人们变动着的思想中去寻求,并且在一切历史变动中,最重要的、决定全部历史的是政治变动。"马克思从对"人的思想究竟从哪里来的,政治变动的动因又是什么"②的追问中,发现了"在繁茂芜杂的意识形态背后掩盖着的是简单的事实",即"人们首先必须吃、喝、住、穿,然后才能从事政治、科学、艺术、宗教等;所以,直接的物质生活资料的生产,因而一个民族或一个时代的一定的经济发展阶段,便构成为基础,人们的国家制度、法的观点、艺术以至宗教观念,就是从这个基础上发展起来的,因而,也必须由这个基础来解释。"③马克思在诸如经济、政治、文化观念等丰富多彩的决定人类社会发展的诸要素中,洞彻了物质对于社会关系的基础性作用,从而揭示了人类历史发展的规律。但必须强调的是,这一观点并不意味着对其他要素在人类社会发展过程中的作用的否定,人类社会的发展需要各要素协同作用方可成功,但在诸要素中起基础作用的是物质和经济因素,"纯粹经济决定论"是对马克思唯物史观的误解。

理论与方法是统一的,一定的理论与一定的方法总是如影随形。以唯物史观考察和研究历史文化现象,便会坚持运用辩证的、联系的、发展的观点和分析方法。所以,在本书行文中可以看到:对历史文化现象的分析,总是试图深入到深藏其中的社会经济、政治因素中,找寻其所以发生的历史渊源;对事件进程和人物行为观念的分析评价,总是试图用辩证、全面与发

---

① 李学勤:《理论、材料、眼界》,《书林》1984年第4期。
② 恩格斯:《卡尔·马克思》,《马克思恩格斯选集》(第3卷),人民出版社,1972年,第40页。
③ 恩格斯:《在马克思墓前的讲话》,《马克思恩格斯选集》(第3卷),第574页。

展的眼光,或定性分析,或因果分析,尽量做出一个相对全面、客观、正确、科学的结论。注重事实与现象之间的逻辑性和联系性,注意微观与宏观的有机结合,努力摒弃狭隘、极端、片面与僵化。

本书采用文化全景式视角,对邹城孟府的相关文化要素进行体系化、结构化梳理,并努力做到广延度和深刻度的统一。在历史发展的纵向上展示孟府的兴衰源流,并沿着兴衰过程这一路径,探讨其与儒家文化乃至于中国文化的互动关系;在横向上,用尽量开阔的视野,展现孟府及其相关文化要素在各个不同时期的特点,并试图梳理各要素彼此之间的内在有机关联;[①]在深度上,虽然囿于作者知识积累、理论水平及思维深度的局限而很难对所涉及的文化现象予以准确深刻的理论提升和凝练,但也并不因此而满足于对家族子孙世系、人物事件的简单描述、介绍与堆砌。故不揣谫陋,试图尽量在现象与本质之间建立起某种联系,实现某种延伸和拓展。总之,通过梳理和分析孟子家族文化的相关要素,内在地把握其作为中国文化大背景下与其他家族的同质,以及作为儒家文化特殊背景下异于其他家族的文化特质,并透过这一特殊的文化家族个例,探寻中国家族文化兴衰历程、方式类型等方面的不同内涵,以便更全面、深刻、准确地把握中国文化的特质,为中国文化合理转换、趋时更新提供必要的理论依据。

---

① 在这一方面,由于如林庙建设、府务管理及家学教育等原始材料的缺乏,不可避免地会影响到对这些问题的系统化研究,这是很无奈的事情,只能争取在现有资料和前人研究的基础上,作一番尽量连缀或延伸的工作,想必读者会以宽容的态度视之。

第一章 孟氏家族源流

"问渠哪得清如许,为有源头活水来。"孟氏家族的源头,一般以为可以远溯传说时期的姬姓黄帝,由黄帝灭殷建周,周公分封建鲁,至鲁国"三桓"庆父和卫国孟絷,并在战乱中迁徙融汇为后来的邹国孟氏。从前期的形成、融汇,到后期的播迁,孟氏家族因之于对各种社会和生存环境的应对而完成了由源至流、由凝聚而扩散的发展壮大历程,逐渐形成迄今遍及全国乃至韩国、日本、东南亚、欧美等多个国家、地区的大族。

然而,无论人口如何众多,居地如何广阔,聚族而居的古老传统和绵长流衍的家族风习,始终以强大的隐形力量,贯穿或者强化着所有孟氏后裔,形成了以山东邹城亚圣府为轴心、支派序列清晰连贯的家族源流系统。

第一节 孟氏先祖

一、孟姓来源

姓氏在中国经历了漫长而复杂的发展过程。郑樵《通志·氏族略》对中国姓氏源流、氏族分合及世系衍派曾有过较详尽的论述,堪称后人了解姓氏文化发凡的蓝本。大体而言,姓起源于母系氏族。约在距今二十万至五万年的血缘家族向氏族过渡时期,婚姻形式由族内群婚过渡为族外群婚。在这种从妇而居的族外婚的婚姻形式下,人们知母不知父,每一个母系氏族需要有一个区别于其他氏族的称号,这就是早期的姓。所以,从汉字生成上看,中国最古老的姓都从"女"从"生",表示"女所生"。《通志·氏族略序》所谓:"女生为姓,故姓之字多从女,如姬、姜、嬴、姒、妫、姞、妘、娲、始、妊、嫪之类是也。"①而姓的作用却恐怕并非如今天一样,只是为了称呼上的区别。《白虎通义》谓:"人所以有姓者何?所以崇恩爱,厚亲亲,远禽兽,别婚姻也。"②可见,姓的原始作用之一在于别婚姻。为什么要用姓区别婚姻呢?从早期文献记载看,我们的祖先很早就掌握了近亲结婚不利于人类繁殖的规律。《左传·僖公二十三年》:"男女同姓,其生不蕃。"《国语·晋语四》:"同姓不婚,恶不殖也。"近亲结婚的危害已经被现代医学证实,但三千年前的周代人产生这一认识,恐怕并非以科学为依据,而只是长期实践中对有关自然淘汰规律的经验总结。大概与恩格斯的自然淘汰论若合符节③。

随着时间的推移,氏族分支越来越多,且随着社会的发展,由母系氏族转变为父系氏族。大量分化出来的父系氏族也需要有一个标志。这些分化出来的父系分支氏族就以不同的"氏"来标志。于是在"姓"之外,又产生了"氏"。姓的作用在于"别婚姻",氏的作用在于"别贵贱",所以,《白虎通义·姓名》记为:"人所以有姓者何?所以崇恩爱,厚亲亲,远禽兽,别婚姻也。……所以有氏者何?所以贵功德、贱伎力。"④

---

① 郑樵:《通志》卷二十五《氏族略一》,《四库全书》第373册,第254页。
② 班固:《白虎通义》卷下《姓名》,《四库全书》第850册,第54页。
③ 摩尔根和恩格斯认为,族间群婚的形成是自然淘汰原则起作用。恩格斯引摩尔根的话说:"没有血缘亲属关系的氏族之间的婚姻,创造出在体质上和智力上都更强壮的人种;两个正在进步的部落混合在一起,新生一代的颅骨和脑髓便自然地扩大到综合了两个部落才能的程度。"恩格斯接着下结论:"这样,实行氏族制度的部落便必然会对落后的部落取得上风,或者带动它们来仿效自己。"(恩格斯:《家庭、私有制和国家的起源》,《马克思恩格斯选集》[第4卷],第42页)不过,关于人类为什么在这一阶段要改变婚姻方式,由以往的族内群婚转变为严格的族外群婚,也有不同的观点,如前苏联学者科瓦列夫斯基和谢苗诺夫等人认为,是因为解决原始群内部,男性为争夺女性而不断械斗;芬兰人类学家韦斯特马克认为,是因为一个群体内的两性成员从小生活在一起,过于惯熟,相互之间缺乏性的吸引力。(参见谢苗诺夫撰,蔡俊生译:《婚姻和家庭的起源》,中国社会科学出版社,1983年;韦斯特马克撰,李彬等译:《人类婚姻史》,商务印书馆,2002年)上古人类早期的婚姻形式究竟是什么样子,又是按照怎样的轨迹发展的,对于今天而言,因为过于久远而缺乏实证,不论哪一种说法都免不了推测的成分。但鉴于恩格斯的结论建立在摩尔根对易洛魁部落长期的深入研究基础之上,其结论的可信度较大。毕竟,对于早已绝迹人类婚姻形态,民俗学的研究方法是无奈却又必然的选择。
④ 班固:《白虎通义》卷下《姓名》,《四库全书》第850册,第54—55页。

由于"姓"是母系氏族时期形成的,"统系百世而不变",所以,"姓"很少。据顾炎武统计,"见于春秋者,得二十有二"①,而"氏"则随着子孙的繁衍和别贵贱的需要而不断增多。其得氏途径,郑樵《通志·氏族略》归纳罗列了或以国,或以邑,或以乡,或以亭,或以地,或以姓,或以字,或以名,或以次,或以谥等三十二类,总括了氏的来源。② 三代以前,姓、氏严格区分,只有贵族有氏,平民无氏;三代以后,随着宗法等级制的颠覆,氏不再是贵族的特权,同时,氏、姓开始合一。

　　严格而言,孟姓的得姓是以字为氏,而又以氏为姓。从历史上看,孟姓的得姓始祖有两个:一是地处山东的鲁桓公庶长子庆父;一是地处河南的卫灵公之兄孟絷。鲁公族始封者为周公,卫公族始封者为康叔,二者均为周文王之子,武王之弟,姬周之后。各自受封,而以王父字为氏。如此一来,无论是鲁国孟姓,抑或是卫国孟姓,其最古老的祖先均同为姬周子孙。所以,在后来的发展过程中,两地孟姓日益混融为一大族姓。

　　孟姓的始祖源于姬姓黄帝。《史记·五帝本纪》:"黄帝者,少典之子,姓公孙,名曰轩辕。……黄帝二十五子,其得姓者十四人。"③

　　文字诞生之前的历史,主要靠考古及口耳相传的历史传说。考古信息可靠但零碎,传说在不断相沿中因掺杂进一代代人的信仰观念而不免杂入宗教色彩。若将二者结合,则可以从纷繁而琐碎、荒唐与神秘中,发现真实的历史内核。

　　用这样的方法回观这段遥远的历史,便不难发现:黄帝所处的时代,是前3 500年以后父系氏族社会时期。其时,氏族趋于解体,古国孕育成长。其主干是活跃在以黄河和长江为轴心的几支势力强大的部族:黄河中上游的姬姓黄帝和姜姓炎帝部族,黄河下游的风、偃、嬴诸东夷部族,以及长江流域的众苗蛮。在以上这些著名的部族中,又以黄河中游的炎、黄部族最为强大。《国语·晋语四》有:"昔少典氏娶于有

---

① 顾炎武:《日知录》卷二十三《姓》,《四库全书》第858册,第894页。
② 郑樵:《通志》卷二十五《氏族略一》,《四库全书》第373册,第255—260页。
③ 《史记》卷一《五帝本纪》,第1、9页。

蟜氏,生黄帝、炎帝。黄帝以姬水成,炎帝以姜水成,成而异德,故黄帝为姬,炎帝为姜。"①黄帝因长于姬水,而得姓姬。随着部族的扩大,炎、黄分别沿黄河南北向东延展。在炎、黄携手,战胜了世居东夷的蚩尤部族后,又炎、黄合并,最终由黄帝统一了黄河流域,引领炎黄子孙共同走上了文明之路。黄帝因此而成为中华民族的共同祖先。

自黄帝以后,中国历史由史前进入了文明。《史记·周本纪》:"周后稷,名弃。……好耕农……帝尧闻之,举弃为农师,天下得其利,有功。帝舜曰:'弃,黎民始饥,尔后稷播时百谷。'封弃于邰,号曰后稷,别姓姬氏。"②

姬姓后裔从第一个男性始祖弃到武王发,伴随着东方子姓商朝的兴衰而再次崛起,终于公元前1046年灭商建周。

西周以"小邦周"(《尚书·大诰》)代"大邦殷"(《尚书·召诰》),为有效统治广阔地域,实行了分封制和宗法制相辅相成的政治制度。所谓"分封制",即"封建亲戚,以藩屏周"③。所谓"宗法制",即以嫡长子继承,余子分封,解决宗族内部成员间的亲疏、等级和世袭权利。姬周建立及平定武庚叛乱后,陆续分封了一百多个同姓和异姓诸侯国。其中就包括武王的两个弟弟:封于曲阜的周公所建的鲁国和封于朝歌的康叔所建的卫国。《史记·鲁周公世家》:"周公旦者,周武王弟也。自文王在时,旦为子孝,笃仁,异于群子。及武王即位,旦常辅翼武王,用事居多。……破殷,入商宫。……遍封功臣同姓戚者。封周公旦于少昊之虚曲阜,是为鲁公。周公不就封,留佐武王。"④《史记·卫康叔世家》:"卫康叔名封,周武王同母少弟也。……周公旦……以武庚殷余民封康叔为卫君,居河、淇间故商墟。"⑤两国得封的政治目的在于有效震慑东方,巩固和稳定姬周统治。两国后裔至鲁桓公子庆父和卫灵公兄孟絷,子孙以王父字为氏,为鲁国孟氏和卫国孟氏,是为中国孟氏的两大发源地。

---

① 上海师范大学古籍整理研究所校点:《国语》,上海古籍出版社,1998年,第356页。
② 《史记》卷四《周本纪》,第111—112页。
③ 《左传·僖公二十四年》,孔颖达:《春秋左传正义》,《十三经注疏》(下册)。
④ 《史记》卷三十三《鲁周公世家》,第1515页。
⑤ 《史记》卷三十七《卫康叔世家》,第1589页。

二、邹国孟氏

鲁国自伯禽封鲁,传十五代为桓公。桓公四子,太子同继位为庄公,另有庶长子庆父、次叔牙、次季友,三位因是鲁桓公的后代,历史上合称"三桓"。按照孔颖达的解释:"庆父虽为庶长,而以仲为字,其后子孙以字为氏,是以《经》书'仲孙'。时人以其庶长,称孟,故《传》称'孟孙'。其以谥配字而谓之共仲。"①我国古代习惯有以伯(孟)、仲、叔、季作为兄弟长幼排行,《仪礼·士冠礼》记有:"曰伯某甫,仲、叔、季唯其所当。"郑玄注:"伯、仲、叔、季长幼之称。"这一习惯从何而始,已不可确考。按照这一习惯,桓公三庶子共仲、叔牙和季友之后分别可称为仲孙、叔孙和季孙。但按照孔颖达的解释,由于庆父为庶长子,所以,以"孟"代"仲",其后代称"孟孙"。三桓子孙以字为氏,分别称孟孙氏、叔孙氏和季孙氏。此即焦循《孟子题辞·正义》所谓:"鲁桓公生同为庄公。次庆父为仲孙氏,次叔牙为叔孙氏,次季友为季孙氏,是为'三桓'。仲孙氏即孟孙氏。"②其后,孟广均编清德宗光绪本《重纂三迁志》记述与此类似:"周公子伯禽封鲁,数传至桓公。桓公生子庄公同及庆父、叔牙、季友。庆父之后为仲孙氏,与叔孙季孙并称三家,亦曰'三桓'。仲孙为三桓之孟,故号孟孙,其后称孟氏焉。"③孟孙氏繁衍发展,即鲁国孟氏。

在后来的历史发展中,邹国孟氏家族以孟子而显耀于世,成为孟氏家族的大宗。但是,邹国孟氏与鲁国孟氏有关系吗?或者换一个说法,邹国孟氏是否即鲁国孟氏后裔向外延展迁移的一支?早期文献资料如《孟子》、

---

① 孔颖达:《春秋左传正义·庄公二年》,《十三经注疏》下册,第1763页。
② 焦循:《孟子正义》,《诸子集成》第1册,上海书店出版社,1986年,第3页。
③ 孟广均编:《重纂三迁志》(清德宗光绪本)卷一《世系》,苗枫林主编:《孔子文化大全》,山东友谊出版社,1989年,第59页。另,关于庆父之后应为仲孙氏,为何称为孟孙氏,刘濬以为:"仲后改为孟,盖庶子自为长少,不敢与庄公为伯仲叔季,公孙不敢祖诸侯也,故自以庶长为孟。"(刘濬编:《孔颜孟三氏志》(明宪宗成化本)卷六《亚圣孟氏志事类·姓氏源流》,四川大学古籍整理研究所编:《儒藏》(第9册),四川大学出版社,2005年,第348页)陈镐:"庆父之后,初号仲孙,其后更称孟孙,示不敢伯仲庄公也。"(陈镐:《阙里志》卷之十三《弟子志》,苗枫林主编:《孔子文化大全》,第609页)而郑樵则以为:"庆父曰共仲,本仲氏,亦曰仲孙氏,为闵公之故,讳弑君之罪,更为孟氏,亦曰孟孙氏。"(郑樵:《通志》卷二十八《氏族略四》,《四库全书》第373册,第322页)不知何种说法为确。

《史记》、《汉书》均无记载。赵岐《孟子题辞》最早提及二者之间的联系:"或曰,孟子鲁公族孟孙之后,故孟子仕于齐,丧母而归葬于鲁也。三桓子孙既已衰微,分适他国。"①赵岐的叙述有三点值得注意:一是以"或曰"冠之,表明了语气的不肯定,只是一种说法而已;二是以母丧归葬于鲁证孟子为鲁公族后裔,存在着"葬母之地是否系邹地为鲁所并"的疑问;三是三桓子孙分适"他国",并不确定于何时分适何国,则难断此"他国"之中必有"邹国"。所以,后世由赵岐的说法而延伸分化出了两种不同态度:一种肯定邹国孟氏与鲁国三桓的渊源关系。这其中又细分为态度坚决和谨慎保守两种,前者如孙弼于金宣宗贞祐元年(1213)所立的《邹公坟庙之碑》,断然去掉"或曰",明确宣称:"其先鲁公族孟孙之后。"②明谭贞默《孟子编年略》也宣称:"孟子为孟孙氏后,学者或疑之,愚独以为信也。"③后者如清阎若璩《孟子生卒年月考》云:"孟子,盖鲁公族孟孙之后,不知何时适邹,遂为邹人。"④老实承认其中的疑问和问题。另一种是坚决否定,如刘培桂撰《孟子先祖新考》,力证孟子先祖非鲁国三桓之后⑤。

总之,对于邹国孟氏先祖,或邹国孟氏与鲁三桓的关系问题,由于资料记载的缺失,今天已无法就此做出明确结论。我们只能根据现有零星资料,做出推断性结论:邹国孟氏有可能是鲁国孟氏后裔向外迁移的一支。推断的依据有四:其一,三桓子孙确曾向外迁移。赵岐《孟子题辞》有"三桓子孙,既以衰微,分适他国"⑥的记载。其二,赵岐虽然没有明确指出三桓子孙"分适"何国,但邹与鲁毗邻,邹为鲁国孟氏最可能的迁移之地;其三,鲁国三桓何时分适他国,史无明确记载,但《史记·田敬仲完世家》有田齐于"宣公四十八年,取鲁之郕"。张守节《史记正义》:"《说文》云:郕,鲁孟

---

① 赵岐:《孟子题辞》,《诸子集成》第1册,上海书店出版社,1986年,第3页。
② 碑原存曲阜市凫村孟母林孟母墓前,已毁。现有孟府藏旧拓,文收入刘培桂编著:《孟子林庙历代石刻集》,齐鲁书社,2005年,第21页。
③ 曹之升:《孟子年谱·卷上》"周烈王四年"条下引,《先秦诸子年谱》第4册,北京图书馆出版社,2005年,第352页。
④ 阎若璩:《孟子考·孟子生卒年月考》,《丛书集成续编》第15册,上海书店出版社,1994年,第279页。
⑤ 文收入刘培桂著:《孟子与孟子故里》,中国文史出版社,2001年,第30—40页。
⑥ 赵岐:《孟子题辞》,《诸子集成》第1册,第3页。

氏邑。是也。"①鲁孟氏邑郕被齐破于齐宣公四十八年（前408），是否有可能在此次事件之后，鲁孟氏后裔国破城亡，被迫"分适他国"，而其中一支迁至邻国邹，成为邹国孟氏的祖先？其四，孟广均编清穆宗同治本《孟子世家谱》将孟氏先祖上溯到黄帝，并罗列了自鲁国孟氏庆父至孟轲的完整世系："孟子，邹人，系出于鲁。鲁之先始自周公，周之先溯自后稷，出自黄帝，前史详矣，无庸叙列。自周公封于鲁，子伯禽是为鲁公。自鲁公而下传至隐公，《春秋》讬始焉。隐公弟桓公，桓子庄公，庄公弟三人，是为'三桓'。其一曰共仲，字庆父，初称仲孙，后更称孟孙，《春秋》经书曰'仲孙'，《左氏传》皆称'孟孙'，故并称也。共仲生穆伯敖，敖生文伯榖，榖生献子蔑，蔑生庄子速，速生孝伯羯，羯生僖子貜，貜生懿子何忌，何忌生武伯彘，彘生敬子捷，世为鲁大夫。捷生子敏庐墓，不仕，子敏生激字公宜，娶仉氏，梦神人乘云攀龙凤自泰山来，将止于峄，母凝视久之，忽见片云坠而寤，时间巷皆见五色云覆孟氏居，而孟子生焉。"②从后半部分孟母生孟轲所带有的神秘性，自然引发对前半段世系记述的怀疑。查焦循《孟子题辞·正义》的记述，显然与此段记述有明显不同，他在赵岐"或曰：孟子，鲁公族孟孙之后"文后释曰："庆父生公孙敖，即孟穆伯；穆伯生文伯惠叔；文伯生仲孙蔑，即孟献子；献子生仲孙速，即孟庄子；庄子生孺子秩；秩生仲孙貜，即孟僖子；僖子生仲孙何忌，即孟懿子；懿子生孟孺子洩，即孟武伯；武伯生仲孙捷，即孟敬子。"焦循的孟氏世系至此戛然而止，后文则转为"入春秋后，其献子次子懿伯生仲孙羯……别为子服氏"。所以，在此段释文最后，焦循做出谨慎结论："孟子既以孟为氏，宜为孟孙之后。但世系不可详，故赵氏以'或曰'疑之耳。"③同为孟广均主编的清德宗光绪本《重纂三迁志》对此也采用了谨慎说法："孟子即孟孙之后也。先世名字不可考，或曰孟敬子生滕伯，伯生廖，廖生轲。或曰孟子父激公宜，母仉氏。"④对比焦循《孟子题辞·正义》

---

① 《史记》卷四十六《田敬仲完世家》，第1886页。
② 孟广均编：《孟子世家谱》（清穆宗同治本）卷首《姓源》，现存邹城市文物局。
③ 焦循：《孟子题辞·正义》，《诸子集成》第1册，第3页。
④ 孟广均编：《重纂三迁志》（清德宗光绪本）卷一《世系》，苗枫林主编：《孔子文化大全》，第59页。

和《重纂三迁志》,不难发现,二者关于孟氏先祖的记述有一个共同点,即:春秋以前鲁国孟氏世系较清晰,而入春秋后,在孟敬子至孟轲之间,孟子先祖世系模糊不清。概因进入春秋后,战乱导致史料缺乏使然,但以上叙述都以鲁国孟氏与邹国孟氏出于一脉为大前提,因此,并不妨碍二者之间在血缘传承上存在一致性的结论。

春秋后期,"礼乐征伐自诸侯出",转入"自大夫出"(《论语·季氏》),诸侯卑弱,卿大夫崛起,鲁国"三桓"后裔即为卿大夫崛起的典型。鲁僖公即位,以季氏拥立而成,这是三桓登上鲁国政治舞台,操纵鲁国政治的先声和基础。前609年,鲁文公死,三桓后裔季孙氏、孟孙氏、叔孙氏在鲁公族杀嫡立庶的权位之争中,乘机发展势力,各自在封邑筑城(季孙筑费、孟孙筑郕、叔孙筑郈)作为基地,扩展土地,承认土地私有,采用新的封建剥削方式,招徕逃亡者和破产农民①,扩充经济实力,充实私家武装,这成为三桓势力正式崛起的标志。随着"三桓"势力的壮大,开始操纵鲁国政权。前562年,"作三军"②,三家平均瓜分了鲁国武装,历史上称"三分公室"。二十五年之后,因季氏势力独强,又"四分公室,季氏择二,二子各一。皆尽征之,而贡于公"③。至此,鲁国公室已徒有虚名。

统览《春秋》经、传及《论语》《国语》等先秦古籍,可以看到,在以上三桓之一孟孙氏一系中,以孟文子、孟献子和孟庄子最为声名显赫。他们都曾活跃于鲁国政坛,以接下来的宣、成、襄三朝,长期夹辅公室,影响鲁国的内政外交,为"三桓分公室"的奠立和实现者。孟武伯以后,孟氏开始走向衰落,有关孟氏家族的记载也逐渐在文献中消失。而前408年的齐攻鲁得郕,孟氏丧失家园,恐为鲁国孟氏家族衰落过程中最后也是最重的一次打击。

孟子之前,邹国孟氏的活动与传承情况,因史无明载,故不敢妄论,只得付诸阙如。

---

① 《左传·哀公十一年》:"季孙欲以田赋,使冉有访诸仲尼。"孔颖达《春秋左传正义》,《十三经注疏》(下册)。
② 《左传·襄公十一年》,孔颖达:《春秋左传正义》,《十三经注疏》(下册)。
③ 《左传·昭公五年》,孔颖达:《春秋左传正义》,《十三经注疏》(下册)。

第二节 孟氏后裔

一、聚族而居的中国传统

中国由氏族向阶级社会过渡过程中血缘纽带解体的不充分,导致了上三代典型宗法等级社会体制的兴盛。它的典型性在于从社会最高层到低层庶民,一律以血缘亲疏为准绳,以宗法与分封为制约,形成层层相属的财产、地位与权力制约。在这样的体制下,宗族(或家族)而不是地域,成为自上而下权力控制的关键枢纽。新王朝建立,总是习惯于对旧王朝的子民实施部落殖民统治,保持其血缘宗族的完整,《左传·定公四年》记鲁国分封即是封"殷民六族,条氏、徐氏、萧氏、索氏、长勺氏、尾勺氏,使帅其宗氏,辑其分族,将其类丑,以法则周公"。封"殷民七族,陶氏、施氏、繁氏、锜氏、樊氏、饥氏、终葵氏……于殷虚"①。

春秋战国的社会变革,使典型的宗法制度被颠覆。但是,以血缘纽带维系的宗法组织形式——家族,却作为中国社会的深层积淀,历经社会动乱、经济形态和政权形式的变迁而顽强地保留下来。《白虎通·宗族》:"族者何也,族者凑也,聚也,谓恩爱相流凑也。生相亲爱,死相哀痛,有会聚之道,故谓之族。"②聚族而居,成为牢不可破的民族心理,作为民族"潜意识",在社会生活中凸显着顽强的稳定性和延续力,历时久远却绵延不衰。秦汉以后,随着新的以地域统治为特征的封建制的建立,不断努力维系具有共同血缘关系的家族生活方式,将血缘与地缘相结合,形成家族与地望相辅相成的家族聚居团体,实现家族成员在地域概念上的亲近性,成为人们普遍而强烈的心理倾向。反映在社会现实生活中,以一个男姓祖先为核心的子孙聚居在某一区域,成为社会机体上具有强劲生命力的细胞,超越

---

① 《四书五经》(下册),天津古籍出版社,1988年,第492页。
② 班固:《白虎通义》卷下《宗族》,《四库全书》第850册,第54页。

时代,生生不息,虽屡经起伏动荡,却始终不绝如缕。

秦汉以后,家族形式的流衍与发展经历了多次来自社会和制度方面的挑战。其中程度最严重的有两次:一次是魏晋中原战乱,一次是唐宋以后经济政治变动。但是,强大的家族组织却始终以强力的韧性,以不断变换的新形式延续下来。

在东汉后期以迄于整个魏晋南北朝时期北方长期战乱中,北方家族为避战乱而被迫外徙,其中伴随政权南移的"永嘉南渡"声势最为浩荡。但每一次迁徙无不是举族而迁,到了目的地后依然保持着聚族而居,侨置郡县。所谓"衣冠望族,桑梓情殷。汝南应劭、鲁国孔融,地因人重,名以望传。虽迁徙靡常,寄寓他所,而称名所系,仍冠旧邦,庶邑居井里,以亡为有,实去名存"①。可见,无论社会环境多么恶劣,人们对族系地望的重视以及对家族凝聚的认同感丝毫不减。如陈寅恪所论:"吾国中古士人,其祖坟住宅与田产皆有连带关系。……故其家非万不得已,决无舍弃其祖茔旧宅并与茔宅有关之田产而他徙之理。"②因为,徙居异地不仅意味着家族累世产业、经济来源的丧失,也往往意味着固有社会关系、社会地位的失坠。这对于农耕经济下每一个经济共同体的破坏性是致命的。魏晋时期北方大规模的家族流移与外徙,从客观上讲,的确对传统的家族生存造成了困难,北方家族除少数靠结坞自保顽强地坚持下来外,大部分受到重创。但在另一方面,"衣冠南渡"却带来了南方经济的发展。南方的家族体系、分布及其发展势头却因此而趋于完整和活跃,并很快成熟起来。侨置郡县的设置,以点带面,很快带动或影响了周边环境,促使南方原本处于幼弱状态下的家族势力,在北方家族的楷模作用及与北方家族的抗衡中迅速壮大起来,最终南北方家族共同在南方生根开花,枝繁叶茂,以至于南方家族的密集及其势力的强固,一直跨越以后的唐宋元明清,迄于近代,表现出了旺盛的生命力。

唐宋社会经济政治的新变动,促成了大规模、全社会性的家族组织的

---

① 胡孔福:《南北朝侨置州郡考·叙》,北京图书馆中华全国图书馆文献缩微中心1992年缩微版,现存北京国家图书馆。
② 陈寅恪:《论李栖筠自赵徙卫事》,《金明馆丛稿二编》,上海古籍出版社,1980年,第2页。

重建。唐宋之际,经济上,生产力进步基础上的工商业发展,引发了农业包括土地所有制、租佃关系和人身依附等关系的新变化。政治上,中央皇权与地方割据势力的冲突接近终点,形成了中央集权高度强化,科举制实行等政治制度方面的种种变化。这些变化,使传统的世家大族式家族组织受到分裂的威胁与困扰:一方面,佃客、部曲不再迷恋于庄园经济的保护,脱离庄院游离于社会,成为小生产者,削弱了家族的经济力量;另一方面,家族子弟通过科举获得官位,出于国家政治的需要,不可能回到原籍与家族聚族而居,作为地方官必须定居于为官辖区,在当地买下田产定居下来,这就破坏了一向维持着的家族聚居方式,出现了家族成员不规范地四处播迁现象。

面对旧有的家族组织的削弱和动摇,唐宋之际,受家族宗法长期浸润的士大夫,感慨于古老血缘力量的衰败,在民间兴起了一场家族复兴运动。

透过《二程遗书》我们可以看到程颐对宗法制衰败的焦灼,和从政治角度考虑意图建构新的宗法体系的努力。"今无宗子法,故朝廷无世臣。若立宗子法,则人知尊祖重本。人既重本,则朝廷之势自尊。古者子弟从父兄,今父兄从子弟,由不知本也。且如汉高祖欲下沛时,只是以帛书与沛父老,其父老便能率子弟从之。又如相如使蜀,亦遗书责父老,然后子弟皆听其命而从之。只有一个尊卑上下之分,然后顺从而不乱也。若无法以联属之,安可?"[①]程颐从中国伦理文化以孝为本,家国同构的政治伦理特征出发,再一次论证了宗法对于政治的重要,并把宗法的树立提升到了"天理"的哲学高度加以重视。不惟程颐,苏轼和张载等也为此而焦虑并围绕改善这一现象而积极献计献策。苏轼提出:"自秦、汉以来,天下无世卿,大宗之法,不可以复立。而其可以收合天下之亲者,有小宗之法存,而莫之行,此甚可惜也。今夫天下所以不重族者,有族而无宗也。有族而无宗,则族不可合。族不可合,则虽欲亲之而无由也。族人而不相亲,则忘其祖矣。今世之公卿大臣贤人君子之后,所以不能世其家如古之久远者,其族散而忘其祖也。故莫若复小宗,使族人相率而尊其宗子。宗子死,则为之加服,犯

---

① 朱熹、吕祖谦编选:《近思录》卷九《制度》,中国三峡出版社,2008年,第150页。

之则以其服坐。贫贱不敢轻,而富贵不敢以加之。冠婚必告,丧葬必赴。此非有所难行也。今夫良民之家,士大夫之族,亦未必无孝悌相亲之心,而族无宗子,莫为之纠率,其势不得相亲。是以世之人,有亲未尽而不相往来,冠婚不相告,死不相赴,而无知之民,遂至于父子异居,而兄弟相讼。然则王道何从而兴乎?"因此,解决问题的出路在于:"天下之民,欲其忠厚和柔而易治,其必曰自小宗始矣。"①张载也指出:"管摄天下人心,收宗族,厚风俗,使人不忘本,须是明谱系世族与立宗子法。宗法不立,则人不知统系来处。古人亦鲜有不知来处者。宗子法废,后世尚谱牒,犹有遗风。谱牒又废,人家不知来处,无百年之家,骨肉无统,虽至亲,恩亦薄。宗子之法不立,则朝廷无世臣。且如公卿一日崛起于贫贱之中以至公相,宗法不立,既死遂族散,其家不传。宗法若立,则人人各知来处,朝廷大有所益。或问:'朝廷何所益?'公卿各保其家,忠义岂有不立?忠义既立,朝廷之本岂有不固?今骤得富贵者,止能为三四十年之计,造宅一区及其所有,既死则众子分裂,未几荡尽,则家遂不存。如此则家且不能保,又安能保国家!"②关于复兴宗法与政治永续的关系,程颐和张载的观点竟如此高度一致。概括起来,他们对家族建设的呼吁和建构设想主要包含以下几个方面:一是总结旧的家族制度崩溃给社会管理带来的困难,从家族建立与政治稳定的层面论证重建家族制度的必要性,呼吁政治层关注和支持新的家族制度重建问题。张载考察了三代宗法式家族和魏晋世家大族式家族的兴亡过程,认为唐末五代以来动荡分裂的重要原因之一是"宗子法废"。由于家族制度的废弛,血缘纽带断裂,直至亲恩薄,骨肉相残,争夺不朽,社会动荡不安。恢复和重建宗法制度是消解争斗与动荡的理想举措。二是对如何重建家族制度进行初步的理论性尝试。主要包括三点:一,设立家族宗子以管理家族事务;二,建立家庙以祭祖先;三,创设家法以约束族众。通过这三点,可以基本解决家族内部管理、家族凝聚力及家族秩序维系方面的问题。

---

① 苏轼:《策别安万民二》,《苏轼文集》卷八《策》,中华书局,1986年,第256—257页。
② 张载:《经学理窟·宗法》,《张载集》,中华书局,1978年,第258—259页。

继张载之后,对宋代家族重建起到最重要也是最关键作用的是朱熹。朱熹一方面从哲学角度论证宗族的"合理性",把宗族共同体提升到最高哲学范畴——理的高度,为新的宗族制度的构建提供理论依据:"立宗子法,亦是天理。譬如木,必有从根直上一干,亦必有旁枝。又如水,虽远必有正源,亦必有分派处,自然之势也。"①另一方面,在前人的基础上,对新的封建官僚家族制度进行更详尽的设计②。在朱熹的设计蓝图里,每一个家族都由一个宗子或族长统领,每个家族建立一个祠堂,供奉高、曾、祖、祢四世先祖③,每个家族都设立族规家法,约束族众的言行,维系家族秩序。这三点与以上三子的论证内容近似,只是形式更加缜密。与此前不同的是,朱熹还提出了维系家族组织最重要也是最基础的经济因素——族田问题。朱熹认为,族田是家族赖以存在的经济保障,可以为族众在丰歉与贫富之间提供一种调谐,保障族众不因灾荒、贫困而流亡、溃散:"须是且如唐时立庙院,仍不得分割了祖业,使一人主之。"④除此而外,朱熹还借程颐的话,特别强调了建立族谱的重要:"伊川曰:'管摄天下人心,收宗族,厚风俗,使人不忘本,须是明谱系,收世族,立宗子法。'"⑤

经过宋代文人的呼吁和提倡,上古以尊祖、敬宗、收族为基本原则的宗法制,经过一番调整,实现了以修宗谱、建宗祠、置族田、立族长、订族规为主要内容的新的宗法制度的转变。

这股宗法复兴的文人潮流,目的在于维系社会政治和秩序的稳定。因为家族组织一方面会以它的血缘亲情,帮助政府把松散的个体农民组

---

① 朱熹、吕祖谦编选:《近思录》卷九《制度》,第150页。
② 朱熹的家族设计方案,可见《朱子家礼》卷一《通礼》,包括建祠堂、置祭田、具祭器、定时祭"宗子主祭……祭自高祖以下。古人宗子越在他国,则不得祭,而庶子居者代之。今人主祭者游宦四方,或贵仕于朝,又非古人越在他国之比,则以其田禄,修其荐享,尤不可阙,不得一身去国而以支子代之也。宗子所在,宜奉二主以从之。支子所得自主之祭,则当留以奉祀,不得随宗子而徙也。……四时大祭,既葬亦不可行。……出妻入庙,决然不可。为子孙者,只合岁时就其家之庙拜之,若相去远则设位望拜可也。族祖及旁亲皆不当祭"。(丘濬:《朱子家礼》,清仁宗嘉庆六年[1781]宝宁堂刊本,第1—13页)
③ 朱熹撰,丘濬辑《朱子家礼》卷一《通礼·祠堂》:"君子将营宫室,先立祠堂于正寝之东,为四龛,以奉先世神主。"(清仁宗嘉庆六年[1781]宝宁堂刊本,第1页)
④ 朱熹、吕祖谦编选:《近思录》卷九《制度》,第148页。
⑤ 朱熹、吕祖谦编选:《近思录》卷九《制度》,第150页。

织稳定在土地上,并使他们以隔离、闭塞的方式生活在狭小的圈子里,自愿接受族长族规的控制与管理。另一方面会以族产的赈济收拢族人,对缓和矛盾、削弱反抗、稳定统治秩序、减轻政府对农民的管理难度大有裨益。由此,文人们旨在恢复家族宗法的努力,取得了政治层的声气相投而受到推波助澜和强力扶持。扶植的手段有三种:一是精神上的旌表。即对有影响的家族由皇帝和官府发布诏令,请封诰、立牌坊,进行表彰,从精神上引导人们崇尚大家族;二是物质上的奖掖。即对有影响的家族予以赐给粟帛、免除赋役等利益,以物质资助大家族的延续壮大并诱导人们仿效大家族;三是法权上的保护。一方面,在法律上承认族长对家族的统治权。另一方面,对有害于家族制度的行为予以法律制裁。比如宋太祖于开宝三年(970)后陆续颁布的关于"诱人子弟析家产者令所在擒捕流配"、"父母在而别财异居者论死"的诏书和法典,及宋太宗每每于出行地接见当地宗族长的举动等①,均是上述手段的体现。政府和文人的联手推动,促成了宋代以后家族重建的成功。

无论何种形式的家族组织,其基础均建立于血缘纽带之上,以血缘纽带予以维系,而重血缘亲情的儒家思想无疑最有益于对家族的倡导与维系。在整个中国家族组织曲折、变幻的大背景下,秦汉以后的孟氏家族,也随着社会经济、政治形式的变化而变化,兴衰起伏,绵延流转。

孟氏后裔既以孟子为荣耀而彰显其家族的凝聚力,孟子自然便被尊奉为孟氏家族的始祖。孟氏家族在孟子以后的迁演流变过程中,便自然而然地形成了以孟子所在邹地为故里的故里后裔,和迁徙至其余地区的外徙后裔。

二、孟氏故里后裔

(一)故里后裔繁衍梗概

据《孟子世家谱》及《三迁志》等相关史料记载,孟氏家族故里后裔的传承,在第四十五代孙孟宁之前,因家谱记载的损毁,俱无稽可查。这一事实

---

① 吴雁南、秦学顺、李禹阶主编:《中国经学史》,人民出版社,2010年,第386、387页。

记于孟宁于宋元丰七年(1084)主持纂修的族谱序中:"自二代仲子以后,或贵显,或潜晦,代有人焉。至四十四代先君子公齐公,值皇宋景德初,契丹大举入寇,车驾北巡,山东骚动,乃藏家谱于屋壁,携家避匿东山而终焉。家谱所在而人不知也。逮元丰六年,家人拆毁故屋,得烂简于壁,拾其鼠啮蠹蚀之余,详视细认,历代名字有存有没,事迹有详有略,姑缀辑遗谱藏于家,以俟将来。"①孟宁谱序的记载非常明确:孟氏家族原有族谱,但因宋景德初金兵南下,避乱东山,仓促之下,将族谱藏于屋壁,至宋神宗元丰六年(1083)坏屋重新获得,早已鼠啮蚀蠹,孟宁捡其断烂之余,重新整理,家谱已不完整。所以,在孟世家谱世系传承中便出现了如下不合常理而又无法解释的问题(见附表:孟子嫡裔世系表):一,孟子嫡裔,自二代孟仲子起,竟有二十代单传。至二十一代孟观始有二子,长子名嘉,次子名陋。嘉又有二子,长名怀玉,次名龙符。自此以下又是十代单传,直至三十三代。在多子多荫多福的文化观念下,即便遭遇兵燹灾难,一个家族的子孙传承一般不会出现这样的状况;二,孟子嫡裔自三十三代孟浩然,至其长子孟云卿,云卿长子孟简,应为三十五代嫡裔,但谱系所载,第三十六代却为孟云卿弟孟庭玢之子孟常谦。三代所处的时代虽为唐朝中后期,北方或有藩镇之扰,但毕竟是中国鼎盛时代,在这样一个国家统一,社会环境尚属平和的时代,家族传承的记载出现如此问题,其中原由,除用断烂解释外,无以为解;三,谱系中第四十五代孟宁之前记载或单传,或前后衔接有问题,自孟宁之后记载明显详细清晰得多,这一状况似乎也透露出一种信息:前期记载的丢失。对此,孟广均编清德宗光绪本《重纂三迁志》中曾坦言:"今述世系,从公济始者,据孟氏《世谱》,公济以下乃有世次可稽也。其四十四代以前,旧《志》所载诸名类,皆附会失实。"②

孟氏后裔至五十三代孙孟之训时,遭值元末兵乱,为避兵游走于关、陕、秦、晋间,乱稍平,孟之训嫡子思谅携母归邹,守奉祀事。大明一统后,孟思谅偕袭封衍圣公赴京面奉明诏,归乡奉祀事。族长孟之全及族人孟思

---

① 孟广均编:《孟子世家谱》(清穆宗同治本)卷首《孟宁序》,现存邹城市文物局。
② 孟广均编:《重纂三迁志》(清德宗光绪本)卷一《世系》,第69页。

言等共同协商议定,以孟子五十四代嫡孙孟思谅为大宗宗子,并由张焕撰众议以为记,是为《孟氏宗支之记》。记文以家法的形式于元末战乱后,重新确立了孟氏大宗。此后,随着华夷统一,孟氏族人也渐实于乡,族众与日俱增,为便于对族众的管理,孟氏大宗嫡裔自第五十五代始有"十一派"、"二十户"的划分(见附表:孟氏"十一派"、"二十户"划分表)。立宗支法的目的,在于通过分派的划化,厘清其分支远近,以解决后续子孙传承过程中家庭分支、人丁繁衍等问题,如张焕在《孟氏宗支之记》中所论:"天地定位,四时顺序;宗支定位,子孙不紊。古圣贤法天地定位之理,分宗支之辨,盖顺天道正纲常也。天道顺,纲常正,家齐国治而天下平矣。亚圣有言,天下之本在国,国之本在家。今孟氏原始要终,依家礼立宗支法,可谓奉上先训知先务也。"①"十一派"的划分始于孟氏五十五代"克"字辈。据《家谱》统计,孟氏大宗嫡裔传至五十五代已有四十二人,其中三十一人在三、四代内失传,其余克仁、克诚、克昭、克威、克珏、克宽、克伊、克继、克缙、克纶共十一人分为十一派。自五十五代"克"字辈至第五十六代"希"字辈,共有三十三人,除其中十一人无传,其余二十二支又细分为"二十户",并各有户名。"二十户"的划分依据嫡长子大宗、余子小宗宗法规则。按照这一规则,一并考虑到克仁之子希文始授翰林院五经博士主祀事。因而,以希文长曾孙第五十九代孟彦璞为直系传承的第一大宗户,其余分支为小宗户,各依其所居地命名。如此,则"户系于派,派统于宗,世代井然,源流连贯"②。孟氏嫡系后裔的世系传承分派清晰,井然有序,而在十一派、二十户以外者,则为五十五代以前分支,或迁居他乡者。所谓"故里后裔"与"外徙后裔"的区分,即以此为据。

从《家谱》记载看,孟氏后裔人口繁衍情况总体呈平稳上升趋势。至清代,据现仅存两种孟氏家谱中较早的一部——清宣宗道光本《孟子世家谱》的记载情况看,故里后裔仅在谱的十五岁以上成年丁男即已达五千余人③,

---

① 张焕:《孟氏宗支之记》,孟氏族长孟之全、举事孟克明于洪武四年(1371)立石,石现存孟庙启贤门外东侧。刘培桂编著:《孟子林庙历代石刻集》,第90—91页。
② 刘培桂主编:《孟子志》,山东人民出版社,2009年,第405页。
③ 此据刘培桂主编:《孟子志》,第405页。

且其中所载丁男尚且并非全族人口。考察其中原因,除了经济发展、环境稳定、生存质量提高等常规因素外,就孟氏家族而言,还有两个特殊因素:一是客观政治政策方面的。唐宋以来,特别是元明清三朝,伴随宋代以后儒学理论的转换,孟子受到来自学术和政治界的日益尊崇。与此相对应,在宋代以后新形势下新一轮的家族重建风潮中,孟子家族也受到来自朝廷和民间的日益关注。其中与孟子家族兴盛有直接关系的是政府对孟子后裔在经济上的优待。赐田赐户,特别是蠲免差徭,是孟子家族人口繁衍加速的一项隐形而重要的因素。自秦汉至清雍正元年(1723)"摊丁入亩",期间两千年,我国赋役制度一直实行的是地、丁两条征税渠道。丁银的征收始终是无地或少地农民的沉重负担。孟氏家族赋役的免除,解除了其由对人丁增长带来赋役负担的后顾之忧,这应是其人口逐年递升的一个重要原因。二是主观心理方面的。伴随唐宋以来孟子地位提高对孟子家族带来直接经济优惠的同时,还有自朝廷至民间,自上而下形成的对孟子家族的政治优礼与尊崇。在对孟子及其父母的不断诏封、赐赠之下,是对孟子嫡裔主祀人的袭封和晋赏。孟子后裔们面对一次次的优礼与封赐,在当时有何种心理反应,史缺有间,无以为据。不过,按照人同此心的心理推定,欣悦与自豪亦属必然。从杨珣为纪念孟希文被授世袭翰林院五经博士一职写的《亚圣五十六代孙世袭翰林院五经博士荣归记》的碑文中,可以窥到这一迹象:"迨今圣天子举行盛典,断自宸衷,超越前代。以颜、孟有功于世道,不任以有司之烦职,特授以翰苑之清官。宠命初颁,朝野交庆。岂但增辉颜、孟之门,实则耸动士风之振。"①朝野交庆,耸动士风之振,其欢悦之情,又岂止于孟氏后裔? 如此的家族荣光,必然在孟子家族后裔们的心中形成一种心理自我激励机制。孔公恂为孟希文写的《亚圣五十六代孙世袭翰林院五经博士士焕孟公墓志铭》就记载着:"夫以孟子后历二千年而始膺世职,非人待世,乃世待人也。公授职以勉绍祖训为志,整修祀典,开垦祀田,于庙庭礼乐无不厘正,洵谓不旷其官。"其愉悦与激励之情跃然纸上。如此这般,必有益于家族后嗣的繁衍与昌盛,所谓:"亚圣明道,后

---

① 碑现存孟庙致敬门内院甬道东侧。文收入刘培桂:《孟子林庙历代石刻集》,第144页。

嗣宜昌。"①

(二) 故里后裔精英

狭义的历史就是探讨人类社会的发展史。从整个社会的角度考察，无论是生产力的增长、社会形态的更替，还是社会共同体的发展、社会意识的进步，都是社会的人的活动结果。离开人这个主体，狭义的历史就无从谈起。在人的作用上，历史唯物主义摒弃英雄史观，但却从来不否认在一定的社会关系、文化背景下的个人在历史上所起的作用。而与普通个人的作用所具有的相似性和可替代性相比，杰出人物往往是在特殊时期，起到了特别而关键的作用。因而，他们的行为思想更易于被后人关注。孟子家族的发展也是如此，无论在家谱的流传、家族族规的完善还是家族势力的壮大方面，代代孟氏后裔的智慧和不懈努力，对于孟子家族人口的繁衍与文化繁盛起到了延续性的积淀作用，其中精英们的特殊和关键作用尤其如此。

自四十五代孟宁始，得益于家谱记载的详赡，孟子嫡裔世系始确然有据。同时，孟宁的时代，已是宋仁宗时期。其时，孟子"升格"运动已开始，随着孟子地位的提高，孟子嫡裔始受重视，与之相应，其相关信息开始在家谱、家志及各类正史中出现。自此，孟子嫡裔世系传承及子孙事迹也日益清晰起来。我们从中可以看到，对孟子家族的发展起到过关键作用的精英人物，宋、元、明、清历朝，代不乏人。

1. 宋代：孟宁与孟氏家族的中兴

宋仁宗景祐四年(1037)，孔子四十五代孙孔道辅任兖州知府，于四基山访得孟子第四十五代孙孟宁，并将其荐于朝廷，诏授迪功郎、邹县主簿，主孟子庙祀。此事最早见于明太祖洪武六年(1373)《孟氏宗传祖图》碑，另孟广均编清穆宗同治本《孟子世家谱》记载更为详细："宋仁宗景祐四年，孔道辅守兖州……得四十五代孙宁、四十六代孙存，荐于朝廷。授宁迪功郎，邹县主簿。率领阖族主奉礼事，无废缺。编辑族谱以传后世，族众推为'中

---

① 孟衍泰编：《三迁志》(清世宗雍正本)卷十《祭谒·墓志铭》，四川大学古籍整理研究所编《儒藏》第10册，四川大学出版社，2005年，第57页。

兴祖'，附祀故里。"①这不仅是孔、孟两大家族关系史上的重大事件，更是孟子家族发展史上具有标志性意义的大事。其意义概有以下几点：一，孟子后裔始授公职；二，"公（孟宁）重修故宅，拆毁屋壁，乃得家谱。岁久，鼠啮蠹蚀，磨减断缺，失次二三。公披阅群书，证以见闻，重加编次，复成完本，以贻后世。宗族相传，迄今二百余载，未尝失坠，皆迪功继志述事之力也。"②孟子嫡裔世系自此始详；三，孟子家族自两汉以前的湮没不彰，至唐宋以后的扶摇直上，便以此为转折点。也因此，孟宁被孟氏后裔称为"中兴祖"，其所谓"中兴"之意即在于此。

2. 元代：孟惟恭与孟子府庙建置的奠立

建立元朝的蒙古族是世居蛮荒的少数民族，其统治上层对中原文化具有天然的隔膜与鄙弃。但随着政权向中原的延伸，对中原文化的先进性由了解而倾慕。随之而来的经济政治政策与文化观念的转变，使得宋代尊孟的风气在元代继续延伸并落实下来，乃至达到一个历史上从未有过的新高度。孟氏五十二代主祀人孟惟恭（字彦通），正是在这一有利形势下，得以增修孟庙，置办祭器，使孟子府庙建置初具规模。

桂孟的《孟惟恭墓志》较全面地展示了孟惟恭一生行迹及对孟子府庙建设的贡献。明代首任邹县知县桂孟居官期间，与孟子五十四代大宗裔孙孟思谅友善，因此而被邀撰写《孟惟恭墓志》，铭文写道："盖处士之生笃厚而明敏，结发而知嗜学，弱冠而能为文辞。平居寡言笑，不求宦达，遇事有谋而善果断。暨主领祀事，能干置雅，于继述之事尤惓惓焉。泰定五年五月，蒙中书拨付祭田，以顷计者三十，官钱以缗计者三千有奇，收贮贯粒，具笾豆罍洗，恭备春秋释奠。以其赢行贷，计其子本所入，次第兴创正殿，塑亚圣像，建两庑，作灵星门重三间，构讲堂、西斋、神厨、库房，缭以周垣约百余丈。筑断机堂于中庸书院之西北，甃曝书台。又刻《加封亚圣制》碑及宗支图、林庙碑大小凡三十余座。"元泰定帝泰定五年（1328），孟惟恭利用政府拨给孟府的祭田和钱，苦心经营，用其收入陆续购买了笾、豆、罍、洗等祭

---

① 孟广均编：《孟子世家谱》（清穆宗同治本）卷二，现存邹城市文物局。
② 孟广均编：《孟子世家谱》（清同治刻本）卷首《孟润序》，现存邹城市文物局。

器,兴建了孟庙正殿及两庑、棂星门,并讲堂、西斋、库房,并立了三十多块碑刻。使元代刻石"远远超过宋、金两代之和"①。这些建置,虽然后来有的已毁坏不存,但初步奠定了孟子府庙等主要遗迹建置的基本格局。无怪乎桂孟在墓志最后发出感慨:"呜呼! 辟邪说恢圣谟,厥祖之功大矣。君以干济之才,又学而又守志不仕,独以祖庭林庙树建报效始终为务,而卒克如志,其考终命,宜哉!"②

3. 明代:孟希文与翰林院五经博士的袭任

明代对孟子的尊崇虽然经历了"罢享"与"节文"风波,但作为封建政治成熟期的大明政府,其对儒家伦理思想的依恋,决定了它对孟子家族及其文化的难以割舍。毕竟,《孟子》中对帝王权威的藐视与其对封建政权的建设性作用相比,抑或朱元璋个人好恶与巩固和延续政权的需要相比,还是显得微不足道。所以,有明一代,对孟子及其家族的尊崇与优礼,并没有因此而受到动摇。即便在明代统治已进入危机重重的中期,明代宗在英宗复辟阴云的笼罩下,依然不忘倡导、利用儒学,优礼孟氏家族。孟子第五十六代孙孟希文授翰林院五经博士,正是在这样的政治氛围下。

有关孟希文(字士焕)的生平事迹,孔子五十八代孙孔公恂《亚圣五十六代孙世袭翰林院五经博士士焕孟公墓志铭》有详尽叙述,文称:"公赋质英敏,髫年授书,未几辄能成文,千古书典册触目记忆,声誉胜士林。义气深重,知交多高人……察世故洞若观火,耆宿不能过也。居恒寡嗜好,服瀚濯衣,不尚绮靡。惟重古名人笔迹,购之不计值。酬酢之暇,即披玩几案间,以清课自娱。其教子笃于庭训,为延师取友,必择而事之。……恭遇景泰二年诏求孟子后,命下,孟裔中人惟公学行俱优,又系嫡长,应诏赴都,拜袭封之命,领敕赴任。公授职以勉绍祖训为志,整修祀典,开垦祀田,于庙庭礼乐无不厘正,洵谓不旷其官。……遇宪宗、孝宗两朝临雍大典,俱钦取

---

① 刘培桂编著:《孟子林庙历代石刻集·前言》,第3页。
② 史鹗编:《三迁志》(明世宗嘉靖本)卷六《碑记二》,现存北京市首都图书馆。另见刘培桂编著:《孟子林庙历代石刻集》,第89页。

陪侍……逢万寿圣节,俱乘传赴都。"①铭文除详叙孟希文为人教子之道外,于孟子家族的贡献主要体现在受"翰林院五经博士"后,对内率族人整修祀典、开垦祀田、厘正礼乐等;对外依例代表孟氏后裔,参与皇家临雍大典及万寿圣宴。自孟希文于明代宗景泰二年(1451)受翰林院五经博士以来,孟氏后裔世代沿袭,直至第七十三代孟庆棠于民国三年(1913)改为奉侍官,十八代沿袭不辍。考查今日孟子府庙遗存,可见多处孟希文在任期间的立碑与刻石,如成化四年为答谢驿宰河南太康傅弼等捐资修葺两庑仪门而立《重修两庑仪门庙记》碑(现存孟庙启圣殿院甬道东侧)、巡按山东监察御史林荣《祗谒先师邹国亚圣公庙》石刻文、提督山东学校按察司佥事毕瑜《告孟庙文》石刻文等。这些碑文,见证了孟希文对孟子府庙建置的重视和为提升孟子家族社会影响力所付出的努力。

4. 清代:孟广均与"十长物斋"

清朝前期,伴随满族上层对中原儒家文化和宗法家族的文化认同,孟氏家族一度备受尊崇。但是随着所谓"康乾盛世"的结束,嘉、道时期,清朝统治步入危机四伏的中期,朝廷内部腐败成风,地方上随着人口剧增,土地问题严重,民间以反清为宗旨的秘密结社活跃,武装起义此起彼伏。嘉庆十八年(1813)的天理教起义甚至一度攻入清宫,这标志着清朝统治的由盛转衰。孟子第七十代孙孟广均(字京化,号雨山、铁樵等)就是在如此动荡、飘摇的政治环境下从补弟子员、中举到道光十年(1830)承袭翰林院五经博士,主持孟子家族事务三十八年。

关于孟广均生平事迹,今可见于《孟子世家谱》、《三迁志》及清文宗咸丰元年(1851)万青黎写的《墓志铭》。万氏的《墓志铭》侧重于他青年时期如纯笃聪颖、长于金石文辞等个人秉性与爱好,以及从拔贡生到袭翰林院五经博士等成长经历方面的记载。至于他对孟府的管理与贡献方面,则谱、志较为详赡。从谱志材料看,孟广均一生对孟府有三大贡献:一是整饬修缮孟子府庙林墓。孟广均于道光十二年(1832)继任翰林院五经博士。

---

① 孟衍泰编:《三迁志》(清世宗雍正本)卷十《祭谒·墓志铭》,四川大学古籍整理研究所编《儒藏》第10册,第57页。

其时,孟子府庙历多年风雨残蚀,已满目颓败。因此,他在继任的十年内,借助于官私捐赠,戮力经营,逐一修葺了孟林、孟庙、孟母断机堂和孟府。其惓惓之用心,工程之浩大及所历财力不足等困顿,透过其亲撰的《重修断机堂记》《捐廉修葺亚圣孟子庙银两已未完工程易钱工料支销总目》及《亚圣孟子庙捐修记德碑》可见一斑:"本年正月,均承祀事。仰瞻庙貌,不蔽风雨。谨奉神暂移于致严堂。阅夏逮秋,自输资财,竭力修葺。"①"今功将及半而资用告匮,广均复贷钱千余缗继之亦无能为役。"②孟广均的努力,成就了今日孟子府庙的基本规模和格局。二是纂修《重纂三迁志》和《孟子世家谱》。孟氏家志自明代从《孔颜孟三氏志》中独立,以《三迁志》命名,成为单独家志以来,已历明、清两代相沿不辍。孟广均继任翰林院博士时,距最后一次编孟子家志,即清世宗雍正本《三迁志》已愈百年。期间历乾、嘉、道三朝,孟氏家族屡受恩宠,"崇儒重道,旷古未有",然"孟子适丁家难垂二十年,主鬯乏人,事迹故多失载"③,鉴于此,孟广均于道光十五年(1835)约邹县举人马星冀重纂《三迁志》。书稿虽成,但因"旋经寇乱",终其一生始终未得刊刻。④ 至光绪世,才由陈锦、孙葆田等重加修订,刊印出版,即传世的光绪本《重纂三迁志》。《孟子世家谱》自孟宁缀辑遗谱,之后历经明、清,多次修撰,传承有年。孟广均晚年与其子孟昭铨、族人孟传琦等,于同治三年(1864)续订家谱,次年书成,为体例最完备的传世家谱。三是设立并主持三迁书院。作为孟子后裔,孟广均继承了儒家孔、孟重视教育的思想渊源,重视儒家思想传承和家学教育。于道光十二年(1832),即在其袭任翰林院五经博士的当年,便于孟府西院设三迁书院教授孟氏子弟,孟广均亲自执教书院。四是致力金石收藏。"金石花竹主人"的雅号,反映了孟广均其人喜搜求品鉴金石书画的生平爱好。这一爱好,成就了他对孟府金石文物收藏的一段佳话。孟广均于道光年间购得清乾隆四十四年

---

① 《重修断机堂记》,碑原存孟母三迁祠,已毁。参见刘培桂编著:《孟子林庙历代石刻集》,第408页。
② 碑刻现存孟庙启圣殿甬道东侧。参见刘培桂编著:《孟子林庙历代石刻集》,第419页。
③ 孟广均编:《重纂三迁志·孟广均序》,清德宗光绪本,第20页。
④ 马星骥《光绪邹县续志》卷十二《人物志》有"孟广均……尝与诸文学辑《三迁志》,待梓。"见山东府县志辑:《中国地方志集成》第72册,凤凰出版社,2004年,第621—622页。

（1779）桂馥为颜运生所题"十长物斋"的墨迹，请马星翼鉴赏题字，马星翼取用其"十长物"之意，详列孟广均所藏十件文物，并取其意为孟广均题写书斋名，其文为：

> 雨山博士雅好金石古器，收藏砚瓦，适购得桂谷书'十长物斋'一幅，为颜运生作也。
>
> 闲出以示翼曰。阁下所著当与之埒，即为数之，长乘马币一、周叔子盘二、葛父鬲三、周鼎四、郊子辟五、汉瓦当六、新天凤碣七、后汉骑部曲将印八、建安铁瓦砚九、明蕉叶白砚十。数正相当，即以是为阁下题斋可也。①

以上所列十"长物"，系孟广均曾经搜得的十件金石古器。这十件古物，历经岁月沧桑，至今尚有三件存于孟府：汉天凤碣（即茉子侯刻石）、建安铁瓦砚和明蕉叶白砚。这些实物及刻于其上的文字，不仅为后人研究汉代和明代书法文化提供了依据，也增加了孟府的文化底蕴。

三、孟氏外徙后裔

（一）外徙后裔繁衍播迁梗概

邹城故里后裔的外徙情况，在四十五代孟宁之后，才有确凿记载。据《孟子世家谱》、各地《县志》及孟氏流寓各地《支谱》所载，孟氏后裔大规模外徙的原因较为复杂，但究其大概，不外乎两种情况：一是中原政局的变动；二是国家统一与稳定。

第一次大规模外迁，应是魏晋南北朝北方战乱时期，孟氏后裔汇入南迁洪流，流徙至江浙一带。孟龙符是此次南迁的始迁祖。

第二次大规模外徙，是金与蒙古入主中原，宋室南渡。孟彦弼、孟忠厚

---

① 胡新立：《孟广均及"十长物斋"》，济宁市政协文史资料委员会、邹县政协文史资料委员会编：《孟子家世》，中国文史出版社，1991年，第106页；另见邹城市孟子学术研究会、孟氏宗亲联谊会编：《孟子与孟氏宗族》，中国文史出版社，2005年，第154页。

父子"扈后南渡"①成为此次南迁始祖,也由此奠定了孟氏南北两大分支体系。

第三次是明、清时期的外迁。至明、清两代,孟氏后裔人口大增。在国家统一,社会稳定的大环境下,孟氏后裔外徙的原因,显然并非战乱驱使,而多是为官所任或从业所居。后者与前此为逃避战乱的迁徙相比,最明显的区别是没有明确的地域指向性。在全国统一的环境下,孟氏后裔呈四面辐射状态向全国播迁,北起东三省,南至湖湘,西至川陕。

除此而外,在历史上的某些特殊时期,比如唐代社会的强盛,或明末以后海禁的废弛,伴随中外交流的频繁,陆续有部分大陆孟氏后裔开始向外拓展,徙居中国台湾、朝鲜和日本等地。如据韩国《新昌孟氏大同谱》记载,孟子四十代孙孟承训,于唐僖宗文德元年(888)徙居朝鲜半岛,成为韩国孟氏的始迁祖。另据孟府档案资料《武林孟氏志考》记载,孟子四十二代孙孟忠厚随宋高宗南渡,徙居南方江浙一带,传十九世至六十一代孙孟治庵,于明末由杭州东渡日本,先后改名渡边、武林,成为现在日本广岛孟氏后裔的始迁祖。此后,日本孟氏后裔在一切可能的情况下,不断到大陆寻根,成为中日友谊的桥梁。②

(二) 外徙后裔撷英

综观历代史、志,在遍布全国的孟姓外徙后裔中也不乏精英。但是,由于历史上人口的流徙本就复杂无序,又兼史料记载的匮乏,史留英名的孟氏后裔究属本居山东的邹国孟氏,还是本居河南的卫国孟氏,已畛域难明。其实,若把这一问题放在孟姓皆源于姬周的大视野下考察,一定要畛域分明也大可不必。

1. 汉代:象数《易》学先驱孟喜

儒家思想之所以两千年传承不衰,除了农耕经济和血缘宗法家族相结

---

① 《绍兴县志》记有:北宋哲宗时,孟彦弼"扈后南渡至越州。今越之孟氏皆其后也。此孟氏南北两支之所由分也。……彦弼……次子忠厚及其长子德璘居绍兴府治右赐第。"(转引自刘培桂主编:《孟子志》,第408—409页)
② 以上分别据《孟氏朝鲜支派世系》、韩国《新昌世家谱》及孟府档案《武林孟氏志考》等资料,详见刘培桂主编:《孟子志》,第413—415页;邹城市孟子学术研究会、孟氏宗亲联谊会编:《孟子与孟氏宗族》,第108—110页。

合的社会基础外,也与其自身随时权变,与世更新的自我调节机制有关。时至汉代,新的封建秩序已趋完善,思想跟进势在必行,与之相适应的新的思想体系和观念意识亟待建立。特别是武帝时期,国家经济的强盛与地方政权的膨胀,使汉朝中央统治受到威胁。政治经济权力的集中与文化观念的一统,成为亟待解决的时代问题。以董仲舒为代表的汉儒,顺应这一政治需求,由《易》观变,趋时更新,基于孟子"定于一"(《孟子·梁惠王上》)的一统理论,借《春秋》阐幽发微,论证汉代中央集权国家一统的合理性。汉儒的一番努力,使儒学在"独尊儒术"的政治背景下复兴。与此相呼应,儒家经典受到前所未有的政治和学术追捧,从文帝始设《诗》为博士,中经景帝增《尚书》和《公羊春秋》,至武帝时,儒家五经《诗》、《书》、《易》、《礼》、《春秋》同设博士。

《易》概得益于"卜筮之书"①而免遭秦火,自孔子至汉代传承授受,脉络清晰。《史记·仲尼弟子列传》有"孔子传《易》于瞿,瞿传楚人馯臂子弘,弘传江东人矫子庸疵,疵传燕人周子家竖,竖传淳于人光子乘羽,羽传齐人田子庄何,何传东武人王子中同,同传菑川人杨何"②的记载。《史记》自田何后,只记王同一系。而据《汉书·儒林传》,田何传人除王同外,尚有周王孙、丁宽、服生等数家,丁宽传田王孙,而田王孙(武帝时)的传人又有施雠、孟喜、梁丘贺,三家皆声名显赫,于宣帝时以今文经学设于学官。

关于孟喜生平行迹,班固《汉书·儒林传》记载为:为人浮夸,"喜好自称誉",曾因"诈言师田生且死时枕喜膝,独传喜",被同门梁丘贺以"田生绝于施雠手中,时喜归东海,安得此事?"③揭露其妄,因此而受时人诋毁④。

---

① 《汉书·儒林传》:"及秦禁学,《易》为筮卜之书,独不禁。"《汉书·艺文志》:"及秦燔书,而《易》为筮卜之事,传者不绝。"(《汉书》卷八十八《儒林传》、卷三十《艺文志》,中华书局,1962年,第3597、1704页)
② 《史记》卷六十七《仲尼弟子列传》,第2211页。
③ 《汉书》卷八十八《儒林传》,第3599页。
④ 清江藩《汉学师承记》对《汉书》这一记载并不以为然,认为这是同门施雠、梁丘贺嫉妒孟喜学行独高,以此非难孟喜,而班固撰《汉书》又独用"雠、贺之单词"所致。江氏原文为:"孟喜、雠、贺同事田王孙,喜未贵而学行独高。喜所《易》家候阴阳灾变书,得自王孙,而贺恶之,谓无此事。语闻于上,宣帝遂以喜为改师法,中梁邱之谮也。……班固作喜传,亦用雠、贺之单词,皆非实录。"(江藩:《汉学师承记》,漆永祥:《汉学师承记笺释》(上),上海古籍出版社,2006年,第173页)

然其为学却敢于突破师法，著《孟氏京氏》、《灾异孟氏京氏》、《孟氏章句》①等，以灾异说《易》，创《易》学卦气说②，成为汉代象数《易》学的先驱。孟喜的象数《易》学，仍然是适应汉代"文化专制的要求"③而作出的调整和转向，是对董仲舒天人感应、灾异学说的《易》学补充。

2. 唐代：文学巨匠孟浩然、孟郊

唐代是中国封建经济、政治和文化达至极度繁盛的时代。经济的繁荣、政治的强盛成为文化繁荣的基础。经学、史学、文学、艺术、科技，百花齐放。而在诗、词、文、小说诸文学形式中，尤以诗歌最为光彩夺目。清人编的《全唐诗》，收入唐二千三百多个诗人的四万八千九百多首诗。其数量之多，内容之丰富，风格流派之异彩纷呈，为以往任何一个朝代所罕见。

唐朝诗歌的发展大体经历了初唐、盛唐、中唐和晚唐四个阶段。从时间定位看，孟浩然和孟郊分属盛唐和晚唐时期。唐玄宗开元、天宝年间，封建经济发展到高峰。但是，在繁荣的表象下，腐朽的潜流在激荡。各种社会矛盾的发展积累，终于导致了安史之乱的爆发，唐朝由盛转衰。

---

① 《汉书·艺文志》著录有《孟氏京房》十一篇，《灾异孟氏京房》六十六篇（《汉书》卷三十《艺文志》，第1703页）。《新唐书·艺文志》著录有"《孟喜章句》十卷"（《新唐书》卷五十七《艺文志一》，中华书局，1975年，第1423页）。马国翰《玉函山房辑佚书》辑有《周易孟氏章句》二卷。（马国翰：《玉函山房辑佚书》卷二《经编易类·周易孟氏章句》，《续修四库全书》第1200册，第525页）

② 唐僧一行《大衍历议·卦议》有称："十二月卦出于《孟氏章句》……夫阳精道消，静而无迹，不过极其正数，至七而通矣。七者，阳之正也，安在益其小余，令七日而雷动地中乎？当据孟氏，自冬至初，中孚用事，一月之策，九六、七八，是为三十。而卦以地六，候以天五，五六相乘，消息一变，十有二变而岁复初。坎、震、离、兑，二十四气，次主一爻，其初则二至、二分也。……"（《新唐书》卷二十七上《历志三上》，第599页）又清惠栋为之考证解说："孟氏卦气图，以坎离震兑为四正卦，余六十卦，卦主六日七分，合周天之数，内辟卦十二，谓之消息卦。乾盈为息，坤虚为消，其实乾坤十二画也。《系辞》云乾之策二百一十有六，坤之策一百四十有四，凡三百有六十，当期之日。夫以二卦之策，当一期之数，则知二卦之交，周一岁之用矣。四卦主四时，爻主二十四气，十二卦主十二辰，爻主七十二候，六十卦主六日七分，爻主三百六十五日四分之一，辟卦为君，杂卦为臣，四正为方伯，二至二分寒温风雨，总以应辟为节。"（惠栋：《易汉学》卷一《孟长卿易上·卦气图说》，《四库全书》第52册，第303页）其基本精神是将六十四卦与一年中的四时、十二月、二十四节气、七十二候相互交合，形成所谓四正卦、十二消息卦、六日七分法、七十二候说等，以解释自然现象变化。

③ 孙筱：《两汉经学与社会》，中国社会科学出版社，2002年，第268页。

文学是现实的反映。唐朝诗歌发展的节律，明显表现出与社会现实紧密相关的特点。盛唐以后的诗歌，无论是田园诗还是边塞诗，在形式上达至精丽华美的同时，其内容和精神气质则与闲适、退隐的情绪相伴随，出现了沉郁顿挫、为变乱和苦难吟唱的内在发展倾向。

作为盛唐田园诗的主要代表，孟浩然（689—740）的事迹一并载入新、旧《唐书》，然而即便文字稍多的《新唐书》，也只有"少好节义，喜振人患难，隐鹿门山。年四十，乃游京师。尝于太学赋诗，一座嗟伏，无敢抗"①等寥寥数语。不过，从这寥寥数语中，亦可大概领略其生平行迹及其文才之盛。

生当盛唐的孟浩然早年也曾有用世之志，但终因其"高山安可仰，徒此揖清芬"②的独立不倚、不入世俗的士人性格而徘徊于入仕与归隐的两难境地，摆脱不了困顿失意的凄凉结局。如同王士源在《孟浩然集·序》中所说"骨貌淑清，风神散朗；救患释纷，以立义表；灌蔬艺竹，以全高尚"③。但事情又总是辩证的，不肯阿世的傲骨和仕途失意，却恰恰成就了孟浩然的文才，成就了他有唐一代堪与王维比肩的山水宗师的地位。孟浩然的诗绝大部分为五言短篇，多写田园山水、隐居逸兴和羁旅行役的心情。而其不事雕饰、超妙自得的诗风，也恰得益于其不俗的个性。《过故人庄》、《春晓》、《宿建德江》、《夜归鹿门歌》等篇，无不反映着这样的意境与韵致，而被杜甫誉为"清诗句句尽堪传"（《解闷》）的佳作。而其《岁暮归南山》、《晚泊浔阳望庐山》等抒情之作，则处处透着蕴藉深微的超凡与空灵。但是政治的不得志，又常常不由自主地从他的诗中透露出来，使他的诗带有些许寒俭之气和孤峭冷清之感。这使他与王维相比，欠缺了一些视野的宽广与意趣的清远。好在这细微的瑕疵，并不能掩盖其作为唐代山水诗开拓者，为开元诗坛带来前所未有的新鲜气息的功绩，"木落雁南渡，北风江上寒"（《早寒江上有怀》）、"风鸣两岸叶，月照一孤舟"（《宿桐庐江寄广陵旧游》）、"野旷天低树，江清月近人"（《宿建德江》），终成为一代绝唱，传诵后世，而"气蒸

---

① 《新唐书》卷二百三《文艺下·孟浩然》，第5779页。
② 李白：《赠孟浩然》，《李白全集》卷九《古近体诗四十三首》，上海古籍出版社，1996年，第77页。
③ 《四库全书》第1071册，上海古籍出版社，2003年，第438页。

云梦泽,波撼岳阳城"(《望洞庭湖赠张丞相》)也终究让后人领略了他寒俭之外磅礴洒脱的气概。这一切无不向后人昭示了他高尚的情致和深厚的艺术功力。

由于新、旧《唐书》本传记载的简略,以至于对孟浩然的生平研究,构成了唐后期文学研究的一大焦点。围绕居处、享年及生平行迹,歧见纷呈。仅20世纪80年代以来,就有诸如谭优学《孟浩然行止考实》①、王达津《孟浩然生平续考》②,及王从仁《孟浩然"年四十游京师"考辨》③、王辉斌《孟浩然入京新考》④、《李白与孟浩然交游考异》⑤等专著和文章数十部(篇)。其探讨之热烈,也从一个侧面反映了孟浩然在文学史上举足轻重的地位和声望。

孟郊(751—814)⑥的生卒年代正与孟浩然前后相续。如果说孟浩然处于唐朝盛极而衰的前夜,敏锐的触角使其思想充满了山雨欲来的深切忧患的话。那么,孟郊所处的时代,则已是大唐由盛而衰的拐点。均田制的崩溃,使唐政府面临着日益加深的社会、经济、政治和军事危机。与此同时,长久的经济繁荣与财富增长,却使统治者一味沉湎于声色犬马的"太平盛世",无法感知社会变化之后隐藏的深刻危机。中央腐败、地方兼并、军事废弛及由之而来的中央对地方势力的失控和民族关系的紧张,种种矛盾的积累,终于导致了755年安史之乱的爆发。安史之乱虽然以失败告终,但北方经济的凋敝和藩镇割据,却像两大毒瘤,长期而日益严重地侵蚀着唐朝统治的肢体。而安史之乱后接踵上台的肃宗(756—762)、代宗(763—779)和德宗(780—804)三朝的重用宦官,又导致了朝廷内部的宦官专权。顺宗于贞元二十一年(805)试图剿灭宦官,变革政治的"永贞革新"昙花一现,很快归于失败,却反而助长了宦官气焰的嚣张。他们在中央把持朝政、废立

---

① 谭优学:《唐诗人行年考》,四川人民出版社,1981年。
② 王达津:《唐诗丛考》,上海古籍出版社,1986年。
③ 载《上海师范学院学报》1984年第3期。
④ 载《长沙水电师院学报》1988年第1期。
⑤ 载《荆门大学学报》1987年第2期。
⑥ 《新唐书》卷一百七十六《孟郊传》,也仅有"性介,少谐合。……为诗有理政,最为愈所称,然思苦奇涩"等寥寥数语。(《新唐书》卷一百七十六《孟郊传》,第5265页)

皇帝,在地方专横跋扈,侵夺土地。人民灾难深重,唐朝走向衰亡的步伐加速。

与政治形势的变幻同步,此时的诗坛也充满着波谲云诡,除了韦应物的山水诗还保留了一些富有田园味道的高雅闲淡外,大多数诗人转向对政治的关怀,与现实相唱和,形成了以白居易、元稹、韩愈、孟郊为代表的现实主义诗风流派。他们或舒徐(白居易)、或坦易(元稹)、或豪迈(韩愈)、或深思(孟郊)、或幽丽(李贺)、或清苦(贾岛),但无不关注政治,同情民生,指斥时弊。

《孟子世家谱》中列有孟子三十三代后裔孟浩然生二子,长云卿,次庭玢,云卿生孟华,庭玢生孟郊。如此算来,孟郊为孟浩然之孙,虽非嫡长,然犹属孟子三十五代后裔。这一记载是否属实,已无从考究。但无论如何,作为中唐著名诗人,孟郊事迹一并收入新、旧《唐书》,并在如韩愈《贞曜先生墓志铭》及夏敬观《孟东野先生年谱》、华忱之《唐孟郊年谱》等后世资料中鲜活地呈现出来。从这些记载或研究结果看,孟郊的一生与他所处的时代大背景相吻合,充满了坎坷艰辛。早年贫困,屡试不第。四十六岁始中进士,但是"昔日龌龊不足夸,今朝放荡思无涯;春风得意马蹄疾,一日看尽长安花"(《登科后》)的喜悦极其短暂。五十岁为溧阳尉期间,因性格耿介,又常不事曹务,以作诗为乐而屡受诟病,被罚半俸。三子又相继夭殇,处境孤独凄凉。宪宗元和九年(814),携老妻应郑余庆之邀赴兴元(陕西汉中)任参谋,至阌乡(今河南灵宝)暴病去世,结束了六十四年悲苦、动荡的一生。韩愈《答孟郊》总结了他穷愁困窘的一生:"人皆余酒肉,子独不得饱。才春思已乱,始秋悲又搅。"

从内容看,孟郊的诗除了如《石淙》、《寒溪》、《游终南山》等重在刻画山水风景外,其注意力大多投向现实人生,或呼唤人间挚爱真情,如《游子吟》、《结爱》、《杏殇》等。或倾诉仕途失意、人生悲苦,如《落第》、《伤时》、《秋怀》、《叹命》等。但最能代表其高深境界与广阔视野的,还是他超越个人命运,放眼社会民生,揭露社会黑暗,针砭社会丑恶,关心人民疾苦的作品,如《征妇怨》、《感怀》、《织妇辞》、《寒地百姓吟》等。这使他成为继杜甫之后,用诗歌揭露社会不均,反映苦乐民生的又一现实主义诗人。而从写作风格看,社会黑暗导致诗人心理的压抑、不平,使得其诗的表达方式带有较多的冷涩和落寞意味,"冷露滴梦破,峭风梳骨寒","劲飙刷幽视,怒水慑余湍"(《秋怀十五首》),以艰涩词句和瘦硬奇僻的语言风格,表达、彰显着他穷愁怨怼的情绪和对社会的鞭挞。孟郊身后,诗的形式受到如苏轼、元好问等的抨击,而诗的内容则受到如韩愈、黄庭坚等的赞誉。虽褒贬不一,然其精彩、真挚与深思,无疑已随"慈母手中线,游子身上衣"而家喻户晓,随《孟东野诗集》的传世而名垂青史。

3. 五代十国:政坛英杰孟知祥

唐朝后期的藩镇割据延至唐亡,形成了中国历史上继魏晋之后又一个分裂、动荡、割据的时代——五代十国。这是中华民族历大唐盛世之后的一个悲凉之秋,"天子播迁,中原多故"[1],上有暴君,下有酷吏;政治黑暗,赋税沉重;刑罚野蛮,战乱不断。兵燹所及,"丁壮毙于锋刃,老弱委于沟壑"[2],以至"人相篡啖,析骸而爨,丸土而食,转死骨立者十之六七"[3]。在军阀混战的烽火硝烟中,北方有后梁、后唐、后晋、后汉、后周五朝交叠。南方及北方的河东地区又有吴、南唐、吴越、楚、前蜀、后蜀、南汉、南平及闽和北汉十个政权或同时并存,或前后相继。更兼边疆地区东北的契丹,西北的高昌,西南的吐蕃、大理,虎视眈眈。真是你方唱罢我登场,在这个纷乱、悲怆的时代,中原百姓在金戈铁马、战火纷飞的动乱与黑暗中忍受着极限生存的煎熬。

然而,历史总是充满着辩证法。从另一个视角看,这既是藩镇割据的延续,也是新一轮统一的开始。在这一时期:经济上,租佃制进一步发展,人身依附进一步削弱,经济新区域在各国富国强兵的政治政策推进下向边缘地区扩展。政治上,社会结构在悄然变化,上层衣冠缙绅的统治体系被出身下层的帝王权臣颠覆,以门第自高的观念走向消亡。文化上,书法、绘画、诗词等文化艺术在战乱的缝隙中顽强生存,以至于形成了南唐与西蜀

---

[1] 《旧五代史》卷一百三十五《僭伪列传·刘守光》,第1802页。
[2] 《资治通鉴》卷二百八十六《后汉纪一》"后汉高祖天福十二年正月",中华书局,1997年,第2364页。
[3] 《旧五代史》卷一百三十五《僭伪列传·刘守光》,第1802页。

两大文化中心,为其后宋代文化艺术的繁荣做了充分的铺垫。战火与歌舞并存,文士与武夫并肩,黑夜与黎明交替,这是一个充满颠沛与苦难的时代,也是一个充满诡谲与变数的时代。

孟知祥就是曾经活跃在这个时代舞台上的重要角色。孟知祥的事迹,见于新、旧《五代史》,尤以《新五代史》卷六十四《后蜀世家》为详,另清初学者吴任臣《十国春秋》专辟《后蜀高祖本纪》一卷。从史料记载看,孟知祥在这个"中国多故"①、胜者为王的时代,从被五代后唐李克用、李存勖父子重用为马步军都虞侯,到占有东、西两川,再到被封蜀王,以至于最后称帝,靠的是智慧、勇气及对瞬息万变的时局的敏锐观察、准确把握与果断决策。这些无疑都是乱世称雄的必备素质。我们不妨循着他的足迹,看看他走向成功的智慧抉择:

其一,拒任"中门使"。《新五代史》卷六十四《后蜀世家》载:"庄宗为晋王,以知祥为中门使。前此为中门使者多以罪诛,知祥惧,求他职,庄宗命知祥荐可代己者,知祥因荐郭崇韬自代,崇韬德之,知祥迁马步军都虞侯。"②"中门使"究为何职,因为史料缺载,目前尚无定论,王凤翔《五代十国时期的中门使》③一文考证,是五代十国时期地方节镇的幕职官。胡三省《通鉴音注》以为,其角色同于帝王的枢密使④。这是唐末五代藩镇僭越朝廷、在职官设置上模仿中央体制的表现之一。枢密使一职始出现于唐后期代宗、宪宗时,主要由宦官充任,掌表奏和向中书门下传达帝命,是沟通宫内外的重要使者,后权力不断扩大,带兵、出镇、干预朝政,权力凌驾宰相之上⑤。

---

① 《新五代史》卷六十四《后蜀世家·孟昶》,第804页。
② 《新五代史》卷六十四《后蜀世家·孟知祥》,第797页。另《旧五代史》卷五十七《郭崇韬传》也有"天祐十四年,用为中门副使,与孟知祥、李绍宏俱参机要。……先是,中门使吴珙、张虔厚忠而获罪,知祥惧,求为外任。……知祥因举崇韬"(《旧五代史》卷五十七《郭崇韬传》,第763页)的记载。
③ 王凤翔:《五代十国时期的中门使》,载《史学月刊》2003年第12期。
④ 胡三省《通鉴音注》:"晋王封内,凡节镇皆有中门使,其任即天朝枢密使也。"(《资治通鉴》卷二百六十九"梁均王贞明二年九月"条下注,第2231页)
⑤ 赵翼《廿二史札记》卷二十二《五代枢密使之权最重》有五代时"郭崇韬、安重诲等为使,枢密之任重于宰相","当时枢密之权,等于人主,不待诏敕而可以易置大臣","权势益重,遂至称兵犯阙"等语,可见当时枢密使权力之大。(赵翼著,王树民校证:《廿二史札记校证》[下册],中华书局,1984年,第471、472页)

显然,它是封建社会后期皇权与相权争胜的产物。从枢密使的权限,可窥见中门使权力之大、地位之重要。《五代史》的一些相关记载,也显示了这一点。《新五代史》卷二十四《郭崇韬传》有"中门之职,参管机要"及郭崇韬任李存勖中门使"专典机务,艰难战伐,靡所不从"①的记载。安重诲任李嗣源的中门使也是"随从征讨,凡十余年,委信无间,勤劳亦至,洹邺城之变,佐命之功,独居其右"②。另《新五代史》卷二十四《安重诲传》也有类似记载:"重诲自为中门使,已见亲信,而以佐命功臣,处机密之任,事无大小,皆于参决,其势倾动天下。"③可见,中门使在五代的确属于地方节镇的权力要害,其权力之大与地位之显耀毋庸置疑。这是摆在每一个欲建功立勋,在动荡中主宰沉浮、称霸一方者的一个巨大诱惑。然而,权力与威势的光环之下,往往伴随着危险,这便是祸福相依的哲学辩证。此前吴珙、张虔厚的获罪,此后郭崇韬、安重诲的被杀都昭示了这一点。孟知祥拒任中门使一职的智慧表现在:既使自己得以避灾远祸,又因为荐举郭崇韬担任中门使,使其后来因心存感激而极力推举其进入西川,"'即臣等平蜀,陛下择帅以守西川,无如孟知祥者。'已而唐兵破蜀,庄宗遂以知祥为成都尹、剑南西川节度副大使。"④这是孟知祥立足西川的关键一步。

其二是发展西川经济,安抚民心。战争是以暴力解决政治的手段,而经济实力和人心取向是决定战争胜负的关键因素。秦国之所以实现统一,除了与其奉行始终如一的用人政策有关外,还有两个关键因素:其一是秦国封建化改革的彻底为秦国国力的提升提供了强大的经济后盾;其二是长期割裂与动荡之后,统一已成为人心所向。孟知祥同样深知经济实力对于壮大政治和军事实力的重要作用,因而西川赴任伊始,即从发展经济、稳定

---

① 《旧五代史》卷五十七《郭崇韬传》,第763页。
② 《旧五代史》卷六十六《安重诲传》,第873页。
③ 《新五代史》卷二十四《安重诲传》,第252页。
④ 《新五代史》卷六十四《后蜀世家·孟知祥》,第797页。另《资治通鉴》卷二百七十三"庄宗同光三年九月"条下也有:"郭崇韬以北都留守孟知祥有荐引旧恩,将行,言于上曰:'孟知祥信厚有谋,若得西川而求帅,无逾此人者。'"(《资治通鉴》卷二百七十三《后唐纪二》"庄宗同光三年九月",第2264页)

民心入手。针对前蜀暴政致百姓穷困,"蜀中群盗犹未息,知祥择廉吏使治州、县,蠲除横赋,安集流散,下宽大之令,与民更始"①,社会秩序稳定下来,经济发展迅速。1971年,四川成都北郊磨盘山发现了孟知祥夫妇合葬墓。墓中出土的《大唐福庆长公主墓志》,其中不吝词句,记述了两川百姓的富足与安定:"军民辑睦,稼穑丰登,咸安惠养之恩,更懋神明之政,虽灾临分野,而福荫山河。转祸乱为休征,变忧勤为康□",并赞誉孟知祥为"德重三朝,勋高百揆,享育坤维之众,控临边缴之虞者也"②。另外,从宋人张唐英的《蜀梼杌》"是时蜀中久安,赋役俱省,斗米三钱"③的记载也可看出,孟知祥入川后安定经济,整顿政治的措施的确收到了实效。天府之国重又焕发生机,这为孟知祥立足两川,扩张势力,称王称霸奠定了雄厚的经济和人脉基础。

其三是摆脱监军,培植心腹。监军是汉武帝始设的临时差遣,主要职责是代表朝廷协理军务,督察将帅。原称"监军使者"或"监军事",省称"监军"。东汉、魏晋一直沿用。隋末由御史兼任,唐玄宗改由宦官充任。中唐以后,鉴于地方藩镇权力的膨胀,为加强中央对地方军镇的控制,令监军出监诸镇,与统帅分庭抗礼。《旧唐书》卷一百八十四《宦官传·高力士》"监军则权过节度,出使则列郡辟易"④的记载,反映了监军在节镇中的权威。孟知祥初入西川时,后唐庄宗李存勖曾以宦者焦彦宾监军,李克用养子李嗣源继位为明宗后,诛宦官,罢监军。然,"枢密使安重诲颇疑知祥有异志,思有以制之。……彦宾已罢,重诲复以客省使李严为监军。严前使蜀,既归而献策伐蜀,蜀人皆恶之,而知祥亦怒曰:'焦彦宾以例罢,而诸道皆废监军,独吾军置之,是严欲以蜀再为功也。'……天成二年正月,严至成都,知祥置酒召严。……因责严曰:'今诸方镇已罢监军,公何得来此?'……斩之。明宗不能诘。"⑤孟知祥以"诸方镇已罢监军"为借口,杀监

---

① 《资治通鉴》卷二百七十四《后唐纪三》"明宗天成元年三月"条,第2271页。
② 《大唐福庆长公主墓志》,现存成都市永陵博物馆。
③ 张唐英:《蜀梼杌》(卷下),《四库全书》第464册,第240页。
④ 《旧唐书》卷一百八十四《宦官传·高力士》,中华书局,1975年,第4757页。
⑤ 《新五代史》卷六十四《后蜀世家·孟知祥》,第798—799页。

军李严,客观上收到了一箭三雕的效果:一是巧妙地摆脱了监军控制,却使"明宗不能诘",为其在四川进一步壮大实力赢得了充裕时间。二是迫使明宗由孤立镇压改为"以恩信怀之",释放了被扣押太原的妻儿,"初,知祥镇蜀,遣人迎其家属于太原,行至凤翔,凤翔节度使李从曈闻知祥杀李严,以为知祥反矣,遂留之。明宗既不能诘,而欲以恩信怀之,乃遣客省使李仁矩慰谕知祥,并送琼华公主及其子昶等归之。"①三是在怀柔的政策下,迫使明宗放弃削弱自己的企图,同意留任赵季良为节度副使,培植了亲信,"知祥因请赵季良为节度副使,事无大小,皆与参决。三年,唐徙季良为果州团练使,以何瓒为节度副使。知祥得制书匿之,表留季良,不许,乃遣其将雷廷鲁至京师论请,明宗不得已而从之。"②史料记载表明,在以后孟知祥称帝历程的几大关键时刻,赵季良都起到了决定性作用。一次是后唐明宗天成四年(929),朝廷用责令献钱的经济围困和调兵围两川的军事围困,以削弱东、西两川的实力。为粉碎朝廷围困,驻守东川的董璋欲以联姻方式加强与孟知祥合作,共同抵御朝廷,"而知祥心恨璋,欲不许,以问赵季良,季良以为宜合从以拒唐,知祥乃许。于是连表请罢还唐所遣节度使、刺史等。明宗优诏慰谕之。"③另,《资治通鉴》卷二百七十六"明宗天成四年十二月"条也记有:孟知祥、董璋"谋并力以拒朝廷"④。战场没有永久的敌人,一切以时事为判,赵季良的劝告,使孟知祥避免了因情绪化而可能带来的危险,使明宗不得不"诏慰谕之",再次躲过被朝廷进剿的一劫,为其后打败董璋,拥有两川奠定了基础。第二次是后唐明宗长兴二年(931),孟知祥终于打败东川董璋,拥有东、西两川。赵季良力劝孟知祥抓住机遇,及时"称王"。至此,朝廷对两川独立之势已无可奈何,只得于长兴"四年(933)二月癸亥,制以知祥检校太尉兼中书令,行成都尹、剑南东西两川节度,管内观察处置、统押近界诸蛮,兼西山八国云南安抚制置等使。遣工部尚书卢文纪册

---

① 《新五代史》卷六十四《后蜀世家·孟知祥》,第799页。
② 《新五代史》卷六十四《后蜀世家·孟知祥》,第799页。
③ 《新五代史》卷六十四《后蜀世家·孟知祥》,第800页。
④ 《资治通鉴》卷二百七十六《后唐纪五》"明宗天成四年十二月",第2289页。

封知祥为蜀王,而赵季良等五人皆拜节度使。"①第三次是后唐明宗长兴五年正月,赵季良见孟知祥称帝大势已成,便不失时机地"上表陈符瑞,率百官劝进。知祥曰:'德薄不足辱天命,以蜀王而老,于孤足矣。'季良曰:'将士大夫尽节效忠于殿下,止望攀鳞附翼,今不正大统,无以足军民推戴之心。'闰正月二十八日,遂僭即位。"②在孟知祥立足四川、称王、称帝的每一个关键环节,心腹赵季良都起了重要作用。

张唐英《蜀梼杌》载:"知祥好学问,性宽厚,抚民以仁惠,驭卒以恩威,接士大夫以礼。薨之日,蜀人甚哀之。"③另,吴任臣《十国春秋》也称:"知祥温厚知书,勇于乐善。"④较高的个人素质,准确的政治决策,加上雄厚的经济实力,人才的鼎力辅佐和民心拥戴,据有两川的孟知祥摆脱后唐控制自立为王便成为历史的必然。

4. 宋代:军事将领孟珙

继五代十国战乱后,北宋终于实现了中原的统一。但是长期的文官政治、强干弱枝和养兵政策导致的积贫积弱,使北宋王朝在与辽、西夏、金等北方少数民族政权的矛盾与摩擦中始终处于劣势。终至1126年"靖康之难",北宋被金所灭。在屈辱中建立的南宋政权,与北方金、蒙的关系始终战和不定,首鼠两端。无论是求和投降还是暂时抵抗,无不以朝廷的苟安为目的。与金和战的结果是1141年绍兴和议、1164年的隆兴和议、1208年的嘉定和议等一系列屈辱和约的签订,以及与之伴随的屈辱地位、不断输出的岁币和不断退缩的疆界。直到十三世纪初叶,成吉思汗统一蒙古诸部落,建立了强大的蒙古汗国,南宋的北边由以往单向的对金屈辱,转变为宋与金、蒙的多面胶着与战和。正是在金与蒙古的双重威胁和接连不断的烽火硝烟洗礼中,孟珙凭借敏锐、智慧与果敢,从普通兵卒历练成

---

① 另《旧五代史》卷四十四《唐书二十·明宗纪》也记有:"长兴四年,二月……癸亥,以西川节度使孟知祥为剑南东、西两川节度使,封蜀王。"(《旧五代史》卷四十四《唐书二十·明宗纪》,第602页)
② 见(宋)张唐英:《蜀梼杌》卷下,《四库全书》第464册,第237页。《新五代史》所记与同:"(长兴四年)十一月,明宗崩。明年(934)闰正月,知祥乃即皇帝位,国号蜀。以赵季良为司空、同中书门下平章事。"(《新五代史》卷六十四《后蜀世家·孟知祥》,第802页)
③ (宋)张唐英:《蜀梼杌》卷下,《四库全书》第464册,第237页。
④ (清)吴任臣:《十国春秋》卷四十八《后蜀高祖本纪》,《四库全书》第465册,第420页。

长为威震华夏的抗金名将,在战火纷飞、血火交融的时代背景上抹下了浓墨重彩。

孟珙一系在孟氏家志中失载,《宋史·孟珙传》由四世祖孟安记起。北宋亡后,孟安率家族加入岳飞的岳家军,由山西绛州徙居随州、枣阳(今属湖北)一带定居,其后不断繁衍,扩展至湖南、浙江一带,成为湖南安乡、桃园及浙江天台等孟氏支系的始祖。

孟珙事迹详见于宋、元二史,尤以《宋史》列传为详,后世研究,史料多源于两史。我们可以两史为材料依据,略窥孟珙在那个战火纷飞、刀光剑影的年代展现出的文韬武略和军事才华。

一是枣阳之战。蒙古汗国是一个军事封建政权,这决定了其极强的对外扩张性。利用与原宗主国——金国的矛盾,发动反金战争,自然是蒙古实现对外扩张的第一步。资料显示,从1211年到1214年短短的四年间,蒙古铁骑"所至郡邑,皆一鼓而下。自贞祐元年冬十一月,至二年春正月,凡破九十余郡。所破无不残灭,两河山东数千里,人民杀戮者几尽,所有金帛子女牛羊马畜皆席卷而去,焚灭屋庐,而城郭亦丘墟矣"①。金宣宗被迫迁都(开封)求和。面对蒙古的进逼,金国内部在宋、金关系上发生了主战与主和的分歧:主和派欲联宋抗蒙,主战派欲南侵南宋以转嫁对蒙损失。以术虎高琪为代表的主战派把持了政治,于1217年(南宋理宗嘉定十年)发动了侵宋战争。孟珙就是在这场对决七年的宋金之战中脱颖而出。《宋史·孟珙传》对这场战争的记载如下:"嘉定十年,金人犯襄阳,驻团山,父宗政时为赵方将,以兵御之。珙料其必窥樊城,献策宗政由罗家渡济河,宗政然之。越翼日,诸军临渡布阵,金人果至,半渡伏发,歼其半。"②1219年,金将完颜讹可再率步骑二十万分两路攻枣阳,孟珙奉父之命,间道偷袭金人,斩首千余级,迫使金人逃走。孟珙以功进下班祗应,这是孟珙由普通士兵走向军事将领的第一步。

二是对决武仙。1232年(南宋理宗绍定五年,金哀宗天兴元年)金、蒙

---

① 李心传:《建炎以来朝野杂记》乙集卷二十"鞑靼款塞"条,《四库全书》第608册,第636页。
② 《宋史》卷四百一十二《孟珙传》,第12369页。

三峰山之战,金军主力受到重挫,将帅完颜彝阵亡,恒山公武仙与从骑四十余人逃至南阳留山,收溃军十余万,兵势稍震。1233年,金哀宗鉴于汴京残破,迁都蔡州,诏武仙勤王。武仙制定了一个夺取四川作为永久立足中原的狂妄计划。于同年派武天锡进攻光化,欲打通入蜀通道。时南宋的京湖战区有四支主力禁军,分别驻扎在襄阳、鄂州、江陵、江州。据守襄阳的孟珙奉命迎敌,他率军一鼓作气,攻城拔寨,斩首五千级,授江陵府副都统制。《宋史》记载了这场战争:"欲迎守绪入蜀,犯光化,锋剽甚。天锡者,邓之农夫,乘乱聚众二十万为边患。珙逼其垒,一鼓拔之,壮士张子良斩天锡首以献。是役获首五千级,俘其将士四百余人,户十二万二十有奇,乃授江陵府副都统制,赐金带。"①之后,靠着对敌我形势的正确判断,移师吕堰和邓州,屡次大败武仙,迫使武仙北逃商州依险而守。孟珙乘胜追击,破其据守的马蹬山石穴九砦,再现了一场"李愬雪夜入蔡州"的军事奇观。《宋史》本传形象地描述了这场对决战:"夜漏十刻,召文彬等受方略,明日攻石穴九砦。丙辰,蓐食启行,晨至石穴。时积雨未霁,文彬患之,珙曰:'此雪夜擒吴元济之时也。'策马直至石穴,分兵进攻,而以文彬往来给事。自寅至巳力战,九砦一时俱破,武仙走,追及于鲇鱼砦,仙望见,易服而遁。复战于银葫芦山,军又败,仙与五六骑奔。追之,隐不见,降其众七万人,获甲兵无算。还军襄阳,转修武郎、鄂州江陵府副都统制。"②孟珙与武仙的这场对决,彻底粉碎了武仙欲使金建都四川,等待时机顺流而下,合围南宋的计划。

三是联蒙灭金。1233年(南宋理宗绍定六年,金哀宗天兴二年)八月,蒙古派王檝与南宋订立攻金盟约,双方约定灭金之后,以河南之地归宋。宋廷命孟珙所部京湖制置司出兵联蒙灭金。"冬十月,南宋孟珙、江海率师二万,运米三十万石,赴蒙古之约。"③孟珙率军冲破金兵阻拦,进逼蔡州城南筑栅。1234年(宋理宗端平元年,金哀宗天兴三年)正月初十清晨,宋军

---

① 《宋史》卷四百一十二《孟珙传》,第12370页。
② 《宋史》卷四百一十二《孟珙传》,第12372页。
③ 毕沅:《续资治通鉴》卷一百六十七《宋纪》"理宗绍定六年"条,中华书局,1957年,第4548页。

突破南城门,杀入蔡州,招蒙古军入城。一番激烈的巷战后,金的颓势已定,哀宗自缢①。立国逾百年(1115—1234)的大金至此结束,靖康之耻一朝而雪。孟珙以功擢武功郎、权侍卫马军行司职事、建康府都统制②,驻军黄州。次年,理宗在临安诏见孟珙,共商国是:"上曰:'卿名将之子,忠勤体国,破蔡灭金,功绩昭著。'珙对曰:'此宗社威灵,陛下圣德,与三军将士之劳,臣何力之有?'帝问恢复,对曰:'愿陛下宽民力,蓄人材,以俟机会。'帝问和议,对曰:'臣介胄之士,当言战,不当言和。'赐赉甚厚。兼知光州,又兼知黄州。"③1236年(理宗端平三年)孟珙赴任黄州,招徕流民,"增埤浚隍",加强黄州防务,为黄州之战的胜利打下了坚实基础。

四是守卫襄樊和四川。蒙古与南宋自1234年联合灭金后,双方始进入正面冲突状态。当孟珙如约接收河南地区的三京(开封、洛阳、归德)时,蒙古以武力并决黄河淹阻宋军,揭开了宋蒙正面冲突的序幕,宋金对峙遂一变而为宋蒙对峙。从1235年开始,窝阔台兵分两路进攻襄樊和川北。宋、蒙南北对峙以长江为天险,而长江下游的安全则取决于上游的两湖和四川。顾祖禹的《读史方舆纪要·湖广方舆纪要序》开宗明义:"湖广之形胜,在武昌乎?在襄阳乎?抑在荆州乎?曰:以天下言之,则重在襄阳;以东南言之,则重在武昌;以湖广言之,则重在荆州。"④顾祖禹指出了湖北三个军事重镇的战略意义。在这三个重镇中,襄阳的地位无疑具有全局性的意义。从中国地理格局的大形势考虑,它借助于汉水和长江,东连吴会,西通巴蜀,是联结东西南北的重要枢纽。历史上,无论是东西之争,还是南北之争,襄阳都是兵家必争之地。曹操、苻坚、拓跋宏也都曾试图争襄阳而图江南。宋与蒙古的对峙,这里自然也是首当其冲的战场。"大元兵攻蕲州,珙遣兵解其围;又攻襄阳,……江陵危急。诏沿江、淮西遣援,众谓无逾珙者,乃先遣张顺渡江,珙以全师继之。大元兵分两路:一攻复州,一在枝江监利

---

① 《元史》卷一百四十七《张柔传》也有:"金主走汝南。……会宋孟珙以兵粮来会,……金人惧,启南门求死战,……诸军齐进,金主自杀"的记载。(《元史》,中华书局,1976年,第3474页)
② 时南宋在长江下游设三支主力禁军,分别为池州、建康和镇江都统司。
③ 《宋史》卷四百一十二《孟珙传》,第12374页。
④ 顾祖禹:《读史方舆纪要》卷七十五《湖广方舆纪要序》,《续修四库全书》第607册,第369页。

县编筏窥江。珙变易旌旗服色,循环往来,夜则列炬照江,数十里相接。又遣外弟赵武等共战,躬往节度,破砦二十有四,还民二万。嘉熙元年,封随县男,擢高州刺史,忠州团练使兼知江陵府、京西湖北安抚副使。未几,授鄂州诸军都统制。"①1237年10月,蒙古大将口温不花和张柔率主力进攻黄州,"珙入城,军民喜曰:'吾父来矣。'驻帐城楼,指画战守,卒全其城,斩逗留者四十有九人以徇。御笔以战功赏将士,特赐珙金碗,珙益以白金五十两赐之诸将。将士弥月苦战,病伤者相属,珙遣医视疗,士皆感泣。"②襄樊、黄州保卫战持续半年之久,孟珙率军几度移师,一再扭转危局。因功授枢密副都承旨、京西湖北路安抚制置使兼知岳州。至此,孟珙已是南宋对蒙战场的主帅。京湖战局缓解后,孟珙又移师四川。至1240年始,五年来屡遭蒙古侵扰的四川终摆脱困境。孟珙因功再授宁武军节度使、四川宣抚使兼知夔州。

以苟安江南为满足和冗官冗兵的政治军事弱势,使南宋与金、蒙的战和,一直处于消极防御状态。因此,宋对金、蒙防御战的胜负,取决于如何实施有效的防御策略,建立稳固的防御体系。从史料记载看,有效的军事防御策略以及伴随战争进程而不断构建的系统的军事防御体系,是孟珙成功的军事防御实践的依托。其中主要包含两个方面:

一方面是以经济为基础的军事防御建设。经济实力是决定战争胜负的基础,这在中国古代军事理论和军事实践上都不乏典型案例。孙武曾把战争对经济的依赖关系形象地比喻为兴师十万,"日费千金"(《孙子兵法·作战第二》),《管子》也说"有蓄积,则久而不匮"(《管子·七法》)。所以,深悟《孙子兵法》的曹操在东汉末年"天下乱离,民弃农业,诸军并起,率乏粮谷……袁绍在河北,军人仰食桑葚,袁术在江淮,取给蒲赢"的年代,兴许下屯田,"所在积谷,仓廪皆满。故操征伐四方,无运粮之劳,遂能兼并群雄。"③南宋拘处东南,民贫国弱。在这样的局面下,孟珙以为:"不择险要立

---

① 《宋史》卷四百一十二《孟珙传》,第12375页。
② 《宋史》卷四百一十二《孟珙传》,第12375页。
③ 《资治通鉴》卷六十二《汉纪五十四》"献帝建安元年九月",第519—520页。

砦栅,则难责兵以卫民;不集流离安耕种,则难责民以养兵。"①这一思想运用于军事实践,体现为以下三点:一是在接管父亲孟宗政生前所建的"忠顺军"后,推行军屯和养马,"绍定元年,珙白制置司创平堰于枣阳,自城至军西十八里,由八叠河经渐水侧,水跨九阜,建通天槽八十有三丈,溉田十万顷,立十庄三辖,使军民分屯,是年收十五万石。"二是在对决武仙的战役中,当"金顺阳令李英、申州安抚张林来降"时,孟珙提出:"'归附之人,宜因其乡土而使之耕,因其人民而立之长,少壮籍为军,俾自耕自守,才能者分以土地,任以职使,各招其徒以杀其势。'制置司是之。"三是在兼夔路制置大使兼屯田大使,军无宿储的情况下,"大兴屯田,调夫筑堰,募农给种,首秭归,尾汉口,为屯二十,为庄百七十,为顷十八万八千二百八十,上屯田始末与所减券食之数,降诏奖谕。"②以"立砦栅"与"安耕种"相辅成,招徕降者自耕自守的经济防御政策,是南宋在民困国弱状况下守住半壁江山,与金、蒙持久对抗的唯一途径。

另一方面是以两湖为重点的整体军事防御体系。从全国地理形势看,两湖控扼长江中游,是联系长江上下游的枢纽。而对抗衡北方而言,关键又在湖北。立足东南的政权,无不以荆襄为上游屏障。而两湖则以襄阳、武昌、江陵为重心。三国时,荆州名士蒯越曾建议刘表"南据江陵,北守襄阳,荆州八郡可传檄而定"③。诸葛亮在隆中对策中也曾称:"荆州北据汉、沔,利尽南海,东连吴会,西通巴、蜀",为"用武之国"④。历代兵家看重江陵,正是看重其在两湖地区的中心地位。孙权袭取荆州后,恃为上游屏障,陆逊之子陆抗病逝前曾上表吴主:"西陵、建平,国之蕃表,既处上流,受敌二境。若敌泛舟顺流,星奔电迈,非可恃援他部以救倒悬也。此乃社稷安危之机,非徒封疆侵陵小害也。臣父逊昔在西垂上言:'西陵国之西门,虽云易守,亦复易失。若有不守,非但失一郡,荆州非吴有也。如其有虞,当倾国争之。'臣前乞屯精兵三万,而主者循常,未肯差赴。自步阐以后,益更损耗。今臣

---

① 《宋史》卷四百一十二《孟珙传》,第12378页。
② 《宋史》卷四百一十二《孟珙传》,第12378页。
③ 《后汉书》卷七十四下《袁绍刘表列传》,中华书局,1965年,第2420页。
④ 《三国志》卷三十五《蜀书·诸葛亮传》,中华书局,1982年第2版,第912页。

所统千里,外御强对,内怀百蛮,而上下见兵,财有数万,赢敝日久,难以待变。……深可忧也!臣死之后,乞以西方为属。"①陆抗死后两年,羊祜即上疏晋武帝,建议:"引梁、益之兵水陆俱下,荆、楚之众进临江陵"②。南宋迁都临安,两湖自然成为扼守朝廷的门户。这里自然成为宋、蒙会战的主战场。端平三年(1236)三月,王旻以襄阳降蒙古,宋廷大震,左司谏李宗勉上书:"襄阳失,则江陵危;江陵危,则长江之险不足恃。……江陵或不守,则事迫势蹙,必有危亡之忧。"③其后,蒙古军果然连陷随州、郢州(今钟祥)、枣阳、德安(今安陆),并围攻江陵,大有席卷江汉之势。理宗嘉熙二年(1238),孟珙临危受命,驰赴江陵,"与蒙古三战,遂复信阳军及樊城襄阳,寻又复光化军",收复失地。三月,上书朝廷,建议加强襄阳防御,以为:"取襄阳不难而守为难,非将士不勇也,非军马器械不精也,实在乎事力之不给耳!襄、樊为朝廷根本,今百战而得之,当加经理。如护元气,非甲兵十万,不足分守,与其抽兵于敌来之后,孰若保此全胜。上兵伐谋,此不争之事也。"④这就是孟珙提出的以两湖为核心,以川、桂为辅翼的整体性防御体系,号称"藩篱三层",即"创制副司及移关外都统一军于夔,任涪南以下江面之责,为第一层;备鼎、澧为第二层;备辰、沅、靖、桂为第三层。"⑤以川东的涪州、万州为第一层,以湘西北的鼎州、澧州为第二层,以湘西南的辰、靖及广西的桂州为第三层。三层环环紧扣,辅翼两湖。"藩篱三层"理论,体现了孟珙对两湖,尤其江陵军事地理位置重要性的认识。然而,除"藩篱三层"的防御体系外,孟珙的视野还由此扩展到了地处僻远、风习杂驳的云南,将其作为外围防御体系:"珙移书执政曰:'大理至邕,数千里部落隔绝,今当择人分布数郡,使之分治生夷,险要形势,随宜措置,创关屯兵,积粮聚刍于何地,声势既张,国威自振。计不出此而闻风调遣,空费钱粮,无补于事。'"⑥孟珙的军事防御布局预见到了蒙古军以川、桂、滇为外围,主攻两湖

---

① 《资治通鉴》卷八十《晋纪二》"武帝泰始十年秋七月",第657页。
② 《资治通鉴》卷八十《晋纪二》"武帝咸宁二年冬十月",第657页。
③ 毕沅:《续资治通鉴》卷一百六十八《宋纪》"理宗端平三年"条,第943页。
④ 毕沅:《续资治通鉴》卷一百六十九《宋纪》"理宗嘉熙二年"条,第950页。
⑤ 《宋史》卷四百一十二《孟珙传》,第12377页。
⑥ 《宋史》卷四百一十二《孟珙传》,第12379—12380页。

的军事进攻部署。在孟珙去世后,蒙古蒙哥汗、忽必烈灭南宋,正是沿着这一防御思路,主攻两湖,阻击外援,验证了孟珙军事防御体系的远见卓识。1253年,蒙古兵分三路,从宁夏经甘肃入四川,进攻大理国,"岁癸丑(1253),……秋八月,师次临洮。遣伊拉珠、王君候、王鉴谕大理,不果行。九月壬寅,师次塔拉,分三道以进。大将乌兰哈达率西道兵,由晏当路;诸王察罕、伊兆尔帅东道兵,由白蛮;帝由中道。乙巳,至满陀城,留辎重。冬十月丙午,过大渡河,又经行山谷二千余里,至金沙江,乘革囊及栰以渡。摩安蛮主迎降,其地在大理北四百余里。……十二月丙辰,军薄大理城。"①自937年始建,传二十二世的大理国灭亡。1257年留守云南的兀良哈台灭安南,蒙古完成了对南宋的战略合围。同年,蒙哥汗对南宋发起全面进攻。蒙哥汗攻四川,忽必烈攻鄂州(武昌),兀良哈台自安南回攻广西、湖南,进而北上与忽必烈会师鄂州。此次进攻因蒙哥汗死于军中,蒙古内争而中辍。1264年,忽必烈登上蒙古汗位,移都燕京,谋求南进。谋士杜瑛、郭侃即积极献言主攻襄樊:"若控襄樊之师,委戈下流,以捣其背,大业可定矣。"②"宋据东南,以吴越为家,其要地,则荆襄而已。今日之计,当先取襄阳,既克襄阳,彼扬、庐诸城,弹丸地耳,置之勿顾,而直趋临安,疾雷不及掩耳,江淮、巴蜀不攻自平。"③1267年忽必烈命都元帅阿术等主攻襄樊。襄樊保卫战打得艰苦卓绝,守军多次请求朝廷援助无果。1273年,襄樊失守,南宋门户洞开,阿里海牙建言忽必烈乘胜灭宋:"襄阳,自昔用武之地也,今天助顺而克之,宜乘胜顺流和驱,宋可必平。"④蒙古遂以少数兵力牵制四川及两淮,主力则沿汉水攻鄂州,再顺长江东下趋临安,一路势如破竹。宋廷沿福建、广东沿海一路奔逃。1279年,陆秀夫抱幼主投海,南宋灭亡。

  南宋灭亡的根本原因在于政治。在宋蒙对峙的四十年中,相继在任的

---

① 《元史》卷四《世祖纪一》,第59页。
② 《元史》卷一百九十九《杜瑛传》,第4474页。
③ 《元史》卷一百四十九《郭侃传》,第3525页。
④ 《元史》卷一百二十八《阿里海牙传》,第3125页。

理宗、度宗沉溺声色,贾似道擅政,朝政腐败。因此,宋蒙较量,南宋败局早已注定。但若单纯从军事上分析,襄樊失守无疑加速了南宋灭亡,证实了两湖对于南北对峙的重要,也证实了孟珙军事防御体系的正确。1246年,孟珙在屡次建议朝廷而"不从",在"三十年收拾中原人,今志不克伸矣"的哀叹中,于时年九月抱憾而逝。"讣至,帝震悼辍朝,赙银绢各千,特赠少师,三赠至太师,封吉国公,谥忠襄,庙曰威爱。"①孟珙虽竭尽全力,终不能保腐朽的南宋半壁江山。

《宋史》本传称孟珙"远货色,绝滋味。其学邃于《易》,六十四卦各系四句,名《警心易赞》。亦通佛学,自号'无庵居士'。"盛赞其"忠君体国之念,可贯金石"②。值得一提的是,《宋史》本为元朝所编,对与之抗衡疆场三十年的孟珙,犹以此论赞结束本传,反映了敌对方对孟珙由衷的敬佩与赞赏。

5. 清末民初:儒商巨子孟雒川

(1) 千年变局

1840年的鸦片战争,使中国长期闭关自守的国门,在西方列强的"坚船利炮"下洞开。面对中国"三千余年一大变局"③的中国人,开始了从未有过的剑与火、血与泪、苦难与抗争的艰难历程。从学习西方器物层面的洋务运动的失败,到深入制度文化层面的"戊戌变法"政治变革的失败,再到"辛亥革命"对封建制度的彻底颠覆,中国人在文化观念层面,经历了从"中体西用"到"五四"新文化运动对中国传统文化观念的变革。这一文化巨变,则是与二次鸦片战争西方资本主义的经济侵入和中国传统经济的彻底崩溃相伴而行的。

从19世纪60年代开始,外国列强联合起来,借助于对腐败软弱的清政府的经济和政治高压,用建使馆、控海关、干预中国外交等手段,在一系列

---

① 《宋史》卷四百一十二《孟珙传》,第12380页。
② 《宋史》卷四百一十二《孟珙传》,第12380页。
③ 李鸿章同治十一年五月十五日《筹议制造轮船未可裁撤折》,吴汝纶《李文忠公奏稿》卷十九,《续修四库全书》第506册,第473页。

不平等条约中攫取种种特权,控制中国经济,加强对中国的经济掠夺。其中主要方式除在中国办企业、建银行等方式外,最直接的是向中国大量倾销商品。以机制棉纺织品为主的外国商品的大量输入,破坏了中国传统的自然经济,促使中国本土工商业大规模倒闭,中国成为外国商品的倾销地。

  1901年《辛丑条约》签订,中国在民族灾难加深的社会现实中进入20世纪。中国民族资本主义近代工商业在民族灾难的重压与顽强反抗中艰难前行。据不完全统计,从1901年至1911年间,新设立的厂矿达386家,超过此前三十年的两倍以上[①]。随着民族资本主义的发展,民族资产阶级的力量和组织相随而加强。经济上,1905年到1908年期间,中国民族资产阶级领导了抵制美货和收加利权运动,推动民族工商业出现了一个兴盛和发展的高潮;政治上,1911年"辛亥革命"终于彻底推翻了满清统治,也结束了中国两千年的封建历史。"辛亥革命"对封建制度的否定,及由1915年反对日本《二十一条》引发的"抵制外货"、"实业救国"的普遍性群众反帝爱国运动的高涨,刺激了民族工商业的投资热情,再加上1914—1918年间,欧美等国忙于一次世界大战而无暇东顾,中国民族工商业在"辛亥革命"之后赢得了短暂的发展机遇。但是,封建的顽固、资产阶级的软弱及帝国主义的持续控制等种种复杂的内外局势,最终导致了"辛亥革命"的失败。此后,二次革命、洪宪帝制、护国运动、张勋复辟、护法运动、边疆危急,包括民族资本家和商人在内的中国民众,在新一轮复辟与反复辟、侵略与反侵略、军阀混战与和平统一相互交织的煎熬中开始了新一轮的艰难奋斗。以孟雒川为代表的孟氏家族一支——章丘旧军孟氏商业的兴衰历程,正反映了中国晚清至民初这一特殊历史时期中国民族工商业在上下混乱、内外交困的局面中艰难求索的历程,见证了"千年未有之变局"下,中国民族工商业的曲折与奋争。

[①] 齐涛主编:《中国通史教程》(近代卷),山东大学出版社,1999年,第207页。

（2）章丘①旧军②孟氏

山东章丘旧军孟氏分支，是孟子五十五代孙子位、子伦兄弟，于明太祖洪武二年（1369）始由前徙居地河北枣强，再迁至今址。此后，又有五十五代孟桂、五十六代孟希贤、六十一代孟宏宽，率族人由枣强陆续迁至，形成了后来的旧军孟氏南（孟子伦）、北（孟希贤）、东（孟桂）、西（孟宏宽）四支。至于枣强之前的迁徙过程，唯独南支记载较详，称：自四十六代祖"徐州牧坚"，为"避金季兵革"始迁亳（安徽），再迁云梦（湖北）、山右（山西）、直隶（河北）枣强县，"中阅九世，转徙靡一……传至五十五代祖讳子位、子伦者，复于前明洪武二年三月十六日，自枣强迁还山东"③。其间虽仍有九代世系不明，但出入山东的大体迁移路线总算基本清晰。至于其余祖系及迁徙流移路线则均因年代久远、时局混乱和迁徙流移不定而"失考"④。

章丘旧军孟氏由始迁时"垦草莱，营庐室"⑤的耕读之家，至明中叶始以贩卖章丘辛寨土布而涉足商业。至清高宗乾隆年间，逐步由行商而坐贾，并

---

① 关于"丘"字的不同写法："丘"字在清雍正三年，为避孔丘讳，应礼部议复改为"邱"，赎民初恢复旧写。见《清实录》雍正三年（1726.1.29）十二月二十七日：礼部等衙门遵旨议复："先师孔子圣讳，理应迦避，惟祭天于圜丘，丘字不用回避外，凡系姓氏俱加偏旁为邱字。如系地名，则更易他名。……嗣后，除四书五经外，凡遇此字，并用邱字。地名亦不必改易，但加偏旁，读作期音，庶乎允协，足副朕尊崇先师至圣之意。"（山东师范大学历史系、中国近代史研究室选编：《清实录山东史料选》，齐鲁书社，1984年，第130页）

② 关于章丘旧军的建置沿革：旧军的前身为猇城。西汉武帝时，封刘起于此为猇节侯，传五世国除后改为猇邑，后并入东朝阳县（北齐改为高唐县。隋开皇属章丘县）。宋景德三年（1006），置清平军（治今刁镇旧军），熙宁二年（1069）"废清平军置军使"，从此称旧清平军镇，金代简称旧军镇，管辖李家亭、南孟家寨、北孟家寨等六个自然村。20世纪中期，废镇为村，属刁镇。（详见杨积清主编：《章丘县志》第八篇《商业·附旧军孟家商业》，济南出版社，1992年，第42页）历史上，旧军地理位置优越，宜于农商。北宋初年开凿的运粮河由镇西径流向北，小清河从镇中东西穿过。平坦大路与县治、省城相通，水路两运便利。南近白云河，北接平原，不乏鱼虾之利和五谷之丰。清康、雍、乾时期，镇容繁华，商贾云集，物阜民殷，"世族名流，毂击肩摩"，有"小济南"之称。（详见孟昭俊等：《章丘旧军孟》，政协章丘市委员会、文史资料研究委员会编：《章丘文史集粹》（第十六辑）（上），济南市内部资料准印证（2002）第051号，第255页）

③ 清宣宗道光本《孟子世家流寓章邱支谱》卷首孟继烺《原序》和卷三《南支世系》，现存山东省图书馆。

④ 清宣宗道光本《孟子世家流寓章邱支谱》卷二《北支世系》、卷四《东支世系》和卷五《西支世系》，现存山东省图书馆。

⑤ 民国二十一年刻本《孟子世家流寓章邱支谱》卷三《南支世系》，现存章丘市刁镇旧军村。

陆续在周村、济南、北京、天津、保定、汉口等地开设"祥"字号店铺①。至"传"字辈,经过几代"克苦益力,专车积累"的戮力经营,已支系蕃旺,财富渐丰。其商业经营的触角由山东伸向全国。兄弟十人纷立堂号:孟传璐"三恕堂"、孟传瑗"其恕堂"、孟传珽"容恕堂"、孟传珊"矜恕堂"、孟传玡"学恕堂"、孟传珠"进修堂"、孟传瑃"承恩堂"、孟传琪"承训堂"、孟传玘"乐余堂"和孟传琗"世洋堂",号称旧军孟家十大堂号②。清仁宗嘉庆年间,旧军孟家已是府邸堂皇,田连阡陌,"僮仆、耕织、米盐、会计筹划有条",富甲一方的名门望族。十大堂号中,南支"矜恕堂"孟传珊的经营规模最大。至清末民初,其子孟继笙时,其商业规模达至巅峰。孟继笙以其非凡的商业智慧,成就了乱世下的传奇人生,成为号称"东方第一商人"的中国北方商界巨子,中国早期民族工商业的典型代表,也顺理成章地成为孟氏家族流寓章丘分支的主要代表。

(3) 孟雒川的商业开拓与经营

孟雒川(1851—1939),名继笙,以字行,自幼秉承了家族的商业聪慧与灵性。父亲去世后,出身望族的母亲高氏(时济南西关举人高汝梅之女,名高即蕙)聘章丘名儒李青函为师,对其传儒经、授商理,严加教诲,遂成就一代儒商。18 岁接手家族企业后,以其特有的雄才大略,严格的管理手段和诚信的经营理念,在旧军孟家各堂号中异军突起,成为旧军孟氏商业的代表。1893 年,他将济南西关的"瑞蚨祥"③拓展到北京和烟台,主营绸缎百货。靠着经营有方,到 1924 年,孟雒川经营的瑞蚨祥、泉祥等"祥"字号商号,已遍布京、沪、津、济、青、烟等全国多个大中城市。1934 年各地共有分

---

① 庆祥、瑞蚨祥、瑞生祥、瑞增祥、瑞林祥、隆祥、益和祥、谦祥益,号称"华北八大祥"。
② 牛汝章、明兆乙:《近代商业巨族"旧军孟家"》,载济宁市政协文史资料委员会、邹县政协文史资料委员会编:《孟子家世》,第 111 页。
③ 首设于 1862 年。据说"瑞蚨祥"一名,取意于汉刘安《淮南万毕术》和晋干宝《搜神记》中"青蚨还钱"的传说记载。《淮南万毕术》已佚,《太平御览》卷九百五十"青蚨"条引其记载:"青蚨,一名鱼,或曰蒲,以其子母各等置瓮中,埋东行阴垣下,三日后开之,即相从。以母血涂八十一钱,亦以子血涂八十一钱,以钱更互市,置子用母,置母用子,钱皆自还。"(李昉等:《太平御览》(四),中华书局,1960 年,第 4216 页)晋代干宝《搜神记》卷十三也记有:"南方有虫,名'蟧蜽',一名'蟠蠋',又名'青蚨',形似蝉而稍大,味辛美,可食。生子必依草叶,大如蚕子。取其子,母即飞来,不以远近。虽潜取其子,母必知处。以母血涂钱八十一文,以子血涂钱八十一文。每市物,或先用母钱,或先用子钱,皆复飞归,轮转无已。故淮南子术以之还钱,名曰'青蚨'。"(《四库全书》第 1042 册,第 431 页)这体现了以瑞蚨祥为代表的孟氏企业厚重的文化底蕴。

号24家,从业人员1 000余人,成为享誉齐鲁,名扬海右的"金融巨头"、民族商业资本家。

旧军孟氏商业的成功,当然与所谓"青蚨还钱"的吉祥名称没有什么关系,而是以孟雒川为代表的孟氏家族企业严格管理、诚信经营的结果。

一是严格有序的组织管理。严格的组织管理规范,是孟氏家族企业的优长,也是旧军孟氏企业成功的组织保障。首先,孟氏企业在长期实践基础上形成的纵向层级和横向分工相结合的严密的网络式组织管理。纵向上,孟雒川作为孟氏企业的总决策者和负责人,以企业管理最高端,掌握着企业人事和财务大权。管理系统分为三个层级:全局是最高管理层,全局总理作为孟雒川的商业助手,负责协调各店事务;地区是中间管理层,地区经理一般由本地区总店经理兼任,设于诸如北京、天津、济南等开有连锁分店的大城市,负责处理和协调各分店事宜;商号是基础管理层,也是一个相对自足的小规模的管理体系,每一个商号(分店)设有经理、副经理和柜头自上而下三个层级管理,普通伙计、学徒及负责后勤杂役的后司人员则是最基层的被管理者。横向上,整个企业系统又依据职责不同实施分区管理。每一分店除主体前柜外(负责销售),另有账房(负责账务)、号房(负责布匹染色加工)和后勤(负责店员生活杂役)等不同机构。以济南瑞蚨祥为例,可见其严密的内部机构和人员组织设置:

① 前柜。专售各种色布、白布。设柜头2人,学徒6人。

② 二柜。专售各种花布、广货、呢绒。设柜头1人,伙计和学徒4—5人。

(前、二柜柜头之上,还有2个头目,一是前柜、二柜掌柜,总管前柜、二柜的营业和人员,相当于营业主任,另一个是洋货头,专管前、二柜的进货。前柜、二柜掌柜,洋货头,绸货头,金柜经理,账房头,都由经理管理,均属分股掌柜。)

③ 绸货。专售绸缎、绣货。设柜头1人,伙计和学徒10人左右。

④ 皮柜。专售皮货。设柜头1人,伙计2人。

⑤ 金柜。专售金银首饰。设柜头1人,伙计2人,工人、学徒各10人。

⑥ 账房。账房兼司文书。设头目1人,伙计、学徒若干。

⑦ 售货员。20余人。

⑧ 号房。负责管理货房和布匹的加工、染色,设头目1人,伙计、学徒3人。

⑨ 后司人员。12—14人,其中包括炊事员、杂役人员。也设有1个头目。

⑩ "瞭高的",一般前柜4人,二柜2人,楼上3人。主要监督售货员售货和监视扒窃,及传达和送往杂务。①

其次是严格且人性化的人才管理和激励机制。瑞蚨祥的成功,正在于重视对"人"的软管理,建立了一套严格而完整的人才选拔、培养和激励机制。职员选拔条件极其严格,除重视诸如出身、长相、举止等外在要素外,更注重内在品行。职员录用程序严格,一般要经过经理或掌柜保荐,再依次由本店经理、地区经理、全局经理验看,最后交由资方(东家)审查定夺。录用后要正式上岗还要经过谢情、分派、入店等程序。一经录用,即由专人传授业务并随时以儒家"修身"、"践言"②的宗旨和严格的行为规范随时督察。我们从瑞蚨祥的铺规可一睹一二:

盖闻生意之道,铺规为先,章程不定,无所遵循。

---

① 刘焕庭等口述、王子明记录:《章丘孟家所经营的瑞蚨祥》,中国人民政治协商会议山东省委员会文史资料研究委员会编:《文史资料选辑》(第四辑),山东人民出版社,1982年(内部发行),第30—31页。注:其中有两种职员特别值得注意:一是"售货员",专司售货,除重要柜台如皮柜、金柜固定在本柜台工作外,其余不分柜台,在前柜长凳上依次就座,每有顾客进店,依次起身相迎,接待、引导顾客购物,完成任务后重又齐集聚于前柜,如此往复循环。这实际上就是现代导购员的前身。二是所谓"瞭高的",主要负责监督售货员售货和监视扒窃,并兼管一些如传达、迎送之类杂务,一般由老年掌柜或老年伙计充任,这是早期商业监管的雏形。
② 瑞蚨祥以"修身"和"践言"为座右铭,将其分别标于济南瑞蚨祥店内相对的墙壁上。"修身"取自《大学》八条目"欲治其国者先齐其家,欲齐其家者先修其身,欲修其身者先正其心",意为诚实做人,诚恳待人。"践言"则是要求职员把"修身"功夫付诸实践,言行一致,知行合一。

今奉东谕，议定章程列后，望各遵义奉行，以图长久，如有违犯，被辞出号，贻误终身，悔之无及矣。

一、柜上同仁不得携带眷属。

二、因私事出门，必须向掌柜请假，说明事故及去处，不得指东往西。出门时必须到账房写请假账，挂出门牌。假期不得过长，如因事不能回柜时，必须在上门前向号中声明。

三、亲友来访，只能在指定处所谈话，接谈时间不得超过一小时，并不能接待亲友在柜上食宿。

四、早六时（冬季七时）下门，晚十时上门。上锁后非有要故，一律不得出门。

五、不得长支短欠，顶名跨借。不得代客作保。

六、同仁探家打行李，须经指定人员检查后，始得包裹。

七、同仁探家要按探家次序，并经经理决定，到期即回。至期因事不能回店，须来信续假，多住五天，下期即压班一个月，如因业务繁忙，到期不能走时，压班一个月，补假五天。

八、春节放假，必须留人值班，顾客上门应予接待。

九、摇铃开饭，不得抢前争先，菜饭由柜房规定，不得随意挑剔。

十、同仁洗澡，下门去，早饭前回柜，不得借机游逛或下饭馆。

十一、同仁无论在柜吃饭或出外应酬，均不得饮酒过量，醉后发狂。

十二、同仁用货，必须有店中人员剪裁，不得私自找人。只能自用，不准代买。

十三、柜上同仁不准吸烟，以防发生火灾。

十四、不得代存衣物。

十五、同仁之间，不得吵嘴打架，如有违犯，双方同时出号。

十六、营业时间，不得擅离职守，不得交头接耳，妨碍营业，影响观瞻。

十七、严禁嫖赌和吸鸦片，违者立即出号。

十八、不准无故纳妾。如因无子纳妾者,须事前声明,经考察属实后方准实行。

十九、对待顾客必须谦和、忍耐,不得与顾客争吵打架。

二十、同仁必须注重仪表,无论冬夏,一律穿长服,不得吃葱蒜,不得在顾客面前扇扇子,不得把回找零钱直接交到买主手里(须放在柜台上),不得用粗词俗语,不得耻笑顾客。

二十一、不得挪用柜上银钱、货物,有贪污盗窃行为,立即出号。

二十二、不得以号章为他人作保。此事关系至巨,任何人不得违反。

二十三、柜上同仁,不得在瑞蚨祥所在地区开设同类企业,亦不得兼营其他业务。

二十四、在同仁中挑拨是非致伙友不和者,立即出号。

二十五、结伙营私,要挟柜方者,立即出号。

二十六、凡被辞出号者,不得以任何借口或凭借他种权势逗留不去。

二十七、凡调拨他处不立即前往者,立即出号。

以上规定,俱系省、京诸店应有之定章。凡我同仁概不准违犯。有股份者更宜谨遵履行,方能为同仁之表率。如因循自私,则章程为虚设,店务必日渐废弛,问心亦当有愧。号务綦繁,非一二人所能周及,务必群策群力,严格执行,方免贻误。国家论功行赏,铺事亦大同小异,凡我同仁,慎之勉之。①

以上铺规涵盖了认真做事、老实做人、遵纪守法、诚实守信、团结互助等道德行为的诸多方面。全文用宣纸红格毛笔正楷书写,悬挂于饭厅正面墙上,使店员耳熟能详,铭记于心,并严格执行。科学性与人文性是企业管理的两大要件,瑞蚨祥的管理和激励机制体现了规范化和人性化的双重特

---

① 济南市政协文史资料委员会、山东省政协文史资料委员会编:《济南老字号》,济南出版社,1990年,第8—10页。

点。人生存的首要条件在于对物质利益的追求,这是毫无疑问的。因而,从根本上说,企业职工努力工作的主要目的首先在于利益的获得。所以,合理的分配制度是职工工作积极性的动力资源。瑞蚨祥将职员业绩、职位与实际收入有效结合,资方与经营者以七比三比例分利,管理人员实行股权激励,以"顶本"和"红利"等利润分配方式,实现了企业盈利与管理者利益的统一。职工工资除定额的月薪或年薪(束金)外,还辅之以不定额的馈送(临时奖励)、福利(实物工资)等多种利益分配途径。与经济激励相对应的还有职位激励,二者在终极目的上达至一致:职位的高低最终体现为经济收入。职位的升降依据德行、工龄、能力、业绩等几个方面的综合考察,由总经理报资方决定。企业对职员的人文关怀,则主要体现在资方对总经理的信任、依重、热情招待,以及对普通职员以探亲路费、节假酒宴、婚丧馈赠、娱乐补助等不同方式的关怀。①

二是诚实守信的经营理念。诚信是儒家的思想本质,是儒家创立者孔子寄希望于纠正礼崩乐坏、恢复社会秩序的信念和手段。考查儒家经典,诚信观念随处可见。从《尚书·太甲下》"鬼神无常享,享于克诚"在人际关系上对"诚"的推崇,到孔子《论语》的"忠"、"恕"之道,再到子思《中庸》的"诚者,天之道也;诚之者,人之道也"和孟子的"诚者,天之道也;思诚者,人之道也"②。思孟学派把"诚"从宇宙天道落实到社会人道,使"诚"成为人世中真实无妄的处世品德和崇高的道德理念。所以,张岱年有"诚为人生之最高境界,人道之第一原则"的界定。③ 而"信"则作为儒家独立的道德范畴,被孔子纳入"恭、宽、信、敏、惠"④的仁学体系。《论语》中多次提及"信"⑤,无论是日常行为的"言忠信,行笃敬"⑥,还是与朋友交的不可"不信"⑦,以至于国家

---

① 济南市政协文史资料委员会、山东省政协文史资料委员会编:《济南老字号》,第33—43页。
② 《孟子·离娄上》,朱熹:《孟子集注》,《四书章句集注》,中华书局,1983年。
③ 张岱年:《中国哲学大纲》,中国社会科学出版社,1982年,第328页。
④ 《论语·阳货》,程树德:《论语集释》。
⑤ 杨伯峻统计,《论语》中"信"出现过38次。见杨伯峻:《〈论语〉译注》,中华书局,2009年第3版,第254页。
⑥ 《论语·卫灵公》,程树德:《论语集释》。
⑦ 《论语·学而》,程树德:《论语集释》。

政治的"谨而信,泛爱众","道千乘之国,敬事而信"①,其核心意义都是主体的"诚实不欺"和客体的"信任"、"相信",其内涵与"诚"等同。所以,许慎《说文解字》以"诚"、"信"互训②。宋儒真德秀在《西山答问·问主忠信章》中对诚、忠、信的对等关系作了如下诠释:"《论语》止言主忠信,不言诚,至子思、孟子然后言诚,盖诚指全体而言,忠信指用功处而言。忠是尽于中者,信是形于外者,有忠方有信,不信则非所以为忠,二者表里体用之谓,如形之与影也。心无不尽之谓忠,言与行无不实之谓信,尽得忠与信,即是诚。故孔子虽不言诚,但欲人于忠信上著力,忠信无不尽,则诚在其中矣。"③可谓得儒学真谛。儒家的诚信观源于人类普遍的生存需求,因此二千年一脉传承,深刻地影响着国人的思维和行为。孔子从不曾讳言利,《论语》有"富与贵,人之所欲"④"富而可求也,虽执鞭之士,吾亦为之"⑤,但是,对利益的追求必须置于"义"的规定之下,如孔子所说:"不义而富且贵,于我如浮云"⑥,即所谓要"见利思义",以义求利,强调君子爱财,取之有道。因此,《孔子家语》有"卖羊豚者不加饰"⑦,《孟子·滕文公上》有"虽使五尺之童适市,莫之或欺"的记载。儒家为以求利为目的的商业行为提供了诚信至上、童叟无欺的道德规范,通过约束商业行为的唯利是图欺诈奸宄,提高社会信誉,降低交易风险,求得商业行为的成功。目前,虽然学术界对于"儒商"的内涵仍有歧义,但"以儒家诚信观念和价值取向作为商业理念和道德规范,从事商业活动的行为者",这一概念的界定当不会有太大的错误。以孟雒川为代表的旧军孟氏家族,虽然并没有沿着儒家"学而优则仕"的正统路子走下去。但显然已经将儒家以诚信为核心体现的仁学理念真正地贯彻到了商业行为中:以货真价实、服务周

---

① 《论语·学而》,程树德《论语集释》。
② 汉许慎著,宋徐铉校定,王宏源新勘:《说文解字》,社会科学文献出版社,2006年,第123—124页。
③ 黄宗羲:《宋元学案》卷八十一《西山真氏学案》,中华书局,1986年,第2698—2699页。
④ 《论语·里仁》,程树德:《论语集释》。
⑤ 《论语·述而》,程树德:《论语集释》。
⑥ 《论语·述而》,程树德:《论语集释》。
⑦ 王肃:《孔子家语》卷一《相鲁》,《四库全书》第695册,第6页。

到和经世济民的商业实践展现了儒家诚实守信,童叟无欺,义以取利的儒商风范。① 以为富重仁、公益慈善和社会救济,体现"兼善天下"的社会责任。②

三是灵活权变的营销策略。在企业成功的诸要素中,营销不是唯一的,但却是关键的。因为只有通过营销才可以最终将成本转化成利润。瑞蚨祥的成功就在于:除了诚信的经营理念、严格的管理秩序外,还有以满足顾客需求为出发点的灵活且富有创新性的营销策略,归纳起来,主要包括以下几点:一是与时趋新的营销理念。企业经营的成功,根本取决于顾客。随时而变的顾客需求,主导着商业企业的经营行为。瑞蚨祥的主营曾随着时空的变化而几度变更。第一次是随着由农村向城市的拓展,主营商品由章丘土布向高级绸缎的转变;第二次是随着国际形势变化,中国国门洞开,西风东渐,洋货受宠,瑞蚨祥的主营由北方向南方、由国货向洋货的过渡,包括庚子事变后孟雒川亲自采进的广货、日本货和英国货。与这两次主营商品调整相伴随的是,以顾客需求为轴心,不断扩大商品范围,由单一的章丘土布,到茶业绸缎皮货,乃至于金银钟表眼镜药品袜子肥皂之类的日用

---

① 主要体现在坚持货物高端、定机、自染色布和周到服务等几方面。所谓"高端"是瑞蚨祥以雄厚的资金优势,以货物的珍贵、精品高档独占市场,专门服务于王宫、贵族等特殊人员;所谓"定机货"是指所有丝绸一律在丝绸中心苏州定织,品种、质量、密度高于普通货物,并由技术人员严格检验;所谓"自染色布",是瑞蚨祥所售色布全部采用优良布坯、染料,重金聘用高技术工人精工染制。且对染好的布采用"闷色"工艺,即布染好后包捆好在布窖里存放半年以上,待染料慢慢浸透每根纱线方可出售。经过"闷色"的布缩水率小,布面平整,色泽均匀鲜艳,不易退色,所以虽然影响资金周转,但一直坚持下来。特别是 1927 年,当质次价低的日本布料充斥华北市场,瑞蚨祥依然坚持用质优价高的英国布料,严禁各地分号营销日本货,以保持自己的品牌信誉。周到服务主要体现在:一,顾客无论穷富,买东西无论多少,挑选时间无论长短,一律态度谦逊温和,烟茶招待,礼貌迎送。以顾客需求为出发点,根据顾客身份、职业、财力状况,以不同的语言内容与顾客交流沟通,积极介绍推荐商品;二,注意售货的有序性,钱、物当面检查交清;三,电话订货,送货上门等。(参见政协章丘市委员会、文史资料研究委员会:《章丘文史集粹》第十六辑(下),济南市内部资料准印证(2002)第 051 号,第 527—536 页;济南市政协文史资料委员会、山东省政协文史资料委员会:《济南老字号》,第 7 页)
② 孟雒川一生多次举办慈善和公益事业,诸如捐资修河,设立社仓,积谷备荒。修文庙,建尊经阁。设义学,经理书院。捐衣施粥,施医舍药,及捐资协修《山东通志》等。因此博得慈善家的称号,被誉为"一孟皆善"。1900 年八国联军入侵北京,孟雒川将北京大栅栏分店所售洋布全部焚之一炬,并宣布全国的 18 家分店只卖国布,在全国引起了轰动。为此,宣统帝屡次以"剥历著声,剧烦就理"给予头品顶戴、奉直大夫、光禄大夫的敕封嘉奖。(详见《孟子世家流寓章丘支谱》卷三《南支世系》(二),民国二十一年版,第 25—26 页,存章丘市旧军村)

品。二是预测为先的营销策略。商业企业是工业企业和消费者之间的枢纽,它与工业企业相比,需要对市场需求更加灵敏的反映。瑞蚨祥的进货和销售紧跟市场,以市场预测为前提,对奇货、缺货抢购多购,对变化性较大的商品勤进少进,对货源充足的商品随进随销,对季节性较强的商品货赶头先,季前备好,季末甩货,力避因缺货、压货而影响企业信誉、利润和资金周转。① 三是灵活多样的营销手段。从宏观上观,瑞蚨祥的货物销售,实践了门市销售为主,辅之以送货上门(多是宫廷、王府和军阀官僚豪门)、外埠函购(款到付货)等多种渠道并存的营销方式。在门市销售中又独辟蹊径,推陈出新,创造了"人盯人"、"礼券"和"买布放尺"②等的销售战术。从微观上看,瑞蚨祥把每一个职员和顾客的日常生活行为都变成了营销行为。职员养成了随时随地观察时尚穿着的习惯,为企业进货和经营提供及时参考。产品的高品质,又使每一个消费者成为那个传媒欠发达时代本企业免费的活广告。瑞蚨祥的销售策略始终以"需求至上"为宗旨,甚至包括从顾客立场出发荐货、导购,为顾客提供购货建议,将一些零碎布条制成鞋面、纽扣、镶边绸条等随时赠送顾客。可谓将以服务为本的营销功夫做到了极致。

四是混乱局面下的官商联姻。从本质上而言,企业面对的是市场,遵循的是经济规律和市场法则。拒斥非市场因素特别是政治因素的干扰,是企业发展的内在诉求。但是,从普遍意义而言,市场和消费又是一定社会背景下的人的消费,与社会政治背景、政治政策及一定社会下的民风民俗和消费心理有着无法分割的紧密联系。更甚者,中国近代在封建政治的强化和西方资本主义侵入的双向作用下,形成的半殖民地半封建国家的社会形态,决定了社会生活与国家政治的紧密粘连。在这种情况下,以附丽政

---

① 以上资料详见济南市政协文史资料委员会、山东省政协文史资料委员会编:《济南老字号》,第8—10页。
② 所谓"人盯人",是指每一位顾客从进店到离开,都由固定的推销员始终跟随,负责介绍商品,提供购货建议;所谓"礼券",相当于现代的购物卡,方便了人情往来中的礼品授受;所谓"卖布放尺",即根据顾客所买商品的多少,按一定比例多给商品。如顾客买一尺,给一尺一寸,顾客要一丈,给一丈一尺。参看济南市政协文史资料委员会、山东省政协文史资料委员会编:《济南老字号》,第10、11、18页。

治作为开拓商业经营的手段,既是中国专制政治遗存的表现,也成为近代民族工商业无奈而又必然的选择。晚清以来的孟氏企业,正是在这样的社会大环境下,被不由自主地推上了这样一条发展轨道。

首先,依附清廷。孟氏家族依附清廷的主要方法是用经济开道,求得政府政治封诰。统计《孟子世家流寓章邱支谱》,孟氏家族自定居旧军镇,至光绪末,有92人被清廷授官衔,其中除孟传璐(治苍溪县有功,封为荣禄大夫)和孟广涵为科举及第外,其余多通过向朝廷献军饷、办公粜、搞赈济等得到太学生、廪贡生、附贡生等功名,受文林郎、知县、通奉大夫、朝议大夫、光禄大夫等封衔。其夫人也多因之而请诰命,仅清代章丘孟氏就有妇女86人分别封为孺人、宜人、恭人、淑人、一品夫人等不同封号。① 孟雒川也是靠着同样的办法,与清政府保持着密切关系:1891年至1894年(光绪十七年至二十年),被山东巡抚福润奏准江苏即用候补道;1899年(光绪二十五年)山东受灾,被山东巡抚毓贤以认赈救灾,委任为平粜局总办,奏准为知府补用道,二品顶戴;1908年(光绪三十四年)任济南商务总会协理;1906—1909年,被两江总督端方奏准为"江苏试用知府补用道,三品衔加四级,二品顶戴、头品顶戴,诰封奉直大夫,诰授光禄大夫"。②

其次,结交军阀。清末民初,军阀混战,民族企业在混乱的政局下,要想站稳脚跟,谋求发展,只能结交军阀官僚政客以谋求政治庇护。从资料看,其结交方法不拘一格:或结为金兰,如孟雒川与山东巡抚毓贤、原清末文华殿大学士陆润庠、原户部尚书翁同龢、原江西提学使曹鸿勋、清末状元京师大学堂监督刘春霖、原两江总督王仁堪、原两广总督王芝祥、原四川布政使护理总督王人文、原吏部侍郎金梁、原兵部尚书铁良、原湖北督军王占元、原江西督军陈光远、原国务总理靳云鹏,以及毕道远、冯公度、张英麟、陈云诰等新旧官僚的亲密往来;孟觐侯与北京九门提督王怀庆、东三省权贵鲍贵清、山东督军张宗昌结为兄弟;与军阀段祺瑞、吴佩孚、曹锟、张作霖及奉天督军张作相、吉林督军韩麟春、黑龙江督军吴俊升、热河督军汤玉麟

---

① 详见政协章丘市委员会、文史资料研究委员会:《章丘文史集粹》第十六辑(下),济南市内部资料准印证(2002)第051号,第276—284页。
② 清道光二十一年刻本《孟子世家流寓章邱支谱》卷三《南支世系》二,现存章丘市刁镇旧军村。

等的政治交往,而成为曹锟的总统府名誉顾问,张作霖的大元帅府名誉顾问,张宗昌的直鲁联军后路总顾问。或结为秦晋,如孟雒川的长女嫁济南本道署理东司沈廷杞的儿子,二女嫁入东三省总督徐世昌之弟徐世光之门,三女与南洋大臣张之洞之后结缡;三子孟广址的继妻是法部侍郎王埒之女,再继妻是济南大官僚、察哈尔都统何春江之女;孙女嫁于张宗昌军法处长白荣卿的儿子。与军阀曹锟、官僚陈钦等也都先后结为姻亲。① 其中与山东巡抚袁世凯的结交最不遗余力:为袁父路祭、为袁母治丧。其拳拳之心终得回报:于 1914 年 7 月 18 日,被时任北洋政府总统的袁世凯任命为参政院参政。不过,孟雒川对军阀统治期间政局的动荡、时势的变迁始终保持着敏锐的警觉,随着时移势变而审时度势,不断选择、调整着结交的方式和对象,其中最突出的表现莫过于既与袁世凯深相结纳,又于 1911 年孙中山发起反袁护国运动后,积极接纳护国军内务司驻扎于其在周村的茶叶加工大院,以表明他在孙、袁之间的轻重取向。

(4) 旧军孟氏家族企业的衰落

以瑞蚨祥为代表的旧军孟氏企业,在民族灾难频仍叠起的晚清和近代,虽对内苦心孤诣,对外倾向结交,终摆脱不了衰败的命运。衰落的原因,既有主观问题,也有客观问题。前者源于自身经营管理的缺陷,后者则归因于内忧外患的社会环境。

从内部看,儒家的诚信观建立在性善论的基础上。思孟以来的性善理论,相信"诚"是人的生命本真,"人人可为尧舜",达至"仁"的途径。虽然可以借助"教"的外在力量,但主要依靠率性修道,诚身明善,自修、自反式的自我努力,在"我"不在"人"的道德自律,实现内在本真的自我发觉。即所谓:"诚者,自诚也"②"反身而诚,乐莫大焉"③。既如此,以诚信观为商业经营理念的旧军孟氏企业,在管理方式上虽然重视了外在管理体制与规范的建立,但实际上却是在科学性与人文性、刚性与柔性之间,过于偏重了后

---

① 政协章丘市委员会、文史资料研究委员会:《章丘文史集粹》第十六辑(下)济南市内部资料准印证(2002)第 051 号,第 263 页。
② 朱熹:《中庸集注》,《四书章句集注》。
③ 《孟子·尽心上》,朱熹:《孟子集注》,《四书章句集注》。

者。具体表现在虽有规范,但科学性不强、体系化不足,并直接表现为各管理层级分工、责权不明,管理体制高度集权。从瑞蚨祥的经营情况看,孟雒川集人事、财务大权于一身。诸如业务开拓、分店开设、地区投资、利润分配与资本转化,及人员录用、升迁、调动、工资增减等一切重大事项,全部由孟雒川一人最终定夺。各地区和分店在货物进出、资金核算、运用与人员招收、配置上没有丝毫独立自主权。高度集权的管理体制,把企业兴衰的命运过分集于一人。这一经营模式的利端在于,当这"一人"领导得力时,会有力推进和保障企业的发展。但是,倘若这"一人"虚位或领导乏术时,致命弊端便显露出来,企业因为缺乏科学合理的常规化、体系化和制度化保障而濒临危境。旧军孟氏企业的发展轨迹已无可辩驳地证实了这一点。孟雒川生前目不离账册、手不离算盘,慧眼识才,呕心沥血。全局总理沙文峰与孟觐侯也恪尽职守、忠心敬业,企业发展迅速。但在孟雒川死后,孟氏企业内部因为管理乏人而矛盾丛生,经营一落千丈。

从外部看,动荡战乱、内忧外患的社会环境,是导致旧军孟氏企业衰落的外在原因。我们不妨按照时间顺序,依次看一看瑞蚨祥在匪患不断、军阀敲诈与外国入侵下频频遭遇的灾难:1900年八国联军入京,火烧大栅栏,瑞蚨祥所有财务账目化为灰烬;1912年,北京兵变,变兵南窜,天津竹竿巷和济南瑞蚨祥遭火焚;1925年,即济南瑞蚨祥鸿记开张的次年,军阀张宗昌督鲁三年,士兵用自制、滥发的"军用票"购买商品,瑞蚨祥不敢拒收又无处兑换,经济损失无算;1928年,土匪张鸣九抢占章丘,虎视旧军。孟氏家族移居天津,结果所有家族房屋财产,被原本重金延请剿匪的军阀孙殿英焚烧、洗劫一空;日军侵华后,对山东经济实行全面控制,瑞蚨祥在限制货源,货物配给,存货呈报,限令定价及伪币贬值等一系列重压下,很快流动资金枯竭,经营濒临崩溃。孟雒川终于在这次致命的打击下,于1939年9月7日,在天津郁郁而终。

逝者如斯,孟雒川奠立的"诚信为本"、"连锁经营"、"股权激励"等经营管理模式,连同他的营销策略和品牌战略,为中国乃至世界商业经营提供了经验和借鉴。孟雒川充满风雨沧桑而又辉煌传奇的一生,再次印证了家族企业与国家政治、民族命运的息息相关。

第二章 孟子「升格」与「亚圣」确立

从唐宋"孟子升格运动"开始直至元代,在前后近五个世纪的时间里,孟子地位由"隐而不彰"而渐至高峰。周予同把这一孟子地位由低迷而勃兴的过程称作"孟子升格运动"①。所谓"升格",是指孟子受到学界和政界重视,社会地位不断上升,主要包含两个方面:一是知识界围绕政治需求率先发起对孟子的尊崇,对《孟子》的研究者日多,对孟子的评价日高;二是政治层接学术舆论之踵,以政策支持实现《孟子》由"子书"而"经书",成为国家政治与取士导向。与此同时,孟子的政治和社会地位也不断提高,由普通诸子而蹿升至"亚圣"。

孟子的地位在理论与政治的契合中,交互推动,曲折上升。表面看起来,孟子升格是以知识分子的理论学术推动为先导,以政策支持为后继保障。而事实上,知识分子的作为,则恰恰首先是围绕或者满足政治的需求。孙葆田在《重纂三迁志·序》中曾就这一上升过程及其动因作过概括性论述:"孟子当战国时,异说蜂起,乃独著书。论道德以仁义为本,述尧舜禹汤文武周公孔子之意,而作七篇。遭秦灭学,诸经或亡或微,而《孟子》以儒书独存。在汉文帝时尝立博士,其后罢,不复置。历魏晋六朝,学术纷歧,孟子之书虽存,然当时真能好之者鲜。至唐而昌黎韩子出,作《原道》以明圣

---

① 周予同于1933年发表的《群经概论》最早提出这一命题。(见朱维铮编:《周予同经学史论著选集·群经概论·孟子》,人民出版社,1983年,第289页)后来徐洪兴的博士论文《思想的转型——理学发生过程研究》(上海人民出版社,1996年)第二章采纳这一观点,并在此基础上撰《唐宋间的孟子升格运动》一文(载《中国社会科学》1993年第5期)专论这一问题,引起学界关注。杨泽波《孟子评传》借鉴了其观点。(杨泽波:《孟子评传》,南京大学出版社,1998年,第460页)

贤之绪,其言曰:孔子传之孟子,孟子死,不得其传焉。又曰:欲求观圣人之道者,必自孟子始。至其推尊孟子,以为功不在禹下。呜呼!知言哉。厥后,皮氏日休虽请以《孟子》为学科,讫唐之世议终不行。宋兴而真宗复起,始诏孙奭等校刊《孟子》。由是,学者宗之。其后,遂升为经。及程朱诸儒出而表章愈力,孟子之道日益尊,科举之制亦自此兴矣。元、明以来,其书遂大显。"①

徐洪兴根据其表现特点,将这一过程划分为四个阶段:"中唐到唐末为滥觞期,北宋庆历前后为初兴期,北宋熙、丰前后为勃兴期,南宋中叶及稍后为完成期。"②这一阶段性划分,基本上把握了孟子升格运动的阶段性规律。

孟子地位的提高,是孟氏家族崛起的前提。因而有必要循着徐氏的路径,对孟子升格运动的全过程进行一次讨探,以从中探寻孟子及其孟子家族崛起的外在条件和内在动因。

第一节 战国秦汉孟子地位隐而不彰

一、战国由"邪蠹"到"显学"

战国是奴隶制崩解、封建制渐行确立的时代。刘向在《战国策·书录》中形象地论述了这个时代的特点:"仲尼既没之后,田氏取齐,六卿分晋,道德大废,上下失序。至秦孝公,捐礼让而贵战争,弃仁义而用诈谲,苟以取强而已矣。夫篡盗之人,列为侯王;诈谲之国,兴立为强。是以转相放效,后生师之,遂相吞灭,并大兼小,暴师经岁,流血满野,父子不相亲,兄弟不相安,夫妇离散,莫保其命,湣然道德绝矣。晚世益甚,万乘之国七,千乘之国五,敌侔争权,尽为战国。贪饕无耻,竞进无厌;国异政教,各自制断;上

---
① 孟广均编:清德宗光绪本《重纂三迁志·孙葆田序》,第15页。
② 徐洪兴:《唐宋间孟子的升格运动》,《中国社会科学》1993年第5期,第102页。

无天子,下无方伯;力攻争强,胜者为右;兵革不休,诈伪并起。当时之时,虽有道德,不得施设;有谋之强,负阻而恃固;连与交质,重约结誓,以守其国。"①

在这个天崩地裂的时代,由经济发展引发的政治和观念变革,使整个社会呈现出翻天覆地的变化。首先,铁农具和牛耕的广泛使用标志着生产力的显著提高,中国历史由青铜时代进入了铁器时代,而"铁使更大面积的农田耕作,开垦广阔的森林地区,成为可能"②。土地大量开垦,水利工程大规模兴建,土地利用率大大提高。其次,生产力的进步牵引着生产方式的巨大变革,以往大规模简单协作的农耕方式被以男耕女织为特点的个体家庭经济所取代。与农耕经营方式的改变相呼应,手工业和商业经营也出现了新格局:以国家垄断工商业为特征的"工商食官"被打破,私营工商业迅猛发展。农业、工商业变革巨浪推动着列国统治者被动地调整政策:放弃农业和工商业的国家垄断,承认私有,向私有土地经营者及工商业者征税。一种以私有制为基础的新型生产关系悄然确立。再次,经济基础的变化最终导致社会制度和社会意识形态领域的深刻变革,地主政治取代了贵族政治,私有观念日益深入人心。

社会的巨变引发了思想观念的多元化。对社会变革下产生的诸多问题,人们基于不同的阶级、立场,代表着不同的态度、主张,表达着不同的理想、愿望。与此同时,小国林立,战争连绵,促成了各国尊士养士之风的盛行,礼贤下士成为社会风尚,正所谓"诸侯并争,厚招游学"③。再有,诸侯割据纷争,不可能实行文化专制,这就使怀抱不同政见的"士"们,得以自由地各持己说,游说奔走于诸侯之间,"率其群徒,辨其谈说"④,"合则留,不合则去"。以上种种,共同促成了战国时期思想领域"百家争鸣"局面的出现。儒、墨、道、法、名、阴阳、兵、农各家各派既持不同的政见,又在彼此的碰撞、交锋中互相吸收、涵融,共同凝聚成了中国轴心时代的文化。重实用理性、

---

① 刘向:《战国策·书录》(下册),上海古籍出版社,1985年第2版,第1196页。
② 恩格斯:《家庭、私有制和国家的起源》,《马克思恩格斯选集》(第4卷),第159页。
③ 《史记》卷六《秦始皇本纪》,第255页。
④ 《荀子·儒效篇》,王先谦:《荀子集解》,《诸子集成》(第2册),上海书店出版社,1986年。

重人伦日用、重整体思维、重人文主题的中国文化特色在这一时期集结、创建、形成。

这是一个人才济济、众星璀璨的时代。孟子就是在这样的时代,继承了孔子创立的儒家学说,以"仁"为思想核心,以"义"为价值准绳,以"礼"为外在规范,以"知"("智")为认知手段,沿续着儒学在战国时代的"显学"地位。

第一个关注孟子的是荀子。《荀子·非十二子》对当时六个学派进行了逐一评价,称子思、孟子"略法先王而不知其统,犹然而材剧志大","僻违而无类,幽隐而无说,闭约而无解"。判定孟子学说是"邪说"、"奸言","欺惑愚众"。孔子学说遭到后世曲解是"子思、孟轲之罪也"。从荀子的评判中可以判断:一,子思、孟轲为孔子之后"各引一端"①的一个分支;二,子思、孟子学说是荀子一派看来曲解儒学的"邪说"。

韩非是荀子之后第二个关注孟子的人。《韩非子·显学》中称:"世之显学,儒墨也。"认为:"自孔子之死也,有子张之儒,有子思之儒,有颜氏之儒,有孟氏之儒,有漆雕氏之儒,有仲良氏之儒,有孙氏之儒,有乐正氏之儒",孔子之后,儒分为八,孟氏之儒成为与子思之儒并列的儒家八派之一。韩非对孟子的评价与其老师荀子相比不同的是:孟子显然已由此前"子思唱之,孟轲和之"②的"思孟"一派而成为儒学八派中独立的分派领袖。相同的是:在韩非"儒以文乱法"的价值判断中,孟子和其"孟氏之儒"的学说依然属于"以文乱法"的"邦之蠹"。

透过上述评价,可见战国时期的孟子,虽然其学说仍然被定位为"以文乱法"的"邪说"③,并且,作为儒学分支,其总体社会地位也还只不过是"与诸子等耳"④。但其独立的儒学分派领袖的地位已得到承认。孟子在社会上的整体认可度出现上升趋势。

---

① 《汉书·艺文志序》,班固:《汉书》。
② 《荀子·非十二子》,王先谦:《荀子集解》。
③ 注:其中难免有学术分派政见不一及其文人微妙心理因素导致的"相轻"与非难。
④ 崔述:《孟子事实录》卷下《附韩文公称述孟子三则》,四川大学古籍整理研究所编《儒藏》第10册,第330页。

二、汉代免遭焚灭后的关注

秦始皇"续六世之余烈,振长策而御宇内"①,终于以武力扫平六国,统一了天下。但是,他的失误在于以打天下的办法治天下。蔑视儒学,崇尚法家,严刑酷法,焚灭文章,以吏为师,秦朝政权由此而走向快速灭亡。西汉初贾谊在总结秦朝短祚的教训时道出了个中原由:"仁义不施,而攻守之势异也。"②因为孔孟儒家仁义之道固然可能不适应社会非常态下的战争与征伐,但却有利于促成统治常态下社会秩序的稳定,此即儒士叔孙通所说的:"儒者难与进取,可与守成。"③所以,汉代初期七十年休养生息之后,到武帝时期终因其守成特性的彰显,而由"诸子"跃居独尊,由民间"邪说"成为官方意识形态。

赵岐在《孟子题辞》中说:"孟子既没之后,大道遂绌,逮至亡秦,焚灭经术,坑戮儒生,孟子徒党尽矣!其书号为诸子,故篇籍得不泯绝。"④赵岐的说法并不夸张,十几年的秦朝暴政,儒学的确遭受了沉重打击:典籍被焚,徒党零落。好在《孟子》一书因为"子"书逃过了"焚灭经术"的劫难,"得不泯绝",《汉书》有载:"河间献王德,以孝景前二年立,修学好古,实事求是。从民得善书,必为好写与之,留其真,加金帛赐以招之。……献王所得书,皆古文先秦旧书,《周官》、《尚书》、《礼》、《礼记》、《孟子》、《老子》之属,皆经传说记,七十子之徒所论。"⑤

但与之相应,同样因为《孟子》是"号为诸子"的传说之文,而在汉武帝"尊儒术"后一直未能受到诸如原典"五经"般的重视。终汉一代,乃至继之而后的整个魏晋时期,孟子及其经典既因儒家经典而地位高于一般"子"书,又因自外于原典而地位低于"五经",处于一种不温不火却也并未间断

---

① 《史记》卷六《秦始皇本纪》,第 280 页。
② 贾谊:《新书》卷一《过秦上》,《四库全书》第 695 册,第 390 页。
③ 《史记》卷九十九《刘敬叔孙通列传》,第 2722 页。
④ 赵岐:《孟子题辞》,《诸子集成》第 1 册,第 10—11 页。
⑤ 《汉书》卷五十三《景十三王传·河间献王刘德》,第 2410 页。

的状态。①

(一) 西汉文、武帝时《孟子》博士的旋置旋废

赵岐《孟子题辞》称:"汉兴,除秦虐禁,开延道德。孝文皇帝欲广游学之路,《论语》、《孝经》、《孟子》、《尔雅》皆置博士,后罢传记博士,独立五经而已。"②按照赵岐的说法,《孟子》也曾在汉文帝时期一度设为"博士",立于学官,但又因为被时人视为解说儒经的"传记"③,而在武帝时与《论语》、《孝经》、《尔雅》等"传记"一同罢废。④由于《孟子》设博士之事不见于《史记》、《汉书》,所以历代学者多所怀疑,以为非实有其事⑤。限于史料,此事的有与无已很难考证清楚。⑥

---

① 注:"经书"和"子书"既关涉中国古籍四部分类法,又关涉古籍本身的分类属性与地位问题。在中国古籍分类史上,汉代刘向、刘歆父子整理宫中藏书而成《七略》,将中国古籍分为六艺、诸子、诗赋、兵书、术数、方伎六类(外加总论辑略而成七略),此即中国最早的图书目录分类,其中,六艺对应"经",诸子对应"子",诗赋对应"集",史部书因为数量太少,附于六艺类之后,由此形成了中国古籍四部分类法的雏形。后东汉班固《汉书·艺文志》基本沿袭这一分类。三国魏文帝时,秘书郎郑默编《中经》,将书籍分为甲、乙、丙、丁四类,分别对应经、子、史、籍四部,为四部分类的雏形。西晋武帝时,秘书监荀勖撰《中经新薄》,正式确立了四部分类法。东晋著作郎李充整理宫中图书,编纂《晋元帝四部书目》,基本沿用此四部分类法,并依据当时四部书目在社会上的地位,按由高到低另行排序为经、史、子、集四部。四部分类法从封建社会后期的唐、宋、元、明、清一直沿用至今。四部排序的变化说明了"经书"在社会上的独尊地位,也说明了"子书"相对于经书的从属地位。此事又事关后来所谓《孟子》的"升格运动",故在此作一解说。
② 赵岐:《孟子题辞》,《诸子集成》第1册,第10页。
③ 焦循《孟子正义》据翟灏《孟子考义》考证:"时《论语》、《孝经》通谓之'传',而《孟子》亦谓之'传',如《论衡·对作篇》曰:'杨墨不乱传义,则孟子之传不造';《刘向传》引'传曰:圣人不出,其间必有名世者';《后汉书·梁冀传》引'传曰:以天下与人易,为天下得人难';《越绝书·序外传记》引'传曰:于厚者薄,则无所不薄矣';《说文解字》引'传曰:箪食壶浆';《诗·邶风》正义引'传曰:外无旷夫,内无怨女';《中论·夭寿篇》引'传曰:所好有甚于生者,所恶有甚于死者';又《法象篇》曰:'传称大人正己,而物自正',皆可为证。故赵氏以《论语》、《孝经》、《孟子》、《尔雅》博士,统言之曰'传记博士'。"(焦循《孟子正义·孟子题辞》"汉兴,除秦虐禁"条下,《诸子集成》第1册,第10页)
④ 焦循据钱大昕《潜研堂问答》考证,汉武帝罢《孟子》等"传记博士"当在武帝建元五年。原文为:"孝武初立,卓然罢黜百家,表章六经。以'本纪'考之,建武五年(注:当为建元五年),置五经博士,则传记博士之罢,当在是时矣。"
⑤ 赵岐《孟子题辞》亦谓孝文皇帝欲广游学之路,《论语》、《孝经》、《孟子》、《尔雅》皆置博士,此则《史记》、《汉书》并未之及,其为实录以否,不可知矣。"(马宗霍:《中国经学史》第六篇《两汉之经学》,商务印书馆,1936年,第40页)
⑥ 杨泽波从赵岐写《孟子题辞》时年代较早及赵岐为学严谨两个方面论证赵岐关于汉文帝时设《孟子》为博士的说法真实可靠,属有益的探索,但大多仍属推测,缺乏实证。详见杨泽波:《孟子评传》,第454—455页。

无论此事是否属实,总起来看,西汉时期《孟子》的地位并不高。以下三点可以说明:

一,在司马迁的《史记》里,孟子不仅与邹衍、淳于髡、慎到、荀子共列为合传,而且在仅一百多字的传记里,涉及孟子的史事包括家世、出身、父母、生平等,与早于孟子的孔子相比,有太多的不清晰。可见有关孟子的史事因不为人所重而渐已失传,以至于司马迁也无法搞清楚。且从司马迁《史记》传记看,他对于孟子在思想史上的定位为:其一,孟荀同列,孟子位在诸子;其二,孟、荀、稷下三邹、淳于髡、墨翟同传,却只以《孟荀列传》标篇,这一定位也是自汉至唐有关孟子地位的主流观点。清代梁玉绳《史记志疑》卷三十三说:"孔墨同称,始于战国;孟荀齐号,起自汉儒,虽韩退之亦不免。"①

二,西汉刘向、刘歆《七略》失传,但东汉班固《汉书·艺文志》沿袭西汉刘向、刘歆《七略》的分类,在《汉书·艺文志》里,《孟子》著录于《诸子略·儒家类》,属"子部"书行列,而其余同被时人视为"传记"的《论语》、《孝经》、《尔雅》,则著录于《六艺略》,即列为"经部"。可见,《孟子》在西汉地位虽高于一般子书,但仍不出子书行列。如果我们硬要将经书和子书排出一个详细的层次序列,应该是:第一等,原典经书五经;第二等,"传记"中的《论语》、《孝经》、《尔雅》;第三等,"传记"中的《孟子》;第四等,其余一般子书。

三,终西汉之世,关注和研究孟子者极少。从现有史料看,西汉关注孟子的只有后期刘向和扬雄,刘向《孟子注》虽有清王仁俊辑本存世,原本今已不存。扬雄《中兴艺文志》有《孟子注》,但因旨意浅近,被疑为伪托②。不过,在今天传世的扬雄的《法言》中有两处提及孟子并给予较高评价,一

---

① 梁玉绳:《史记志疑》卷三十六《太史公自序传第七十》,《续修四库全书》第 263 册,第 323 页。
② 南怀瑾《孟子旁通·历代〈孟子〉研究书目》(复旦大学出版社,2000 年)和刘大年《孟子家世·历史孟子研究著作综述》(中国文史出版社,1991 年)提到西汉有刘向《孟子注》,并称:此书可能是《孟子》最早的注本,但书今已不传,只有王仁俊的辑本。对于此种说法,考之较早的几种目录文献都没有著录,《汉书》本传中也没有提及。《汉书·艺文志》中未见《孟子》注本;《隋书·经籍志》著录三种《孟子》注,赵岐注、郑玄注和刘熙注;《宋史·艺文志》著录《孟子》十四卷有扬雄、韩愈、李翱、熙时子四家注;《清史稿·艺文志》著录马国翰所辑《孟子》古注,有东汉高诱、程曾等九家。孟广均编清德宗光绪本《重纂三迁志》也未记刘向为《孟子》作注之事。周予同《群经概论》说:"汉代治《孟子》的,始于扬雄。雄注《孟子》,见于《中兴艺文志》,然旨意浅近,当时已疑为依托。"岳麓书社,2011 年,第 76 页。

是《吾子篇》："古者杨墨塞路，孟子辞而辟之，廓如也。后之塞路者有矣，窃自比于孟子。"另一是《君子篇》："或问孟子：知言之要，知德之奥。曰：非苟知之，亦允蹈之。或曰：子小诸子，孟子非诸子乎？曰：诸子者，以其知异于孔子者也，孟子异乎不异。"①扬雄尊崇孟子表现在两方面：一是充分肯定孟子批判杨墨、廓清孔子之道的历史功绩；二是"窃自比于孟子"，把自己的"正儒学"和对当时神学迷信的批评，称为仿效孟子批判杨墨，捍卫孔子之道。在扬雄眼里，孟子虽为诸子，但已无疑是孔子思想的直接继承者，其地位已高出荀子。

汉昭帝始元六年（前81），在以昭帝的名义召开的盐铁会议上，孟子的思想由"迂远而阔于事情"②一变而为治国理政的思想资源。盐铁会议的主题是"议罢盐铁榷酤"③。会议由两派组成，一派是武帝时理财的以桑弘羊为代表的御史大夫，一派是民间选派的贤良文学之士。与会双方就富国之路和导民之术等问题进行了激烈的思想交锋，结果是以孔孟思想为指导的贤良文学之士最终取胜。从桓宽根据会议记录整理的《盐铁论》看，双方都引用孟子观点为自己的理论依据，特别是孟子的仁政和内圣道德学说。④ 盐铁会议标志着孟子思想在汉代开始崛起。另外值得注意的是，与会双方在引征孟子言论时，多次孔孟并称，这说明，人们的观念意识开始由"孟荀齐号"向"孔孟并称"过渡，这是以孟子为孔子后继者的先兆。

（二）东汉孟子地位略有提升

《孟子》在西汉的地位虽不列于"经书"，但已略高于一般"子书"。至东汉，《孟子》在学界的地位依然属于解说经书的"传记"。且从传世文献看，无论官方还是民间，东汉与西汉相比较，《孟子》的地位似有所提升。以下几点可以说明：

---

① 《诸子集成》第7册），上海书店出版社，1986年，第6、37页。
② 《史记》卷七十四《孟子荀卿列传》，第2343页。
③ 《汉书》卷七《昭帝纪》，第223页。
④ 见桓宽《盐铁论》卷一《通有第三》、卷三《刺权第九》、《论儒第十一》、卷九《盐铁取下第四十一》、卷十二《大论第五十九》等篇。（《四库全书》第695册，第487、507、515、603、659页）

一是白虎观会议学者征引《孟子》得到官方认可。东汉章帝建初四年(79),东汉政府为了以官方意志正经学,统一思想意识,由章帝直接主持,在白虎观举行了一次大规模的经学讨论会,讨论"五经同异","使诸儒共正经义"①。这次会议的讨论记录,后来由班固整理成书,名为《白虎通德论》,简称《白虎通》或《白虎通义》。赵岐在《孟子题辞》中说:"讫今诸经通义,得引《孟子》以明事,谓之博文。"焦循在此条下"正义"谓:"《后汉书·儒林传》云:建初中,大会诸儒于白虎观,考详同异,连月乃罢。肃宗亲临称制,如石渠故事,顾命史臣著为《通义》。注云,即《白虎通义》是。"②白虎观会议是章帝亲自过问,旨在以官方意志"正经义"的一次最高学术会议,会议的主旨自然代表了官方意志。会议上学者引《孟子》作为学术观点论证的依据,自然可以从侧面反映《孟子》在官方意识形态领域中的地位。

二是民间学者也多征引《孟子》阐明经义并引以为自豪。焦循在《孟子题辞·正义》该条下还列举了很多学者平时征引《孟子》以阐明经义的例证:"观赵氏此文,《孟子》虽罢博士,而论说诸经,得引以为证。如《盐铁论》载贤良文学对丞相御史,多本《孟子》之言,而郑康成注《礼》笺《诗》,许慎作《说文解字》,皆引之。其见于《史记》、两《汉书》、两《汉纪》……亦当时引以明事之证。"③

三是王充著《刺孟》,对孟子提出怀疑和批评,虽然成为唐宋疑孟、非孟的开端,但从反面反映了时人对孟子的关注。且从王充多次孔孟连称,④说明孔孟并称已在汉代社会流行。

四是东汉研究《孟子》的学者有所增加,对孟子的评价虽有批评,但赞扬程度超过前代。据史料记载,东汉为《孟子》作注的有高诱《孟子章句》,

---

① 《后汉书》卷三《肃宗孝章帝纪》,第138页。
② 赵岐:《孟子题辞》,《诸子集成》第1册,第10—11页。
③ 《诸子集成》第1册,第10—11页。
④ 王充《论衡》第一卷《命禄》"孔子圣人,孟子贤者",王充《论衡》第三十卷《自纪》"孔子称命,孟子言天",《四部丛刊初编》第75册,上海书店出版社,1989年,第11、3页。

程曾《孟子章句》①、郑玄《孟子注》,刘熙《孟子注》②。以上注本今均已亡佚,至今保留完整且最有影响的是赵岐的《孟子章句》及《孟子题辞》。赵岐的《孟子》研究有以下几点值得注意:一,与王充对《孟子》的批评相反,赵岐《孟子题辞》给予《孟子》极高评价,称之为"包罗天地,揆叙万类,仁义道德,性命祸福,粲然靡所不载。帝王公侯遵之,则可以致隆平、颂清庙;卿大夫士蹈之,则可以尊君父、立忠信;守志厉操者仪之,则可以崇高节,抗浮云。有风人之托物,《二雅》之正言,可谓直而不倨,曲而不屈,命世亚圣之大才者也。"在赵岐看来,《孟子》括囊天地万物之理,无论帝王、公侯、卿大夫,还是守志厉操的普通人,只要遵循《孟子》,就会有所成就,赵岐率先以"亚圣"盛赞孟子,其褒扬程度几无以复加。二,赵岐在《孟子题辞》中,已经把孟子与孔子、《孟子》与《论语》相比拟,称"孔子自卫返鲁,然而乐正雅颂各得其所,乃删《诗》定《书》,系《周易》作《春秋》;孟子退自齐梁,述尧舜之道而著作焉,此大贤拟圣而作者也。……卫灵公问阵于孔子,孔子答以'俎豆';梁惠王问利国,孟子对以仁义。……旨意合同,若此者众。"这种比拟,实际上将孟子其人其书的地位与孔子并列,印证了王充孔、孟并称作为一种社会现象的普遍,也成为宋初以后孔孟并称的先声。三,赵岐研究《孟子》采用了解喻结合,追求本义与意义创新并重的诠释方法。《四库全书总目》谈到这一特点说:"汉儒注经,多明训诂名物,惟此注笺释文句,乃似后世之口义,与古学稍殊。……盖《易》、《书》文皆最古,非通其训诂则不明;《诗》、《礼》语皆征实,非明其名物亦不解;《论语》、《孟子》词旨显明,惟阐其义理而止。所谓言各有当也。"③这一评论,颇为允当。赵岐注《孟子》,不拘泥于汉代盛行的名物训诂,着重于阐发义理。阮元在《孟子注疏校刊

---

① 《后汉书》卷七十九下《儒林列传·程曾》有"著书百余篇,皆五经通难,又作《孟子章句》"的记载。(《后汉书》卷七十九下《儒林列传·程曾》,第2581页)程氏所作《孟子章句》今已不传。另清马国翰《玉函山房辑佚书》辑有《孟子程氏章句》一卷,作者为"后汉程曾"。(马国翰:《玉函山房辑佚书》卷四十七《经编·孟子类》,《续修四库全书》第1203册,上海古籍出版社,2002年,第113页)
② 以上两个注本今均已不传,《隋书·经籍志》、《旧唐书·经籍志》、《新唐书·艺文志》均有记载,另马国翰《玉函山房辑佚书》辑有郑玄《孟子郑氏注》一卷,刘熙《孟子刘氏注》一卷。(马国翰:《玉函山房辑佚书》卷四十七《经编·孟子类》,《续修四库全书》第1203册,第113页)
③ 纪昀等:《四库全书总目提要》,《四库全书》第195册,第4页。

记序》中说:"赵岐之学以较马、郑、许、服诸儒稍为固陋,然属书离辞,指事类情,于训诂无所戾。《七篇》之微言大义,籍是可推。"①赵岐的释孟风格,影响了后来者。此后朱熹的《孟子集注》、《孟子或问》和焦循的《孟子正义》多有参照。《四库全书总目》总结了赵注《孟子》的特点和功绩:"盖其说虽不及后末之精密,而开辟荒芜,俾后来得循途而深造,其功要不可泯也。"②在汉代《孟子》学的发轫期,相关的注解之作已经涌现,特别是赵岐对《孟子》的义理性阐释,为后来《四书》学的形成奠定了基础③。

第二节 魏晋儒学中衰与孟子式微

魏晋时期,玄学兴起,佛学昌盛,儒学中衰。两汉地位略有提升的孟子,再一次随着儒学的中衰而式微。

一、儒学中衰的原因

魏晋时期,儒学浸衰的原因有二:一是来自内部的自我腐朽;二是来自外部的玄、佛排击。

就内部而言,经过汉武帝、董仲舒的努力,儒学终于取得了"定于一尊"的地位,成为两汉文化思想的主流,实现了儒学的经学化。但与此同时,也出现了今古文分化,并共同走向了极端化发展——烦琐化和谶纬化。古文经在"无一字无精义"、"无一字无来历"的精致化追求中走向烦琐,以至于"幼童而守一艺,白首而始能言"④。烦琐化的结果,使经学背弃了为政治服务的初衷而走向了它的反面,如马宗霍所说:"盖经说过繁,经义或反因之而晦。"⑤而今文经则从董仲舒将天人感应引入儒学体系开始,又开了经学

---

① 阮元:《十三经注疏》,中华书局,1980年,第2664页。
② 纪昀等:《四库全书总目提要》,《四库全书》第195册,第4页。
③ 参见朱松美:《赵岐〈孟子章句〉的诠释学意义》,载《山东大学学报》2005年第3期。
④ 《汉书》卷三十《艺文志》,第1723页。
⑤ 马宗霍:《中国经学史》第六篇《两汉之经学》,第58页。

谶纬化的祸端,终至流衍为荒诞的谶纬神学,堕入巫术迷信的泥淖,丧失了学术价值和政治价值。崇尚"入世"的儒学,走向虚无空浮、脱离实际的歧途,既无益于人伦日用,又无力于对战火纷飞、风云变幻的现实社会提供有用的鉴戒和指导,以保国祚永倡。士人纷纷弃儒就法,趋势就利,转习法家。如杜恕上疏所说:"今之学者,师商、韩而上法术,竞以儒家为迂阔,不周世用"①,于是,"中原横溃,衣冠道尽"②。儒学实用性的丧失,使得其在东汉末年由盛转衰,呈现无可挽回的颓势。

就外部而言,首先是玄学的冲击。玄学的兴起与魏晋时势动乱及门阀势力经久不衰有着直接的原因。汉末董卓之乱使久已衰微的汉帝国终于崩溃。地方军阀割据和王室自相杀戮,为北方游牧民族进入中原提供了契机。一场内外裹杂长达四百年的战乱由此展开。先是魏、蜀、吴三国鼎立;西晋短期统一之后,又是北方的十六国割据与东、西魏,北齐、周的擅代和南方宋、齐、梁、陈的更迭。中原继春秋战国后又一次在金戈铁马、刀光剑影中经历着动荡与煎熬。世家大族或选择迁离本土,或纷纷以带有军事特征的、封闭的庄园经济求自保,在动荡的局势下求得畸形发展。而孱弱的政治势力不得不依赖他们以壮大自己。这是魏晋士族门阀势力长久存世的现实原因。门阀士子们一方面无虑于政治荣替和经济匮乏,因而精神思想获得了从未有过的轻松和自主,不必关注于现实政治和功利,而可以一味追逐纯粹精神上的愉悦;另一方面,政治的动荡又使门阀士子们产生了一种挥之不去的深重的生命危机感。他们感"兴废之无常",哀"人生若朝露",惧"凋落之无期",叹"对酒当歌,人生几何",苦闷的心灵找不到一片可以寄托的家园。训诂烦琐和谶纬迷信的经学日益显露出它的"不周世用"③。经学式微,儒学动摇,名教危机,标志着春秋战国以来"显学"、"独尊"的儒学陷入困境。

儒学信仰危机和士人精神的解放,以及动乱局势下对人生的探求,把

---

① 《三国志》卷十六《魏书·杜畿传·附杜恕传》,第502页。
② 《南史》卷七十一《儒林传序》,中华书局,1975年,第1730页。
③ 《三国志》卷十六《魏书·杜畿传·附杜恕传》,第502页。

魏晋思想引向玄学。所谓"有晋中兴,玄风独振"①,玄学以关注个体生命张扬的老、庄思想为主流,以唯心本体论代替神学目的论,以高度抽象的义理思辨取代经学的烦琐比附。玄学家们在兼善天下的理想无法实现的现实下,向内收敛到人心本体,向外散发到山水自然,在超越功利的悠然的山水玄趣中体悟"道"的具象,寻找和体验"结庐在人境,而无车马喧"(《饮酒诗》)的人生逍遥。玄学玄风下,士人们暂时掩藏起对现实的责任与焦灼,以"穷则独善其身"的无奈"躬耕以食之,穿井以饮之,短褐以蔽之,蓬庐以覆之……逍遥竹素,寄情玄毫,守常待终"②。于是,"尚玄虚之学,为儒者盖寡"③,"儒教尽矣"④。

其次是佛教和道教的泛滥。东汉末年外戚、宦官专权,社会政治腐败黑暗,加之天灾瘟疫流行,民不聊生,"宗教里的苦难既是现实的苦难的表现,又是对这种现实的苦难的抗议"⑤。人生苦难为佛教推广和道教兴起提供了有利条件。如果说,玄学的兴盛为士人的精神开辟出了一片安身立命的处所,那么,西土的佛教和本土道教的盛行,则为民众寻找到了一片精神解脱的"神仙乐园"。佛陀的慈悲和老子的超脱,使处于黑暗中的人们看到了摆脱苦难的一线光明。佛、道的兴盛与儒学的式微互为因果,相互激荡,所谓"儒墨之迹见鄙,道家之言遂盛"⑥。儒学的腐朽彰显了佛、道的活力,佛、道的兴盛加剧了儒学的衰败。雄居学坛政坛四百年的经学无可奈何花落去,成为历史的必然。

二、儒学在危机中生存

与前代相比,魏晋儒学的衰微自然无可讳言。但是,儒家文化毕竟深深地植根于中国血缘伦理的土壤,思想文化强烈的传承性再加上儒学面对逆流下的自省与调整,使儒学在与玄、佛、道在颉颃、碰撞中吸收、融汇而免于中绝。

---

① 《宋书》卷六十七《谢灵运传》,第 1743 页。
② 葛洪:《抱朴子外篇》卷一《嘉遁》,《四库全书》第 1059 册,第 127 页。
③ 《梁书》卷四十八《儒林传序》,中华书局,1973 年,第 661 页。
④ 《宋书》卷五十五《臧焘传》,第 1543 页。
⑤ 马克思:《〈黑格尔法哲学批判〉导言》,《马克思恩格斯选集》第 1 卷,第 2 页。
⑥ 《晋书》卷四十九《向秀传》,第 1374 页。

李充在儒学式微、道学昌盛的形势下仍然看到了儒、道的互补和二者终极目标的一致,"圣教救其末,老庄明其本,本末之途殊而为教一也"①。

从现有资料看,晋代依然有人推崇孟子。东晋成帝咸康三年(337),国子祭酒袁瓌和太常冯怀曾联名向成帝司马衍上《请兴国学疏》,疏称:"臣闻先王之教也,崇典训,明礼学,以示后生,道万物之性,畅为善之道也。宗周既兴,文史载焕,端委治于南蛮,颂声逸于四海。故延州入聘,闻《雅》音而嗟咨,韩起适鲁,观《易》象而叹息。何者? 立人之道,于此为首也。孔子恂恂,道化洙、泗;孟轲皇皇,诲诱无倦。是以仁义之声,于今犹存;礼让之风,千载未泯。畴昔陵替,丧乱屡臻,儒林之教暂颓,庠序之礼有阙。国学索然,坟卷莫启,有心之徒,抱志无由。昔魏武身亲介胄,务在武功,犹尚息鞍披览,投戈吟咏,以为世之所须者,治之本宜崇。况今陛下以圣明临朝,百官以虔恭莅事,朝野无虞,江外静谧。如之何泱泱之风,漠焉无闻,洋洋之美,坠于圣世乎! 古人有言,《诗》、《书》义之府,《礼》、《乐》德之则。实宜留心经籍,阐明学义,使讽颂之音,盈于京室,味道之贤,典谟是咏,岂不盛哉! 疏奏,帝有感焉。由是议立国学,征集生徒,而世尚庄、老,莫肯用心儒训。穆帝永和八年,殷浩西征,以军兴罢遣,由此遂废。"②疏文情词肯切,建议推崇孔、孟,振兴国学,当魏晋乱世殊为可贵,也是动荡之世士人希冀儒学昌盛,社会稳定一统的愿望流露,但无奈于世道之乱,人心惟危,庄玄盛行,难挡儒学式微,《孟子》升经之途举步维艰,如翟灏所说:"当江左之朝,犹有袁、冯二氏,能以孔、孟并举,疏请留心阐明,非喈喈然朝阳之鸣凤乎! 生徒果用心焉,则《孟子》之升经立学在其会矣。惜乎世受庄、老之惑,又迟其事于数百年后也。"③晋成帝虽认可了这一上疏,但终究未见施行。

南朝梁武帝仍然崇尚经学,只不过经学学风中渗透了玄风的习染,如清人赵翼所说:"梁武帝崇尚经学,儒术由之稍振,然谈义之习已成。所谓

---

① 《晋书》卷九十二《文苑传·李充》,第 2389 页。
② 《宋书》卷十四《礼志一》,第 362—363 页;另《晋书》卷八十三《袁瓌传》和孟广均编清德宗光绪本《重纂三迁志》卷六《艺文一·奏议》(苗枫林主编:《孔子文化大全》,第 320 页)所记除个别词句外,基本与同。前者并有:"疏奏,成帝从之,国学之兴自瓌始也"的记载。(《四库全书》第 256 册,第 361 页)
③ 孟广均编:清德宗光绪《重纂三迁志》卷六《艺文一·奏议》,第 321 页。

经学者,亦皆为谈辩之资。……当时虽从事于经义,亦皆口耳之学,开堂升座,以才辩相争胜,与晋人清谈无异,特所谈者不同耳。"①与儒学以玄学修正自我的同时,玄学也向儒学靠拢,裴頠、郭象的"名教即是自然"体现了"以道合儒"的趋向。

北朝王猛、崔浩、高允、苏绰等一大批汉族儒士,活跃在胡族政权的舞台上,"用夏变夷",为儒学突破地域和种族的畛域以汉化胡而努力。

但总的来看,在这一时期,儒家虽然在与佛、道的斗争、融合中艰难地寻求生存与发展,但显然已经失去了两汉独尊的地位。

在经学衰微的大背景下,本来在儒家经学中地位并不显著的孟子更是雪上加霜。无论在学术还是政治领域,《孟子》都无可例外地受到社会大环境的影响。学术上,整个魏晋南北朝四百年间,只有徐干《中论》偶尔提及孟子。今天所知研究孟子的成果也只有晋綦毋邃的《孟子注》九卷②。政治上,则更在天下分合内讧、内忧外患不断、佛道玄粉墨登场的动荡时局下,因其"迂远而阔于事情"的仁政指向而遭遗弃。

第三节 唐宋"孟子升格运动"

一、唐宋"孟子升格运动"的原因

唐宋孟子地位上升的原因有客观和主观两个方面。

---

① 赵翼:《廿二史札记》卷八《六朝清谈之习》,王树民《廿二史札记校证》(上册),第169页。
② 此书在《隋书·经籍志》中记为"九卷",在《旧唐书·经籍志》和《新唐书·艺文志》中均记为"七卷"。但宋以后失传,今有清马国翰辑本《孟子綦毋氏注》一卷(马国翰《孟子綦毋氏注》卷四十八《经编·孟子类》,《续修四库全书》(第1203册),上海古籍出版社,2002年,第151页)。另关于綦毋邃的朝代,有晋人和南朝梁两种不同观点。《隋书·经籍志》在"《孟子》七卷,刘熙注"下附注为:"梁有《孟子》九卷,綦毋邃撰,亡。"(《隋书》卷三十四《经籍志三》,《四库全书》第264册,第626页)但《隋书·经籍志》却又将同为綦毋邃撰的《列女传》一书列于晋人皇甫谧和杜预之间(《隋书》卷三十三《经籍志二》,《四库全书》第264册,第618页),似可由此推断綦毋邃为晋人,故清孟广均编清德宗光绪本《重纂三迁志》卷三《经义》(苗枫林主编:《孔子文化大全》,第137页)及今人南怀瑾《孟子旁通》附录《历代〈孟子〉研究书目》均列为:"晋綦毋邃"(复旦大学出版社,1996年,第435页)。

（一）客观原因

客观原因主要包括两个方面：一是魏晋以来玄学的兴盛及继之而起的佛教东来、道教兴起，致使两汉以来作为官方意识形态的儒学受到从未有过的严峻挑战；二是唐宋以来社会经济政治形势的新变化而引发的儒学的复兴。

1. 回应魏晋以来玄学、佛教与道教的挑战

在玄、道、释三家中，玄、道虽与儒家异论，但二者均产生于本土，其精神内核总不离于中国农耕经济和家族伦理模式。而来自印度的佛教则不同，地理、经济、政治环境及其历史的不同，所形成的两者之间的较大差异，引发了中国学者对佛教的多方排拒。僧祐与颜之推就曾对此作过总结。僧祐列举了中国社会对佛教的"六疑"："一疑经说迂诞，大而无征；二疑人死神灭，无有三世；三疑莫见真佛，无益国治；四疑古无法教，近出汉世；五疑教在戎方，化非华俗；六疑汉魏法微，晋代始盛。"①颜之推归纳了中国民俗对佛教的"五谤"："俗之谤者，大抵有五：其一，以世界外事及神化无方为迂诞也；其二，以吉凶祸福或未报应为欺诳也；其三，以僧尼行业多不精纯为奸慝也；其四，以糜费金宝耗课役为损国也；其五，以纵有因缘如报善恶，安能辛苦今日之甲，利益后世之乙乎？"②僧祐和颜之推，以佛僧和儒士对立双方的代表总结了大致的佛、儒之异，指出了佛教的虚妄不真、不合国政、有违华俗，基本客观地反映了当时佛、儒相抵的全景。从他们的总结中，可以看出佛教文化在基本面上与中国文化，特别是中国农耕社会下理性与务实精神的不容。农耕经济的"一份耕耘，一份收获"，造就了中国人"重实际而黜玄想"的理性精神和民族性格，所谓"大人不华，君子务实"③。这种理性精神，像一个巨大的"过滤器"，过滤、抵御着中国人对宗教的信仰，使中国人在心理上形成了对重人生彼岸的佛教的天然排抵。

---

① 僧祐：《弘明集后序》，《弘明集》卷十四，《四部丛刊》第 81 册，上海书店出版社，1989 年，第 14 页。
② 颜之推：《颜氏家训·归心》，中华书局，2007 年，第 211 页。
③ 王符：《潜夫论》卷十《叙录》，《四库全书》第 696 册，第 430 页。

当然,冲突的焦点还在于佛教无父无君与中国儒家忠孝传统伦理观念的格格不入。

经学虽然在魏晋特殊社会环境下呈衰敝状态,但儒家伦理深深植根于中国血缘伦理社会,其理论内核实乃基源于中国自氏族社会以来血缘解体不充分而形成的重血缘伦理的普遍的社会心理。孔子的"孝"为仁之本,《孝经》:"夫孝,德之本"、"人之行,莫大于孝"①,"五刑之属三千,而罪莫大于不孝"②;孟子的"不孝有三,无后为大"③:凸显了中国人浓烈的孝亲情感。"孝"作为中国人的道德本位,是一切道德规范的核心,由此延伸出忠君爱国的社会观念,所谓"夫孝,始于事亲,中于事君,终于立身"④,"事亲孝,故忠可移于君,是以求忠臣必于孝子之门。"⑤由为子之道,以孝为本,扩而大之为为臣之道,以君为纲,形成中国独特的家国同构的社会结构,这是儒家在中国两千年流传不辍的原因。儒家"孝"的理论恰号准了中国文化血缘的脉搏,所谓"不爱其亲而爱他人者,谓之悖德;不敬其亲而敬他人者,谓之悖礼"(《孝经·圣治章》)。然而,佛教的剃发、不娶和无父,以及佛法在诸天之上,"沙门不敬王者"⑥的无君,却处处体现出对忠孝情感的蔑视。这是植根中国文化土壤、受忠孝观念深刻熏陶的中国士人情感上无法接受的。孙绰作《喻道论》抨击佛教:"周孔之教,以孝为首……而沙门之道,委离所生,弃亲即疏;刊剃鬓发,残其天貌;生废色养,终绝血食,骨肉之亲,等之行路,背理伤情,莫此之甚。"⑦东晋庾冰代成帝下"沙门不应尽敬诏",强烈谴责佛教"不敬王者",违背了"君臣之序",破坏

---

① 《孝经·圣治章》,邢昺:《孝经注疏》,《十三经注疏》(下册)。
② 《孝经·五刑章》,邢昺:《孝经注疏》,《十三经注疏》(下册)。
③ 见《孟子·离娄上》:"孟子曰:'不孝有三,无后为大。'"赵岐注:"阿意曲从,陷亲不义,一不孝也;家贫亲老,不为禄仕,二不孝也;不娶无子,绝先祖祀,三不孝也。三者之中,无后为大。"另《孟子·离娄下》:"孟子曰:'世俗所谓不孝者五。惰其四支,不顾父母之养,一不孝也;博弈好饮酒,不顾父母之养,三不孝也;纵耳目之欲,以为父母戮,四不孝也;好勇斗狠,以危父母,五不孝也。'"
④ 《孝经·开宗明义章》,邢昺:《孝经注疏》,《十三经注疏》(下册)。
⑤ 《后汉书》卷五十六《韦彪传》,《四库全书》第252册,第663页。
⑥ 慧远:《沙门不敬王者论》,《弘明集》卷五,《四部丛刊》第81册,第9页。
⑦ 孙绰:《喻道论》,《弘明集》卷三,《四部丛刊》第81册,第17—18页。

了圣治教化。① 安帝时,太尉桓玄亲自致信慧远强调:"沙门不敬王者,既是情所不了,于理又是所未谕。"②史学家孙盛、何承天都从批评佛教的神不灭论入手,撰文否定佛教。南朝齐、梁间,范缜写了《神灭论》专篇③,通过否定佛教的有神论否定佛教教义,并与笃信佛教的南齐宰相萧子良和梁武帝萧衍组织的朝臣、僧侣展开多次大辩论,"盛称无佛"④。

为了达到排拒佛教的目的,士子们援引儒家的严"夷夏之辩"⑤,通过强调天竺与中国、佛与儒的不溶性,论证佛教之不适于中国。如南朝宋顾欢作《夷夏论》称:夷夏"其人不同,其为必异,各成其性,不易其事。是以端委搢绅,诸华之容;翦发旷衣,群夷之服。擎跽磐折,侯甸之恭;狐蹲狗踞,荒流之肃。棺殡椁葬,中夏之制;火焚水沈,西戎之俗。全形守礼,续善之教;毁貌易性,绝恶之学。"在此基础上,提出"舍华效夷,义将安取?"⑥虽然显露了作者对佛教发源国相关文化知识的局限性,但其言之凿凿的论证依据有胜于对佛教"胡妖"、"西戎虚诞,妄生妖孽"(北魏太武帝语)之类流于浅表的空洞谩骂。

来自异域的佛教虽然受到本土文化的强烈抵制,但依然在魏晋时期迅速传播、壮大起来。下自底层百姓,上至封建帝王,"自晋、宋、梁、陈、魏、燕、秦、赵,国分十六,时经四百,观音、地藏、弥勒、弥陀,称名念诵,获其将就者,不可胜纪"⑦。北魏孝文帝、南朝梁武帝都是帝王中的信佛骨干。正是贵族上层的推动,使佛教的传播呈现出煊赫之势。北魏都城洛阳佛寺达一千三百多所,南朝"都下佛寺五百余所,穷极宏丽。僧尼十余万,资产丰沃。所在郡县,不可胜言。"⑧杜牧的"南朝四百八十寺,多少楼台烟雨中"(《江南春》),形象地反映了此时佛风之盛。

---

① 庾冰:《代晋成帝沙门不应尽敬诏》、《重代晋成帝沙门不应尽敬诏》,《弘明集》第81册,第11、12页。
② 桓玄:《与远法师书》,《弘明集》卷十二,《四部丛刊》第81册,第25页。
③ 全文收入《梁书·儒林传》;另《南史·范缜传》截取大义,但增加了范缜反佛的其他事迹。
④ 《南史》卷五十七《范云传·附范缜传》,第1421页。
⑤ 《左传》定公十年引孔子语:"裔不谋夏,夷不乱华。"《公羊传》成公十五年:"内诸夏而外夷狄。"
⑥ 《南齐书》卷五十四《高逸传·顾欢》,第931、932页。
⑦ 道宣:《释迦方志》卷下《通局篇第六》,中华书局,1983年,第109页。
⑧ 《南史》卷七十《循吏传·郭祖深》,第1721页。

魏晋南北朝到隋唐约七百余年间,印度佛教由小变大,逐渐风靡于中国社会,形成对中国传统主流思想——儒家思想的严重冲击,所谓:"儒门淡泊,收拾不住,皆归释氏耳!"①个中原因,除了来自外部社会动乱、人们精神痛苦下对佛教麻醉的需求外,还有来自佛教内部的原因:一是由佛教自身所具有的圆融性,使之面对中国文化排拒所表现出的超常的自我调适力;二是与长于人伦日用的传统儒学相比,佛教哲学思想体系的深邃与精致。

传统儒学以宗法血缘、伦理亲情为基点,面向现实人生,弘扬"齐家"、"治平",旨在匡时济世。侧重于伦理、政治和教化的儒家理论,在宇宙、心性等哲学基本论证方面表现出无可讳言的浅薄与粗俗。而佛教在哲学形上理论体系方面的精致与博大,是注重伦理亲情、生活日用的传统儒学理论所无法与之抗衡的,如唐代华严宗大师宗密在《原人论》中所说:"佛教法中小乘浅浅之教,已超外典(注:指儒、道二教说)深深之说。"②比如,本体论和心性论是探究、论证人类社会和宇宙自然的入手处,佛教讲生、死、心、身,其理论无不从宇宙论、世界观和认识论出发来论证自己的学说,亦即从讨论现实世界的真幻、动静、有无,人们认识的可能、必要、真妄等出发来构建自己的理论体系。而原始儒家则对于这些宇宙自然的根本问题几无涉及。儒家要回应佛教哲学的挑战,首先就要从本体论和心性论入手,探讨最高存在问题,以批判佛教的宇宙论,肯定宇宙的本原为实有。只有肯定了世界的客观实在性,才等于肯定了现实社会生活秩序(即仁义礼乐和名教规范)的客观实在性及存在的合理性,也才能为中国传统文化的价值观提供坚实的本体论依据。所以,如何把儒家的价值理想提高到宇宙本体论的高度进行哲学论证,如何确立儒学本体论根基以抗衡佛、道,成为这一时期中国学者要着力解决的大课题。胡瑗提出的"明体用",所谓"体"就是"君臣父子、仁义礼乐,历世不可变者",所谓"用"就是"举而措之天下,能

---

① 陈善:《新刊朝溪先生扪虱新话》卷十《圣贤类·儒释迭为盛衰》引张方平语,北京图书馆中华全国图书馆缩微中心1991年缩微版,第4页,现存北京国家图书馆。
② 宗密:《原人论·斥偏浅》,苏群译注:《原人论全译》,巴蜀书社,2008年,第112—113页。

润泽斯民,归于皇极者"①。就是旨在用儒学的体用论,与佛教的"真空绝相"之"体",及否定社会人伦的"俗谛"之"用"划清界限。后来,"北宋五子"进一步向本体层面提升。周敦颐的由"无极而太极"以立"人极",邵雍的"先天"、"后天"的体用关系,张载的"虚空即气"、"穷神知化"和"民胞物与",二程的"天理",都明显加重了形上思辨色彩,而又无不围绕儒学"明体用"的这一哲学本体的主轴展开。

2. 隋唐统治者对儒学守成的政治需要

正是春秋战国动乱后秦汉政权的一统,才彰显了对以善守成为特性的儒学的需要。同样,经过魏晋四百年的战乱之后,隋唐再度实现统一,以王道政治与大一统为职志的儒学便顺理成章地再一次受到政治的青睐,所谓"儒之为教大矣,其利物博矣!笃父子,正君臣,尚忠节,重仁义,贵廉让,贱贪鄙,开政化之本源,凿生民之耳目,百王损益,一以贯之。虽世或污隆,而斯文不坠,经邦致治,非一时也。涉其流者,无禄而富,怀其道者,无位而尊"②,由此决定了儒学的再度复兴。

隋朝建立的第三年(583),隋文帝就在筹备灭陈统一全国的繁忙中,不惜抽出精力颁诏,倡导推行儒家的礼义教化。诏书称:"建国重道,莫先于学,尊主庇民,莫先于礼。自魏氏不竞,周、齐抗衡,分四海之民,斗二邦之力,递为强弱,多历年所。务权诈而薄儒雅,重干戈而轻俎豆,民不见德,唯争是闻。……王者承天,休咎随化,有礼则祥瑞必降,无礼则妖孽兴起。人禀五常,性灵不一,有礼则阴阳合德,无礼则禽兽其心……宜祗朕意,劝学行礼。"③隋统治者将魏晋战乱动荡与争夺的原因归之于儒家礼义教化不行,由此认为"治国立身,非礼不可"。基于这一认识,文帝亲自"率百僚,遵问道之仪,观释奠之礼"。此番努力显然取得了卓越效果:"博士罄悬河之辩,侍中竭重席之奥,考正亡逸,研核异同,积滞群疑,涣然冰释。于是超擢奇俊,厚赏诸儒,京邑达乎四方,皆启黉校。齐、鲁、赵、魏,学者尤多,负笈

---

① 黄宗羲原著,全祖望补修,陈金生、梁运华点校:《宋元学案》卷一《安定学案》,中华书局,1986年,第25页。
② 《隋书》卷七十五《儒林传·序》,中华书局,1973年,第1705页。
③ 《隋书》卷四十七《儒林传·柳机传·附柳昂传》,第1278页。

追师,不远千里,讲诵之声,道路不绝。中州儒雅之盛,自汉、魏以来,一时而已。"①

但是,文帝末年的"不悦儒术,专尚刑名"和炀帝时期的"外事四夷,戎马不息",又使"后进之士不复闻《诗》、《书》之言,皆怀攘夺之心,相与陷于不义"②,儒学再度受阻。

唐朝建立以后,总结魏晋战乱和隋朝速亡的教训,仍然选择了善守成的儒学作为国家意识形态,以保障政权的长治久安。围绕如何兴儒,政府推动实施了如下举措:

一、广立学校,以儒学授业。"及高祖建义太原,初定京邑,虽得之马上,而颇好儒臣。以义宁三年五月,初令国子学置生七十二员,取三品已上子孙;太学置生一百四十员,取五品已上子孙;四门学生一百三十员,取七品已上子孙。上郡学置生六十员,中郡五十员,下郡四十员。上县学并四十员,中县三十员,下县二十员。武德元年,诏皇族子孙及功臣子弟,于秘书外省别立小学。"③帝王好恶与政治导向会对士人的好尚产生巨大影响,这是专制社会的一大特点。唐朝统治者的政策提倡收效甚著,经学再次复兴:"是时,四方儒士多抱负典籍,云会京师。俄而高丽及百济、新罗、高昌、吐蕃等诸国酋长,亦遣子弟请入于国学之内。鼓箧而升讲筵者,八千余人,济济洋洋焉,儒学之盛,古昔未之有也。"④

二、统一儒学,令孔颖达撰《五经正义》。此前,儒家五经因不同解说而形成不同师法家法,西汉五经博士便有十四家之多⑤。至南北朝,地域与民风的不同,又形成了对经典解说的不同好尚。所谓:"南北所治,章句好尚,互有不同。江左《周易》则王辅嗣,《尚书》则孔安国,《左传》则杜元凯。河、洛《左传》则服子慎,《尚书》、《周易》则郑康成。《诗》则并主于毛公,

---

① 《隋书》卷七十五《儒林传·序》,第1706页。
② 《隋书》卷七十五《儒林传·序》,第1706—1707页。
③ 《旧唐书》卷一百八十九《儒学上》,中华书局,1975年,第4940页。
④ 《旧唐书》卷一百八十九《儒学上》,第4941页。
⑤ 《易》有施雠、孟喜、梁丘贺、京房四博士;《书》有欧阳生、夏侯胜、夏侯建三博士;《诗》有齐、鲁、韩三博士;《礼》有戴德、戴胜二博士;《春秋》有严彭祖、颜安乐二博士。

《礼》则同遵于郑氏。大抵南人约简,得其英华,北学深芜,穷其枝叶。"① 南方重今文,北方重古文;南方重义理阐释,北方重章句训诂。形成南北方不同的学术风格和学术旨趣。学派与学术风格的不同,不利于思想和学术一统,这不符合唐朝政治统一的要求。对此,唐太宗上任伊始,即诏孔颖达与颜师古、司马才章、王恭、王琰等诸儒"撰定《五经》义训,凡一百八十卷,名曰《五经正义》。……付国子监施行"②。高宗永徽四年(653)"三月壬子朔,颁孔颖达《五经正义》于天下,每年明经令依此考试。"③自此以后,学校教育有了统一的教材,科举考试有了统一的标准,"天下奉为圭臬,唐至宋初数百年,士子皆谨守官书,莫敢异议矣"④。

三、科举以经学为试。唐高祖武德七年"二月己酉,诏:'诸州有明一经已上未被升擢者,本属举送,具以名闻,有司试策,皆加叙用。其吏民子弟,有识性明敏,志希学艺,亦具名申送,量其差品,并即配学。州县及乡,并令置学'"⑤。唐太宗贞观二年,又"大征天下儒士,以为学官。数幸国学,令祭酒、博士讲论。毕,赐以束帛。学生能通一大经已上,咸得署吏。又于国学增筑学舍一千二百间,太学、四门博士亦增置生员,其书算各置博士、学生,以备艺文,凡三千二百六十员。其玄武门屯营飞骑,亦给博士,授以经业,有能通经者,听之贡举"⑥。唐代儒经由两汉的五经增至《易》、《书》、《诗》、《周礼》、《易礼》、《礼记》、《左传》、《公羊传》、《穀梁传》九经,全部列入科举考试。

四、通过立庙、配享等手段,推行尊孔重儒。包括:(一)高祖时尊奉周孔,立周公、孔子庙。"高祖武德二年,国子立周公、孔子庙。"⑦(二)太宗时由尊周、孔而尊孔、颜,奉孔子为先圣,颜子为先师。"贞观

---

① 《隋书》卷七十五《儒林传·序》,第1705—1706页。
② 《旧唐书》卷七十三《孔颖达传》,第2602—2603页。
③ 《旧唐书》卷四《高宗本纪上》,第71页。
④ 皮锡瑞:《经学历史》,中华书局,1959年,第207页。
⑤ 《旧唐书》卷二十四《礼仪志四》,第916页。
⑥ 《旧唐书》卷一百八十九《儒学上》,第4941页。
⑦ 《旧唐书》卷一百八十九《儒学上》,第4941页。

二年,停以周公为先圣,始立孔子庙堂于国学,以宣父为先圣,颜子为先师。"①(三)太宗时诏令左丘明等二十二人从祀孔庙。"二十一年春……二月壬申,诏以左丘明、卜子夏、公羊高、榖梁赤、伏胜、高堂生、戴圣、毛苌、孔安国、刘向、郑众、杜子春、马融、卢植、郑康成、服子慎、何休、王肃、王辅嗣、杜元凯、范宁等二十一人,代用其书,垂于国胄,自今有事于太学,并命配享宣尼庙堂。"②自战国以来迄于魏晋的二十二人全部配享孔庙,其尊孔重儒达至如此。

3. 唐中叶安史之乱后思想的活跃

唐中叶安史之乱及其后五代十国的分裂动荡,在造成中古政治经济结构发生动摇的同时,也引发了思想界的空前活跃。在魏晋与佛道的理论对阵中,中国士人深感旧有儒学理论的肤浅,在排斥佛、道的同时,急于构筑堪与佛学媲美的精深的儒学体系,以与之抗衡。安史之乱后,社会的无政府状态,促成了固有思想桎梏的解体,士人思想解压,思想界进入了一种先破后立的转折时期。就冲破旧有思想禁锢而言,李商隐对先圣惊世骇俗的抨击极其典型,他在《容州经略使元结文集后序》中称:"孔子于仁义外有何物?百千万年,圣贤相随于涂中耳。"③在《上崔华州书》中更是大胆地放言:"夫所谓道,岂古所谓周公、孔子者独能耶?盖愚与周、孔俱身之耳。以是有行道不系今古,直挥笔为文,不爱攘取经史,讳忌时世。"④表示了对旧有周、孔儒学的蔑视。沈亚之干脆直接提出打破旧的思想框架,建立新的思想体系的主张,他在《送韩静略序》中称:"裁经缀史,补之如庞(疣),是

---

① 《旧唐书》卷一百八十九《儒学上》,第4941页。
② 《旧唐书》卷三《太宗本纪下》,第59页。此事又见于《旧唐书》卷二十四《礼仪志四》:"(贞观)二十一年,诏曰:'左丘明、卜子夏、公羊高、榖梁赤、伏胜、高堂生、戴圣、毛苌、孔安国、刘向、郑众、杜子春、马融、卢植、郑玄、服虔、何休、王肃、王弼、杜预、范宁、贾逵总二十二座,春秋二仲,行释奠之礼。'"(《旧唐书》卷二十四《礼仪志四》,中华书局,1975年,第917页)。另《旧唐书》卷一百八十九《儒学传上》也有记载,原文为:"二十一年,又诏曰:'左丘明、卜子夏、公羊高、榖梁赤、伏胜、高堂生、戴圣、毛苌、孔安国、刘向、郑众、杜子春、马融、卢植、郑玄、服虔、何休、王肃、王弼、杜元凯、范宁等二十一人,并用其书,垂于国胄。既行其道,理合褒崇。自今有事太学,可与颜子俱配享孔子庙堂。'"(《旧唐书》卷一百八十九《儒学上》,第4942页)
③ 李商隐:《李义山文集笺注》卷九《容州经略使元结文集后序》,《四库全书》第1082册,第429页。
④ 李商隐:《李义山文集笺注》卷九《上崔华州书》,《四库全书》第1082册,第432—432页。

文人病烦久矣!……余以为,构室于室下,葺之故材,其上下不能逾其覆,拘于所限故也。创之隙空之地,访坚修之良然后工之于人,何高不可者!"①思想解放的大环境,使以白居易、元稹为代表的新乐府运动和韩愈、柳宗元领导的古文运动以及由啖助、赵匡所发动的新经学运动彼此交相推引,共同促成了除旧布新的新一轮儒学复兴运动,这里所谓的"复兴",其实是儒学新体系的构建。

如果说韩愈以古文运动为契机对儒家道统的重建乃发轫于攻乎异端的排斥佛道,那么,啖助、赵匡的新经学运动则发轫于儒学内部拨乱反正的自我更新。所谓"新经学"之"新"是针对并突破汉儒治经烦琐的章句训诂和固守的师法家法,通过倡导"舍传求经"、"攻传之不合经"的经学改革,为以往沉闷的经学开辟出一片活泼的新天地。啖助撰《春秋统例》,由赵匡、陆淳整理成《春秋集传纂例》,陆淳又撰《春秋微旨》、《春秋集传辨疑》,其宗旨正在于掀起一股冲破传文,"唯本文求是"的经学新风。如陆游所言:"自庆历后,诸儒发明经旨,非前人所及"②。淡、赵借助《春秋》微言大义的发掘,在经学自我更新方面的努力,为新儒学的产生铺平了道路。

4. 北宋中期的社会危机与政治改革

历经唐末五代战乱,北宋终于实现了统一。但是,这个在唐末五代割据废墟上建立起来的王朝,从一开始就经受着内忧外患的困扰。内部,为防止唐末割据局面的再现,宋初为集权中央、削弱地方而采取的一系列守内虚外、强干弱枝的政策,带来了巨大的负面效应:文官政治造成了军事力量的孱弱;分散事权、增设机构,养兵政策则造成了致命的冗官、冗兵、冗费问题,以及行政效率的弱化、吏治的腐败与国家财政的拮据。而为了解决财政困难的加剧搜刮,又随之引发了社会矛盾的激化。外部,宋朝内在实力的孱弱,使它在与北方辽、夏的关系上,始终处于弱势,宋辽、宋夏战争不断。而无论战争结果胜败,总是以宋政府割地赔款,输送大量

---

① 沈亚之:《沈下贤集》卷九《送韩静略序》,《四库全书》第1079册,第47—48页。
② 王应麟:《困学纪闻》卷八《经说》,《四库全书》第854册,第322页。

的银、绢、茶为换取和平的条件。宋政府为应对内外财政支出的加倍搜刮,又使农民陷于"春债未毕,秋债复来"的困境。为此,民间反抗起义不断,仁宗庆历年间王伦、张海、王则起义此起彼伏,把北宋统治推向全面危机。

严重的内忧外患促使北宋统治内部为摆脱危机,缓和矛盾,稳定统治,尝试进行自上而下的政治改革。庆历新政和熙宁变法与政治上的求变呼声和新政推行遥相呼应,学界也兴起了推崇孟子,复兴儒学的新思潮。

(二)主观原因

儒学复兴和家族重建之所以从提升《孟子》入手,原因还在于《孟子》本身具备了扭转这一政治形式的内在潜质,正如南宋推尊孟子的施德操在《孟子发题》中所称:"孟子有大功四:道性善,一也;明浩然之气,二也;辟杨、墨,三也;黜五霸而尊三王,四也。是四者,发孔氏之所未谈,述《六经》之所不载,遏邪说于横流,启人心于方惑。"①这是唐宋孟子升格运动的内在原因。

首先是《孟子》的心性论。《论语》中涉及人性的"性相近也,习相远"②并没有明确解答"人性"的本质问题。所以子贡说:"夫子之文章,可得而闻也。夫子之言性与天道,不可得而闻也。"③但是到了战国时代,与封建化程度深入相伴随而出现的战争劫夺、灾难遍野和生灵涂炭,推动了人们对于人的本性、欲望等问题的深刻思索。于是,从"天命之谓性"④,到孟子的人性善,告子的人性无善无不善⑤及荀子⑥

---

① 黄宗羲著,全祖望补修,陈金生、梁运华点校:《宋元学案》卷四十《横浦学案·施持正先生德操》,中华书局,1986年,第1319页。
② 《论语·阳货》,程树德:《论语集释》。
③ 《论语·公冶长》,程树德:《论语集释》。
④ 朱熹:《中庸集注》,《四书章句集注》。
⑤ 《孟子·告子上》:"告子曰:'性犹湍水也,决诸东方则东流,决诸西方则西流。人性之无分善不善也,犹水之无分于东西也。'"
⑥ 《荀子·性恶》:"今人之性,生而有好利焉;顺是,故争夺生而辞让亡焉。生而有疾恶焉;顺是,故残贼生而忠信亡焉。生而有耳目之欲,有好声色焉;顺是,故淫乱生而礼义文理亡焉。然则从人之性,顺人之情,必出于争夺,合于犯分乱理,而归于暴……用此观之,然则人之性恶明矣。"

和韩非子①的人性恶。在思、孟百年间,人性问题的讨论如火如荼,不断深入。《孟子》的性善论,旨在为儒家"仁政"理论寻求理论支撑,《孟子·告子上》集中围绕这一问题逐层展开:首先是对人性本善的论证:"公都子曰:'告子曰:性无善无不善也。或曰:性可以为善,可以为不善……或曰,有性善,有性不善……今曰性善,然则彼皆非与?'孟子曰:'乃若其情,则可以为善矣,乃所谓善也。若夫为不善,非才之罪也。恻隐之心,人皆有之。羞恶之心,人皆有之。恭敬之心,人皆有之。是非之心,人皆有之。恻隐之心,仁也。羞恶之心,义也。恭敬之心,礼也。是非之心,智也。仁义礼知,非由外铄我也,我固有之也,弗思耳已。故曰,求则得之,舍则失之。'""人性之善也,犹水之就下也。人无有不善,水无有不下。"②其次就恶的根源问题作出解答。人性既善,恶从何来?这是孟子必须面对和回答的问题,对此,孟子尝试从两方面说明:一是内在的耳目之欲,是由于"耳目之官不思,不思而蔽于物,则引之而已矣。"耳目之欲不加约束,纵欲而危及他人便构成了恶;一是不良的外在环境影响:"富岁子弟多赖,凶岁子弟多暴,非天之降才尔殊也,其所以陷溺其心者然也。"不良环境导致陷溺其心,失掉了心

---

① 注:关于韩非子的人性观,学界一直有争论,有人以韩非子从未有"人性恶"的明确表述,认为他不应算是"人性恶"论者。愚以为此说不确。界定一种理论属性,考查其是否有确切的文字表述并不是唯一的判断途径,还要从其系统理论论述进行考察。作为荀子的学生,如果认可荀子"人之性,生而有好利"是性恶论的话,那么系统考察一下韩非子的论证,只能得出韩非在"人性恶"的道路上,比老师走得更远,如"舆人成舆,则欲人之富贵,匠人成棺,则欲人之夭死。非舆人仁而匠人贼也。人不贵则舆不售,人不死则棺不卖,情非憎人也,利在人之死也"。"医善吮人之伤,含人之血,非骨肉之亲也,利之所加也"。(《韩非子·备内》)"父母之于子也,产男则相贺……女子杀之者,虑其后便,计之长利也。故父母之于子也,犹用计算之心相待也,而况无父子之泽乎?"(《韩非子·六反》)"利之所在,民归之;名之所彰,士死之"(《外储说左上》)。从这些论述看,韩非子对人的自利性的论述比其师荀子更为极端。所以,他的人性观在本质属性上应该是和荀子相同的。另,关于荀子的人性观也有争论,如周炽成曾在《光明日报》2007年3月20日发表了《荀子:性朴论者,非性恶论者》一文认为:《荀子》的"性恶篇"为后人增入,荀子是性朴论者,而非性恶论者。本文亦不同意此观点,且不说"性朴"之说要在概念上如何界定,即从学理上分析,荀子的治国理论是德法兼行,而韩非子则比荀子走得更纯粹彻底,主张法制。从整个理论体系看,如果说孟子的性善论是儒家德治思想的在人性论上的理论依据,那么,荀子和韩非子的性恶论也正是他们法治思想的人性论基础。至于荀子和韩非子的人性论述纠系该用"恶"字还是用类似于亚当·斯密的所谓"自利性"来表述更恰当,则属语词概念性问题,需另当别论。

② 《孟子·告子上》,朱熹:《孟子集注》,《四书章句集注》。

的自主性,使人性善端不能正常发挥出来,便呈现为恶,所以要"求放心"①。孟子的心性论,为提升儒学的思辨水平,抵挡佛学的精密论证提供了理论基源。但自汉至唐,儒者或泥于训诂,或精研义理,并未沿续孟子学说的思想理路。直到宋儒,为应对佛学精密哲学论证,才又抱着"为往圣继绝学,为万世开太平"的历史使命感,将孟学心性论光而大之,构建起了可与佛学相抗衡的理学体系②。

从传世史料看,对孟子的心性论,宋儒在理论认同的基础上进行了继承性发挥。

程颐借答弟子问,论证孔、孟在人性问题上的一脉相承,为孟子"人性论"提供理论支撑。他在答门人唐棣"孔、孟言性不同,如何"之问时说:"孟子言性之善,是性之本;孔子言性相近,谓其禀受处不相远也。"③事实上,孔、孟"心性论"的差异缘于立论不同,在本质内容上是相同的,所谓"'性相近也',此言所禀之性,不是言性之本。孟子所言,便正言性之本"④。

朱熹首先对孟子的人性论给予充分肯定,他说:"虽荀、杨亦不知性。孟子所以独出诸儒者,以能明性也。"⑤其次,从孔、孟社会境遇的不同,论证孔、孟人性论差异的原因:"性是太极浑然之体,本不可以名字言,但其中含具万理,而纲领之大者有四,故命之曰仁、义、礼、智。孔门未尝备言。至孟子而始备言之者,盖孔子时性善之理素明,虽不详著其条而说自具。至孟子时,异端蜂起,往往以性为不善,孟子惧事理之不明,而思有以明之。苟但曰浑然全体,则恐其如无星之秤,无寸之尺,终不足以晓天下。于是,别而言之,界为四破,而四端之说于是而立。"⑥最后,将孟子的"性善"论创造发挥为"天理"论:"性即天理,未有不善者也。""大则君臣父子,小则事物

---

① 原文为:"孟子曰:'仁,人心也;义,人路也。舍其路而弗由,放其心而不知求,哀哉!人有鸡犬放,则知求之;有放心而不知求。学问之道无他,求其放心而已矣。'"《孟子·告子上》,朱熹:《孟子集注》,《四书章句集注》。
② 参见朱松美:《经典诠释与体系建构——朱熹〈孟子集注〉的诠释特色及其时代性分析》,《孔子研究》2005 年第4 期。
③ 程颢、程颐:《二程遗书》第二十二卷上《伊川先生语八上》,上海古籍出版社,1992 年,第288 页。
④ 程颢、程颐:《二程遗书》第十九卷《伊川先生语五》,第199 页。
⑤ 程颢、程颐:《二程集》第十九卷,中华书局,1981 年,第204 页。
⑥ 朱熹:《晦庵集》卷五十八《书·答陈器之》,《四库全书》第1145 册,第18—19 页。

细微,其当然之理,无一不具于性分之内也。"①如此,便为人性找寻到了宇宙本体依据,使儒学的道德伦理建基于广阔而坚实的宇宙本体基础之上,而被赋予必然性、绝对性、永恒性和神圣性。

心学大师陆九渊通过对孟子的心性论阐发,形成了系统的心学体系:"四端者,即此心也;天之所以与我者,即此心也。人皆有是心,心皆具是理,心即理也。"②无怪乎王阳明有"陆氏之学"即"孟氏之学"③的慨叹。

宋儒在"儒门淡泊"的情势下,发掘孟子心性论的固有价值,通过返本开新,发展起足以与佛学相抗衡的新儒学——理学。从整个儒学史,乃至整个中国思想文化史的角度考察,宋儒对孟子心性的继承和发展,对增强儒学哲理性,深化中国人的理论思维水平方面的历史功绩,应该予以充分肯定。当然,其在心性问题上的单向度发展所形成的"专用心于内"④的用世路线,一味地把人生意义和追求指向人心内在的完善和超越,以至最终走向低头拱手、高谈性命、鄙弃事功、脱离现实的极端,导致政权的败亡与民族的危难,也应该作一番理智的检视。

其次是《孟子》的天道论。人是宇宙自然的产物,因此,本体论乃隐藏于人性论背后的根本。佛教有严密的宇宙本体论证。然而,孔子对心性问题论证的欠缺,却是身处社会问题严重状况下的孟子所必须补上的一课。孟子由:"尽其心者,知其性也。知其性则知天"⑤的人性与天道的统一,建立起人天一体,天人合一的天道观,实现了人道与天道的有机关联。后来的朱熹,在更加急切的社会需求面前,以孟子的"天道人性"为桥梁,通过"心者,人之神明,所以具众理而应万事者也。性则心之所具之理,而天又理之所从以出者也。人有是心,莫非全体,然不穷理,则有所蔽而无以尽乎此心之理。故能极其心之全体而无不尽者,必其能穷夫理而无不知者也。

---

① 朱熹:《四书章句集注·孟子集注·告子上》"性犹湍水也"章和《四书集注·孟子集注·尽心上》"万物皆备我矣"章。《四书五经》(上册),第84、101页。
② 钟哲点校:《陆九渊集》卷十一《与李宰·二》,中华书局,1980年,第149页。
③ 王守仁:《王文成全书》卷七《象山文集序》,《四库全书》第1265册,第198页。
④ 朱熹:《四书章句集注·论语集注·学而》"曾子曰章",《四书五经》(上册),第1页。
⑤ 朱熹:《四书章句集注·孟子集注·尽心上》,《四书五经》(上册)。

既知其理,则其所从出,亦不外是矣"①的一番心、情、理的理论构建,奠定了宋代新儒学——理学的本体基础,从而使儒家的本体论证与佛教双峰并峙。

再次是《孟子》的道统论。一种学说的令人信服,除了要有横向上切合时代的理论深度和广度外,也要有纵向上理论发展的连续性。与儒学相比,佛教除了有缜密的哲学论证外,还有完整的法统。儒学要与佛学争胜,必须在这一方面完善自己,建立起自己的道统。《孟子》七篇,恰不乏这一方面的理论资源。《孟子·尽心下》"尧、舜至于汤"章和《孟子·公孙丑下》"孟子去齐,充虞路问"章,显示了孟子对于建立儒家道统的努力:一,总结出"五百年必有王者兴"的历史规律性;二,建立起了由尧、舜、禹、汤、文王、孔子的儒家道统;三,指出"欲平治天下,当今之世,舍我其谁"的由自己承续儒家道统的大任。后来,唐代韩愈的排佛兴儒,正是看到了《孟子》在这一方面的努力,由此开启了《孟子》升格运动的先声:"尧以是传之舜,舜以是传之禹,禹以是传之汤,汤以是传之文、武、周公,文、武、周公传之孔子,孔子传之孟轲,轲之死,不得其传焉。"②

宋儒拾起了韩愈的道统说。程颐确认了孟子对传承儒家"道统"的地位,其兄程颢自认为接续孟子"道统"之人:"周公没,圣人之道不行。孟轲死,圣人之学不传。道不行,百世无善治;学不传,千载无真儒。无善治,士犹得以明夫善治之道,以淑诸人,以传诸后;无真儒,天下贸贸焉莫知所之,人欲肆而天理灭矣。先生生千四百年之后,得不传之学于遗经,志将以斯道觉斯民……揭圣学以示人,辨异端、辟邪说,开历古之沉迷。圣人之道得先生而复明,为功大矣。"③

继承二程学说的朱熹,又以孟子、程颢之后儒家"道统"的承续者自居:"……宋德隆盛,治教休明,于是河南程氏两夫子出,而有以接乎孟氏之传,实使尊信此篇,而表章之。既又为之次其简编,发其归趣,然后古者《大学》

---

① 朱熹:《孟子章句集注·尽心章句上》,中华书局,1983 年,第 349 页。
② 韩愈:《昌黎文集》卷十一《杂文·原道》,宋魏仲举编:《五百家注昌黎文集》,《四库全书》第 1074 册,第 224 页。
③ 程颢、程颐:《二程文集》卷十二《明道先生墓表》,《四库全书》第 1345 册,第 724 页。

教人之法,圣经贤传之指,粲然复明于世。虽以熹之不敏,亦幸私淑而与有间焉。"①朱熹的弟子黄榦为此专门撰写了《圣贤道统传授总叙说》,以为圣人"继天立极,而得道统之传,故能参天世、赞化育而统理人伦,使人各遂其生,各全其性者",撰专篇论证儒家自尧、舜、禹、汤、文、武、周公、孔子、颜回、曾参、子思、孟子至周敦颐、二程、朱熹儒家所谓"圣贤相传,垂世立教,灿然明白,若天之垂象昭昭然"②的完整的"道统"体系。黄榦在为朱熹所作《行状》中再次述及这一儒家"道统"的承续系统:"道之正统,待人而后传。自周以来,任传道之责,得统之正者,不过数人,而能使斯道章章较著者,一二人而止耳。由孔子而后,曾子、子思继其微,至孟子而始著;由孟子而后,周、程、张子继其绝,至先生而始著。"③

而与朱熹理学相异趣的陆九渊,也在确认孟子居于儒家"道统"中继地位的同时,确立了自己为孟子之后独得圣学"道统"嫡传的传道地位:"传夫子之道者,乃在曾子……而子思独师事曾子……自曾子传之子思;子思传之孟子,乃得其传者,外此则不可以言道。"④"窃不自揆,区区之学,自谓孟子之后至是而始一明也。"⑤陆九渊的学生也与其师相唱和:"继孟子之绝学,舍先生其谁能。"⑥

宋代儒学家,无论是理学抑或心学,尽管他们对孟子以后堪任儒家"道统"后继者的观点不一,但却都对孟子的"道统"论及其继承儒家"道统"的地位确信不疑。

另外,《孟子》的辟邪说和浩然之气⑦,对外成为魏晋南北朝四百年佛教冲击,人心散乱之后儒学士子们排佛兴儒,收拾人心,抵御外侮的精神旗帜。孟子以圣人之徒自居,为拒杨、墨,息邪说,兴儒学而奔走于各国之间,成为时人眼中的"好辩之士",正是这种"正人心,息邪说"的奋斗精神以及

---

① 朱熹:《大学章句集注·序》,《四书五经》(上),第2页。
② 黄宗羲:《宋元学案》卷六十三《勉斋学案》,《续修四库全书》第519册,第178、179页。
③ 王懋竑:《朱子年谱》卷四,《四库全书》第447册,第360页。
④ 钟哲点校:《陆九渊集》卷一《与李省幹·二》,第14—15页。
⑤ 钟哲点校:《陆九渊集》卷十《与路彦彬》,第134页。
⑥ 钟哲点校:《陆九渊集》卷三十六《年谱》,第517页。
⑦ 分见《孟子·滕文公下》"公都子曰"章和《孟子·公孙丑上》"公孙丑曰"章。

"浩然"气魄和人格感召,成为魏晋隋唐以来中国儒士们拒佛、道,兴儒学的一面有力的精神旗帜,激励、鼓舞着后儒们"正人心,息邪说",兴儒排佛,担内忧,御外侮,经世济时。

二、唐宋"孟子升格运动"的过程

对于唐宋孟子升格运动的过程,钱穆也有过简单的总结:"唐韩愈始提倡孟子,至宋代王安石特尊孟,奉之入孔子庙。而同时如李觏之常语,司马光之疑孟,皆犹于孟子肆意反对。然自宋以下,始以孔、孟并称,与汉唐儒之并称周公、孔子者,大异其趣。此乃中国儒学传统及整个学术思想史上一绝大转变,此风虽始于韩愈,而实成于宋儒。"①钱穆的叙述,理清了孟子升格运动的复杂线索:学界的理论论证与政界的实践推动相连动,而学界的理论论证又内含着尊孟与非孟的激烈交锋,尊孟派在与非孟派的交锋中取得优势而与政治势力交相推引,共同推动了孟子地位的上升。整个过程包含着以下相互补充、相辅相成的二个方面:

一是对外"攻乎异端"。即通过剖击导致儒学中衰的外部根源,包括排斥佛道二教(以排佛为主流)、抨击骈体文风等,达到兴儒的目的。其中排佛道大致经历了三个阶段:中唐后以韩愈、李翱为代表;北宋庆历之际以孙复、石介、欧阳修、李觏为代表;北宋熙宁、元丰前后以张载、二程兄弟为代表。思想界的返本开新,与文学界的"古文运动"②互相配合,交互推引,收到了显著效果。至南宋,佛教在思想界的影响渐趋退位给儒学。

二是对内"拨乱反正"。这是儒学内部的自我更新。包括抛弃汉唐儒生章句训诂之学、发掘传统儒学资源,进行理论整合创新。通过否定两汉古文经学的琐碎豆丁与今文经学的谶纬迷信,拆除汉唐经学的陈旧殿堂,建立富于哲学根柢的新的理学大厦。完成由训诂到义理的儒学转型,实现日用性儒学向哲理性儒学的升华。完成这一奠基、整合与开新工作的是以

---

① 钱穆:《朱子学提纲·宋代之理学》,生活·读书·新知三联书店,2002年,第11—13页。
② 注:所谓"古文运动",即通过否定魏晋以来流于华美形式、脱离生活现实的浮躁文风,倡导复归两汉古文形式之"旧",开儒家"文以载道"、"修齐治平"内容之"新"。发动和领导这一运动的是以韩愈、柳宗元为代表的"唐宋八大家"。

啖助、赵匡、陆淳为代表的新经学家,和以号称"北宋五子"的周敦颐、邵雍、张载、二程兄弟和南宋朱熹为代表的两宋理学家。这一转型的实践性效用,在理论层面表现为具有深刻哲学内涵的理学体系的建立,在实践层面表现为儒家经典由"五经"向"四书"系统的转变。

(一)滥觞(中唐至唐末)
——韩愈将孟子纳入道统

在唐代安史之乱前的百余年间(618—755),孟子的地位仍延续了魏晋以来的低迷状态,没有引起学界、政界的关注,以下三个事例可以表明:一是虽在隋朝初兴儒学时偶有孔孟并举①,但并不是普遍现象,不存在学理上的必然趋向。故至唐高祖、太宗、高宗三朝国子学,祭祀由"周孔"而"孔颜",却不是"孔孟";二是如前述,唐太宗增加左丘明等二十二位儒者,依然不包含孟子;三是唐代科举考试由五经升为九经,甚至唐玄宗自开元二十一年至二十九年间(733—742)陆续将道教经典《老子》、《庄子》、《文子》、《列子》列入科举②,《孟子》却不曾位列其中。

但这种情况到安史之乱后开始发生转变,起点是唐代宗宝应二年(763),礼部侍郎杨绾上疏朝廷,建议将《孟子》与《论语》、《孝经》一并列入"兼经"③,作为明经科考试的一个科目。此事虽然没有得到朝廷批准,但开

---

① 原文见于《隋书》卷七十五《儒林列传》:"涉其流者,无禄而富;怀其道者,无位而尊。故仲尼顿挫于鲁君,孟轲抑扬于齐后,荀卿见珍于强楚,叔孙取贵于隆汉。"第1705页。
② 《旧唐书》卷八《玄宗本纪上》:"二十一年春正月庚子朔,制令士庶家藏《老子》一本,每年贡举人量减《尚书》、《论语》两条策,加《老子》策";卷九《玄宗本纪下》:"二十九年春正月丁丑,制两京、诸州各置玄元皇帝庙并崇玄学,置生徒,令习《老子》、《庄子》、《列子》、《文子》,每年准明经例考试。"(《旧唐书》,第199、213页)
③ 原文见《新唐书》卷四十四《选举志上》:"宝应二年,礼部侍郎杨绾上疏言:'进士科起于隋大业中,是时犹试策。高宗朝,刘思立加进士杂文,明经填帖,故为进士者皆诵当代之文,而不通经史,明经者但记帖括。又投牒自举,非古先哲王仄席待贤之道。请依古察孝廉,其乡间孝友信义廉耻而通经者,县荐之州,州试其所通之学,送于省。自县至省,皆勿自投牒,其到状、保辨、识牒皆停。而所习经,取大义,听通诸家之学。每问经十条,对策三道,皆通,为上第,吏部官之;经义通八,策通二,为中第,与出身;下第,罢归。《论语》、《孝经》、《孟子》兼为一经,其明经、进士及道举并停。'"(《新唐书》卷四十四《选举志上》,第1166—1167页)又王溥《唐会要·孝廉举》:"七月二十六日,礼部侍郎杨绾奏举贡条目曰:'孝廉各令精通一经,其取《左氏传》、《公羊》、《穀梁》、《礼记》、《周礼》、《仪礼》、《毛诗》、《尚书》、《周易》任通一经……又《論語》、《孝经》,皆圣人深旨,《孟子》亦儒门之达者,其学官望兼习此三者,共为一经。'"(王溥:《唐会要》卷七十六《贡举中·孝廉举》,中华书局,1955年,第1396页)

启了《孟子》由"子"升"经"的先声。唐懿宗时期,进士皮日休又上疏建议以《孟子》内容设科取士,理由是:以《庄子》、《列子》等书作为取士考试的内容,有违"救时补教"。而儒学中,孟子继孔子之后,发明微旨,继承大统,所谓:"圣人之道不过乎经,经之降者不过乎史,史之降者不过乎子,子不异乎道者,《孟子》也。舍是子者必戾乎经史,又率于子者,则圣人之盗也。夫孟子之文灿若经传,天惜其道,不烬于秦。自汉氏得之,尝置博士以专其学,故其文继乎六艺,光乎百氏,真圣人之微旨也。……今有司除茂才、明经外,其次有熟《庄周》、《列子》书者亦登于科,其诱善也虽深,而悬科也未正。夫《庄》、《列》之文,荒唐之文也。读之可以为方外之士,习之可以为鸿荒之民,有能汲汲以救时补教为志哉?伏请命有司去《庄》、《列》之书,以《孟子》为主。有能精通其义者,其科选视明经。苟若是也,不谢汉之博士矣。"甚至,皮氏以"去《庄》、《列》之书,以《孟子》为主"的这番上疏表现出了一种舍身殉道、孤注一掷的劲头:"既遂之,如儒道不行,圣化无补,则可刑于言者。"[1]《文献通考·选举考》也记载了此事:"懿宗咸通四年(863),进士皮日休上疏,请以《孟子》为学科,曰:'臣闻圣人之道不过乎经,经之降者不过乎史,史之降者不过乎子,子不异乎道者,《孟子》也。今国家有业《庄》、《列》之书者,亦登于科,其诱善也,则深而悬科也未正,伏望命有司去《庄》、《列》之书,以《孟子》为主,有能精通其义者,其科举视明经同。'不报。"[2]可见,皮氏以身家性命推尊孟子的结果仍然以流产失败告终,对政界并没有什么有力的影响。《孟子》依然停留于"子"的行列,而没有被升入"经"。

虽然唐代安史之乱后,士大夫阶层开始注意并推尊孟子,以《孟子》开科取士的努力最终也没有得到政界的响应。但从另一面看,却也并非毫无功效,一场促使孟子地位发生重大变化的学术思潮,却在学界逐渐酝酿、积累,最终以韩愈的道统说呈现出来。

韩愈对孟子的推尊,是与排斥佛、道,复兴儒学相呼应的。为了对抗佛

---

[1] 皮日休:《文薮》卷九《请〈孟子〉为学科书》,《四库全书》第1083册,第212—213页;另见孟广均编:清德宗光绪本《重纂三迁志》卷六《艺文一》,苗枫林主编:《孔子文化大全》,第322—323页。
[2] 马端临:《文献通考》卷二十九《选举二》,浙江古籍出版社,2000年第2版,第276页。

教的法统,他首先致力于建立儒学道统,在他塑造的尧、舜、禹、汤、文、武、周公、孔子儒家传承系统中,孔子之后,惟孟轲堪任儒家大统的承继者:"始吾读孟轲书,然后知孔子之道尊,圣人之道易行;王易王,霸易霸也。以为孔子之徒没,尊圣人者,孟氏而已。晚得扬雄书,益尊信孟氏。"为了强调孟子对孔子儒学统绪的承继,他还特别对孔子到孟子之间的传授情况作了详细解说:"孟轲师子思,子思之学盖出曾子。自孔子没,群弟子莫不有书,独孟轲氏之传得其宗。……故求观圣人之道者,必自《孟子》始。"①韩愈的这段论述有两层含义:一是孟子的仁义学说体现了孔子思想,是儒学正统。孟子批判杨朱、墨子学说,为孔子思想的传播扫除了障碍。也就是说,在韩愈看来,孟子距杨墨、崇仁义、贵王贱霸,在维护、传承圣人之道方面功绩卓著,"向无孟氏,则皆服左衽而言侏离矣"。因而,孟子之"功不在禹下"。二是孟轲之后,儒家道统中辍,韩愈以儒家传道者自任。在韩愈看来,儒家道统自"轲之死,不得其传焉"②,接下来的传道大任,历史地落到了他的肩上:"释老之害,过于杨墨。韩愈之贤,不及孟子。孟子不能救之于未亡之前,而韩愈乃欲全之于已坏之后。呜呼!其亦不量其力,且见其身之危莫之救以死也。虽然,使其道由愈而粗传,虽灭死万万无恨。"③"己之道乃夫子、孟轲、扬雄之所传之道也"④。以孟子后继者自居的韩愈,在继承孔孟传统,拒斥佛道方面表现得极其坚决。这种坚决,不仅表现在理论上,也表现在行动上,因"谏迎佛骨"而遭到贬斥几乎丧命就是明证。

"文起八代之衰"的韩愈提出的"道统"说,虽然在有唐一代始终没有引起政界的重视,但其对孟子地位上升的作用显然不可小觑。最突出的表现是:韩愈之前,人们认为继承孔子道统的应该是颜渊、曾子、子思等孔子的

---

① 韩愈:《昌黎文集》卷二十《送王埙秀才序》,宋魏仲举编:《五百家注昌黎文集》,《四库全书》第1074 册,第 348 页。
② 韩愈:《昌黎文集》卷十一《杂文·原道》,宋魏仲举编:《五百家注昌黎文集》,《四库全书》第1074 册,第 224 页。
③ 韩愈:《昌黎文集》卷十一《书·与孟简尚书书》,宋魏仲举编:《五百家注昌黎文集》,《四库全书》第 1074 册,第 323 页。
④ 韩愈:《昌黎文集》卷十四《杂文·重答张籍书》,宋魏仲举编:《五百家注昌黎文集》,《四库全书》第 1074 册,第 282 页。

直系弟子,韩愈的"道统"说,开始让孟子超越颜、曾,直接承续孔子,"孔孟之道"取代了"周孔之道"或"孔颜之道"而成为"圣人之道"的代名词,如北宋王禹偁的"书契以来,以文垂教者"①,首为孔孟之道,和南宋胡安国的"孔孟之道不传久矣,自颐兄弟始发明之,而后其道可学而至也"②。

也就在韩愈关注、提升孟子,提出道统说的前后数年间,学界关注并研究《孟子》的力度明显加大。唐代研究《孟子》的专著见于记载的有五部:陆善经《孟子注》七卷、丁公著《孟子手音》一卷、张镒《孟子音义》③、刘轲《翼孟》三卷④和林慎思《续孟子》二卷⑤。其中除陆善经的《孟子注》著于韩愈之前,其余全部与韩愈同时或稍后。唐代的《孟子》研究虽无法与其后的宋代比肩,但相对于前代,特别是魏晋时期,显然已热闹了许多,这不能不说与唐代思想界提升孟子地位的努力有关。

唐代以韩愈为代表的尊孟运动,正式揭开了"孟子升格运动"的序幕。

逮至宋代,学界在舆论上的努力,终于引起了政界对孟子的关注。在学、政两界的共同推动下,孟子升格运动有了实质性进展。

(二)初兴(北宋仁宗庆历前后):宋儒对孟子的尊崇

1. 学者的推崇

宋代立国之初,太祖、太宗两朝,政策上基本承袭唐旧制,在国子监享祭的仍是"孔颜",科举明经取士仍是唐代的"九经"。但是在学术和舆论界,承唐、五代以来的声势,孟子继续受到关注。

率先关注孟子的是柳开。柳开受皮日休影响,对孟子十分推崇,并由孟

---

① 宋佚名辑:《圣宋文选》卷第七《王禹偁文·投宋拾遗书》,郯城于氏清光绪八年(1882)版,第1页,现存北京国家图书馆。
② 程颢、程颐:《二程遗书》附录《胡安国奏状》,第271页。
③ 以上三书《新唐书·艺文志》和《宋史·艺文志》有收录,现已佚。清马国翰《玉函山房辑佚书》有辑本各一卷。(马国翰:《玉函山房辑佚书》卷四十八《经编·孟子类》,《续修四库全书》第1203册,第151页)
④ 此书《宋史·艺文志》未见著录,但在宋人周平园为陆嘉材《翼孟音解》写的序中有述,清朱彝尊《经义考》称:"所著《翼孟》三卷,于圣人之旨,作者之风,往往而得。惜乎所著书,散佚无存也。"(朱彝尊:《经义考》卷二百三十二《孟子二》,《四库全书》680册,第76页)可见此书宋以后散失,清朱彝尊未见此书。
⑤ 此书《崇文总目》记为"《续孟子》二卷",(宋王尧臣等《崇文总目》卷五《儒家类》,《四库全书》第674册,第57页)今日所见晁公武的《郡斋读书志》和陈振孙《直斋书录解题》均没有著录。

子延及韩愈。自号"师孔子而友孟轲,齐扬雄而肩韩愈",并为此一度改名"肩愈",取意为希望自己在推尊孟子,承继道统方面能够与韩愈比肩。柳开对孟子的推崇与韩愈相同,也是把孟子作为儒家道统的后继者,他说:"杨、墨交乱,圣人之道复将坠矣……孟轲氏出而佐之,辞而辟之,圣人之道复存焉。"①

继柳开之后关注孟子的是孙奭。孙奭作为太宗、真宗、仁宗三朝宿儒,长期在宫中侍讲《尚书》、《论语》等,宋真宗大中祥符间受命校勘《孟子》时,曾"请以孟轲书镂板"②,并因以撰《孟子音义》二卷③。

庆历新政的领袖范仲淹、欧阳修也都尊孟。范仲淹的"先天下之忧而忧,后天下之乐而乐"(《岳阳楼记》)即源于孟子"乐以天下,忧以天下"(《孟子·梁惠王下》)的境界追求。欧阳修的"孔子之后,唯孟轲最知道"④,反映了他对孟子乃继承儒学道统之人的高度认同。不过,这一时期尊孟最力者,还属孙复和石介师徒。

孙复,字明复,晋州平阳(今山西临汾)人,因曾隐居泰山,世称泰山先生。官至国子监中直讲,殿中丞。其学上承陆淳,下启胡安国,著《春秋尊王发微》,坚持"尊王"立场。在唐代佛教盛行的情况下,他和韩愈一样,坚决反对佛教的"去君臣之礼",以继承儒家道统自居。他和弟子石介及学者

---

① 柳开:《河东先生集》卷六《答臧丙第一书》,《四部丛刊初编》第134册,上海书店出版社,1989年,第4—5页。
② 司马光:《涑水记闻》卷四,《四库全书》第1036册,第351页。
③ 此书主要为刊正唐张镒《孟子音义》及丁公著《孟子手音》二书而作,书中多引唐陆善经《孟子注》,其序文称:《孟子》"由炎汉之后盛传于世,为之注者,则有赵岐、陆善经;为之音者,则有张镒、丁公著。自陆善经以降,其所训说虽小有异同,而共宗赵氏。今既奉敕校定,仍据赵注为本,惟是音释,宜在讨论。臣今详二家撰录,具未精当。张氏则徒分章句,漏略颇多,丁氏则稍识指归,伪谬时有。若非刊正,讵可通行?仅以尚书虞部员外郎司判国子监臣王旭、诸王府诗讲太常博士国子监直讲臣马龟符,镇宁军节度使推官国子监说书臣吴易直,前江阴军江阴县尉国子学说书臣冯元等推究本文,参考旧注,采诸儒之善,削异说之烦,证以字书,质诸经训,疏其疑滞,备其阙遗,集成《音义》二卷。"(《四库全书》第195册,第6页)另,收入《十三经注疏》的《孟子注疏》,世传汉赵岐注,宋孙奭疏。后代学者多持怀疑态度。朱熹:"《孟子疏》,乃邵武士人假作。蔡季通识其人。"此书"全不似疏样,不曾解出名物制度,只绕缠赵岐之说"(黎靖德编:《朱子语类》卷第十九《论语一》,第443页)。《四库全书总目提要》以为非孙奭所作,文称:"今考《宋史·邢昺传》,称昺于咸平二年受诏与杜镐、舒雅、孙楚、李慕清、崔偓佺等校定《周礼》、《仪礼》、《公羊》、《穀梁》、《春秋传》、《孝经》、《论语》、《尔雅义疏》,不云有《孟子正义》。《涑水纪闻》载奭所定著有《论语》、《孝经》、《尔雅正义》,亦不云有《孟子正义》,其不出奭手确然可信。……以久列学官,姑仍旧本录之。"(《四库全书》第195册,第5页)
④ 欧阳修:《文忠集》卷六十六《与张秀才第二书》,《四库全书》第1102册,第526页。

胡瑗并称"宋初三先生"。孙复主要从道统立场推尊孟子,认为:孔子之后,最能发扬儒家道统的是孟子,"孔子既没,千古之下,攘邪怪之说,夷奇险之行,夹辅我圣人之道者多矣,而孟子为之首,故其功巨"①。

石介,字守道、公操,兖州奉符(今山东泰安)人,因读书于徂徕山,世称徂徕先生。官至嘉州军事判官、国子监直讲等。石介承续了孙复的道统说,甚至排列出了自伏羲、神农、黄帝、少昊、颛顼、唐尧、虞舜、夏禹到汤、文、武、周公、孔子,再到孟轲、荀况、扬雄、王通、韩愈,几乎囊括所有传说人物和圣贤的儒家"道统"②。石介除了从道统论上推尊孟子外,还着力于赞颂孟子辟杨墨、息邪说的功勋:"孔子既没,微言遂绝,杨、墨之徒,充塞正路。孟子正人心,息邪说,距诐行,放淫辞,以辟杨、墨,说齐宣、梁惠王七国之君,以行仁义。"③

在学者的倡导、推动下,自北宋真宗时期,统治层开始关注孟子。

2. 政界的关注

真宗之后,宋代政界对孟子的关注主要表现在以下三个方面:

一是政府组织校勘《孟子》。宋真宗大中祥符年间(1008—1016),诏令孙奭、王旭、马龟符、吴易直、冯元等校勘《孟子》。可见,尽管此时《孟子》尚没有被列为经书,但已引起统治层的关注。

二是兴立孟子庙、墓。仁宗景祐四年(1037),孔子四十五代孙孔道辅以龙图阁直学士知兖州,始访查孟子墓,兴建孟子庙。次年(1038),在邹邑东北三十里的四基山之阳找到孟子墓,并傍墓建庙,以公孙丑、万章配享,又专门请孙复撰成《新建孟子庙记》,碑文从承继儒学统绪的角度对孟子大加赞颂,称:"诸儒之有大功于圣门者,无先于孟子。"④

三是诏刻《孟子》石经。唐文宗开成年间(836—840)刻成的"开成石

---

① 孙复:《孙明复小集·兖州邹县建孟庙记》,《四库全书》1090册,第174页。
② 石介:《徂徕石先生文集》卷七《尊韩》,中华书局,1984年,第79页。
③ 石介:《徂徕石先生文集》卷十四《与士建中秀才书》,第162—163页。
④ 孙复《新建孟子庙记》,碑原立于四基山孟庙,清宣宗道光十四年(1834),由孟子七十代孙孟广均移至孟子林享殿西夹室至今,这是迄今现存孟庙最早的一块石刻,对于研究孟子孟庙兴建变迁及孟子家族史具有极高价值。碑文收入刘培桂编著:《孟子林庙历代石刻集》,第1页。

经",包括《周易》、《尚书》、《诗经》、《周礼》、《仪礼》、《礼记》、《左氏春秋》、《公羊春秋》、《穀梁春秋》、《论语》、《孝经》、《尔雅》十二经,缺《孟子》。宋仁宗庆历元年(1041),仁宗下诏刻九经于石,立于卞京国子监,其中就包括《孟子》。此次刻经至嘉祐六年(1061)始完成,历经二十年,称"嘉祐石经"。这是《孟子》首次作为儒经刻石。①

四是以《孟子》为科举考试内容。宋叶绍翁《四朝闻见录》据《登科记》所载,仁宗庆历二年(1042)八月才识兼茂科考试共出六题:其一曰左氏义崇君父,其二孝何以在德上下,其三曰王吉贡禹得失孰优,其四曰经正庶民兴,其五曰有常德立武事,其六曰序卦杂卦何以终不同。② 其中第四题来源于《孟子·滕文公上》:"夫仁政,必自经界始。经界不正,井地不钧,谷禄不平,是故暴君污吏必慢其经界。经界既正,分田制禄可坐而定也。"③

---

① 事见王应麟:《玉海》卷四十三《艺文·宋朝石经》,上海古籍出版社,1992年,第189页。另:《宋史》卷三百一十七有"(邵必)举进士,为上元主簿。国子监立石经,必善篆隶,召充直讲。"(《宋史》卷三百一十七《邵亢传·附邵必传》,第10337页)邵必因善篆隶而参与石经刊刻。显然,其中所谓"石经"即指"嘉祐石经"。"嘉祐石经"共有九经,分别为:《孟子》及《易》、《诗》、《书》、《周礼》、《礼记》、《春秋左氏传》、《孝经》、《论语》,经文采用篆、楷二体,故又称"二体石经"。石经刻成后,因为战乱、政权更替和水患等因素,陆续失传。但从1922年起至1982年间,陆续在开封发现残缺的《易》二块和《尚书》、《祀记》、《孝经》、《周礼》各一块,共六块。现分别保存于河南省博物馆、开封市博物馆和开封县图书馆。石经《孟子》至今没有发现。
② 叶绍翁:《四朝闻见录》卷三"贤良"条,《四库全书》第1039册,第715页
③ 关于庆历二年(1042)才识兼茂科考题,宋王明清《挥麈录》有:"张贤良咸,汉阳人,应制举。初出蜀,过夔州,郡将知名士也,一见,遇之甚厚,因问曰:'"四科优劣之差"见于何书?'张无以对。守曰:'载《孟子》注中,因检示之'……。"(王明清:《挥麈录》卷三,《四库全书》第1038册,第387页)叶绍翁《四朝闻见录》又载:"曾慥序李贤良(高庙讳)字泰伯诗云:'尝试六题,已通其五,惟"四科优劣之差"不记所出'。曰:'吾于书无所不读,惟平生不喜《孟子》,故不之读,是必出《孟子》。'拂袖而出。人皆服其博。"(叶绍翁:《四朝闻见录》卷三"贤良"条,《四库全书》第1039册,第714页)按照这两条记载,庆历二年试题中涉及《孟子》的考题为"四科优劣之差"(此语为赵岐《孟子章句》对《孟子·尽心上》"有事君人者,事是君则为容悦者也;有安社稷臣者,以安社稷为悦者也;有天民者,达可行于天下而后行之者也;有大人者,正已而物正者也"的注文。原文为:"容为凡臣,社稷股肱,天民行道,大人正身。凡此四科,优劣之差。")但这一说法随后被叶绍翁否定。叶氏据《登科记》考证指出:"庆历二年壬午岁八月,固尝召试才识兼茂科",但六题实应为正文中《登科记》所述六题,"不知曾慥序泰伯诗何为凿空立为此题。当时六题中唯'经正庶民兴'出自《孟子》,此儿童之所知",叶氏又"参合《登科记》、《挥麈录》之说"进一步考证:"则泰伯所试乃'经正庶民兴',出《孟子》正文。实试于庆历二年壬戌八月。咸试'四科优劣之差',实试于绍圣元年九月。"(叶绍翁:《四朝闻见录》卷三"贤良"条,《四库全书》第1039册,第714页)杨海文《李泰伯疑孟公案的客观审视》一文,就此进一步论证,得出与叶绍翁相同的结论。(见刘小枫、陈少明主编:《荷尔德林的新神话》,《经典与解释》第4辑,华夏出版社,2004年,第204页)

以上诸条中,孔道辅尊孟或可以理解为:作为地方官僚的孔子后裔个人对孔子继承者孟子的推尊,属民间行为,不能代表宋代政界的态度。但列《孟子》内容于科举,则从某种意义上反映了宋朝政府对《孟子》地位的初步认可。① 为此三十年后,即宋神宗熙宁四年(1071),接纳王安石奏疏,正式将《孟子》作为设科取士奠定了基础。

(三) 勃兴(北宋神宗熙宁、元丰前后)
——学界与政界双重重视

至北宋中叶,经周敦颐、张载、二程、王安石等的努力,"度越诸子,上接孟子",才使"颠错于秦火,支离于汉儒,幽沉于魏、晋、六朝"的孔、孟真传"焕然而大明,秩然而各得其所"。无怪乎在元代学者的心目中,儒学因孟子而益尊,孟子因宋儒而益尊。所谓"两汉而下,儒者之论大道,察焉而弗精,语焉而弗详,异端邪说起而乘之,几至大坏"②。

宋神宗熙宁、元丰年间(1068—1085),孟子升格运动达至高涨。当时以二程、张载、王安石为代表的学界、政界重要人物,尽管政见有所不同,但在尊孟的态度上却表现出了高度的一致。尤其是王安石,由于政治上的特殊地位,他在尊孟问题上的努力推动,使学术上的尊孟思潮深化为政治上的尊孟践履,对孟子升格运动起到了至为重要的实质性作用。

1. 张载、二程的舆论倡导

以"学古力行"而被誉为"关中士人宗师"的张载,其学"以《易》为宗,以《中庸》为体,以孔、孟为法"③。张载尊孟的言论散见于《正蒙》中的《作者》、《中正》、《三十》、《有德》、《有司》诸篇及《经学理窟》中,如"古之学者便立天理,孔、孟而后,其心不传,如荀、杨皆不能知"。"要见圣人,无如《论》、《孟》为要。《论》、《孟》二书于学者大足,只是须涵泳。"④张载的尊孟从两点着手:一是阐发心性之说;二是将《论语》、《孟子》并称,这是南宋

---

① 尽管此事不见于正史记载而令后学者生疑,但从仁宗庆历元年(1041)刻《孟子》石经看,于次年科举考试中以之为科举试题,也在情理之中。
② 《宋史》卷四百二十七《道学一·序》,第12710页。
③ 《宋史》卷四百二十七《道学一·张载》,第12724页。
④ 张载:《经学理窟·义理》,《张载集》,第273、272页。

朱熹"四书"的雏形。

二程对孟子的尊崇,集中于孟子对孔子仁义思想的发挥和对儒家道统的接续。二程以为:"孟子有功于圣门不可言。如仲尼只说一个仁义①,孟子开口便说仁义;仲尼只说一个志,孟子便说许多养气出来;只此二字,其功甚多。"②以此立论,二程提出了与韩愈相同的观点:"孔子没,传孔子之道者,曾子而已。曾子传之子思,子思传之孟子,孟子死,不得其传,至孟子而圣人之道益尊。"③在二程看来,孔子之后,传承孔子之道的依次是曾子、子思和孟子。孟子的传承,使儒学愈显尊荣。二程已开始尝试从孟子的仁义论中挖掘理、气、心、性的深刻内涵,以作为构建理学体系的有用因子。这也是宋儒推尊孟子的目的所在。

2. 王安石在理论与实践上的双向推动

二程、张载的尊孟,对于营造提升孟子地位的学术氛围大有裨益。但是作为学者,他们无力于对政治政策产生直接影响。如此,也就无力将学术和舆论层面的尊孟运动推向政治和实践舞台。而真正完成这一任务,将孟子升格运动由理论推向实践的是学、政两界双栖的王安石。

王安石一生服膺孟子,今存于《琬琰集删存》卷三的《王荆公安石传》有如下记载:"安石早有盛名,其学以孟轲自许,荀况、韩愈不道也。"④宋人罗从彦也说:"王安石以高明之学,卓绝之行,前无古人,其意盖以孟子自待。自世俗观之,可谓名世之士矣。"⑤这些议论当有实指。我们从大量王安石赞颂孟子的诗句可略窥一二:《王文公文集》卷三十八有《扬雄三首》,其一为:"孔孟如日月,委蛇在苍旻。光明所照耀,万物成冬春。"王安石答欧阳修《赠王介甫》诗有:"欲传道义心虽壮,学作文章力已穷。他日若能窥孟

---

① 注:"义",明万历徐必达刻本和清康熙吕留良刻本为"字"。根据前后句义,原句应为:"仲尼只说一个仁字"。
② 程颢、程颐:《二程集》卷第十八,第 221 页。
③ 程颢、程颐:《二程集》卷二十五,第 327 页。另见《宋史》卷四百二十七《道学一·序》:"孔子没,曾子独得其传,传之子思,以及孟子,孟子没而无传。"(第 12707 页)
④ 杜大珪:《琬琰集删存》卷三《王荆公安石传》,上海古籍出版社,1990 年,第 374—375 页。
⑤ 罗从彦:《豫章文集》卷七《遵尧录·韩琦》,《四库全书》第 1135 册,第 706 页。

子,终身何敢望韩公。"①显然,王安石的确已把孟子视为千古知己,将成为孟子式的人物引为终生奋斗目标。王安石对孟子的服膺建立在对《孟子》深刻研究的基础上,他的《孟子解》十四卷(已佚),便可说明问题。甚至受他的影响,他身边的亲朋弟子和政治助手也都以研治《孟子》为志趣:如其子王雱有《孟子解》十四卷②,门人龚原有《孟子解》十卷③,连襟王令也著有《孟子讲义》五卷。④

与以往学者推尊孟子不同的是,王安石在为相期间,借助于政治权力,将孟子升格运动由单纯的理论提倡推向政治实践,其中重要者是正式将《孟子》列为科举考试必考内容。

熙宁四年(1071)二月,王安石向神宗提出建议,停科举旧制,推行新制。《宋史·选举志》载:"既而中书门下又言:'古之取士,皆本学校,道德一于上,习俗成于下,其人才皆足以有为于世。今欲追复古制,则患于无渐。宜先除去声病偶对之文,使学者得专意经术,以俟朝廷兴建学校,然后讲求三代所以教育选举之法,施于天下,则庶几可以复古矣。'于是改法,罢诗赋、帖经、墨义,士各占治《易》、《诗》、《书》、《周礼》、《礼记》一经,兼《论语》、《孟子》。每试四场,初大经,次兼经,大义凡十道(后改《论语》、《孟子》义各三道)。次论一首,次策三道,礼部试即增二道。"王安石的建议被神宗采纳,同年,"乃立经义、诗赋两科,罢试律义。凡诗赋进士,于《易》、《诗》、《书》、《周礼》、《礼记》、《春秋左传》内听习一经。初试本经义二道,《语》、《孟》义各一道,次试赋及律诗各一首,次论一首,末试子、史、时务策二道。凡专经进士,须习两经:以《诗》、《礼记》、《周礼》、《左氏春秋》为大经;《书》、《易》、《公羊》、《穀梁》、《仪礼》为中经。《左氏春秋》得兼《公

---

① 欧阳修《赠王介甫》诗为:"翰林风月三千首,吏部文章二百年。老去自怜心尚在,后来谁与子争先。朱门歌舞争新态,绿绮尘埃试拂弦。常恨闻名不相识,相逢尊酒盍留连。"(《文忠集》卷五十一《外集七·律诗三》,《四库全书》第1102册,第433页)
② 已佚,见录于《宋史》卷二百五《艺文志四》,第5171页。另晁公武《郡斋读书志·后志》卷二也记有"王安石解《孟子》十四卷,王雱解《孟子》十四卷"。(《四库全书》第674册,第390页)
③ 已佚,见录于《宋史》卷二百五《艺文志四》,第5173页。黄宗羲原著,全祖望补修,陈金生、梁运华点校:《宋元学案》卷九十八《荆公新学略》,第3257页。
④ 已佚,见录于《宋史》卷二百五《艺文志四》,第5173页。

羊》、《穀梁》;《书》,《周礼》得兼《仪礼》或《易》;《礼记》、《诗》并兼《书》。愿习二大经者听,不得偏占两中经。初试本经义三道,《论语》义一道。次试本经义三道,《孟子》义一道。次论策,如诗赋科。并以四场通定高下,而取解额中分之,各占其半。专经者用经义定取舍,兼诗赋者以诗赋为去留,其名次高下,则于策论参之。自复诗赋,士多向习,而专经者十无二三,诸路奏以分额各取非均,其后遂通定去留,经义毋过通额三分之一。"①自此至清,《孟子》一直被列为国家官定的科举考试内容。

  王安石新政对孟子地位的提升的确功不可没,如徽宗崇宁三年(1104)六月九日颁的《故荆国公王安石配享孔子庙庭诏》所说:"道裂于百家,俗学弊于千载。士以传注之习,汩乱其聪明,不见天地之纯全,古人之大体,斯已久矣。故荆国公王安石,由先觉之智,传圣人之经,阐性命之幽,合道德之散,训释奥义,开明士心,总其万殊,会于一理。于是学者廓然,如睹日月,咸知六经之为尊,有功于孔子至矣。其施于有政,则相我神考。力追唐虞三代之隆,因时制宜,创法垂后,小大精粗,靡有遗余,内圣外王,无乎不备。盖天降大任,以兴斯文,孟轲以来,一人而已。"②而权臣司马光反对的态度,可以从反面印证这一问题。宋哲宗元祐初,司马光为反对科场改革而上奏:"神宗皇帝深鉴其失,于是悉罢赋诗及经学诸科,专以经义论策试进士,此乃革历代之积弊,复先王之令典,百世不易之法也。但王安石不当以一家私学,欲盖掩先儒,令天下学官讲解。及科场程试,同己者取,异己者黜。……又黜《春秋》而进《孟子》,废六艺而尊百家,加之但考校文学,不勉励德行,此其失也。"司马光此段议论围绕三点指责王安石:一是王安石不当以《三经义》等"一家私学"取代先儒真解;二是在"科场程试"中以己意作为取黜标准;三是王安石不当在"科场程试"中,"废六艺而尊百家","黜《春秋》而进《孟子》"。认为:"《孟子》止为诸子,更不试

---

① 《宋史》卷一百五十五《选举志一》,第 3618、3620—3621 页。另李焘《续资治通鉴长编》卷二百二十"熙宁四年二月丁巳朔"条所记略同,并于其后记有:"今定贡举新制:进士罢诗赋、帖经、墨义,各占治《诗》、《书》、《易》、《周礼》、《礼记》一经,兼以《论语》、《孟子》。"(《四库全书》第 317 册,第 622 页)
② 《故荆国公王安石配享孔子庙庭诏》,《宋大诏令集》卷一百五十六,中华书局,1962 年,第 584 页。

大义,应举者听自占习。"《孟子》只不过是"诸子"之一,不该在科举考试中取代属于"六艺"(经部)的传统经典《春秋》。① 可见,王安石对于将孟子尊崇由学界推向政界,甚至对于以后儒经的重大转折——"四书"取代"五经",可谓居功奇伟,被后人称为"'孟子升格运动'中的第一功臣"②,实不为过。

神宗熙宁九年(1076),王安石被迫辞去相位,脱离政治,其新法也渐行废弛。但其后以"新党"自居的当权者,如蔡确、张惇、蔡京等均沿袭了王安石的尊孟倾向,王安石尊孟继续发挥着后续效力。

元丰六年(1083),宋神宗应吏部尚书曾孝宽疏请,诏封孟子为"邹国公"③。次年,又应晋州州学教授陆长愈奏请,孟子首次配享孔庙。从《宋史》的记载看,此事当时曾在朝廷上经历了激烈争论:"晋州州学教授陆长愈请春秋释奠,孟子宜与颜子并配。议者以谓凡配享、从祀,皆孔子同时之人,今以孟轲并配,非是。礼官言:'唐贞观以汉伏胜、高堂生、晋杜预、范宁之徒与颜子俱配享,至今从祀,岂必同时? 孟子于孔门当在颜子之列,至于荀况、扬雄、韩愈,皆发明先圣之道,有益学者,久未配食,诚阙典也。请自今春秋释奠,以孟子配食,荀况、扬雄、韩愈并加封爵,以世次先后,从祀于左丘明二十一贤之间。自国子监及天下学庙,皆塑邹国公像,冠服同兖国公。……'诏如礼部议"④。李焘《续资治通鉴长编》卷三四五"元丰七年五月壬戌"条下也有类似记载:"诏:'自今春秋释奠,以邹国公孟轲配食文宣王,设位于兖国公(颜回)之次,荀况、扬雄、韩愈以世次从祀于二十一贤之间,并封伯爵。'"⑤但结果显示,反对派显然并没有占上风。

---

① 司马光:《传家集》卷五十四《请起科场札子》,《四库全书》第1094册,第491—492页。
② 徐洪兴:《唐宋间的孟子升格运动》,《中国社会科学》1993年第5期,第107页。
③ 孟广均编:《重纂三迁志》(清德宗光绪本)卷四《祀典》,苗枫林主编:《孔子文化大全》,第204页。
④ 《宋史》卷一百五《礼志八》,第2549页。
⑤ 李焘:《续资治通鉴长编》卷三百四十五"元丰七年五月壬戌"条(《四库全书》第319册,第757页)。另本书卷三百四十"神宗元丰六年冬十月戊子"条也有:"诏封孟轲为邹国公。以吏部尚书曾孝宽言:'孟轲有庙在邹,属兖州,未加爵命。'故特封之。"卷三四五,第757页:"诏自今春、秋释奠,以邹国公孟轲配食。"(《四库全书》第319册,第696页)

徽宗后期,北宋统治在内部农民起义和外部女真进逼的情况下已是危机四伏。在这样的危局下,政治层的尊孟政策却依然坚定不移。

徽宗政和五年(1115),诏以乐正子配享孟庙,公孙丑以下十七人从祀:"五年,太常等言:'兖州邹县孟子庙,诏以乐正子配享,公孙丑以下从祀,皆拟定其封爵:乐正子克利国侯,公孙丑寿光伯,万章博兴伯,告子不害东阿伯,孟仲子新泰伯,陈臻蓬莱伯,充虞昌乐伯,屋庐连奉符伯,徐辟仙源伯,陈代沂水伯,彭更雷泽伯,公都子平阴伯,咸丘蒙须城伯,高子泗水伯,桃应胶水伯,盆成括莱阳伯,季孙丰城伯,子叔承阳伯。'大晟乐成,诏下国子学选诸生肄习,上丁释奠,奏于堂上,以祀先圣。"①

徽宗宣和五年(1123),知成都府席旦缘于五代蜀宰相毋昭裔主持刊刻的成都石经无《孟子》②而补刻③。这是《孟子》跻身儒家"十三经"行列的前奏。

学术力量和政治力量的交相推引,终将孟子升格运动推向高涨。

(四)完成(南宋中叶及稍后)
　　——四书系统形成,《孟子》正式跻身经学

至南宋,尊孟不仅已成为社会上颇为流行的学术倾向,也已成为统治层普遍认可的政治理念。

1. 宋高宗尊孟

高宗对孟子的推崇主要表现在以下几点:一是明确表达其尊孟立场。高宗将孟子有关国家政治的主张写于屏风,以时时观看揣摩,所谓:"戊戌,上以所书《资治通鉴》第四册赐黄潜善。时上退朝,日览四方章奏,暇则读

---

① 《宋史》卷一百五《礼志八》,第2551页。孟广均清德宗光绪本《重纂三迁志》卷六《艺文一》载:宋徽宗政和五年《封乐正子为利国侯配享孟子敕》和《封公孙丑等十七人为伯从祀孟子敕》。苗枫林主编:《孔子文化大全》,第245—250页。
② 桂馥《历代石经略》卷下《孟蜀石经》引洪迈语:"孟昶时所刻石本九经",又引晁公武九经分别为:《周易》、《尚书》、《毛诗》、《礼记》、《周礼》、《左传》、《公羊传》、《穀梁传》、《论语》。(《续修四库全书》(第183册),第641—642页)
③ 桂馥《历代石经略》卷下《宋席氏益补刻孟子》引晁公武曰:"皇朝席宜宣和中知成都,刊石置于学官。云伪蜀时刻六经于石,而独无《孟子》,经为未备。夫经大成于口子,岂有阙耶?其论既谬,又多误字。"其所谓"谬"者,盖因以"九经"为"六经"之误;该书于其下又引曾宏父"宣和五年癸卯益帅席益始奏镌《孟子》"。(《续修四库全书》(第183册),第644页)

经史。尝取孟子论治道之语,书之素屏因谓黄潜善曰:'《论》、《孟》乃幼年所习,读之了无凝滞'。"①又尝自云:"自朕幼习《孟子》书,至成诵在口,不觉写出。……如孟子言:'用贤与杀,皆察于国人。'朕详味斯言,欲谨守之,神交上友,如与孟子端拜而议"②;二是提升《孟子》在科举考试中的地位。绍兴十三年(1143),采纳国子司业高闶建议,"以本经、《语》、《孟》义各一道为首;诗赋各一首次之;子史论一道,时务策一道又次之"③;三是御书石经,将《孟子》列入。事见顾炎武《石经考·宋高宗御书石经》,文称:"(绍兴)十六年五月……上又书《论语》、《孟子》,皆刊石立于太学首善阁及大成殿后三礼堂之廊庑。"④四是以是否尊孟决定官吏黜废。作为王安石"新学"的抵制者,出于政治思想与学术观点的不同,司马光著《疑孟论》,对孟子提出十一条质疑,讥孟子"鬻先王之道以售其身"⑤。"学于温公",承续司马光学说的晁说之,其非孟态度远远激烈于乃师,尝著《孔孟》一文,对孔孟联称提出异议:"孔孟之称,谁倡之者? 汉儒犹未之有也。既不知尊孔子,是亦孟子之志欤? 其学卒杂于异端,而以为孔子之俪者,亦不一人也,岂特孟子而可哉。如知《春秋》一王之制者,必不使其教有二上也。世有荀孟之称,荀卿诋孟子僻违而无类,幽隐而无统,闭约而不解,未免为诸子之徒,尚何配圣哉。"⑥又径直作《诋孟》,以排诋、非难孟子。非但如此,还专折上疏"请去《孟子》于讲筵"。晁氏的过激态度,致"太学之士哗然,言者纷起"⑦。也因此而引起宋高宗的强烈不满,建炎三年春"戊戌,徽猷阁待制提举杭州洞霄宫晁说之告老。上曰:'是尝著论非孟子者。孟子发明正道,

---

① 李心传:《建炎以来系年要录》卷十七,《四库全书》第 325 册,第 275 页。
② 李心传:《建炎以来系年要录》卷十七,《四库全书》第 325 册,第 276 页。
③ 《宋史》卷一百五十六《选举志二》,第 3629 页。
④ 见《四库全书》第 683 册,第 851 页。另清桂馥《历代石经略》卷下《宋太学御书石经》也记有:"绍兴二年,宣示御书《孝经》,继出《易》、《诗》、《书》、《春秋》、《左传》、《论》、《孟》及《中庸》、《大学》、《学记》、《儒行》、《经解》五篇,总数千万言,刊石太学。"(《续修四库全书》第 183 册,第 647 页)
⑤ 司马光:《传家集》卷七十三《疑孟论》,《四库全书》第 1094 册,第 666 页。
⑥ 晁说之:《嵩山文集》卷十三《孔孟》,《四部丛刊续编》第 60 册,第 19—20 页。
⑦ 黄宗羲:《宋元学案》卷二十二《景迂学案》,《续修四库全书》第 518 册,第 417 页。

说之何人,乃敢非之,可进一官致仕。'说之寻卒。"①高宗认为孟子王道主张不容侵犯,晁说之居然"非之",于是借其告老之机,顺水推舟,将其逐出朝廷。晁说之因为"非孟"断送了前程,由此可见孟子在南宋帝王心目中的地位。尊孟情感渗透进政治,成为左右帝王治道的重要因素。

2. 学者尊孟与"四书"系统形成

于允文和张九成是朱熹之前南宋学者尊孟的代表。

余允文,字隐文,南宋建安人,生平事迹不详。针对李觏、司马光、郑厚群起而非孟,余允文著《尊孟辨》以驳斥非孟诸说,捍卫和提升孟子地位。此书虽然在明中叶后残缺,今日所见《四库》本和《丛书集成初编》本,是清人从《永乐大典》中辑出的辑本,但仍可窥其大概。此书的价值主要体现在两点:一是总结和保存了非孟者的众多材料,为后人研究提供了方便;二是采用驳论的方法,分别以"疑曰"和"余氏辩曰"对司马光、李觏、郑厚的非孟进行逐条驳难,以至于四库馆臣也不得不承认"当群疑蜂起之日,能别白是非而定一尊于经籍,不为无功。但就其书而观,固卓然不磨之论也"②。

张九成,字子韶,号横浦居士、无垢居士,浙江钱唐人。绍兴二年中状元,历任著作郎、礼部侍郎兼侍讲等职,因反对秦桧议和,谪居邵州。秦桧死,复起知温州。卒赠太师,封崇国公,谥文忠。作为南宋著名的理学家、二程弟子杨时的学生,张九成尊孟的思想倾向是显而易见的。为了驳斥司马光等对孟子的批评,张九成作《孟子传》,《四库全书总目提要》说得很明白:"以当时冯休作《删孟子》,李觏作《常语》,司马光作《疑孟》,晁说之作《诋孟》,郑厚作《艺圃折衷》,皆以排斥《孟子》为事。故特发明义利经权之辩,著孟子尊王贱霸有大功,拨乱反正有大用。"③与余允文驳论的方式不同,张九成采用了立论的方式,从正面解读和阐发孟子思想,使非孟者对孟子的诋毁不攻自破。特别是对孟子的仁义、心性、义利等核心学说,张九成站在理学高度进行阐发。如把孟子的仁义学说上升到天理论高度:"天理者,仁义也。仁义既明,则以此明庶物,知禽兽之所以禽兽;以此察人伦,知

---

① 李心传:《建炎以来系年要录》卷十九,《四库全书》第 325 册,第 296 页。
② 纪昀等:《四库全书总目提要》,《四库全书》第 196 册,第 518 页。
③ 纪昀等:《四库全书总目提要》,《四库全书》第 196 册,第 230 页。

人伦之所以人伦。"①

余允文、张九成等儒者尊孟,虽然只不过是学界在推动尊孟上的努力。但由此架起了北宋二程与南宋朱熹之间尊孟的桥梁,为四书系统的形成和孔学经孟学而理学化奠定了基础。

如果说王安石是宋代政治上尊孟的第一功臣,那么,朱熹就应该是宋代学术上尊孟的第一功臣。他穷毕生精力所撰的《四书集注》,是对崇扬孟子学说,提升孟子地位的最大贡献。

把《大学》、《中庸》从《小戴礼记》中析出,与孔孟原典《论语》、《孟子》相并列,从而形成"四书"系统,经历了一个自周敦颐到二程,再到朱熹的接力过程。

理学鼻祖周敦颐开始重视《中庸》,刘蕺山曾就此作过揭示:"濂溪为后世儒者鼻祖,《通书》一篇,将《中庸》的道理,又翻新谱,直是勺水不漏。"②受业周氏的二程接续其衣钵,重视《大学》。朱熹在《大学章句·序》中曾明确表示:"河南程氏两夫子出,而有以接乎孟子之传,实始尊信此篇而表章之。既又为之次其简编,发其归趣,然后古者大学教人之法,圣经贤传之旨,灿然复明于世。"③

发掘《大学》、《中庸》,使之与《论语》、《孟子》配合形成"四书"体系,在二程这里初见规模。《宋史·道学传》明确指出:"仁宗明道初年,程颢及弟颐寔生。及长,受业周氏。已乃扩大其所闻,表彰《大学》、《中庸》二篇,与《语》、《孟》并行。于是,上自帝王传心之奥,下至初学入德之门,融会贯通,无复余蕴。"④清翟灏《四书考异》也引《七经中义》称:"程子见《大学》、《中庸》非圣贤不能作,而俱隐《礼记》中,始取以配《论语》、《孟子》,而为四书。"⑤

以"四书"替代儒家原典"五经"的最大功劳归于朱熹。王祎《文忠公

---

① 张九成:《孟子传》卷十九,《四库全书》第196册,第425页。
② 黄宗羲:《宋元学案》卷十一《濂溪学案上》,《续修四库全书》第518册,第234页。
③ 朱熹:《大学章句·序》,《四书五经》(上册),第2页。
④ 《宋史》卷四百二十一《道学传一·序》,第12710页。
⑤ 翟灏:《四书考异》上编《综考二十五·合四书》,《续修四库全书》第167册,第108页。

集·四子论》和周焱《四书衍义·序》对此均有述及:"近世大儒河南程子,实始尊信《大学》、《中庸》而表章之。《论语》、《孟子》也各有论说,而未有专书也。至新安朱子,始合四书,谓之四子。《论语》、《孟子》则为之注,《大学》、《中庸》则为之章句、或问。自朱子之说行,而旧说尽废。于是四子者与六经皆并行,而教学之序莫先焉矣。""伊洛诸儒,有功于六经不细。而言《论》、《孟》者,或不及于《庸》、《学》;言《庸》、《学》者,或不及于《论》、《孟》,未有知四书之为全书者。唯朱夫子沉酒义理之精微,研覃性命之蕴奥,为四书,所谓集大成者也。"①朱熹为"四书"作注,以义理之精,性命之奥,提升了儒家哲学内涵,满足了社会需求,取得了政治认可,才借助于科举考试的指挥棒,成为压倒"五经"的经典。宋宁宗于嘉定五年(1212)准国子司业刘爚奏②,将朱熹《论语孟子集注》作为官方之学。宋理宗也为此于宝庆三年(1227)和淳祐元年(1241)两度下诏褒赞朱熹:"朕观朱熹集注《大学》、《论语》、《孟子》、《中庸》,发挥圣贤蕴奥,有补治道。朕励志讲学,缅怀典刑,可特赠熹太师,追封'信国公'。""朕惟孔子之道,自孟轲后不得其传,至我朝周敦颐、张载、程颢、程颐,真见实践,深探圣域,千载绝学,始有指归。中兴以来,又得朱熹精思明辨,表里混融,使《大学》、《论》、《孟》、《中庸》之书,本末洞彻,孔子之道,益以大明于世。朕每观五臣论著,启沃良多,今视学有日,其令学官列诸从祀,以示崇奖之意。"③并诏以"周敦颐、张载、程颢、朱熹从祀,黜王安石"④。

至于为什么程朱理学家如此偏爱四书,不惜离析拔擢,使其成为取代六经的儒学新体系,主要在于两点:一,从道统论的角度看。四书在道统体系传承中存在着一致性,从孔子到曾子、子思再到孟子,其思想统绪有着内在的一致性;二,从思想内容的角度看。四书各有其建立理学思想体系的有用因子。《论语》虽无理学奥理,但作为儒学开山孔子的作品,进入系统

---

① 翟灏:《四书考异》上编《综考二十五·合四书》,《续修四库全书》第167册,第108页。
② 原文为:"迁国子司业,言于丞相史弥远,请以熹所著《论语》、《中庸》、《大学》、《孟子》之说以备劝讲,正君定国,慰天下学士大夫之心。……又请以熹《白鹿洞规》颁示太学,取熹《四书集注》刊行之。"(《宋史》卷四百一《刘爚传》,第821页)
③《宋史》卷四十一《理宗纪一》、卷四十二《理宗纪二》,第789、821页。
④《宋史》卷一百五《礼志八》,第2554页。

自不待言;《孟子》的性命之说已见前述。至于《大学》的"格物致知"、"正心诚意",《中庸》的"致诚如神"、"惟天下至诚,为能尽其性"都毫无疑问是理学家建立理学体系急需的思想资源。对此,朱熹说的已很明白:"《语》、《孟》工夫少,得效多;六经工夫多,得效少。""《语》、《孟》、《中庸》、《大学》是熟饭,看其它经,是打禾为饭。"①

经过周敦颐、二程和朱熹的接力式努力,《孟子》与四书系统的形成相互凭借,终于得到官方认可,成为不容置疑的官方之学。所谓"熹没,朝廷以其《大学》、《语》、《孟》、《中庸》训说立于学官"②。

3. 陈振孙将《孟子》列为经部

鉴于学界、政界相互唱和下孟子经学地位的确立,目录学家陈振孙于宋理宗淳祐四年(1244),撰《直斋书录解题》,正式将《孟子》列入经书:"自韩文公称'孔子传之孟轲,轲死不得其传',天下学者咸曰'孔孟'。《孟子》之书,固非荀、扬以降所可同日语也。今国家设科取士,《语》、《孟》并列为经,而程氏诸儒训解二书,常相表里,故今合为一类。"③至此,《孟子》正式由子部升入经部,作为"四书"之一,地位超过"六经"。

《孟子》上升为经,标志着唐宋"孟子升格运动"的基本完成。孟子思想借助《孟子》的升经,而成为封建社会后期学术和政治思想的正统。孟子地位也随着孟子思想的正统化而扶摇直上。

不过,全面地看,还有一点不得不提,即:在上述孟子升格运动中,也始终有一股疑孟、非孟思潮与之相伴。邵博在《邵氏闻见录》中辑录了其中的十家,除了前已述及的荀子、晁说之外,还有司马光、苏轼、李觏、陈次公、傅野、刘敞、张俞、刘道原八家。事实上还远不及此,从思想倾向性上看,王充、郑厚、何涉、冯休、李著、叶适、黄次伋、晁公武等也都站在非孟的行列。以上各家除个别者属于秦汉以前外,多出于宋代。他们站在尊孟者的对立面,从不同的学术、政治观点和立场出发,与尊孟派展开思想辩论。其中影响较大的是李觏、司马光和郑厚。南宋余允文曾在《尊孟

---

① 黎靖德编:《朱子语类》卷第十九《论语一》,第428、429页。
② 《宋史》卷四百二十九《道学传三·朱熹》,第12769页。
③ 陈振孙:《直斋书录解题》卷三《语孟类》,《四库全书》第674册,第572页。

辨·自序》中,将这三个人分别作为由疑孟到非孟再到诋孟逐渐推进的三类代表:"温公则疑而不敢非,太伯非之而近于诋,叔友诋之而逮乎骂。"①三人非孟的出发点各有不同,如李觏主要从尊王强国、经世致用的政治角度力反孟子;司马光主要基于其学术差异方面的辨析,依据疑古观念而对孟子提出质疑,为维系孔子"君君臣臣"之道而斥孟子"人皆可以为君"之道;陈亮、叶适等人则主要侧重于从事功立场出发非孟。但总括原委,他们对孟子的怀疑、贬抑以至批判、否定,一方面是对当时日益高涨的尊孟思潮的反弹,这是由学术思潮本身发展的内在逻辑所致。另一方面则是为了通过否定尊孟者对"道统"的承续,来表明由他们自承"道统"。比如叶适非孟的一个重大意图就是要宣示,唯有其浙东事功学派才是"稽合于孔氏之本统",承续儒学本真精神之所在。通过宣示思想对立,否定对方,确立自己,已是中国借思想否定实现思想发展的固有传统,并非独见于尊孟与非孟之间。单从这一角度看,他们的立场和角色其实已经由非孟者转向尊孟者。

尊孟与非孟两大思潮的对立,构成了宋代学术史的重要内容。从表面上看,尊孟者似乎因此会遭受非孟者的贬损。而事实上,其所形成的强烈挑战也促使并深化着尊孟者的理论思考,使尊孟者在与非孟者的对立斗争中不断完善和强大自我,最终使孟子学说愈辩愈明。从这个意义上说,非孟者对孟子的怀疑、贬抑和否定,恰从反面推动着尊孟学派,乃至于整个宋代儒学的发展。

尊孟派在与非孟派的角逐中,最终占据主流。其后,以推尊和发挥孟子思想而形成的理学,成为中国封建社会后期的官方哲学和政治思想,牢固地占据着中国的政治和思想舞台。孟子地位也正是在这一思想交锋和角逐中,逐渐达至高峰,以"亚圣"的地位巩固下来。即便以帝王之尊,也终究无法撼动。朱元璋"议罢其配享"而"旋复"的结果,就印证了这一点。

---

① 余允文:《尊孟辨·自序》,《四库全书》第196册,第518页。

第四节　元代尊孟与"亚圣"封号

一、"征服者被征服"
　　——元政府对儒学的尊崇

　　起于草原游牧的元朝政权，与中原相比，其文化上的差异是明显的。在进入中原初期，耶律楚材用中原的赋税制度为窝阔台带来的惊喜，就已经说明了问题①。1265年，中原学者许衡向元世祖上疏说："考之前代，北方之有中夏者，必行汉法乃可长久。故后魏、辽、金，历年最多。他不能者，皆乱亡相继，史册具载，昭然可考。使国家而居朔漠，则无事论此也。今日之治，非此奚宜？"②许衡的话道出了一个事实，那就是"征服者被征服"③。历史发展进程已经证实，当弱势位文化进入强势位文化，其文化发展的走势必然是趋向于后者，从而在文化演变的趋势上呈现征服者被征服的现象，这是文化发展的规律使然。进入汉族文化区的蒙古贵族要想在中原站稳脚跟，必须全面适应并接受先进的生产方式和与之相适应的全部上层建筑。在意识形态领域，儒学以适应中原文化而"善守成"的政治效力，受到元朝统治层的重视而成为国家意识形态。

---

① 《元史》卷一百四十六《耶律楚材传》："近臣别迭等言：'汉人无补于国，可悉空其人以为牧地。'楚材曰：'陛下将南伐，军需宜有所资，诚均定中原地税、商税、盐、酒、铁冶、山泽之利，岁可得银五十万两、帛八万匹、粟四十余万石，足以供给，何谓无补哉？'帝曰：'卿试为朕行之。'乃奏立燕京等十路征收课税使，……辛卯秋，帝至云中，十路咸进廪籍及金帛陈于廷中，帝笑谓楚材曰：'汝不去朕左右，而能使国用充足……'。"（《元史》，第3458页）
② 《元史》卷一百五十八《许衡传》，第3718—3719页。
③ 关于"征服者被征服"的历史现象，马克思和恩格斯都有过精彩论断。马克思在《不列颠在印度统治的未来结果》中称："野蛮的征服者总是被那些他们所征服的民族的较高文明所征服，这是一条永恒的历史规律。"（《马克思恩格斯选集》第2卷，第70页）恩格斯在《反杜林论》中称："每一次由比较野蛮的民族所进行的征服，不言而喻地都阻碍了经济的发展，摧毁了大批的生产力。但是在长时期的征服中，比较野蛮的征服者，在绝大多数情况下，都不得不适应征服后存在的比较高的'经济情况'；他们为被征服者所同化，而且大部分甚至还不得不采用被征服者的语言。"（《马克思恩格斯选集》第3卷，第222页）

在这样的大背景下,对于儒家思想继承者的孟子,自然继续延续前朝的尊崇。元第一任帝王,世祖忽必烈上任伊始,即于至元五年(1268)十一月"敕从臣秃忽思等录《毛诗》、《孟子》、《论语》"①就是证明。

二、学者的"宗朱尊孟"

唐宋孟子升格运动基本完成,形成了以朱熹《四书集注》为核心的理学体系。元代学界的尊孟实际上已隐身到宗朱的背后,更多以宗朱的形式表现出来。如果说,宋代程朱理学是借助孟子成就自己,那么,元代则是孟子借助程朱理学而延续辉煌。这一点,有两个现象可以说明:一是元代有关孟子的著述多以四书为名,只有为数不多的著作直接以"孟子"为名;二是元代对孟子思想的阐释,只局限于宗主朱熹《孟子集注》成说,或训考字义,或解说义理,很少创新和发挥。

元代研究朱熹和孟子思想有成就的为数不多,主要有金履祥和许谦师徒。这二人均是朱熹学派的传人,是元代理学的代表,也是元代宗朱尊孟的典型。

金履祥,字吉父,号仁山,婺州兰溪人。因家居壮溪仁山之下,学者称为仁山先生。宋亡后,摒弃仕宦,不仕元朝,潜心朱学,"于书无所不读,而融会于《四书》,贯穿于六经"②。金履祥研究孟子的最大成果是《孟子集注考证》七卷,这是针对朱熹《孟子集注》所作的疏。关于写作此书的目的,金履祥在该书的《跋》中作了交待:一为疏证疑难;二为补充名物典章。但纵观全书,该书的最大成就并不在此。而在于阐释与发展朱熹的理学思想。如弟子许谦在《论语集注考证·序》中所说:"子朱子深求圣心,贯综百氏,作为《集注》。竭生平之力,始集大成,诚万世之绝学也。然其立言浑然,辞约意广,往往读之者或得其粗,而不能悉究其义。或一得之致,自以为意出物表,曾不知初未离其范围。凡世之诋訾混乱,务新奇以求名者,其弊正坐此。此考证所以不可无也。先师之著是书,或隐括其说,或演绎其简妙,或

---

① 《元史》卷六《世祖本纪三》,第120页。
② 许谦:《许白云先生文集》卷三《上刘均斋书》,《四部丛刊续编》第71册,第18页。

摅其幽发其粹,或补其古今名物之略,或引群言以证之。大而道德性命之精微,细而训诂名义之弗可知者,本隐以之显,求易而得难。吁!尽在此矣。盖求孔孟之道者不可不读《论》、《孟》,读《论》、《孟》者不可不由《集注》。《集注》有《考证》,则精朱子之义,而孔孟之道章章乎人心矣。"①许谦的序辞并非夸张,朱熹《集注》受体例所限意蕴广而语意简,后之学者常不能得其真意或深意,以至于背离经典而作出肤浅、极端之说。《集注考证》正是"悯夫世之不善学朱子之学者",对朱子学说阐幽发微,理解全面、准确而不乏独到之见。如对仁义的解说:"文公尝与吕成公言:实字有对名而言者,谓名实之实;有对理而言者,谓事实之实;有对华而言者,谓华实之实。盖仁之实不过事亲,义之实则是从兄。推广之,爱人利物,忠君弟长,乃是仁义之华采。履祥按:此'实'当作'文实'之'实'。事亲从兄者,仁义之实而推之仁民利物,忠君弟长,则皆仁义之文。"②朱熹的仁义即华实之实,与金履祥的仁义即文实之实显然存在差异。金氏的《集注考证》为此而遭到时人诟病。唯黄百家慧眼独具:"仁山有《论孟考证》,发朱子之所未发,多所牴牾。其所以牴牾朱子者,非立异以为高,其明道之心,亦欲如朱子耳。朱子岂好同而恶异哉!世为科举之学者,于朱子之言,未尝不锱铢以求合也,乃学术之传,在此而不在彼,可以憬然悟矣。"③黄百家把金履祥对朱熹思想的发挥,与时下锱铢求同的科举之徒相比较,盛赞了金履祥勇于创新的精神,认为这正是学术传承与发展的精髓所在。

许谦,字益之,婺州金华人。学乃师金履祥,终生不仕,隐居八华山中,专心治学授徒,人称白云先生。许谦研究孟子的成果是《读四书丛说》④。该书最大的成就在于以求实态度宗朱尊孟,既"不苟异,亦不苟同",对朱熹

---

① 许谦:《论语集注考证·序》,《四库全书》第202册,第37页。
② 金履祥:《孟子集注考证》卷四《离娄上》"仁义之实"条下,《四库全书》第202册,第126页。
③ 黄宗羲原著,全祖望补修,陈金生、梁运华点校:《宋元学案》卷八十二《北山四先生学案》,第2738页。
④ 注:此书在流传中有残缺,故今日所见有《四库全书》四卷本,和《金华丛书》、《四部丛刊续编》、《丛书集成续编》八卷本等不同版本。吴师道《读四书丛说·序》认为此说是许谦"为其徒讲说,而其徒记之之编",即学生根据其师讲稿整理而成。然而,有学者根据此书自始至终严整的文言表述方式和严谨的结构等分析,认为"此书不太像学生的听课笔记,而更像许谦经过整理的读书笔记"。(董洪利:《孟子研究》,江苏古籍出版社,1997年,第267页)

成说或纠正,或补充,或发挥,不墨守成规。由此得到四库馆臣的称赞:"书中发挥义理皆言简意赅,或有难晓则为图以明之,务使无所疑滞而后已,其于训诂名物,亦颇考证,尤足补章句集注所未备,于朱子一家之学,可谓有所发明矣。"①如对《孟子·梁惠王上》孟子答梁惠王"定于一",其中"一"的发挥性解说:"一为统天下为一家,正如秦汉之制,非谓如三代之王天下而封建也。此孟子见天下之势,而知其必至于此,非以术数谶纬而知之也。"②许谦将孟子的一统说,作了全新的解说,由国土的统一,深化为体制的不同,强调了秦汉后的一统实是异于三代列国分封的真正的中央集权的政治体制,见解独到而深刻。

元代学界尊孟的原因,既是宋代尊孟学术路线自然延伸的结果,更是元代政治上落实程朱理学,特别是以朱熹四书内容实施科举取士的结果。

三、"亚圣"封号与孟子尊崇的巅峰

崇儒,对元政府而言,虽然起初属于被动所为,但其终毕竟成为官方的思想统治方略和国家意识形态。朱熹理学和四书系统的确立,理论上完成于宋代,实践上则完成于元代以四书设科取士之后。如四库馆臣所说:"《论语》、《孟子》,旧各为帙;《大学》、《中庸》,旧《礼记》之二篇。其编为《四书》,自宋淳熙始,其悬为令甲,则自元延祐复科举始,古来无是名也。"③

科举的驱动,一方面强化着学者对朱熹四书与孟子思想体系的钻研,另一方面推动着政府对理学、孟子地位的认识深度与政策推重。

世祖至元二十四年(1287),"立国子学,而定其制。……凡读书必先《孝经》、《小学》、《论语》、《孟子》、《大学》、《中庸》,次及《诗》、《书》、《礼记》、《周礼》、《春秋》、《易》。"④

武宗于至大元年(1308)秋七月,"诏加号先圣曰'大成至圣文宣王'"。

---

① 纪昀等:《四库全书总目提要》,《四库全书》第202册,第530页。
② 许谦:《读四书丛说》卷三《读孟子丛说·梁惠王上》"梁襄王章",《四库全书》第202册,第591页。
③ 永瑢等:《四库全书总目》卷三十五《经部三十五·四书类一》,中华书局,1965年,第289页。
④ 宋濂等:《元史》卷八十一《选举志一》,第2029页。

仁宗皇庆二年(1313)"六月,以许衡从祀,又以先儒周惇颐、程颢、程颐、张载、邵雍、司马光、朱熹、张栻、吕祖谦从祀"[1]。

仁宗延祐三年(1316)"六月乙亥,制封孟轲父为邾国公,母为邾国宣献夫人"[2]。

仁宗又于延祐五年(1318)十一月,鉴于自隋唐以来科举以词赋为尚的浮夸风气,下诏科举取消词赋,专以德行明经取士:"若稽三代以来,取士各有科目,要其本末,举人宜以德行为首,试艺则以经术为先,词章次之。浮华过实,朕所不取。爰命中书,参酌古今,定其余制。……考试程式:蒙古、色目人,第一场经问五条,《大学》《论语》《孟子》《中庸》内设问,用朱氏章句集注。其义理精明,文辞典雅者为中选。第二场策一道,以时务出题,限五百字以上。汉人、南人,第一场明经经疑二问,《大学》《论语》《孟子》《中庸》内出题,并用朱氏章句集注,复以己意结之,限三百字以上;经义一道,各治一经,《诗》以朱氏为主,《尚书》以蔡氏为主,《周易》以程氏、朱氏为主,已上三经,兼用古注疏,《春秋》许用《三传》及胡氏《传》,《礼记》用古注疏,限五百字以上,不拘格律。第二场古赋诏诰章表内科一道,古赋诏诰用古体,章表四六,参用古体。第三场策一道,经史时务内出题,不矜浮藻,惟务直述,限一千字以上。"[3]科举专考儒家经典,以朱熹注释为准。且无论在第一、二等蒙古、色目人和第三、四等汉人、南人的考试中,《孟子》都作为首场试题的内容。儒家经典借助科举的力量,成为知识分子踏入仕途的阶梯。而当士子们借由这一阶梯步入仕途之后,必然在他们的执政行为中贯彻他们尊儒重儒的思想理念,并在很大程度上影响和左右着元代最高统治者的治国方略。

泰定帝泰定五年(1328),又拨赐孟庙祭田三十顷,此为孟氏家族有祭田之始。

---

[1]《元史》卷七十六《祭祀志五》,第1892—1893页。
[2]《元史》卷二十五《仁宗本纪二》,第573页。另,本书卷七十六《祭祀志五》也有类似记载:"延祐三年秋七月,诏春秋释奠于先圣,以颜子、曾子、子思、孟子配享。封孟子父为邾国公,母为邾国宣献夫人。"(《元史》卷七十六《祭祀志五》,第1892页)
[3]《元史》卷八十一《选举志一》,第2018—2019页。

文宗至顺二年(1331)闰七月,"以汉儒董仲舒从祀。齐国公叔梁纥加封启圣王,鲁国太夫人颜氏启圣王夫人;颜子,兖国复圣公;曾子,郕国宗圣公;子思,沂国述圣公;孟子,邹国亚圣公;河南伯程颢,豫国公;伊阳伯程颐,洛国公。"孟子首次被封为"亚圣",这是有史以来孟子达到的最高称号封赐,文宗在封赐圣旨中称:"朕若稽圣学,祇服格言,乃著新称,以彰湮典。於戏!诵诗书而尚友,缅怀邹鲁之风,非仁义则不陈,期底唐虞之治。英风千载,蔚有耿光,可加封邹国亚圣公。"①

元顺帝至正十四年(1353),元朝统治已是风雨飘摇,危机四伏。张士诚据高邮,屡诏不降,只好派宰相脱脱前往镇压,师至济宁,依然没有忘记"遣官诣阙里祀孔子,过邹县祀孟子"②。

元代,孟子"亚圣"地位的确立,不仅意味着孟子升格运动的彻底终结,也标志着孟子地位最终达至巅峰。伴随孟子地位的提升,作为其连带和后续效应,孟子家族开始崛起。

战国秦汉以来,孟子地位由隐而不彰到扶摇直上,最终达至极度尊崇。究其原因,内取决于其自身的思想内涵,外则取决于社会和政治需求。特别是唐宋以来,在由佛教挑战而引发的儒学重塑运动中,《孟子》因为对心、性等哲学问题的涉猎而率先引起学术界的注意,由韩愈道统论的构建而延至理学的构建。与学术关注相始终,政治层对孟子的关注,也走着一条不断上升的路子。孟子地位的变迁过程,既说明了其思想本身作为圣之时者的涵容性和与时俱新性,也反映了中国政治对学术强大的涵摄力,即学术、思想抑或经典无不置于政治的庇护下而成为政治的附庸。这是中国专制政治迥异于西方的地方。洞彻了这一点,才能准确而深刻地把握孟子地位变迁与孟府崛起这一历史文化现象。

---

① 《元史》卷七十六《祭祀志五》,同见本书卷三十四《文宗本纪三》,第 1893、763 页。
② 《元史》卷一百三十八《脱脱传》,第 3347 页。

第三章 多方扶植与家族崛起

辩证地看，孟氏家族的崛起，当然离不开孟氏后裔自身的努力，如四十五代孙孟宁在孟府修建和家谱续修等事关孟氏家族中兴方面做出的奠基式努力，五十二代孙孟惟恭对孟子府庙林墓的奠基之功，五十六代孙孟希文首任世代翰林院五经博士之后对孟氏家族礼乐祀典付出的建设性努力，特别是七十代孙孟广均对府庙林墓及家志家谱、子孙教育等做出的多方贡献。这些孟氏后裔子孙代代相承、锲而不舍的努力，成为孟氏家族崛起和发展的内在动力。

但对孟氏家族而言，它的崛起更与外部势力的多方扶植有直接关系，这正是孟氏家族与中国其它民间自发生长起来的普通家族的最大区别。两类家族对比，前者可称为外源式家族，后者可称为内源式家族。

汉代以后特别是唐宋以来，学界与政界的交互推动，终于将孟子地位由卑微推向巅峰。孟氏家族的崛起，正是这一升格运动的伴随物或后延性结果。外在客观环境对孟氏家族崛起的推动力，可以从宏观和微观两个方面来分析。从宏观上看，它的崛起外决定于中国的政治文化特征，内决定于儒家思想自身强烈的伦理文化特征，是其所代表的儒家文化与中国文化相契合的产物。从微观上看，作为以上两者的连带效应，它是在学者和政界越来越多的关注和推动下，在孔府的管理、统领与呵护下，实现了家族势力的崛起。

毋庸讳言，外源性或者说政治性，是孟氏家族崛起的更大也是更直接的动因。更明确地说，与中国其它大多靠内在生存动力崛起的普通家族的发展过程相比，孟氏家族的崛起与发展虽然也有来自于家族自身的努力，但主要则是缘于儒家后继者孟子的思想魅力而建构起的外部条件,更多地依赖了外界推动和辅助性力量实现。其中大而言之有政府的政策性优礼,包括政治封赠、经济赐予和教育倾斜;小而言之有孔府,特别是孔道辅对于孟氏家族实务性辅佐。

第一节　政府对孟氏家族的政治封赠

严格意义上,政府对孟子的政治性封赠,是在汉唐以来学界舆论的倡导下,随着孟子地位的提升,在宋代才正式开始的。其历程大致经历了宋、元确立定制和明、清因袭强化两大阶段。

一、宋、元定制

（一）宋代始封

在宋代前期孟子庙墓的竖立、《孟子》石经的刊刻和以《孟子》为学科取士的基础上,到宋神宗熙宁、元丰间,得益于王安石在政界的推动,孟子尊崇终于达至高涨。神宗元丰六年(1083),应吏部尚书曾孝宽疏请,敕命:"自孔子没,先王之道不明。发挥微言,以绍三圣,功归孟氏,万世所宗。厥惟旧邦,实有祠宇,追加爵号,以示褒崇。宜特封邹国公。"①封孟子为"邹国公",这是政府对孟氏家族政治性封赠的开始。

南宋,经过朱熹《四书集注》的努力,《孟子》作为"四书"之一成为国定意义的科举教材。度宗咸淳三年(1267),孟子与颜子、曾子、子思同列为孔庙"四配"。这在首度确立孟子公爵的基础上,也确立了孟子在以孔子为首的儒学系统中的位置。

（二）元代定制

蒙古族建立的元政权,虽然其吸纳中原文化,尊孔崇儒原属"征服者被

---

① 孟庙《尚书省牒》,石现存孟庙致敬门内院甬道西侧砖壁。参见刘培桂编著:《孟子林庙历代石刻集》,第5页。另见孟广均编:清德宗光绪本《重纂三迁志》卷四《祀典》,第204页。

"征服"在意识形态领域里的被动之举。但对孟子的尊崇与封赠,毕竟是在承续了唐宋孟子升格运动之后,作为前朝尊孟的后续效力,元代对孟子的政治封赠继续扬其波而助其澜,终达至顶峰。

先是,在世祖至元二十四年(1287),定《孟子》为国子学必读书的基础上,仁宗延祐三年(1316)六月,又诏"封孟轲父为邾国公,母为邾国宣献夫人"①。

文宗至顺元年(1330),孟子正式被封为"邹国亚圣公",这是有史以来孟子受到的最高封赠,正式确立了孟子在儒家思想体系中"亚圣"的地位。鉴于这一封赠对于孟子及其家族发展而言太过重要,我们不妨在此全文引用:

上天眷命,皇帝圣旨:

孟子,百世之师也。方战国之从衡,异端之充塞,不有君子,孰任斯文?观夫七篇之书,惓惓乎致君泽民之心,凛凛乎拔本塞源之论;黜霸功而行王道,距诐行而放淫辞。可谓有功圣门,追配神禹者矣。朕若稽圣学,祗服格言,乃著新称,以彰渥典。於戏!颂《诗》、《书》而尚友,缅怀邹鲁之风,非仁义则不陈,期底唐虞之治。英风千载,蔚有耿光。可加封邹国亚圣公。

主者施行。

至顺二年九月□日②

次年(1331),文宗又诏"以汉儒董仲舒从祀。齐国公叔梁纥加封启圣王,鲁国太夫人颜氏启圣王夫人;颜子,兖国复圣公;曾子,郕国宗圣公;子思,沂国述圣公;孟子,邹国亚圣公;河南伯程颢,豫国公;伊阳伯程颐,洛国

---

① 《元史》卷二十五《仁宗本纪二》,第573页。另,本书卷七十六《祭祀志五》也有类似记载:"延祐三年秋七月,诏春秋释奠于先圣,以颜子、曾子、子思、孟子配享。封孟子父为邾国公,母为邾国宣献夫人。"(《元史》卷七十六《祭祀志五》,第1892页)
② 元文宗《皇元圣制》碑,现存孟庙启圣殿院甬道西侧。参见刘培桂编著:《孟子林庙历代石刻集》,第65页。

公。"①继儒家创立者孔子于元武宗至大元年(1308)被封为"大成至圣文宣王",确立了儒学系统中"至圣"的地位之后,孟子、颜子、曾子、子思分别作为亚圣、复圣、宗圣、述圣的"四圣"体系正式确立。

二、明、清沿袭

(一)明代的文化专制与政治尊崇

1. 元、明之际家族的受挫与再建

经过元末明初的战乱,元代建立起来的儒家文化框架,以及附丽于这一框架下的家族力量再次受到涤荡,所谓:"海内兵变,江南北巨姓右族,不死沟壑则奔窜散处。"②1367年,朱元璋最终战胜陈友谅、张士诚等江南割据势力,在应天府称帝,建立明朝。明朝的建立,对于大家族的发展产生了新一轮影响。首先,宏观而言,历史进入明清,中国封建王朝渐入沉暮,统治者在全面强化专制政治集权的同时,更加重视文化统治,进而对政治化了的儒家思想在政治统治中的作用寄予更多厚望。微观而言,出身于农民起义的朱元璋,在与江南割据势力的角逐中,曾一度受到标榜为宋学正统的浙东学派的帮助。这一经历,给予他继续以儒家思想作为施政方针以极大的启迪。以至于在明朝建立伊始,即授意江南知识分子,以祖先祭祀与家庙制度为核心重塑家族宗法。

宋代朱熹等提倡的恢复宗法运动对于宗法制的复兴的确起了不小的作用,但仍然延续了只有皇族才可以在太庙实行周代昭穆制度的传统,一般臣民的祭祀依然被视为僭越行为。对此,朱元璋于洪武三年(1370)依据朱熹《家礼》③规范,制定了官僚可以在家庙中祭祀高祖、曾祖、祖、祢四代祖先,一般庶民只可祭祖父母、父母的规定。

明世宗嘉靖年间,又在大臣夏言等的积极推动下,从祭祀对王权统一

---

① 《元史》卷七十六《祭祀志五》,同见本书卷三十四《文宗本纪三》,第1893页。
② 贝琼:《清江文集》卷八《送王子渊序》,《四库全书》第1228册,第339页。
③ "君子将营宫室,先立祠堂于正寝之东,为四龛,以奉先世神主。高、曾、祖、考四代,各为一龛,龛中置棹,棹中藏主,龛外垂簾,以一长桌共盛之。列龛以西为上,每龛前各设一桌,或共设一长桌。两阶之间,又通设一香案,上置香炉、香合之类。"(朱熹撰,丘濬辑:《朱子家礼》,清宣宗嘉庆六年宝宁堂刊本,第1页)

的作用入手,进行了一番有关祭祀天地、郊祀、宗庙、孔庙、先蚕祀等国家祭祀礼制的改革,主要内容是:"通过设置共有地、编纂族谱、设立祠堂等手段,集结源自共同祖先的子孙,并根据宗法这一父系亲族统制原理,实现对族人的组织化。"这一改革,实质是要求朝廷废除明太祖洪武三年(1370)的规定。不论是官僚还是平民,都不仅可以祭奠高祖以内的四代祖先,还可以祭奠先祖甚至始祖。夏言还提出了希望皇上推因心之孝,诏令天下臣民"冬至祭始祖,立春祭始祖以下高祖以上之先祖,皆设两位于其席,但不许立庙以逾分"①的建议。虽然找不到直接证据证明这一建议是否被世宗皇帝采纳,但这次旨在强调宗法的祭祀改制浪潮,却把宋代以来已经引起注意的宗法问题再次引向深入。从此后祠堂和宗族组织在社会上的普及程度②,乃至于此后的清代雍正帝颁发的《圣谕广训》和乾隆帝颁发的祖产保护条例,都可看出,这一宗法组织重建的努力,还是对明世宗及其以后官方的宗法观念和宗法政策起到了实质性的强化和推动作用。

  在众多家族中,与官方统治意识关系最为密切的自然是孔孟家族。因而,明廷对家族的关注,首先聚焦于孔孟家族。这种关注,透过明历代帝王对孔孟家族的种种优礼政策可窥其一斑。

  明代对孔、孟的尊崇始自第一任洪武皇帝。

  《明史》卷五十《礼志四》记载:"明太祖入江淮府,首谒孔子庙。洪武元年二月,诏以太牢祀孔子于国学,仍遣使诣曲阜致祭。临行谕曰:'仲尼之道,广大悠久,与天地并。有天下者莫不虔修祀事。朕为天下主,期大明教化,以行先圣之道。今既释奠成均,仍遣尔修祀事于阙里,尔其敬之③。'"

---

① [日]井上徹著,钱杭译:《中国的宗族与国家礼制——从宗法主义角度所作的分析》,上海书店出版社,2008年,第111、116页。
② 据黄佐于明世宗嘉靖六年(1527)编撰的《民国志》卷九《氏族志·祠堂》统计结果显示:从宋、元到明嘉靖初五百四十五年总共断断续续地建了十三所祠堂,而嘉靖到明灭亡前的崇祯共一百零六年间就建祠堂二十八所。而且这种兴盛的势头入清以后保持不减。从顺治到乾隆九十二年共建祠堂二十四所。从嘉庆到道光三十年共建祠堂二十所。(见[日]井上徹著,钱杭译:《中国的宗族与国家礼制——从宗法主义角度所作的分析》,第286页)
③ 《明史》卷五十《礼志四》,中华书局,1974年,第1296页。

并对礼臣表示："孔子万世帝王之师，待其后嗣，秩止三品，弗称褒崇，其授希学秩二品，赐以银印。"①结果，于同年"十一月，命希学袭封衍圣公。置官属，曰掌书，曰典籍，曰司乐，曰知印，曰奏差，曰书写，各一人"②。

不仅如此，朱元璋又于同年"诏以孟子五十四代孙思谅奉祀，世复其家"③，"命复孔、颜、孟三家子孙徭役"，又"立孔、颜、孟三氏教授司，教授、学录、学司各一人。立尼山、洙泗二书院，各设山长一人。复孔氏子孙及颜、孟大宗子孙徭役。又命其子孙希大为曲阜世袭知县。"④十八年，又"敕工部询问，凡有圣贤子孙以罪输作者，释之"⑤。至此，朱元璋在沿袭前代传统的基础上，对儒家尊崇和优礼，由孔子而孟子、颜子，而遍及所有圣贤。

2. 朱元璋的罢"配享"与编《节文》

朱元璋对孔、孟的尊崇，当然是归原于其尊孔重儒的治国策略。如越翼所说："盖帝本不知书，而睿哲性成，骤闻经书与旨，但觉闻所未闻，而以施之实政，遂成百余年清晏之治。"⑥据《明实录》记载，明立国后，一次朱元璋去白虎殿，看到诸子有读《孟子》者，便问身边大臣："《孟子》何说为要？"对曰："劝国君行王道，施仁政，省刑簿赋，乃其要也。"朱元璋听后感慨道："孟子专言仁义，使当时有一贤君能用其言，天下岂不定于一乎！"⑦即所谓"至于孔子，虽不得其位，会前圣之道而通之，以垂教万世……有国家者，求其统绪，尊其爵号，盖所以崇德报功也"⑧。

---

① 《明史》卷七十三《职官志二》，第1791页。
② 《明史》卷二百八十四《儒林传三·孔希学》，第7296页。
③ 《明史》卷二百八十四《儒林传三·孟希文》，第7302页。
④ 《明史》卷二百八十四《儒林传三·孔希学》，第7296页。另，谷应泰《明史纪事本末》卷十四《开国规模》"洪武元年"条下也有类似记载："十一月……甲辰，以孔希学袭封衍圣公，孔希大为曲阜知县，皆世袭。立孔、颜、孟三氏教授司，尼山、洙泗二书院。命博士孔克仁等授诸子经，功臣子弟亦令入学。"(《四库全书》第364册，第254页)
⑤ 《明史》卷七十三《职官志二》，第1791页。
⑥ 赵翼：《廿二史札记》卷三十六《明祖重儒》，王树民：《廿二史札记校证》(下册)，第838页。
⑦ 《明太祖实录》卷二十三，《明实录》(一)，"中央研究院"历史语言研究所，1962年，第328页。
⑧ 《明史》卷二百八十四《儒林传三·孔希学》，第7296页。

然而,朱元璋对孟子的尊崇,洪武五年①发生了一次大逆转。此年,朱元璋读《孟子》,对其"君之视臣如土芥,则臣之视君如寇仇"之类不尊专制权威的话深为不满,以为"非臣子所宜言",下令"罢其配享"。谈迁的《国榷》曾引《宁波府新志》记载了此事:"上览孟子'土芥'、'寇仇'之说,谓非臣子所宜言,议欲去其配享。诏敢谏者,罪以不敬,且命金吾射之。"②

不过,此次罢享事件并未持续多久,《明史·礼志》记载:"五年,罢孟子配享。逾年,帝曰:'孟子辨异端,辟邪说,发明孔子之道,配享如故。'"③据《明史·钱唐传》记载,朱元璋免罢配享得益于时任刑部尚书的钱唐等的冒

---

① 关于孟子罢配享事件的确切年代,主要有三种说法:第一种是洪武二年(1369)说。持这一观点的主要有全祖望,其《鲒琦亭集》记有:"罢配享在二年,卧棺绝粒以争之者,公也"(全祖望《鲒琦亭集》卷三十五《辨钱尚书争孟子事》,《续修四库全书》第1429册,第291页);第二种是"洪武三年(1370)说"。持这一说法的主要有明李之藻(1565—1630)《泮宫礼乐疏》,其书卷二云:"洪武三年黜孟子祀,踰年又奉圣旨……依还祭祀"(李之藻:《泮宫礼乐疏》卷二,《四库全书》第651册,第45页)。现代著名明史专家容肇祖《明太祖的〈孟子节文〉》也赞同这一观点。(容肇祖:《容肇祖集》,齐鲁书社,1989年,第170—183页)第三种是"洪武五年(1372)说"。持这一说法的除《明史·礼志四》、《明史·钱唐传》外,还有谷应泰、谈迁和万斯选。谷应泰的《明史纪事本末》"(洪武)五年……冬十二月……命仍祀孟子。初,国子监请释奠,命罢孟子祀。至是,上曰:'孟子辟邪说,辨异端,发明先圣之道,其复之。'"(谷应泰:《明史纪事本末》卷十四《开国规模》"洪武五年"条下,《四库全书》第364册,第259页)《国榷》依据《南京太常寺志》与《翰林院故牒》,称:洪武五年"命仍祀孟子。是年,国子监请释奠,命罢祀孟子。至是,上曰:'孟子辨异端,辟邪说,发明先圣之道,其复之。'"(谈迁:《国榷》"洪武五年"条下,《续修四库全书》第358册,第315页)全祖望(1705—1755)《鲒琦亭集》卷三十五《辨钱尚书争孟子事》引万斯选就钱唐故事提出的四疑:"《南京太常寺志》及《翰林故牒》载:洪武五年,国子监将丁祭,上曰'孟子不必配享'。其年腊月,上曰'孟子有功先圣,今后仍复之'。是孟子固尝罢享,然不因公言而复,一疑也。"万斯选"疑"的是复孟子配享不是因钱唐强谏,然而却相信《南京太常寺志》及《翰林故牒》关于罢配享在洪武五年的记载。万斯选与万斯同的《明史》,谈迁的《国榷》均相信《南京太常寺志》及《翰林院故牒》所载,认为罢享之事在洪武五年,可见这两部书的记载应该有所依持。然而,遗憾的是,被谈迁、万斯选作为史料来源的这两本典籍,今天已难见到。其中《翰林院故牒》,《四库全书总目》没有提及;而《南京太常寺志》,《四库全书总目》卷八十"史部职官类存目"有收入,称其为嘉靖己丑(1529)进士汪宗元所撰,但齐鲁书社1996年出版的《四库全书存目丛书》并未刊印该书。尽管如此,我认为不应该轻易否定《南京太常寺志》、《翰林院故牒》所记内容的真实性。因为以上诸家中,万斯选是主编明史的万斯同的弟弟,躬行严谨,潜心治学,为黄宗羲的十八位高足之一。卒后,黄宗羲曾痛惜地说:"甬上从游,能续蕺山之传者,惟斯选一人";谈迁的《国榷》向以严谨笃实著称;谷应泰的《明史纪事本末》虽为纪事本末体,但却是史学史上唯一一部可以被作为一手材料征引的纪事本末体史书。所以,我认为,应该相信以上诸家所记史事的严肃性,不可轻易否定。
② 谈迁:《国榷》"洪武五年"条下,《续修四库全书》第358册,第315页。
③ 《明史》卷五十《礼志四》,第1296页。

死反对:"帝尝览《孟子》,至'草芥'、'寇仇'语,谓:非臣子所宜言,议罢其配享。诏有谏者以大不敬论。唐抗疏入谏曰:'臣为孟轲死,死有余荣。'时廷臣无不为唐危。帝鉴其诚恳,不之罪。孟子配享亦旋复。"①对于钱唐以死谏罢享,后代学者虽有怀疑②,但朱元璋罢享旋复,却是事实。

罢配享事件虽然旋踵即逝,但对其中的"不尊"言论,朱元璋始终如鲠在喉,以至于二十多年后,即洪武二十七年(1394),又命大学士刘三吾编《孟子节文》③,删去《孟子》中"词气之间,抑扬大过者八十五条","八十五

---

① 《明史》卷一百三十九《钱唐传》,第3982页。另明黄景昉《国史唯疑》也认同这一说法:"孟子书免节文,得仍配享,亦钱唐力。"(黄景昉:《国史唯疑》卷一,《续修四库全书》第432册,第9页)
② 谈迁《国榷》"洪武五年"条下:"今考《宁波旧志》,止载唐谏释奠一事,不及孟子。袒胸受箭之说,出自野史,岂好事者为之耶!"(《续修四库全书》第358册,第316页)朱彝尊《邹县重修亚圣孟子庙碑》:"谓帝欲废孟子,钱唐进谏,以腹受箭,野史近诬不足信。"(碑原立孟庙,已毁。碑文收入孟广均编:清德宗光绪本《重纂三迁志》卷八《艺文三》,第507页。另收入刘培桂编著:《孟子林庙历代石刻集》,第327页)
③ 此事《明史·艺文志》、《明史·刘三吾传》和清《四库全书总目》均未提及,惟谈迁《国榷》引《宁波府新志》称"洪武二十三年,令儒臣修《孟子节文》"。(谈迁:《国榷》"洪武五年"条下,《续修四库全书》第358册,第315页)另《明史·钱唐传》以"卒命儒臣修《孟子节文》云"(《明史》卷一百三十九《钱唐传》,第3982页)讳莫如深地一笔带过。然以博学著称的清代学者朱彝尊(1629—1709)在其《经义考》中也称:"刘氏(三吾)等《孟子节文》二卷,未见。"(朱彝尊:《经义考》卷二百三十五《孟子五》,《四库全书》第680册,第106页)且朱彝尊在其所撰《邹县重修亚圣孟子庙碑》文中,对刘三吾编《孟子节文》一事以否认:"其命刘三吾节文者,为发题试士恐启诸生讪上之端尔,乃无稽之言。"(孟广均编:清德宗光绪本《重纂三迁志》卷八《艺文三》,苗枫林主编:《孔子文化大全》,第506—507页。另收入刘培桂编著:《孟子林庙历代石刻集》,第326—327页)。然而,《孟子节文》编撰应是确然无疑的事,有以下三证:其一,明黄景昉在其《国史唯疑》卷一中称:"《孟子》书,旧经刘三吾节略,凡去八十五条,如见梁惠王章、养气章,俱在节中。永乐朝,闽连江孙芝始奏复之,直斥三吾为逆臣。书以是全,功甚巨,后鲜知矣。"(黄景昉:《国史唯疑》卷一,《续修四库全书》第432册,第9页)其二,清潘柽章在其《国史考异》卷三中称:"近见董应举撰《连江孙芝传》云:永乐辛卯,奏复《孟子》全书,略言:逆臣刘三吾欲去八十五条,其中养气一章,此程子所谓扩前圣所未发,大有功于世教者。又欲课试不以命题,科举不以取士,则谬妄益甚。乞下部议,收复全书,庶使万世知所诵慕。疏草为虫鼠所蚀,不能详,然《孟子》书以公言复全。"(潘柽章《国史考异》卷三《高皇帝下·十七》,《续修四库全书》第452册,第59页)其三,清初著名藏书家兼目录学家钱曾和黄虞稷都记载了此事。钱曾《读书敏求记》卷一"孟子节文七卷"条下载:"高皇帝展阅《孟子》,至'君之视臣如土芥,则臣之视君如寇仇'句,慨然有叹,谓'非垂示万古君君臣臣之义'。爰命儒臣刘三吾等,刊削其文句之未醇者。昌黎云:'孟轲书,非轲自著,轲既没,其徒万章、公孙丑相与记轲所言耳也。'自非高皇卓识,焉敢奋笔妄定其书。千载而下,浅儒知节之之故者鲜矣,存而不议可矣。"(钱曾:《读书敏求记》卷一"孟子节文七卷"条下,《续修四库全书》第923册,第83页)黄虞稷《千顷堂书目》卷三《孟子类》第一条"《孟子节文》二卷"记载:"洪武间翰林学士刘三吾上言:《孟子》一书,中间词气抑扬太过,请去八十五条,课试不以命题,科举不以取士。余存一百七十余条,颁之学宫,命曰《节文》。"(黄虞稷:《千顷堂书目》卷三《孟子类》,上海古籍出版社,1990年,第80页)从洪武(转下页)

条之内,课试不以命题,科举不以取士,一以圣贤中正之学为本"①。

但是,孟子地位历经宋元的抬升已足够稳固。《孟子节文》并没有在社会上流行。十七年之后,即成祖永乐九年(1411),在福建连江县孙芝的据理力争下,《孟子》重新得以恢复原貌。

从一般意义上看,此次"罢配享"与"节文"事件,其实并不意味着儒家和孟子地位在政治尊崇中的动摇。它的出现只能说明,作为完成于中央一统专制王权建立之前的《孟子》,其维系政治统治的思想还残存了些许反对极端专制的古老成分。而对于这些残存成分的铲除净尽,只能更清楚地反映一个事实,即:时至明代,为了巩固渐入末日的封建政治,最高执政者寄希望于通过对已然政治化了的儒家思想的进一步政治化改造,推迟或避免封建政治行将就木的命运。

对此,我们不妨把视野放到中国社会发展的整个过程作一番简单的考察。我国历史从史前原始民主过渡到奴隶制,乃是从多数人主政到少数人主政的政体变革。在这一转折下,少数人的权力在增加,而原始民主的意味在淡薄。与此同时,在哲学思想领域里,神的地位在下降,人的地位在上升,这种政治与思想观念上的转变,使思想家觉察到了对少数人权力的约束乃是政权长治久安的至要。所以,由《尚书》的"民惟邦本,本固邦宁",到春秋时期的孔子、老子、墨子,无不关注这一问题。孟子面对战国时期政权的颠覆与政局的动荡,更深感于这一问题的严重。故继承前任,拿出精力,系统阐述这一思想,以期政治家们取得民众的支持,在风云变幻中稳固统治。围绕这一基点,形成了他的民本理论及其仁政方略。由奴隶制进入封建制,少数人主治转变为一人主治,但不变的是,民依然是国本,历代统治者靠着适时的体恤百姓,与民休息,宽政省刑,几度避过大厦将倾的危机,迎来新的政治曙光。所以,儒家仁政,孟子民本理所当然地成了两千年不

(接上页)二十七年(1394)到永乐九年(1411),《孟子节文》刊本作为"合法性"文献,仅存在了十七年。《明太祖实录》历经三修,最后版《明太祖实录》正是始修于1411年,其中对洪武皇帝修《孟子节文》讳而不谈,原因可能正在于此。《孟子节文》存世既如此短暂,且业已恢复原貌,此事自然也就不必赘述。

① 刘三吾辑:《孟子节文》附《孟子节文题辞》,明洪武二十七年(1394)刻本。见北京图书馆古籍出版编辑组:《北京图书馆古籍珍本丛刊》(一),书目文献出版社,1988年,第956页。

移的思想工具和施政理念。

　　但是,伴随着一人主治集权程度的加强和封建政治的稳固,那些诞生于封建政治初期急需以新代旧,且尚带有原始民主遗风的权力约束思想,在帝王独裁权力日臻完善,封建政治日益牢固的情况下,也便越来越让帝王无法容忍。在这样的情况下,孟子对"唐虞禅"①的赞美,对"汤放桀,武王伐纣"不过是"闻诛一夫纣矣,未闻弑君也"②的首肯,便带有了鼓动颠覆政权之嫌。而孟子对"民为贵,社稷次之,君为轻"③的君臣定位,乃至于诸如"君之视臣如土芥,则臣视君如寇仇"④,"有官守者,不得其职则去"⑤的鼓动,更被看作是对国君权威尊严的无视和挑衅。而其最甚者,孟子竟然支持"君有大过则谏,反复之而不听,则易位",这在尚处于封建政治雏形期的齐宣王都不免于"勃然变乎色"⑥,对于处于独裁政治已入巅峰的朱元璋而言,更如芒刺在背,时时刺激着他那本已十分敏感而脆弱的神经。这是"罢配享"事件发生的社会大背景。

　　当然,至于此次事件为什么单单发生于朱元璋时期,应该还有朱元璋个人因素的作用。朱元璋原本出身寒苦,应该算是封建历史上颇有平民情结的一个帝王。这种平民情结,表现在他在执政后常常会生发出一些同情百姓、疾恨暴吏的心理倾向。比如他曾不止一次地慨叹:"今民脱丧乱犹出膏火之中,非宽恤以惠养之,无以尽生息之道"⑦,"昔在民间时,见州县官吏多不恤民,往往贪财好色,饮酒废事,凡民疾苦⑧,视之漠然,心实怒之"⑨。这些心理倾向不可避免地会影响他的治国实践,特别是在执政早期:"故今严法禁,但遇官吏贪污蠹害吾民者,罪之不恕。"⑩通过严刑酷法严惩贪官污

---

① 《孟子·万章上》,朱熹:《孟子集注》,《四书章句集注》。
② 《孟子·梁惠王下》,朱熹:《孟子集注》,《四书章句集注》。
③ 《孟子·尽心下》,朱熹:《孟子集注》,《四书章句集注》。
④ 《孟子·离娄下》,朱熹:《孟子集注》,《四书章句集注》。
⑤ 《孟子·公孙丑下》,朱熹:《孟子集注》,《四书章句集注》。
⑥ 《孟子·万章下》,朱熹:《孟子集注》,《四书章句集注》。
⑦ 《明太祖实录》卷二十九,《明实录》(一),第489页。
⑧ 注:"苦"馆本为"善",广本、抱本为"苦"。见《太祖实录校勘记》,《明实录》(七一),第177页。
⑨ 《明太祖实录》卷三十九,《明实录》(二),第800页。
⑩ 《明太祖实录》卷三十九,《明实录》(二),第800页。

吏,《大明律》规定,官吏监守自盗四十贯钱,不论主次,一律处斩。《大诰》、《大诰续编》、《大诰三编》、《大诰武臣》,更是严惩贪官污吏的系列,二百三十六条严刑酷法中,一百五十条惩治贪官污吏,详备而残酷。这样的举措,自然一方面是其长治久安施政方针的体现,但显然与其来自民间的心理情感不无关系。这些生发于民间的朴素情结,本与孟子的仁政思想和社会的长治久安不谋而合。但是,对于朱元璋本人而言,随着执政时间的推移,这种平民情结日益淡化,与之相反,超越而凌驾于平民的帝王情结却与日俱增。在这样潜移默化的角色转换下,《孟子》七篇中大量以民本为基础的仁政思想便越发难以接受。这是由朱元璋特殊的出身所导致的对孟子弃用两难的矛盾纠结。

3."配享"、"节文"事件后对孟子的继续尊崇

经典总是以其卓越的内涵彰显其不朽。罢与免罢"配享"发生于旋踵之间,编《节文》也只存世十七年已证实了这一点。然而,更根本的原因在于,从政治功利主义的现实角度衡量,孟子的民本,作为封建制下民本思想的总结性阐述,毕竟以无可替代的作用,维系着封建统治的根本,保持着封建政权的稳定。换句话说,正是《孟子》的双刃剑功能,使洪武皇帝对之爱恨交加。这是"罢配享"与"节文",旋踵即复的历史根源和社会原因。

"配享"、"节文"事件在历史上似踏雪无痕般轻轻掠过,洪武皇帝的后继者对孟子的政治尊崇依旧。

(1)编纂《四书大全》

雄才大略的明成祖朱棣生于、长于皇家,因而不像他出身于平民的父亲那样神经脆弱、首鼠两端。在恢复《孟子》文本原貌的第四年(永乐十三年,即1414)即毅然下诏,命翰林院学士胡广、侍讲杨荣、金幼孜等人开馆东华门外,同时纂修《五经大全》、《四书大全》和《性理大全》。《明太宗实录》[1]:"(永乐十三年正月)甲寅,上谕行在翰林院学士胡广、侍讲杨荣、金幼孜曰:'《五经》、《四书》,皆圣贤精义要道。其传注之外,诸儒议论,有发

---

[1] 永乐帝朱棣,死后庙号为太宗,世宗嘉靖十七年(1538)才改为成祖,事见《明史·成祖纪三》,后人多称成祖。

明余蕴者,尔等采其切当之言,增附于下。其周、程、张、朱诸君子性理之言,如《太极》、《通书》、《西铭》、《正蒙》之类,皆六经之羽翼,然各自为书,未有统会。尔等亦别类聚成编。二书务极精备,庶几以垂后世。命广等总其事,仍命举朝臣及在外教官有文学者同纂修。开馆东华门外,命光禄寺给朝夕馔。'"①

同年九月,"五经四书大全及性理大全书成……上览而嘉之",朱棣亲自赐名并作序,刊赐天下。序称:"所谓道者,人伦日用之理,初非有待于外也。厥初圣人未生,道在天地;圣人既生,道在圣人;圣人已往,道在六经。六经者,圣人为治之迹也。六经之道明,则天地圣人之心可见,而至治之功可成。六经之道不明,则人之心术不正,而邪说暴行侵寻蠹害,欲求善治,乌可得乎? 朕为此惧。乃者命编修《五经》、《四书》,集诸家传注而为大全,凡有发明经义者取之,悖于经旨者去之。又集先儒成书及其论议、格言,辅翼《五经》、《四书》,有裨于斯道者,类编为帙,名曰《性理大全》。书编成来进,朕间阅之,广大悉备,如江河之有源委,山川之有条理。于是圣贤之道,灿然而复明。所谓考诸三王而不缪,建诸天地而不悖,质诸鬼神而无疑,百世以俟圣人而不惑。大哉,圣人之道乎? 岂得而私之? 遂命工侵梓,颁布天下。使天下之人,获睹经书之全,探见圣贤之蕴。由是穷理以明道,立诚以达本,修之于身,行之于家,用之于国,而达之于天下。使家不异政,国不殊俗,大回淳古之风,以绍先王之统,以成熙皞之治,将必有赖于斯焉。"②

三部钦定巨制被永乐皇帝极尽溢美并寄予厚望,加之科考利益的驱动,风靡一时。然以惶惶二百六十卷之巨,仅用不足一年即告付梓,考其质量,却与《凡例》所说"凡诸家语录文集,内有发明经注,而《集成》、《辑释》遗漏者,今悉增入"相距甚远,全不符"大全"之名,因此遭到后世诟病。四库馆臣批评为:"广等以夙所诵习,剽窃成编欤?"③四库馆臣的批评,语气委婉而旨意犀利,顾炎武的批评则简直是毫不留情的痛贬,乃至由书的质量上纲为世风不古:"自朱子作《大学》、《中庸》章句、或问,《论语》、《孟子》集

---

① 《明太宗实录》卷一百五十八,《明实录》(八),第1803页。
② 《明太宗实录》卷一百六十八,《明实录》(八),第1873—1874页。
③ 永瑢等:《四库全书总目》卷三十六《经部·四书类二》,第301页。

注之后，黄氏有《论语通释》，而采语录附于朱子《章句》之下，则始于真氏，名曰'集义'，止《大学》一书。祝氏乃仿而足之，为《四书附录》，后有蔡氏《四书集疏》、赵氏《四书纂疏》、吴氏《四书集成》。昔之论者病其泛滥，于是陈氏作《四书发明》，胡氏作《四书通》，而定宇之门人倪氏合二书为一，颇有删正，名曰《四书辑释》。自永乐中命儒臣纂修《四书大全》颁之学宫，而诸书皆废。""永乐中所纂《四书大全》，特小有增删，其详其简，或多不如倪氏。《大学》、《中庸》、《或问》则全不异，而间有舛误，至《春秋大全》则全袭元人汪克宽《胡传纂疏》，但改其中'愚按'二字，为'汪氏曰'，及添庐陵李氏等一、二条而已。《诗经大全》则全袭元人刘瑾《诗传通释》，而改其中'愚按'二字为'安成刘氏曰'。其三经后人皆不见旧书，亦未必不因前人也。当日儒臣奉旨修《四书五经大全》，颁餐钱，给笔札。书成之日，赐金迁秩，所费于国家者，不知凡几。将谓此书既成，可以章一代教学之功，启百世儒林之绪，而仅取已成之书抄誊一过，上期朝廷，下诳世子。唐宋之时，有是事乎？岂非骨鲠之臣，已空于建文之代；而制义初行，一时人士尽弃宋元以来所传之实学，上下相蒙，以饕禄利，而莫之问也。呜乎！经学之废，实自此始。"①顾氏将"经学之废"，世风日下，归责于一部《大全》的编纂，固然有过于情感化倾向，但以如此规模，肩负如此重望的《大全》最终以如此结果付梓，顾氏的批评也的确不为过。不过，客观地讲，就四书本身的发展而言，从朱熹诠释四书始，历经发明，自然不乏巅峰之作。至明代，除重复、照抄与叠加泛滥之外，已实在无可发明之处，《大全》作者又能有何作为？所以，《四库》馆臣有如下客观评判："永乐中，诏儒臣胡广、杨荣等编集诸家传註之说汇成一编，赐名《四书大全》，御制序文，颁行天下学校。于是明代士子为制义以应科目者，无不诵习《大全》，而诸家之说尽废。然广等撰集此书，实全以倪氏辑释为蓝本，顾炎武谓其中特少有增删，其详其简或多不如倪氏，《大学》、《中庸》、《或问》则全不异，而间有舛误，朱彝尊亦讥其专攫成书。盖诸臣承命纂排，不能详搜博采，而仅取已成旧帙塞责抄誊宜其启后人之訾议，惟是倪氏原书最为审要，其义理明备，采择精醇，实迥出他

---

① 顾炎武：《日知录》卷十八《四书五经大全》，《续修四库全书》第1144册，第276页。

家之上,则当日诸臣据以编订,亦不为无因。"①

(2)科考以《孟子》为兼经

《明史》卷七十三《职官志二》记载:"博士掌分经讲授,而时其考课。凡经,以《易》、《诗》、《书》、《春秋》、《礼记》,人专一经,《大学》、《中庸》、《论语》、《孟子》兼习之。"②可见明代仍以四书五经为考课。五经可人专一经,四书为兼经。

(3)擢官与袭封

至英宗时,已进入中期的明代统治,面临着内部宦官专权愈演愈烈、外部蒙古瓦剌不断进逼的社会危机。英宗正统十四年(1449),也先发兵进犯内地,宦官王振擅自挟持英宗亲征,在土木堡被俘,是为"土木之变"。土木之变后,为稳定政局,击退蒙古,于谦拥戴郕王朱祁钰继位为代宗(景帝),于次年改为景泰元年。如此以来,本想以英宗为要挟,迫明朝就范的蒙古,只好于同年将英宗放回。但是,在南宫做太上皇的英宗始终心怀不满,勾结宦官曹吉祥等,时刻阴谋策划复辟,于景泰八年(1457)乘景帝病危,终发动"夺门之变"(也称"南宫复辟"),重新上台,改年号天顺。代宗被害,于谦被杀,政权落入宦党手中,明朝统治危机加重。

自"土木之变"至"夺门之变",代宗在任七年间,无时不受英宗复辟的威胁。但即便在如此恶劣的政治环境下,从《明史》等相关资料记载看,自继位始仍然频繁下诏倡导儒学,优礼孔、孟、颜家族。"景泰三年授(孟)希文翰林院五经博士,子孙世袭。"③同年,又"诏以颜、孟子孙长而贤者各一人,至京官之"④。与此同时,认同并明确孔、颜、曾、孟等儒学世家子孙的世袭制:"衍圣公,孔氏世袭正二品。袍带、诰命、朝班一品。洪武元年授孔子五十六代孙希学袭封,其属,掌书、典籍、司乐、知印、奏差、书写各一人皆以流官充之,曲阜知县,孔氏世职洪武元年授孔子裔孙希大为曲阜世袭知县。翰林院世袭《五

---

① 纪昀等:《四书大全·序》,《四库全书》第205册,第1—2页。
② 《明史》卷七十三《职官志二》,第1789页。
③ 《明史》卷二百八十四《儒林传三·孟希文》,第7302页。类似记载同见杨珅《亚圣五十六代孙世袭翰林院五经博士荣归记》碑,现存孟庙致敬门内院甬道东侧。碑文收入刘培桂主编:《孟子林庙历代石刻集》,第144页。
④ 《明史》卷二百八十四《儒林传三·颜希惠》,第7300页。

经》博士正八品,孔氏二人正德元年授孔子五十九世孙彦绳主衢州庙祀。宋孔端友从高宗南渡,家于衢州,此孔氏南宗也。正德二年授孔闻礼奉子思庙祀,颜氏一人景泰三年授颜子五十九世孙希惠,曾氏一人嘉靖十八年授曾子六十代孙质粹,仲氏一人万历十五年授子路裔孙仲吕,孟氏一人景泰三年授孟子裔孙希文,周氏一人景泰七年授先儒周敦颐裔孙冕,程氏二人景泰六年授先儒程颐裔孙克仁。崇祯三年授先儒程颢裔孙接道,邵氏一人崇祯三年授先儒邵雍裔孙继祖,张氏一人天启二年以先儒张载裔孙文运为博士,朱氏二人景泰六年授先儒朱熹裔孙梴。嘉靖二年又授墅为博士,主婺源庙祀,刘氏一人景泰七年授诚意伯刘基七世孙禄,后革,教授司,教授从九品,学录、学司并未入流,孔、颜、曾、孟四氏,各一人。又尼山、洙泗二书院,各学录一人。"①

此后,"世袭翰林院五经博士"成为孟氏嫡裔子孙世代承袭的世职,主要负责管理孟府事务,主持家族祭祀,编纂家谱家志,继承和弘扬儒家文化等。这一世职一直持续到民国二十四年(1935)南京国民政府改封孟子七十三代孙孟庆棠为"亚圣奉祀官"为止,历十八代,四百八十多年。职位虽然只有七品,在封建官阶等级中并不算高,但在一个家族中世袭八百年之久,这种情况在中国只有曲阜孔氏家族可堪与之比肩。

(4)"亚圣"地位岿然不动

明世宗嘉靖九年(1530),由大学士张璁等提议更正先师祀典,为此引起朝廷对孔、孟先师名号的争议:"璁缘帝意,言:'孔子宜称先圣先师,不称王。祀宇宜称庙,不称殿。祀宜用木主,其塑像宜毁。笾豆用十,乐用六佾。配位公侯伯之号宜削,止称先贤先儒。其从祀申党、公伯寮、秦冉等十二人宜罢,林放、蘧瑗等六人宜各祀于其乡,后苍、王通、欧阳修、胡瑗、蔡元定宜从祀。'帝命礼部会翰林诸臣议。编修徐阶疏陈易号毁像之不可。帝怒,谪阶官",御史黎贯等也纷纷上疏言"陛下敬天尊亲,不应独疑孔子王号为僭","给事中王汝梅等亦极言不宜去王号,帝皆斥为谬论。于是礼部会诸臣议:'人以圣人为至,圣人以孔子为至。宋真宗称孔子为至圣,其意已备。今宜于孔子神位题至圣先师孔子,去其王号及大成、文宣之称。改大

---

① 《明史》卷七十三《职官志二》,第1791页。

成殿为先师庙,大成门为庙门。其四配称复圣颜子、宗圣曾子、述圣子思子、亚圣孟子。十哲以下凡及门弟子,皆称先贤某子。'"①孔、孟虽然从政治化和神化的辉煌中拉回到现实,但其"至圣"、"亚圣"的圣人地位却岿然不动。不惟如此,帝王临雍大典,孔、孟、颜后裔常依例"钦取赔侍,宴赐、颁衣、加级、俱邀盛典。逢万寿圣节,俱乘传赴都,朝罢宴享"②,可谓尊崇至极。

(二) 清代的政治强化与孟子极盛

1. 清代的宗法重建与尊孔重儒

清朝与明朝统治相比,相同的是封建制度均行将就木,不同的是清朝是一个原居东北一隅的满洲族建立的少数民族政权。所以,清朝对中原的思想统治,与明朝比较起来又增加了复杂性,它对中原的思想控制必然更加强化。

从社会政治层面看,在镇压农民起义和中原抗清中巩固下来的清朝政权,为解决面临的种种错综复杂的矛盾,采取了怀柔与迫害相结合的思想统治政策。

所谓"怀柔"就是通过一系列软性手段,使中原士人自动加入到清朝统治的行列里来,其中包括:一,以康、雍、乾为代表的清初统治者,为拉近与中原文化的距离,均不遗余力地学习和吸纳汉文化。比如,我们从至今保留在故宫的清帝的匾额、书联等书画作品中,可以窥见当时清宫的好书之风,也可见清朝帝王书画水准之一斑。尤其是康熙和乾隆二帝,他们对书画的喜好,与其说是个人的文化修养和娱乐喜好,倒不如说是为了满足清朝政治的需要,即借用文化艺术的途径拉近与中原士子的关系。二,在内阁、六部等高层中央机构中实行满汉并设的复职制度,采取各种措施,通过不同渠道,大量吸收汉族士人进入统治层。如不断扩大科举录取名额;康熙十二年(1673)诏举"山林隐遗"不经考试直接做官;康熙十三年(1674)

---

① 《明史》卷五十《礼志四》,第1298—1299页。
② 孔公恂:《亚圣五十六代孙世袭翰林院五经博士士焕孟公墓志铭》,见孟衍泰编:清世宗雍正本《三迁志》卷十《祭谒·墓志铭》,四川大学古籍整理研究所编《儒藏》第10册,四川大学出版社,2005年,第57页。

颁布捐纳制度,使中原士人及地主家族子弟靠捐银得官;康熙十七年(1678)开设博学鸿儒科,优礼儒学士人;加大对程朱理学的提倡,罗致如李光地等理学名臣;纂修《性理精义》等,进一步开掘儒学、理学中的"忠"、"孝"思想为统治服务;组织大批士人编撰《四库全书》等大型图书,以消弭抗清意志,削弱政治阻力。

所谓"迫害"是延续明朝,而盛行于康、雍、乾三朝连续不断的大规模的文字狱。以过敏的神经,对所谓"有碍统治"、"触犯君权"的一切文字著述,咬文嚼字,百般勾连,兴起大狱,广泛株连。如康熙二年(1663)的庸庄氏明史案、雍正四年(1726)查嗣庭"维民所止"案和雍正六年(1728)的吕留良案。"文字狱"显然是清朝封建专制空前强化的产物和表现,目的在于在思想文化领域牢固树立君主专制和满洲贵族统治的绝对权威。

通过这些软硬兼施的手段和措施,达到社会上层对朝廷"畏威怀德,弭首帖伏"①的目的,以"合内外之心,成巩固之业"②。

从家族宗法层面看,伴随着封建政治的衰退,作为其基础且附丽于其上的血缘宗法秩序继续走着自明代以来难以逆转的衰退之路。主要表现在:其一,家族内部分化现象严重,家族成员之间的救济与互助成为空壳;其二,家族族长凭借权威谋取私利,置家族成员的穷厄困顿于不顾,造成族人之间,特别是族长与族众之间矛盾的激化;其三,家族内部等级与特权的增长,淡化了家族成员之间的血缘亲情,由此而使伦理的根本"孝"受到动摇;其四,家族成员之间的好勇斗狠,私存货财,不敬长爱幼,懒惰之俗滋长;其五,清朝入关之初,对力反清廷的中原大族的毁灭性打击,助推了家族的衰势。但是,到康熙时,随着对中原社会文化认知程度的加深,清统治者对家族组织在稳定政治及社会秩序方面的强大作用产生了强烈的认同感:"天下人情,未有无所维系而即安也,而其道必由近者始。……盖君之于民远矣。立宗子(即族长)而维系一族,则势近而情易通。"③家族宗法在

---

① 赵翼:《檐曝杂记》卷一《蒙古诈马戏》,《续修四库全书》第1138册,第306页。
② 清高宗乾隆皇帝《避暑山庄百韵诗》碑文,现存承德避暑山庄。
③ 《归氏世谱》卷四,孙原湘《书归氏义庄记后》,转引自冯天瑜等:《中华文化史》,上海人民出版社,1990年,第905页。

收摄人心、管制民众、巩固统治、稳定社会方面的作用,相比于最高统治层的鞭长莫及更加切实。

在这样的政治和社会背景下,清朝对中原故已有之的血缘伦理文化的重视,对适应这一伦理文化的儒家思想,特别是儒家家族文化的重视便成了顺理成章的事情。由此,清室开始对已呈衰势的家族宗法,予以积极的重视、支持和保护。主要体现在以下五个方面:一,颁布《圣谕广训》;二,制定保护条例;三,落实家庙制度;四,抚慰地方大族;五,建立以"宗族为纬"的地方统治网。这些措施实施的时间主要集中于康、雍、乾三朝。

最能体现清朝重视家族宗法的是帝王圣谕。所谓"圣谕"是帝王为教化万民而颁布的谕旨,也叫"圣训"。清圣祖于康熙九年(1670)颁布了圣谕十六条,清世宗于雍正二年(1724)对这一圣谕作了进一步解说,并将名字正式定为《圣谕广训》。①《广训》的第一条是"敦孝弟以重人伦",第二条就是"笃宗族以昭雍睦"。在《广训》中,雍正为扭转家族颓势呕心沥血、穷智极虑,努力敦促同宗共祖的族人要相亲相爱:"凡属一家一姓,当念乃祖乃宗,宁厚毋薄,宁亲毋疏,长幼必以序相洽,尊卑必以分相连。喜则相庆,以结其绸缪;戚则相怜,以通其缓急。立家庙,以荐蒸尝;设家塾,以课子弟;置义田,以赡贫乏;修族谱,以联疏远。即单姓寒门,或有未逮,亦各随其力所能为,以自笃其亲属,诚使一姓之中秩然蔼然。父与父言慈,子与子言孝,兄与兄言友,弟与弟言恭。雍睦昭而孝弟之行愈敦。有司表为仁里,君子称为义门,天下推为望族,岂不美哉!若以小故而黩宗支,以微嫌而伤亲爱,以侮慢而违逊让之风,以偷薄而亏敦睦之谊,古道之不存,即为国典所不恕。尔兵民其交相劝励,共体祖宗慈爱之心,常切水木本源之念,将见亲睦之俗,成于一乡一邑,雍和之气,达于薄海内外。诸福咸臻,太平有象,胥

---

① 全文为:"敦孝弟以重人伦;笃宗族以昭雍睦;和乡党以息争讼;重农桑以足衣食;尚节俭以惜财用;隆学校以端士习;黜异端以崇正学;讲法律以儆愚顽;明礼让以厚风俗;务本业以定民志;训子弟以禁非为;息诬告以全善良;诫匿逃以免株连;完钱粮以省催科;联保甲以弭盗贼;解仇忿以重身命。"(昆冈等修,刘启端等纂(光绪刊)《钦定大清会典事例》卷三百九十七《礼部·风教·讲约》,《续修四库全书》第 804 册,第 316—328 页)并见常建华:《论〈圣谕广训〉与清代的孝治》,《南开史学》1988 年第 1 期)

在是矣。可不勖欤!"①谆谆教诲之情,跃然纸上。为确保家族组织的存续和兴盛,又号召家族"立家庙,以荐蒸尝;设家塾,以课子弟;置义田,以赡贫乏;修族谱,以联疏远",其内容与发端于宋代的以族长权力为核心,以祠堂、族田、家谱、族规为手段的宗族制度相比,又增加了设立宗族学校,重视宗族子弟教育一项。

雍正帝在《广训》中提到的种种家族和睦的建设意向,包括了家庙、家塾、义田、宗谱等具体内容。接下来,清统治上层针对这些内容制定了具体条例和实施措施,堪称"旁征远引,往复周详,意取显明,语多直朴",以"奉先志"、"启后人","使群黎百姓,家喻户晓"②。

乾隆二十年(1755),长江下游普遍发生了水、虫、风、霜等自然灾害,灾害的发生,导致了米价暴涨,地方家族中的权威拥有者再一次看到了土地和农业经营中存在的暴利诱惑。于是,为获取厚利而不择手段。在一些地区,尤其是商业较为发达的苏州一带,出现了盗卖家族祀产、义田的恶劣状况。义田不仅具有"赡同宗贫乏"救济族人的功能,还被用于家族教育和家族祭祀等用途,在维系家族存续中居于重要地位。而祀产主要指附属祠堂的田地,也称作祭田、祠田、蒸尝田等,主要用于家族祖先祭祀(蒸尝),同时和义田一样,也有对贫困与灾害的救济功能。祀田的存在,不仅决定着家族的经济来源,也直接关联着家族祖先敬慕形式的存废。所以,鉴于问题的严重性,时任江苏巡抚的庄有恭于乾隆二十一年(1756)拟出奏议,提出应参照盗卖园陵罪重处的提案。草案由刑部修改后上报皇帝批准。刑部对议奏的修改有所放宽,见《清实录》"乾隆二十一年六月甲辰"条下:"刑部议覆,江苏巡抚庄有恭,子孙盗卖祀产义田,请照盗砍坟园树木计数加罪等语。查祀产与坟茔有间,请嗣后如有不肖子孙私将祀产投献势要,及富室谋占风水,知情受献受买,各至五十以上者,均依捏卖坟山例,问发充军。不及前数者,依盗卖官田律拟罪。"刑部意见将庄有恭的"十亩"放宽到"五

---

① 昆冈等修,刘启端等纂:(光绪刊)《钦定大清会典事例》卷三百九十七《礼部·风教·讲约》,《续修四库全书》第804册,第317—318页。
② 昆冈等修,刘启端等纂:(光绪刊)《钦定大清会典事例》卷三百九十七《礼部·风教·讲约》,第316页。

十亩";对盗卖义田,刑部认为"又较祀产情罪稍轻,应仍照原任内阁学士张照奏定例,依盗卖官田律,止杖一百,徒三年"①。

在制定完保护条例后不久,清政府于乾隆二十四年(1761)正式编成了《大清通礼》,成为大清王朝始终如一的固定制度。这一制度之细化与烦琐无以复加,而其中最应引起特别注意的,是关于设立家庙的特权。一方面,清朝根据官员品级的不同,细化了家庙的建置等级,如"一品至三品官,庙五间","四品至七品官,庙三间","八、九品,庙三间"等;另一方面,清朝的家庙设置由官员进一步扩大到了一般贡监生员,"庶士(贡监生员有顶带者)家祭之礼,于寝室之北为龛"②。这说明,清朝虽然为了体现官僚等级的优势,仍然禁止一般庶民设家庙,但主祭大权已经在层层下放,由官员扩展至贡生。

为充分体现朝廷对地方大族的支持,康熙帝在康熙二十三——四十六年六次南巡途中,通过种种渠道显示其对家族的抚慰和支持,其中最显著者,表现在赋予家族长对族人以超越司法的处治权。如康熙二十八年(1689),有湖广汉阳县民邓汉贞妻黄氏殴辱母亲。案件奏上,康熙帝在批示严惩邓汉贞夫妇的同时,下令:"族长不能教训子孙,问绞罪。"③国家赋予族长对族人以超越于政府司法权力之上的最高处治权,这证明了清廷已正式认同家族组织在社会秩序稳定方面的作用,并将其纳入社会管理范畴。家族行使国家司法权并凌架其上,这显示出族权与政权的结合在清代所达到的高度。

清政府对地方家族的多方支持,不仅阻滞了明代以来家族组织的颓势,且进一步促成了其在地方统治中组织系统与社会功用的进一步完善。魏源曾看到清代宗族强大的社会管理功能:"天下直省郡国各得是数百族,落落参错县邑间,朝廷复以大宗法联之,俾自教养守卫,则鳏寡孤独废疾者皆有所养,水旱凶荒有恃,谣俗有所稽察,余小姓附之,人

---

① 《高宗纯皇帝实录》,《清实录》(第15册)"乾隆二十一年丙子六月上",中华书局,1986年,第497—498页。
② 来保、李玉鸣等奉敕撰:《钦定大清通礼》卷十六《吉礼》,《四库全书》第655册,第251、255页。
③ 转引自冯天瑜等:《中华文化史》,第905页。

心维系,磐固而不动,盗贼之患不作矣。不有是也,三代事不几全无效于后世哉!"①

清朝对强固家族组织做出的努力,使中国社会固有的宗法血缘联系得以存续,社会秩序也因而得到稳固。家族组织,作为已然垂暮的大清王朝维系统治的得力工具,其强劲的作用和效力,一直延伸到中国近现代。

2. 孟庙礼赞与极端尊崇

儒家孝文化植根于中国血缘家族文化,又反过来成为家族组织的强力纽带。因此,对家族组织的重视与强化,必然附带着对儒家以孝为核心的伦理纲常、宗法等级的推重。《圣谕广训》是清朝重视儒家及其孝文化的支撑——家族文化的方针性引导,它为清朝对待这一问题提供了一个方向性文件。与此相契合,清政府多方支持家族重建与完善的措施,及以血缘伦理为内核,以家族组织为表征的统治方略,强固了本已呈现垂暮气象的大清统治。

在这样的社会背景和大政方针下,清朝对儒家、孟子的褒扬和奖掖自然表现得不遗余力,主要通过以下几个方面体现出来:

一是皇太极建庙。早在皇太极崇德元年(1636),清统治上层就开始为进军并统治中原进行思想文化上的预构,定儒家思想为思想正统,"建庙盛京,遣大学士范文程致祭。奉颜子、曾子、子思、孟子配。定春、秋二仲上丁行释奠礼"②。

二是福临授五经博士与致祭。顺治元年,授亚圣孟子子舆六十三世孙贞仁为翰林院世袭五经博士。顺治二年(1645),即清兵入关的第二年,"定称大成至圣文宣先师孔子,春秋上丁,遣大学士一人行祭,翰林官二人分祭……正中祀先师孔子,南向。四配:复圣颜子,宗圣曾子,述圣子思子,亚圣孟子。"③这标志着清代统治者在文化上仍然保持了与前代的连续性,孟子亚圣地位不变。

三是康熙立碑刻石。康熙三年(1664),陕西巡抚贾汉因为唐"开成石

---

① 魏源:《庐江章氏义庄记》,《魏源集》(下册),中华书局,1976年,第503页。
② 《清史稿》卷八十四《礼志三》,第2532页。
③ 《清史稿》卷八十四《礼志三》,第2533页。

经"无《孟子》而补刻,共成九石①;康熙二十六年(1687),立巨碑于孟庙,盛赞孟子:"岳岳亚圣,岩岩泰山,功迈禹稷,德参孔颜"②;康熙二十八年(1689),康熙帝又在孔庙立石,御制《孟子赞》,总结并盛赞孟子一生功绩"哲人既萎,杨墨昌炽。子舆辟之,曰仁曰义。性善独阐,知言养气。道称尧舜,学屏功利。煌煌七篇,并垂六艺。孔子攸传,禹功作配"③;康熙三十年(1691),以《孟子》为武进士命题:"上命弁兵内通晓文义者得应武乡会试,见伯疏言五经七书注解互异,请敕儒臣选定。下部议驳,上谕曰:'见伯此奏亦是。武经七书文义驳杂,朕曾躬历行间,知用兵之道,七书所言,安可尽用耶?'命再议,乃议武试论二:一以《论语》、《孟子》命题,一以《孙子》、《吴子》、《司马法》命题。"④

四是雍正题匾。雍正帝继位的第三年(1725),亲笔为孟庙题匾"守先待后",又为孟府亲书"七篇贻矩",并颁赐孟子六十五代孙孟衍泰。这块匾额至今仍悬挂在孟庙亚圣殿内神龛正上方和孟府大堂檐下。⑤

五是乾隆立碑刻石、分祭乃至亲诣邹城拈香。早在雍正初年,江苏金坛贡生蒋衡游西安,见唐开成石经出于众手,水平参差,发愤自书十三经。自雍正四年(1726)至乾隆二年(1737)历时十二年完成。乾隆五年(1740),江南河道总督高斌献经朝廷。乾隆于五十六年(1791),敕命镌石留于太学。五十九年(1794),书成,立于太学,称"乾隆石经"⑥。乾隆十三

---

① 现存西安碑林,保存完好。参见刘培桂:《孟子大略》,泰山出版社,2007年,第115页。
② 爱新觉罗·玄烨《御制孟子庙碑》,现存孟庙承圣门外东侧康熙御碑亭内。此碑无论从碑体规模、碑文遒劲的楷书字体还是碑额缠绕的盘龙的气势,都显示了皇家的至尊与威严,是孟庙中最壮观辉煌的碑刻。另碑文收入刘培桂编著:《孟子林庙历代石刻集》,第328—329页。另《清史稿》卷七《圣祖本纪二》:圣祖二十六年"五月……壬辰,上制周公、孔子、孟子庙碑文,御书勒石。"(第223页)
③ 孟广均编:《重纂三迁志》(清德宗光绪本)卷首《御制文》,苗枫林主编:《孔子文化大全》,第34页。
④ 《清史稿》卷二百九十九《马见伯传》,第10419页。同见《清史稿》卷一百八《选举志三》:"内场论题,向用武经七书。圣祖以其文义驳杂,诏增论语、孟子。于是改论题二,首题用论语、孟子,次题用孙子、吴子、司马法。"(第3172页)
⑤ 孟广均编清穆宗同治本《孟子世家谱》卷首《国朝恩例》,现存邹城市文物局;另见刘培桂:《历代对孟子的封赐与尊崇》,《孟子家世》,第31页。
⑥ "乾隆石经"《孟子》现存北京孔庙与国子监之间的夹道内,保存完好。见刘培桂:《孟子大略》,第115页。

年(1748),又御制《亚圣赞》,并刻碑立亭于孟庙,盛赞孟子"卓哉亚圣,功在天地"①。并于十三年(1748)、二十一年(1756)、三十六年(1771)、四十九年(1784)、五十五年(1790)五次巡视孔子故里时,分派大臣分祭孟庙。不仅如此,又于二十三年(1756)、二十七年(1762)二次南巡邹城,亲自到孟庙拈香,行一跪三叩礼②,并为孟庙亚圣殿亲书"道阐尼山"匾额及"尊王言必称尧舜,忧世心同切禹颜"楹联,赐予孟子六十七代孙孟毓翰,现悬挂于孟庙亚圣殿内。

六是大学设通儒院,以经学为第一分科。光绪二十六年(1900)的庚子事变,促使清政府痛下改革决心,改变教育体制。《清史稿》卷一百七《选举志二》:"光绪二十七年……辛丑,两宫回銮。以创痛巨深,力求改革。……迨三十一年……遂诏自丙午科始,停止各省乡、会试及岁、科试。"沿袭千年的科举考试至此终结,"是时学务之组织,尚有一重要之变更,则专设总理学务大臣也"。新的教育体制和学校建设就此开始,"其分科及课目,较旧章亦多有变更。大学设通儒院及大学本科。通儒院不讲授,无规定课目。大学本科分科八。曰经学科,分十一门:周易、尚书、毛诗、春秋左传、春秋三传、周礼、仪礼、礼记、论语、孟子、附理学。"③显然,庚子事变之后,清朝的教育和科考体制发生了巨变。但即便如此,大学仍设通儒院,以经学为分科。儒家经学依然是国家教育不可动摇的主流和核心内容,这充分体现了政府对儒学和孔孟的格外厚爱。

第二节 政府对孟氏家族的经济赐封

对孟氏家族的发展而言,政府在政治方面的封赠只不过提高了家族的政

---

① 爱新觉罗·弘历《亚圣孟子赞》,碑现存孟庙亚圣殿院东庑乾隆御碑亭内。碑文收入刘培桂编著:《孟子林庙历代石刻集》,第363—364页。
② 《清史稿》卷十二《高宗本纪三》有:"乾隆二十七年……夏四月……庚辰,上祭孟子庙,谒先师庙。"(第459页)
③ 《清史稿》卷一百七《选举志二》,第3128、3135、3136页。

治地位和声望,真正直接涉及家族崛起的,还应该是伴随政治提升的经济赐予,它使孟氏家族作为一个家族实体而拥有了延续和发展的实质性资本。

从总体上看,政府对孟氏家族的经济赐封包括两个大的方面:一是赐田、赐民、优免赋役;二是对林庙建设的财政支持。

一、赐田、赐民与优免赋役

(一) 赐田

土地是农耕经济下家族发展最主要和最基本的资料,因而,赐田也就构成了政府对孟氏家族经济性赐予的主要形式。从所赐田地的种类看,主要包括例田、祭田、宅基、墓田等项,其中前两项在赐田数量上占优势。

政府正式赐田孟氏家族始于宋代,其后的元、明两朝达到高峰,清代对孟氏家族的经济优遇相比于元、明两朝开始下降,重点主要转向政治褒扬。

从现有材料看,宋代的赐田有神宗元丰六年(1083)和徽宗政和四年(1114)两次,数额都不大。宋神宗于元丰六年(1083)十月,诏封孟子为邹国公的次年,又诏"赐库钱三十万,增修其祠",同时,"给其赐田,以严洒扫"①,可惜此次封赠没有具体数额记录。宋徽宗于政和四年(1114)在赐钱三百万修四基山之庙时,"又赐田百亩以给守者"②。

政府大规模赐田在元、明两代。关于元、明两代赐田的记录,频见于孟氏《家谱》、《三迁志》和孟子林庙石刻。如清穆宗同治本《孟子世家谱》卷首,关于元代赐田的记载就有:"泰定五年赐孟庙祭田三十顷","又增给祭田二十四顷供祭祀簠簋之用"③。其中上述第一项"泰定五年赐孟庙祭田三十顷"一事,由国子祭酒蔡文渊撰《孟子庙赀田记》以记④,由孟子五十二代孙孟惟恭于泰定帝致和元年(1328)立石纪念,文称:"摽拨到孟庙祭田地叁

---

① 孙弼《邹公坟庙之碑》,石原存凫村马鞍山孟母墓前,已毁。孟府有旧拓。参见刘培桂编著:《孟子林庙历代石刻集》,第22页。
② 孙傅《先师邹国公孟子庙记》碑,现存孟庙亚圣殿内孟子塑像西侧。参见刘培桂编著:《孟子林庙历代石刻集》,第9页。
③ 孟广均编:清穆宗同治本《孟子世家谱》卷首《前代恩例》,现存邹城市文物局。
④ 碑文收入刘濬编:明宪宗成化本《孔颜孟三氏志》卷六《亚圣孟氏志事类·历代修建庙宇碑文》,四川大学古籍整理研究所编:《儒藏》第9册,第389—390页。

十顷。其地东至峄山东华宫,南至民地,西至官路,北至颜庙祭田。……令孟氏家族召募佃客耕莳,抽分子粒,以供孟庙春秋朔望祭祀,修理庙宇销用。"①清世宗雍正本《三迁志》卷五《恩赉·给赐》也针对此事有类似记载:"呈部节次查明,议将野店地拨三十顷。其地东至峄山东华宫,南至民地,西至官路,北至颜庙祭田,各有峰堆为界。"②

明代建立后,代宗景泰三年(1452),孟子五十六代孙孟希文始授世袭翰林院五经博士,同年,政府拨赐孟庙祭田六顷。但是,因为元、明易代,社会动荡,拨赐的旧有祭田因战乱而几近于无,此番小规模赐田无补于孟府祭祀和生活日用。故于三年之后,即代宗景泰六年(1455),华盖殿大学士徐有贞上疏朝廷,言孟府祭祀经营之艰难:"颜、孟二氏,俱各前元时拨赐祖庙祭田。在本县,地名野店,共计六十顷,每庙各得三十顷。岁收种入,以供粢盛,兼得赡养族人。国初以来,亦无改革。其后,止因二氏子孙微弱,无力营种,致被附近民人侵占,年久不还……以至二氏子孙无田供祭。且今人口生齿既众,虽得前田,尚不够用,何况于无。希文虽蒙上恩,赐与官职,颇可度日,无奈举族之人未免饥寒,无以赡养",为此,"乞勒该部行移山东布政司,委自堂上官员,前往本处,会集府县该官,公同踏勘,前项原系颜孟二氏祭田,沿邱履地,丈量明白……以后再不许他人占争认种,违者并罪有司。此外,犹恐前项原田供赡不敷,二氏子孙乏力垦种,如蒙乞将附近抛荒空闲田地,量加顷数,增添拨赐,仍照孔庙事例,量拨佃户助种……每家各添拨与二十顷、佃户各十户……"③同年十二月,朝廷诏准复颜、孟二氏祭田,并加赐至百顷。为此,徐有贞应颜、孟嫡裔宗子颜希惠、孟希文之托,撰《大明锡复颜孟祭田之碑》以表谢忱,文称:"乙亥之冬十有二月庚申,诏复颜、孟二庙祭田,加锡至百顷,置佃户各十家,以中宪大夫、都察院左佥都御史徐有贞之请也。盖二庙之在元,故各有其祭田三十顷,二氏子孙以之备

---

① 文见蔡文渊《孟子庙资田记》碑阴,现存孟庙启圣殿院甬道东侧。文另收入刘培桂编著:《孟子林庙历代石刻集》,第61页。
② 孟衍泰编:清世宗雍正本《三迁志》卷五《恩赉·给赐》,四川大学古籍整理研究所编:《儒藏》(第9册),第661页。
③ 孟衍泰编:清世宗雍正本《三迁志》卷五《恩赉·给赐》,四川大学古籍整理研究所编:《儒藏》(第9册),第662页。

粢盛,给衣食焉。易代以来,侵夺殆尽。虽尝理于朝,而辄梐于有司。由是二庙之祭不共,而二族之养不赡。初,有贞奉玺书治水于山东,浚川导山,尝往来乎曲阜邹峄之间。谒先圣先师之祠,见其然而审其所以然。有贞于时慨然心誓曰:'使有贞治水而有成功也,其必为吾先师复此田也。'及功既告成,因具以闻,且请益之田,置佃户,蠲其征,而界之共赡。诏皆从之,恩至渥也!事下户部,俾巡按御史、山东三司会而理之。既复野店之田六十顷,又得蔡庄之田四十顷而益之。总为顷百,分而两之。其新田视故田广衍饶沃有加焉。"①至此,明廷诏赐孟府祭田共计五十六顷。

上述可知,元、明两代赐田主要是元泰定帝泰定五年(1328)、明代宗景泰三年(1452)和景泰六年(1455)的三次赐田。这三次大规模赐田,基本奠定了孟府的经济基础。其后,虽有赐而复失,失而复赐的数额变化,但大致稳定在这三次赐田总额五十顷左右。

在元、明大规模赐田的基础上,孟府经济状况保持相对稳定状态。清廷对孟府的赠赐由经济转向政治,经济性优礼基本维系前代已有规模。

康熙二十二年(1683),孟子六十三代孙孟贞仁呈报的孟庙宅基地坟地祭田数为:亚圣庙祭田五十一顷一十五亩;孟母坟地三顷三十二亩二分;孟子坟地一顷六十九亩二分;亚圣庙宅基地一顷二十一亩五分;坟田二顷三十亩,约计五十九顷左右②。这与山东巡抚移文衍圣公府的"凡敕赐圣贤后裔无粮地亩亚圣裔祭田五十一顷一十五亩,墓田地七顷三十一亩四分,庙宅基一顷三十亩七分五厘"③,及载入《钦定大清会典事例》的孟子祭田、墓田、庙基地"五十九顷七十六亩"④的数额基本相符。此次仗量核查,只不过

---

① 徐有贞:《大明锡复颜孟祭田之碑》,现存孟庙启圣殿院甬道西侧。文收入刘培桂编著:《孟子林庙历代石刻集》,第151页。
② 《孟氏后裔呈送孟庙宅基地坟地祭田户丁清册》,见曲阜师范学院历史系《曲阜孔府档案史料选编》第三编,第二册《圣贤后裔》,齐鲁书社,1980年,第37—38页。
③ 见孟广均:清德宗光绪本《重纂三迁志》卷八《艺文三》,苗枫林主编:《孔子文化大全》,第459—460页。孟广均编清穆宗同治本《孟子世家谱》卷首《国朝恩例》,现存邹城市文物局。另见清文宗咸丰二年(1852)所立《敕赐亚圣裔祭田界石》,现存孟府二门内东侧厦下。文收入刘培桂主编:《孟子林庙历代石刻集》,第428页。
④ 李鸿章等:《钦定大清会典事例》卷一百六十四《户部·田赋》,商务印书馆光绪戊申(光绪三十四年,1908)年版,第3页。

是对前代拨赐的再清理,清理所得田亩数额与明代所赐大体一致,显系明代赐田数额的基本维系而已,而非新赐。所以,清宣宗道光二十四年(1844)孟子七十代孙孟广均所立刻石《祀田记》,将"亚圣庙林暨滕阳上宫、性善书院所有续增拨赐、捐买各项祀田,其有为《三迁家志》所未载者","详勒一石,以示后世,而便稽考"。其中所记孟府在有清一代新增加的祀田,除娄一均捐买及部分孟氏族人捐赠外,没有政府拨赐一项。①

（二）赐民与优免赋役

赐民包括赐佃户、林庙户、门子和礼乐生。不仅如此,自明代宗景泰六年(1455)始,朝廷又在诏赐祭田的同时,钦赐佃户和门子。康熙二十二年(1683)《大清会典》记载,其时孟府共有钦赐佃户三十二户,庙户二十五户,门子五名。庙户、佃户和门子主要负责孟子府庙洒扫祭祀和看守门户。

政府赐佃在时间较晚,在数量上也不是孟府佃户的主要来源。从现有资料看,明代宗景泰六年(1455),政府才在诏赐祭田的同时,赐佃户十户,后又于宪宗成化七年(1471),赐拨佃户七户。② 至明代,据孟衍泰《孟氏大宗支派碑记》碑阴《钦赐祭田记并载〈会典〉》碑文所记,孟府有"佃户三十二户"③。

朝廷向孟府拨赐林庙户始于宋徽宗宣和四年(1122)。此后,元顺帝至正二十六年(1366)、明代宗景泰六年(1455)和明宪宗成化十八年(1482)也曾予以封赠,总数额维持在五户到二十五户之间④。此后,清代以保持这一基数为原则。所以,孟子六十五代孙孟衍泰于清高宗乾隆十四年(1749)

---

① 孟广均《祀田记》,现存孟府二门内东侧厦下,镶于砖壁,北向。参见刘培桂编著:《孟子林庙历代石刻集》,第420—421页。

② 孟广均编:清穆宗同治本《孟子世家谱》卷首《前代恩例》,现存邹城市文物局。

③ 孟衍泰《孟氏大宗支派碑记》碑阴《钦赐祭田记并载〈会典〉》孟衍泰《孟氏大宗支派碑记》碑阴《钦赐祭田记并载〈会典〉》,现存孟府五代祠院内道东。文收入刘培桂编著:《孟子林庙历代石刻集》,第368页。

④ 孟广均编清穆宗同治本《孟子世家谱》有宋"徽宗宣和四年拨给二十五户以充庙庭启闭洒扫之役",元"顺帝至正二十六年拨给庙户五户",明宪宗成化"七年拨给七户看守林庙,又十八年复给庙户二十五户以充洒扫"。(见孟广均编清穆宗同治本《孟子世家谱》卷首《前代恩例》,现存邹城市文物局)另,明徐有贞《大明赐复颜孟祭田之碑》还有明代宗景泰六年(1455)朝廷赐田后,"又择于邹、滕、宁阳之籍,得上户二十,分隶乎二庙,以共佃事。乃命二氏之宗子希惠、希文为之主掌,岁收其入以共祭赡族"的拨赐庙户的记载。此次拨赐颜、孟二家各得十户。(徐有贞《大明锡复颜孟祭田之碑》,现存孟庙启圣殿院甬道西侧。参见刘培桂编著:《孟子林庙历代石刻集》,第151页)但十户显然包含在宪宗成化十八年"复给庙户二十五户"之内。

所立《孟氏大宗支派碑记》,碑阴所刻《钦赐祭田记并载〈会典〉》碑文,在所记孟府有"佃户三十二户"之下,有"庙户二十五户"①。《大清会典·户部·科免田地》也记述了康熙二十二年山东巡抚移文衍圣公,查明亚圣裔祭田庙基等,并"佃户三十二户,庙户二十五户,门子五户"②。

值得一提的是,政府赐予孟府的林庙户,除一部分系主动赐予外,偶尔也由孟府宗子申请,朝廷据以划拨,二者赐封途径上存在主动与被动的差异。今镶于孟庙致严堂后影壁的一块名为《孟庙额设户计公文》的石刻文,记录了类似情况,文如下:

> 皇帝圣旨里,益都路滕州邹县,承奉招讨府指挥,承奉济宁守御官札付,备奉总兵官、河南王太傅、中书省左丞相钧批:亚圣五十四代孙孟思谅禀,历代优恤孔颜孟即系一体,只今除孔颜二氏所设洒扫户。有先祖亚圣庙林缺人守护洒扫帚。得此,依准所禀。仰行下有司,拨付伍户,免差税,晨昏洒扫。据拨到户计呈来,奉此,省院合下仰照验,依上施行。奉此,使府依上于相应户内拨伍户,除已出给各户执照,除免差税。今将洒扫户名数随此发下,晨昏洒扫。奉此。本县依上施行。须至下者,计伍户:李成、杜宽甫、戴聚、杜山、张义。
>
> 右付孟氏族长孟之全准此
>
> 至正二拾六年□月□日
>
> 孔庙户玉工黄忠刊③

此石刻记载了元顺帝至正十六年(1356),由孟子五十四代孙孟思谅申请,政府批准拨给孟府庙户五户,并详列了五户户主名字,由时任孟氏族长的孟之全负责签收。碑文还反映出,庙户在行使洒扫看护林庙职责的同

---

① 孟衍泰《孟氏大宗支派碑记》碑阴所刻《钦赐祭田记并载〈会典〉》碑文,现存孟府五代祠院内道东。文收入刘培桂编著:《孟子林庙历代石刻集》,第368页。
② 孟广均编:清德宗光绪本《重纂三迁志》卷四《祀典》,苗枫林主编:《孔子文化大全》,第226页。
③ 《孟庙额设户计公文》,现存孟庙致严堂影壁北面。文收入刘培桂编著:《孟子林庙历代石刻集》,第83—84页。

时,也享受国家的免税特权。这再一次体现了孟府特异于普通封建家族的政治性特征。

政府除赐佃户、林庙户外,还赐予孟府少量用于看护门户的门子和用于祭祀等重大礼庆活动的礼乐生。见于记载的有明代宗景泰六年(1455),"诏设孟庙礼生五十六名,依时陈设。掌礼门子四名,以备看守"。宪宗成化六年(1470),又"拨给孟庙洒扫户七户,以备看守"①等。至于具体使用情况,从现存清末民初孟府档案的传礼"谕单"可窥其大概。

政府对孟氏家族的赋役优免,从受惠对象的成分上分为两部分:一是对孟氏本族族人的优免;一是对孟氏家族林庙户的优免。

这些优免最早始于唐代。从唐太宗贞观元年(627),朝廷诏免圣贤子孙赋役开始。唐玄宗开元十三年(725),始明确诏免孟氏子孙赋役。其后,宋、元、明、清历代政府都有优免孟氏子孙佃户杂泛杂徭的记载。其中仅元朝就曾先后五次下令蠲免孟氏后裔赋役。这些优免政策,现可大量见于孟衍泰编清世宗雍正本《三迁志》和孟广均编清穆宗同治本《孟子世家谱》,如载入同治本《孟子世家谱》的蠲免"差徭"、"杂差"、"赋役"、"税粮"的记载就有十三次,时间从唐太宗贞观元年(627)至清世祖顺治十三年(1656),上下延续千年。②

二、支持林庙建设

(一)孟庙修建

孟氏家族的林庙建设大致是与唐宋以来对孟子地位的提升相一致的。统括来看,孟氏家族林庙建设的资金来源主要有三个渠道:一是中央和地方政府拨款;二是地方官员组织民间筹资;三是孟氏家族自行筹集。在性质上,第一项属于政府直接的财政支持。当然,在现有材料和碑文记载中,能够明确表明孟府林庙建设资金来源的并不多,有些材料出于不同的叙述

---

① 孟广均编:清德宗光绪本《重纂三迁志》卷四《祀典》,苗枫林主编:《孔子文化大全》,第218—223页。
② 见孟衍泰编:清世宗雍正本《三迁志》卷五《恩赉·优复》,四川大学古籍整理研究所编:《儒藏》第9册,第664—665页。同见孟广均编:清穆宗同治本《孟子世家谱》卷首《国朝恩例》,现存邹城市文物局。

场景,并没有明确表明资金是否出自政府财政。因此,我们在下面的叙述中,只得把所有由中央和地方政府官员出面组织的林庙建设项目,全部归入这一范围之中。

1. 宋代始建

资料显示,最早由政府财政支持进行林庙修建的是宋代。其中有明确记载的有两次:一次是神宗元丰七年(1084),"诏更新庙貌"。孟庙曾三迁其址:第一次是北宋仁宗景祐四年(1037)孔道辅建于四基山之阳;第二次是北宋神宗元丰初年迁于东郭;第三次是宋徽宗宣和三年(1121)迁于南门。此次"诏更新"的庙貌,显然是指第二次迁建的东郭之庙。另一次是徽宗政和四年(1114),政府"赐钱三百万"①修葺更新四基山之庙。

2. 金代的废建

从1127年金灭北宋,到1234年南宋蒙古联合灭金,金朝在中原统治近一个半世纪。其间,除了与南宋朝廷之间频繁的拉锯式战和外,也不断遭受北方各族人民的抵抗。在统治与反统治的政治与文化碰撞中,原处于奴隶制阶段的大金政权,总算在进入中原半个世纪之后的世宗、章宗之际完成了向封建制的蜕变。与此同时,在文化观念和文化政策上也同样重蹈了"征服者被征服"的覆辙。金政权接受了以儒家文化为代表的汉文化作为官方文化,正如金奉训大夫、知泰定军节度副使赵伯成所感慨的:"大哉!圣人之道,天下日用久而无弊者也。上焉!唐、虞、禹、汤、文、武之君,其道行,其教立,仁义礼乐刑政靡所不备,而民用丕变,日趋于治矣。下逮周公、孔子,得帝王所传之道,而无位以行,作为经术垂训阐教,俾天下后世恒必由之,圣日皎然,辉映千古。……今令之能以教化治民,崇重儒术,可谓知所先矣。"在这样的文化认知背景下,对孟庙的重视和修建势所必然。金章宗泰和八年(1208)夏六月,王瑀任邹县令,"视事之初,敬谒祠下,徘徊瞻视,议遽新之",但"方思政利民力,未暇给","越明年,吏民洽和,皆服其教",才"作新其庙。正殿奕奕,廊庑延接,四回而周,外达通衢,重门以辟,

---

① 孙傅《先师邹国公孟子庙记》,现存孟庙亚圣殿内。参见刘培桂编著:《孟子林庙历代石刻集》,第9页。

增其宏丽。又东北别立其室,以尊考妣"①。

但是,随着女真贵族在中原统治时间延伸而出现的贪欲日炽,税赋日重,造成了矛盾激化,"百姓多逃"②,反抗不断。金宣宗贞祐二年(1214),山东、河北等地爆发的"红袄军"起义,一度攻占邹县,捣毁了孟庙,张頵《邹国公庙碑铭》记载了这件事:"甲戌(即贞祐二年)毁于兵,惟门垣在。"③这场战火之后,孟庙毁坏殆尽,仅存门垣。

3. 元代的废建

孟庙于贞祐被毁后,接踵而至的是南宋抗蒙,至南宋灭亡,北方战火又绵延半个世纪。在战火纷飞的艰难环境下,即便有孟子五十代孙孟德昌"资力四方",但"阅岁既久,仅成一堂","余皆力不及"④。

直至元成宗元贞元年(1295),"进义副尉达鲁花赤木忽难、从仕郎邹县尹司居敬、主簿兼尉赵国祥,以建学余赀崇两庑与堂称,凡十四间,新其阶庭级道。"至此,孟庙才又恢复了正殿五间、孟母殿三间、两庑十四间、戟门三间、斋厅三间⑤的基本规模。元泰定帝泰定四年(1327)"监县怗哥出赡庙之资于民","县尹杨钦、主簿郑惟良亦相协赞,俾孟族长惟恭洎邑人毛翼董其役"⑥,又增建了邾国公祠堂(即现在的孟庙寝殿)。

其后,有元一代,又有邹县尹张铨于顺帝至元二年(1336)的重修,此次修葺耗资较大⑦,基本维系了旧有规模。

---

① 以上均引自金大安三年(1211)赵伯成撰《重修邹国公庙记》,现存孟庙启圣殿院甬道东侧。参见孟广均编:《重纂三迁志》(清德宗光绪本)卷七《艺文二》,苗枫林主编:《孔子文化大全》,第412—413页。另收入刘培桂编著:《孟子林庙历代石刻集》,第15—16页。
② 《金史》卷四七《志第二十八·食货二》,中华书局,1975年,第1061页。
③ 碑现存孟庙启圣殿院甬道东侧。另见刘培桂编著:《孟子林庙历代石刻集》,第25页。
④ 见张頵《邹国公庙碑铭》碑文,及该碑阴邹县尹司居敬所撰《邹孟子庙碑阴记》,碑现存孟庙启圣殿院甬道东侧。碑文收入刘培桂编著:《孟子林庙历代石刻集》,第25—27页。
⑤ 见张頵《邹国公庙碑铭》碑文,及该碑阴邹县尹司居敬所撰《邹孟子庙碑阴记》,碑现存孟庙启圣殿院甬道东侧。碑文收入刘培桂编著:《孟子林庙历代石刻集》,第25—27页。
⑥ 曹元用于元泰定帝致和元年(1328)五月撰《邾国公祠堂记》,碑现存孟庙启圣殿院甬道东侧。碑文收入刘培桂编著:《孟子林庙历代石刻集》,第56页。另见孟广均编:《重纂三迁志》(清德宗光绪本)卷七《艺文二》,苗枫林主编:《孔子文化大全》,第437页。
⑦ "资以缗计者,三千三百有奇;米以石计者,六十有一;工以数计者,四千一百。凡八阅月而讫功。"见郑质《邹国亚圣公庙兴造记》,碑见存孟庙启圣殿院甬道东侧。另见刘培桂编著:《孟子林庙历代石刻集》,第68页。

顺帝时,元朝统治日薄西山,民间宗教组织再度活跃。至正十一年(1351)爆发的"红巾军"大起义,攻占山东包括邹县在内的多个州县。邹县孟庙再次毁于战火。洪武四年(1371)张焕的《孟氏宗支之记》石刻记载了这场劫难:"我邹国亚圣公五十三代孙之训,世守宗祧。值前元兵乱,携家避兵,游于关、陕、秦、晋间,殆十五余年,卒于乱时。嫡子思谅尚幼。及治稍平,思谅方弱冠,侍母氏归邹。至正间任本县主簿,守引祀事。祖庭毁颓荒芜,止存遗基。丰祀之礼阙如也。"①孟庙经元末战乱,完全沦为一片瓦砾废墟。

4. 明代的废建

与尊孔崇儒的政治需求相契合,明王朝建立伊始即重视对孟子府庙的建设。自太祖洪武四年(1371)山东佥事郑本与邹县令桂孟等重修孟庙算起,至宪宗成化四年(1468)止,在近百年的时间里,仅仅由地方官吏主导的重建增建即达十一次之多。大修间隔平均不到十年,其频繁度位居历代之首,亦由此可见明代推崇孟子之一斑。

明代规模最大的一次是孝宗弘治十年(1497)的敕修增建,时任礼部尚书兼武英殿大学士的刘健撰写的《大明重修亚圣庙记》碑文,完整地记录了这件事:"洪武、永乐、正统间,屡尝修葺。由正统迄今,岁久复敝。五十七代孙、翰林院世袭五经博士元以为言。我圣天子方弘文治于天下,特下有司命修之。时都察院右佥都御史、光州熊翀巡抚山东,奉命惟谨。而兖州知府龚君弘、同知余君浚实承委以行,遂相与协谋即事。始于弘治丙辰二月,明年丁巳三月工乃讫。庙址拓于旧,其广三十弓,纵百五十弓有奇。中为殿寝、东西庑。殿祀孟子,以乐正克配。庑以祀他弟子公孙丑以下。左为殿寝,祀邾国公。右孟氏之家庙,致严有堂,庖廪有舍。以及便户重门,凡为楹六十有四,俱仍旧规易以新之,而轮奂壮丽有加焉。"②从上述可见,此次施工由帝王下令、都察院、兖州知府、县令层层配合,用时一年余,其旧规新之、轮奂壮丽的改易程度与规模扩展之大。另外,立体透雕盘龙戏珠的碑额及楷书极工、刻工极精的碑文,似乎也无不透露着此次修建的皇家

---

① 石刻现镶嵌于孟庙启圣门外东侧北壁。另见刘培桂编著:《孟子林庙历代石刻集》,第90页。
② 刘健《大明重修亚圣庙记》,碑现存孟庙启圣殿院甬道西侧。参见刘培桂编著:《孟子林庙历代石刻集》,第174—175页。

气派及其在孟庙修建史上的地位之重要。但是,此次大规模建设成果,在明熹宗天启年间的农民起义中再次化为乌有。

明代自张居正改革失败后,政治的黑暗,引发了频繁的宗教起义。熹宗天启二年(1622)在山东郓城一带爆发的徐鸿儒起义,于同年五月攻入邹县,孟府、孟庙及中庸书院等多处建筑被夷为平地。文震孟于天启四年所撰《重建亚圣庙碑》记述了这一事件:"越二年夏五,妖贼构变,遂起自东兖,破滕及邹,蹂躏亚圣之庙。"①这是有明一代孟庙所遭受的最大的一次破坏。

事后,自天启三年(1623)二月迄于五月,由邹县令毛芬奉旨募捐重建,历三月告竣。此次重建共成:"大殿七楹,寝殿五楹,邾国公前后殿各五楹,东西庑各七楹,斋房四楹,家庙三楹,祭器库、省牲房各三楹;亚圣坊,继往、开来坊各一;承圣门、钟灵、毓秀门各一;垣墉颓坏者亦罔不勤。计费仅九百三十三金。"②次年(天启四年,1624),兖州守孙朝肃又针对祠庙的"瓦砾荆蓁,荒楚满目","邑置劝募……不逾三旬,鸠钱三百万。以其半重修祠庙,半建厥宅。庀工伐材,昼夜力作。凡三阅月始告成事。殿寝斋庑,门庭坊表,翼翼岩岩,焕然旧观"③。

5. 清代的废建

毛芬和孙朝肃重建的孟庙,历经明末战乱,最终又彻底毁于清康熙七年(1668)的郯城大地震,这就是刘芳躅《重修亚圣庙碑》所说的:"康熙戊申之六月,地变大震,倾圮滋甚。"时右副都御史刘芳躅任山东巡抚,"按部至邹。瞻谒之下,目击大贤师弟在风雨中,恻然久之,益凄怆不忍去。而宗子即以重修状请",便"毅然领其事,捐俸百金。学使杨毓兰亦捐百金"并"置募簿分传六郡",再获"银二百四十金。随给付县,估计重

---

① 文震孟《重建亚圣庙碑》,原石存孟庙养气门外北侧道左,现已毁。孟府藏旧拓,后收入孟广均编清德宗光绪本《重纂三迁志》卷八《艺文三》(苗枫林主编:《孔子文化大全》,第498页),及刘培桂编著:《孟子林庙历代石刻集》,第308页。
② 赵彦《重建孟夫子庙成碑记》,原石存孟庙养气门外北侧道左,现已毁。孟府藏旧拓。参见孟广均编:《重纂三迁志》(清德宗光绪本)卷八《艺文三》(苗枫林主编:《孔子文化大全》,第490页)及刘培桂编著:《孟子林庙历代石刻集》,第303—305页。
③ 文震孟《重建亚圣庙碑》,原石存孟庙养气门外北侧道左,现已毁。孟府藏旧拓,后收入孟广均编清德宗光绪本《重纂三迁志》卷八《艺文三》(苗枫林主编《孔子文化大全》,第501页),及刘培桂编著:《孟子林庙历代石刻集》,第309页。

修。会同宗子孟贞仁,择六十四代族生孟尚锦督其事。设榻庙中,竭日夜而尽区画之。为之开陶场,为之起炉铸,为之采材木,为之选工匠,为之傲徒役,为之办丹垩。……肇于癸丑正月之十八日,迄四月终落成。正殿两庑岿焉,与阙里之堂遥相辉映。"①关于此次地震及孟子庙宇的损毁与维修,除以上记载外,孔子六十四代孙翰林院检讨、山西学政孔尚先为孟子六十三代孙孟贞珮写的《墓志》中也有提及:"戊申山东地震,兄弟皆罹覆压,公独脱不死,慨然曰:'天留此身,得非有所用耶? 既天能仕于国,吾将施诸家。'遂以承宗祧、振遗绪为己任。……目击祖庙倾圮,谋诸宗子,愿得捐助而修之。会上命重修周公、孟子庙,遣祭立碑,公偕邑佐林君督工倡率,鸠工庀材,期年而竣。"②工程从康熙癸丑年(1673)一月始至四月,历时四个月完工。孟庙在此次大修后,终康熙朝还有:二十三年(1684)山东巡抚张鹏重修,二十六年(1687)内务府广储司员外郎皂保、工部都水司员外郎卞永式等奉旨造《御制孟子庙碑》并增修孟庙,以及邹县令娄一均于五十五年(1716)和五十八年(1719)的两次重修,共四次大规模修建。③

其后,仁宗嘉庆元年(1796)、十年(1805),宣宗道光二十二年(1842),及穆宗同治四年(1865)、同治十二年(1873)并时有修葺。甚至在宣统元年(1909),清帝国已是风雨飘摇的危局之下,还由山东巡抚孙宝琦主持,"筹拨公款,并劝募官绅","修举废坠",对孟庙"并孟母祠、孟林、亚圣故里同时兴工"④进行维修。为此,孟子七十三代孙孟庆棠专门立碑感德:"当此时事棘艰,库款奇窘,非得诸大君子之悉心筹办,不遗余力,我庙林各工焉得一律重新哉! 今当大工告竣,轮奂可观,上足垂圣朝优礼之典,下足洽士林服教之忱"⑤,这也是有

---

① 刘芳躅《重修亚圣庙碑》,原石立于孟庙养气门外南侧,现已毁。碑文收入孟衍泰编清世宗雍正本《三迁志》卷八《庙记》和孟广均编清德宗光绪本《重纂三迁志》卷八《艺文三》(苗枫林主编:《孔子文化大全》,第502—504页)及刘培桂编著:《孟子林庙历代石刻集》,第319页。
② 孔尚先《亚圣六十三代孙山西平阳府绛州清军同知玉珂孟公墓志铭》,碑文见孟衍泰编清世宗雍正本《三迁志》卷十《祭谒》。碑文收入刘培桂编著:《孟子林庙历代石刻集》,第337页。
③ 分别见孟广均编清德宗光绪本《重纂三迁志》卷八《艺文三》,孟庙承圣门外东侧康熙御碑亭,娄一均康熙五十五年《重修孟庙碑记》和康熙五十八年《重修孟庙碑记》。碑文均收入刘培桂编著:《孟子林庙历代石刻集》,第326—327、328—329、343—344、348—349页。
④ 孙宝琦于溥仪宣统三年(1911)撰《重修孟庙碑记》,碑现存孟庙承圣门外西侧。另见刘培桂编著:《孟子林庙历代石刻集》,第451页。
⑤ 孟庆棠于溥仪宣统三年(1911)撰《重修亚圣庙林感德碑记》,碑现存孟庙承圣门外西侧。另见刘培桂编著:《孟子林庙历代石刻集》,第453页。

明确记载的封建王朝对孟子林庙的最后一次大规模修葺。

(二)孟子林墓的扩建与维护

孟子林墓自宋孔道辅发现并兴建以来,历经元、明、清各朝,在崇儒尊孟的社会背景下,不断得到维护和扩建,终至形成今日的规模制度。

1. 元代修建

元代承续了唐、宋以来的尊孟政策,对林墓修建一直持积极态度。元世祖至元十四年(1277),时任山东提刑的霍天祥于孟子墓前立碑,碑额题为:"先师邹国公墓"①,孟子墓始有正式墓碑。元成宗元贞元年(1295),邹县尹司居敬在重修孟庙、孟子故居、子思讲堂的同时,又"葺孟子墓、斋庐,琢石为危坐象,冠章甫衣逢掖,俾观者有考乎古"②。

2. 明代全面建设

明代从第一任皇帝太祖朱元璋,到最后一任皇帝思宗朱由检,三百年间对孟子林墓的维护不曾间断。其中规模最大的是明世宗嘉靖四十一年(1562)由邹县令章时鸾主持的一次。此次维修,在孟子墓已"荡然一空,仅存遗址"的状况下,"创建正殿五楹,左右厢房各三楹,二门三楹。奠制有案,出入有阶,启闭有户,周卫有垣。备极坚致,视前制益为广阔",不仅如此,还"置田五十亩,岁入其租,以为祭祀、修理之具",并"督谕族人每春领俸银二两,树柏桧三千余株。望之蔚然深季,殆非昔比"③。经过此次修建,不仅使孟子林墓达到了空前规模,而且实现了林、墓相映的特色墓地建设特色。

3. 清代修葺维护

清代对孟子林墓的官方修葺,见于记载的,从康熙三十六年(1697)大通政吴涵奉命祭阙里捐金修孟子墓,到宣统二年(1910)山东巡抚孙宝琦拨公款、募官绅修葺林墓,三百年未曾间断。

---

① 今已不存。参见孟广均编:《重纂三迁志》(清德宗光绪本)卷首《御制文》,苗枫林主编:《孔子文化大全》,第213页。
② 元张颜《孟子墓碑》,现存孟子林享殿西夹室。参见刘培桂主编:《孟子林庙历代石刻集》,第31页。
③ 朱观烶《重建亚圣林享堂记》,现存孟林享殿内东首。参见刘培桂主编:《孟子林庙历代石刻集》,第237页。

第三节　政府对孟氏家族教育的优礼

孟氏的家族教育是借助于孔氏家学,或通过参与由孔氏家学发展而来的"三氏学"、"四氏学"实现的,它也是两个家族之间关系密切的一个重要体现。

从现有资料看,孔氏家学始创于三国时期。明吕元善《圣门志》有"学始于魏文帝黄初二年崇圣侯孔羡创建"的记载,这应该是孔氏家学的开始。至两晋时期,社会战乱与儒学中衰导致了孔氏家学"数百年中,无复讲诵"①。直到南朝宋文帝元嘉十九年(442),才又"诏修孔子庙,复学舍,召生徒"②。宋真宗大中祥符二年(1009),由曲阜知县孔勖奏准"就庙侧建学,以训孔氏子孙"③,这是孔氏家学改称孔氏庙学的开始。宋哲宗元祐元年(1086),孔氏庙学迁址于孔庙东南,不久,增加颜、孟子孙入学④,称为三

---

① 孔继汾:《阙里文献考》卷二十七《学校第八之一·四氏学建置始末》,苗枫林主编:《孔子文化大全》,第617页。
② 潘相:《曲阜县志》卷二十一《通编第三之七》,清高宗乾隆三十九年(1774)刻本,《中国地方志集成》第73册,第145页。
③ 吕元善:《圣门志》卷之三中《四氏学世职学录一人》,苗枫林主编:《孔子文化大全》,第659页。
④ 注:关于孔府家学何时延纳颜、孟子孙入学,相关资料记载有分歧,一种以为在宋哲宗元祐元年,如孔继汾《阙里文献考》卷二十七《学校第八之一·四氏学建置始末》记载:"(宋)哲宗元祐元年十月,改建学于庙之东南隅,置教授一员,令教谕本家子弟,其乡邻愿入学者听,寻添入颜、孟二氏子孙。"孔继汾以为,孔府家学增加颜、孟二氏子孙,是在宋哲宗元祐元年,并在本书卷末《阙里志辨伪》中辩称:"旧《志·林庙门》云:'孔、颜、曾、孟四氏学,魏黄初二年创建,宋祥符二年称为庙学,元延祐间又益以颜、孟二氏。'考增入颜、孟二氏乃宋哲宗元祐间事,今讹为元之延祐。"(苗枫林主编:《孔子文化大全》,第617、1943页)清乾隆年间潘相所修《曲阜县志》与同。另一种以为在元仁宗延祐年间,如明陈镐《阙里志》记为:"宋祥符二年(1009)殿中丞勖知县(曲阜)事,奏准就庙侧建学,称为庙学云,延祐间又益以颜、孟二氏。"(陈镐:《阙里志》卷之十一《林庙志》,苗枫林主编:《孔子文化大全》,第514页)明吕元善《圣门志》也记为:"元世祖中统三年(1261),诏立曲阜庙学,以进士杨庸充庙学教授,又设正、录各一员。仁宗延祐间益以颜、孟二氏子孙受业。"(吕元善:《圣门志》卷之三中《四氏学世职学录一人》,苗枫林主编:《孔子文化大全》,第659—660页)明人于慎行《兖州府志》:"宋大中祥符间,知县事孔勖就庙侧建学。延祐间入颜、孟二氏子孙,其名仍旧,至国朝洪武二年乃改为三氏子孙教授司。"也认为颜、孟二氏子孙加入孔氏庙学在元仁宗延祐年间。(于慎行:《兖州府志》,卷十六《学校志》,明神宗万历二十四年刻本,齐鲁书社,1985年,第3页)。但既然孔继汾《阙里文献考》有元世祖正统三年诏以杨庸教孔、颜、孟三氏子孙,且从语言叙述风格看,显然是对三氏子孙"自兵乱以来,往往失学"的恢复,三氏子孙共学当早于元仁宗延祐间(1314—1320)。而孔继汾所记元世祖诏,合于《宋史》所记,故从孔继汾《阙里文献考》。

氏学。三氏学的成立,至元、明正式得到朝廷认可①。

明神宗万历十六年(1588),经御史毛在力请,"以曾子子孙视孔、颜、孟三氏为四氏学"②。至此,孔、颜、孟三氏学又进一步扩展为孔、颜、曾、孟"四氏学"③。

政府对孟氏家族教育的优礼,主要体现在对四氏学的经济优渥和生徒优待两个方面。这两个方面,与政府对孔、孟、颜、曾四氏家学建设与管理的政治性干预相契合,共同促成了四氏学办学属性由私学向官学化的转化。四氏学的官学化,同样反映了孟氏家族区别于一般家族的特殊的政治化特征。

一、经济优渥

政府对四氏学的经济优渥主要通过赐学田和直接拨款两个渠道实现。这也是四氏学主要的经济来源。

(一)赐学田

学田自宋代出现以后,一直是维系学校运行的重要经济支柱。据《阙里文献考》记载,帝王钦赐孔府家学学田,最早始于宋哲宗元祐元年(1086)。此年十月,朝廷在诏令"改建学于庙之东南隅,置教授一员,令教育本家子弟"的同时,又"拨近尼山田二十顷,充庙学生员供膳。赐经史书各一部"④,以示对圣公胄子的优渥,这是朝廷对孔氏家学钦赐学田的最早记载。

政府对三氏、四氏学学田的拨赐主要集中在元、明两朝。元世祖至元三十一年(1294),"拨曲阜地九大顷五十亩、沛县地五十大顷,作生徒学田。

---

① 孔继汾:《阙里文献考》卷二十七《学校第八之一·四氏学建置始末》,苗枫林主编:《孔子文化大全》,第618页。潘相《曲阜县志》卷二十八《通编第三之十四》,清高宗乾隆三十九年(1774)刻本,《中国地方志集成》第73册,第208页。《明史》卷二《太祖纪二》,第29页。
② 《明神宗实录》卷一百九十五,《明实录》(五十五),第3662页。
③ 于慎行:《兖州府志》卷十六《学校志》,明神宗万历二十四年(1596)刻本,齐鲁书社,1985年,第3页。
④ 孔继汾:《阙里文献考》卷二十七《学校第八之一·四氏学建置始末》,苗枫林主编:《孔子文化大全》,第617页。

元代至顺间,沛县学田为豪民所占,五十四代衍圣公复之,又加垦辟。"①

明代,仅见于文献记载的赐拨土地主达四次,多集中于明神宗万历年间:"万历二十八年(1600)巡按御史吴达可,于曲阜城北蔡庄置学田三顷多,又于泗水县城西、临泗两庄置学田四顷五十四亩在奇,为科贡盘费。"万历"三十七年巡盐御史毕懋康,于城西北春亭庄,置学田三顷二十六亩有奇"。万历"四十年兖州知府陈良才于曲阜城北贺庄置学田五十八亩有奇"。万历"四十五年兖州知府张铨,于曲阜城北大庙庄捐置学田五十亩"②。

清代,政府对圣贤的优渥,相比于元、明两代,已经由经济转向政治。这一点,在学田的拨赐上也充分体现出来。在现有文献记载中看不到清代增拨四氏学学田的记载,似恰能说明这一问题。

至于三氏、四氏学学田的总数量,由于土地的赐拨与流失交错变动的状态,很难统计确切数额,只能依据不同时期的记载,作一粗略估计。明于慎行《兖州府志》记有"四十五顷"③。清同治朝《钦定大清会典事例》记为"四氏学学田五十顷"④,与乾隆《曲阜县志》所记数额相同⑤。综上可见,四氏学学田数额,至明、清大多维系在五十顷左右。

学田收入主要用于三氏、四氏学的学官俸禄、生员廪饩、科考盘次、学宫修葺等,成为学校教育管理和运行的主要经济来源。

(二) 拨款

政府直接拨款是四氏学教育资金来源的又一重要途径。款项主要用于学官俸禄、生员廪膳,以及生员科贡盘费和学宫修葺等项。

就材料所及,政府最早对四氏学拨款是在金代。金章宗明昌元年

---

① 孔继汾:《阙里文献考》卷二十七《学校第八之一·四氏学建置始末》,苗枫林主编:《孔子文化大全》,第618页。
② 孔继汾:《阙里文献考》卷二十七《学校第八之一·四氏学建置始末》,苗枫林主编:《孔子文化大全》,第620、621页。
③ 于慎行:《兖州府志》卷十六《学校志》,明万历二十四年刻本,第3页。
④ 李鸿章等:《钦定大清会典事例》卷一百六十四《户部·田赋》,商务印书馆光绪戊申(光绪三十四年,1908)年版,第3页。
⑤ 所记数额为:"四氏学学田五十顷"。见潘相《曲阜县志》卷四十七《类记第四之十二》,清高宗乾隆三十九年(1774)刻本,《中国地方志集成》第73册,第335页。

(1190)："敕旨，夫子庙以系省钱修盖，仍设教授一员……许孔宅子孙不限人数，年十三已上愿习业者皆听就学，已习词赋经义准备应试人，依州府养士例，每人每月支官钱二贯，米三升，小生减半支给。"①此次所拨款项主要用于考生科贡盘费。从拨款的偶然性和用途的单一性看，尚处于早期的乏制度化状态。

明代，随着三氏学的官方化，政府拨款也开始走向制度化。明太祖朱元璋在把孔府庙学改为三氏子孙教授司，将孔府家学正式纳入国家教育体系的同时，在经济上也开始将其纳入国家官僚俸禄体系："设教授一员，从流官推转，岁廪谷九十六石。学录一员，以孔氏为之，岁廪谷六十石，皆由孔庙佃户出办。每员斋夫银二十四两，由曲阜县均徭征派。"②从于慎行《兖州府志》所载当时曲阜县的银差征发数额中，证实了这项支出："岁贡银县学三十六两，四氏学三十六两，共银七十二两。……斋夫府学二名，县学教谕、训导二员各二名，四氏学四名，每名十二两，共银一百二十两。膳夫县学四名，四氏学六外，每名十两，共银一百两。"③但是，从"岁廪谷由孔府出办"、"斋夫银由曲阜县拨付"的官俸来源的规定看，此时的四氏学在经济上还只能算实现了半官方化。

清代四氏学学官的俸禄完全由官府统一拨给，清孔继汾《阙里文献考》记载："国朝定百官品俸，令于曲阜县正项钱粮内，岁给教授、学录俸银五十六两九钱六分，斋薪银各十二两，马草银各十二两，而岁贡袍、帽、伞、盖银十三两九钱七分，及斋夫门斗各役工食，亦准于县中正项内开销。"④学官俸禄来源由明代的庙田内支给，改为由曲阜县正项钱粮内开销，这意味着四氏学官方化程度的深化。

给三氏、四氏学生员廪膳是伴随着三氏学生员的分类开始的。三氏学生员的分类始于明世宗嘉靖六年（1528），此年，山东巡抚刘节奏称："三氏

---

① 孔元措：《孔氏祖庭记》卷第七《泽及子孙》，苗枫林主编：《孔子文化大全》，第201页。
② 于慎行：《兖州府志》卷十六《学校志》，明万历二十四年刻本，第3页。
③ 于慎行：《兖州府志》卷十五《户役志》，明万历二十四年刻本，第4页。
④ 孔继汾：《阙里文献考》卷二十七《学校第八之一·四氏学建置始末》，苗枫林主编：《孔子文化大全》，第622页。

学生员岁贡向来惟以入学为序，并无考选例，是以学者无所劝惩。请定为考选之法，凡在学生员先立廪膳、增广、附学之名，廪增域照府学各四十名，或照学各三十名，附学不限数，俱令提学官考校，以上等者为廪膳，次等者为增广，余为附学。"①按照山东巡抚刘节的上奏，三氏学生员首次依考试为据分为廪膳、增广和附学三个种类或等级，但尚没有给廪米。到嘉靖十九年(1540)才"始给生员廪米"。次年，按照山东巡抚李中的上奏，从"泗水县泾府故绝禄米内，岁给三百六十石为三氏学廪膳"。嘉靖二十三年，又"以泗水道远，支给不便，改将曲阜县应纳鲁府禄米三百七十三石支给"。明神宗万历四十年(1612)，按照提学道陈瑛的奏请，又依府学数，"将四氏学廪生加十名"，但增加的廪生，其"廪饩在学田内支领"②，不再由国家财政内支出。

二、生徒优待

四氏学生员所受到的政府的特殊优待，主要体现在科举和选贡两方面。

（一）科举方面的优待

在科举考试方面，国家通过特设"耳"字号和增加录取名额等方法以确保四氏学生员的录取比例。这一举措是从明代开始的。

1. 特设"耳"字号

明朝虽然强化了对四氏学的管理，并进一步增强了对其经济上的优渥，但四氏子孙科举中第的仍然不多。资料显示，自明初至熹宗天启元年(1621)二百五十多年间，四氏学仅有二十二人中举。③ 这与朝廷重视儒学的政策倾向极不协调。鉴于此，明熹宗天启元年(1621)，应云南道御史李日宣奏请，准"孔氏后裔另编'耳'字号"，如孔氏后裔没有中试者，则单独选取。④ 清

---

① 孔继汾：《阙里文献考》卷二十七《学校第八之一·四氏学建置始末》，苗枫林主编：《孔子文化大全》，第620页。
② 以上均见孔继汾：《阙里文献考》卷二十七《学校第八之一·四氏学建置始末》，苗枫林主编：《孔子文化大全》，第619—621页。
③ 据孔继汾《阙里文献考》卷二十八《学校第八之二》（苗枫林：《孔子文化大全》，第630—631页）所记资料统计。
④ 孔继汾：《阙里文献考》卷二十七《学校第八之一·四氏学建置始末》，苗枫林主编：《孔子文化大全》，第621—622页。

世祖顺治十四年(1657),又将这一优惠政策从孔氏一族扩展至孔、颜、曾、孟四氏。这样,无论四氏生徒的实际考试水平如何,都通过单独阅卷,保障规定的录取名额。

2. 增加录取名额

自四氏学享受特设"耳"字号录取后,政府除了将享受这一特殊待遇的孔氏一姓扩展到包括颜、曾、孟在内的所有四氏生员外,还随着录取范围的增大而不断增加录取名额,从明熹宗天启年间的二名,到清世宗雍正时期增加为三名,到清高宗乾隆元年(1736),再将"恩科广额于三名外,得广一名",这一规定,使四氏学生徒每次科中的举人,由最初的二名增加到四名,到清穆宗同治九年(1870)竟达八名之多,总数增加了四倍,以至于山东民间竟有"无孔不开榜"的说法。据孙永汉《续修曲阜县志》记载:明代,在总共十七个曲阜籍进士当中,四氏学独占十人;清代四氏子弟录取的比例更大,在总共七个曲阜籍翰林当中,四氏学占六人。四十三个进士当中,四氏学也独占三十四人。[①] 在翰林和进士这两项最重要的科举名额中,四氏学的录取比例竟分别占曲阜录取总人数的85%和79%。即使为纠正中举名额过多造成的大量举人长期赋闲,而在高宗于乾隆九年(1744),一度将省额"酌减十分之一"的情况下,四氏学的录取名额却不在减额之列[②],朝廷对四氏学科举的优渥由此可见一斑。

(二) 选贡方面的优待

所谓选贡,包括岁贡、拔贡、优贡等不同种类,是由地方贡入国子监生员的一种选士办法,它是为科举不中的士子提供了另一条入仕途径。明宪宗成化元年(1465),为解决大量四氏生员科举不中,大量淹滞的情况,朝廷应六十一代衍圣公孔弘绪奏请,四氏子弟按县学例,每三年贡一人。到明世宗嘉靖六年(1527),经山东巡抚奏准,岁贡名额由每三年一人增加为二人,增加了一倍。到明神宗万历四十年(1612),又应提学道陈瑛奏请,由每

---

① 孙永汉修,李经野、孔昭曾纂:《续修曲阜县志》,民国二十三年(1934)铅印本。
② 《高宗实录》卷二百二十三,《清实录》第11册,中华书局,1985年,第873页。

三年二人,再增为"每年贡一人"①,相当于增加到每三年三人。至此,四氏学的岁贡生已与府学相同,为曲阜县学的两倍。② 除岁贡外,四氏学生员还享受拔贡、优贡、陪侍恩贡等多种选贡方面的特殊优待。

当然,在孔、颜、曾、孟四氏子弟中,孔氏一族所占的选贡数额无疑占绝对优势的,其余三氏在数量上要少得多。下表是据孔继汾《阙里文献考》记载统计得出的明、清两代四种贡生孔、颜、曾、孟入贡人数表③:

朝代	拔贡生				优贡生				陪祀恩贡生				岁贡生			
	孔	孟	颜	曾	孔	孟	颜	曾	孔	孟	颜	曾	孔	孟	颜	曾
明	10		1						11	3	2	1	108		4	7
清	16	1	8	1	1				34	10	10	10	91	6	26	2

上表清晰地反映出,享受到选贡的颜、曾、孟三氏子弟人数较孔氏少很多。这一点也体现了孔、颜、曾、孟四氏地位的不平衡性。为此,明武宗正德四年(1509),颜氏家族的生员颜重礼及教授曾提出奏疏,请求增加三氏岁贡名额,礼部作出决定,"令贡孔氏三名之后,其年同贡颜氏一名。孔氏又贡三名之后,其年同贡孟氏一名,著为例"④。但这一规定无非是以强制性手段,对以往的不平衡状况稍作纠正。孔、颜、曾、孟在选贡上的不平衡问题,其实并没有根本改观。这种现象,实际上也是孔、颜、曾、孟四氏家族在儒家思想体系中地位不平衡的反映。

总之,封建王朝后期,政府对孟氏家族在政治、经济和家族教育等多方优礼,无论就频度还是范围而言都愈加隆重,其用心良苦恰如明徐有贞所说:

---

① 孔继汾:《阙里文献考》卷二十七《学校第八之一·四氏学建置始末》,苗枫林主编:《孔子文化大全》,第619、620、621页。
② 潘相《曲阜县志》卷四十二《类记第四之七》:"四氏学视府学,岁贡一人,县学二岁一人。"(清高宗乾隆三十九年(1774)刻本,《中国地方志集成》第73册,第294页)
③ 下表据孔继汾《阙里文献考》卷二十八《学校考第八之二》(苗枫林主编:《孔子文化大全》,第634—638页)所记资料统计。所计数额中,拔贡生始于明武正德年间,止于乾隆十八年;优贡生只有清高宗乾隆九年一人;陪祀恩贡生始于明熹宗,止于高宗乾隆三年(1738);岁贡生始于明宪宗成化年间,止于清高宗乾隆年间。
④ 孔继汾:《阙里文献考》卷二十七《学校第八之一·四氏学建置始末》,苗枫林主编:《孔子文化大全》,第619页。

"惟颜子、孟子于若曹为先祖,于有贞为先师,于天下为先贤。是有贞之所为请,为先师也;上之所为赐,为先贤也。为先师也,为先贤也,其皆非以为若曹也。然而若曹坐而得田与佃,蠲其国之征而为家之征,不为人役而役人,可不知其所自耶?知所自,则言而不敢不法先祖之言也,行而不敢不法先祖之行也。其法之而至,则将见复圣、亚圣之复出,而为天下之师矣。"①其秉承前代,利用儒学,服务政治的目的昭然若揭。

第四节　孔道辅与孟氏家族

一、孔道辅其人

孔道辅是孔子四十五代孙,《宋史》本传记载了他的一生行迹。另外,宋代王安石《临川文集》卷九十一收入的《给事中赠尚书工部侍郎孔公墓志铭》,也以墓志的形式总括了他的一生。从材料看,孔道辅不愧孔氏后裔中的佼佼者。自真宗大中祥符五年(1012)举进士第,正式踏入仕途始,历任大理寺丞、太常博士、龙图阁待制、尚书兵部员外郎、右谏议大夫及权御史中丞多种职务。一生几起几落,仕途多舛,既因对朝廷的忠直而重用,也因"鲠挺特达"的秉性而遭谗。

《宋史》记载的三个典型事例很好地诠释了孔道辅的秉性和忠直:

一是"迁大理寺丞、知仙源县,主孔子祠事"时,"孔氏故多放纵者,道辅一绳以法"。

二是奉使契丹,"契丹晏使者,优人以文宣王为戏,道辅艴然径出。契丹使主客者邀道辅还坐,且令谢之。道辅正色曰:'中国与北朝通好,以礼文相接。今俳优之徒,慢侮先圣而不之禁,北朝之过也。道辅何谢!'契丹君臣默然,又酌大卮谓曰:'方天寒,饮此,可以致和气。'道辅曰:'不和,固

---

① 徐有贞《大明锡复颜孟祭田之碑》,碑现存孟庙启圣殿院甬道西侧。参见刘培桂编著:《孟子林庙历代石刻集》,第151页。其方框中字为原碑文残缺,由该书作者补加;另见孟广均编:清德宗光绪本《重纂三迁志》卷六《艺文一》,苗枫林主编:《孔子文化大全》,第325—328页。

无害。'既还,言者以为生事,且开争端。仁宗问其故,对曰:'契丹比为黑水所破,势甚蹙。平时汉使至契丹,辄为所侮,若不较,恐益慢中国。'帝然之"。

三是谏止废后。"明道二年,召为右谏议大夫、权御史中丞。会郭皇后废,道辅率谏官孙祖德、范仲淹、宋郊、刘涣,御史蒋堂、郭劝、杨偕、马绛、段少连十人,诣垂拱殿伏奏:'皇后天下之母,不当轻议绌废。愿赐对,尽所言。'帝使内侍谕道辅等至中书,令宰相吕夷简以皇后当废状告之。道辅语夷简曰:'大臣之于帝后,犹子事父母也;父母不和,可以谏止,奈何顺父出母乎?'夷简曰:'废后有汉、唐故事。'道辅复曰:'人臣当道君以尧、舜,岂得引汉、唐失德为法邪?'夷简不答,即奏言:'伏阁请对,非太平美事。'于是出道辅知泰州。明日晨,入至待漏,闻有诏,亟驰出城。顷之,徙徐州,又徙兖州,进龙图阁直学士,迁给事中。"①

通过以上三件事,孔道辅公正不阿,不畏权贵的凛然正气跃然纸上。无怪乎元人脱脱主修的《宋史》称赞其为:"鲠挺特达,遇事弹劾无所避,出入风采肃然"②。

也正因为这一点,孔道辅终遭宰相张士逊所陷,"出知郓州……时大寒上道,行至韦城,发病卒"③,时为仁宗宝元二年(1039),享年五十四岁。

孔道辅墓居于孔子墓西南百步,王安石为之撰写了墓志,称其"以刚毅谅直名闻天下","或绌或迁,而公持一节以终身,盖未尝自诎也","士大夫多以公不终于大位为天下惜者也"④。

二、孔道辅为孟氏家族中兴做出的努力

作为孔子后裔,孔道辅始终以恢张儒学为己任,"常谓诸儒之有大功于圣门者,无先于孟子",以为孟子墓葬与祭祀的久已湮废,实为儒门不幸。

---

① 《宋史》卷二百九十七《孔道辅传》,第9883—9885页。
② 《宋史》卷二百九十七《孔道辅传》,第9885页。
③ 《宋史》卷二百九十七《孔道辅传》,第9885页。
④ 王安石:《临川文集》卷九十一《给事中赠尚书工部侍郎孔公墓志铭》,《四库全书》第1105册,第760页。

于是而有访墓立庙、寻找孟宁及兴建五贤祠等一系列举措。孔道辅在这些方面的努力,成就了孟氏家族的中兴。

(一)访墓立庙

宋仁宗景祐三年(1036),孔道辅知兖州,借机访求孟子墓于四基山之阳,并"命去其榛莽,肇其堂宇,以公孙丑、万章之徒配"①。孔道辅的访墓立庙,成为此后孟子林庙建设的开始。

(二)发现孟宁

孔道辅在四基山访墓立庙之后,又于凫村访得孟子第四十五代孙孟宁,荐于朝廷。诏授迪功郎、邹县主簿,主孟子庙祀。此事见载于明洪武六年(1373)《孟氏宗传祖图》碑及孟广均同治本《孟子世家谱》(文见前述)。这件事情,成为孟子后裔正式授职朝廷及家谱续修的开端,也正式开始了孟氏家族的中兴之路。

(三)为孟子配享孔庙奠基

明王世贞曾称:"太庙之有从祀者,谓能佐其主,衍斯世之治统也,以报功也。文庙之有从祀者,谓能佐其师,衍斯世之道统也,亦以报功也。"②宋仁宗景祐五年(1038),孔道辅知兖州,"以孟子并扬、荀、王、韩设像祀于孔庙西偏,名五贤祠"③。孔道辅还为此亲自撰写了《五贤堂记》,称:"孔圣之道否,则五贤振起之。今五贤湮蔽,振起之者无闻焉。道辅道不及前哲,而以中正干帝王,幸不见黜而与进,冀以贤者必辅于时,跻于古,以兹为胜矣。方事亲守故国为儒者荣,尝谓伏生之徒,徒以训诂傅功像设于祖堂东西序。而五贤立言排邪说,翊大道,非诸子所能跂及,反不及配阙,孰甚焉。因建堂事,收五贤所著书图其仪,叙先儒之时荐,庶几识者登是堂,

---

① 孙复《新建孟子庙记》碑,现存孟子林享殿西夹室。碑文另见刘培桂主编:《孟子林庙历代石刻集》,第2页。
② 王世贞:《弇州四部稿》卷一百一十五《文部·策四首·山西第三问》,《四库全书》第1280册,第794页。
③ 孟广均编:《重纂三迁志》(清德宗光绪本)卷四《祀典》,苗枫林主编:《孔子文化大全》,第203页。

观是像,览是书,肃然改容,知圣贤之道尽在此矣。"①此后,孟子配享孔庙逐渐得到官方承认:宋神宗熙宁七年(1074),虽然下诏立孟子、扬雄于孔子庙庭未果。②但于宋神宗元丰六年(1083),即封孟子"邹国公"的次年,终于正式以孟子配享孔子。③南宋度宗咸淳三年(1267),再"封曾子为郕国公,子思为沂国公,配食孔子庙大成殿",与颜回兖国公、孟轲邹国公共同构成孔子"四配"④。明世宗嘉靖九年(1530),取消孔子庙奉祀人物封号,四配分别改称亚圣孟子、宗圣曾子、复圣颜子、述圣子思子,"不复称公,撤塑像以木为神主"⑤。

鉴于孔道辅对孟氏家族的突出贡献,清乾隆元年敕修孟庙,"两庑从祀十九人:公孙丑、万章、公都子、陈臻、屋庐连、高子、孟仲子、充虞、徐辟、彭更、咸丘蒙、桃应、孟孙氏、子叔氏、浩生不害、盆成括、韩愈、孔道辅、钱唐。"⑥孔道辅被列入孟子两庑从祀。

虽然孟氏家族的崛起在更大程度上得益于学界的关注和政府的支持,但孔道辅对孟氏家族的实务性扶助,对于孟氏家族的崛起同样起到了不可忽视的关键性的作用。

---

① 孔道辅:《重建五贤堂记》,见孟广均编:《重纂三迁志》(清德宗光绪本)卷七《艺文二》,苗枫林主编:《孔子文化大全》,第400页。
② 《宋史》卷一百五《礼志八》:"熙宁七年,判国子监常秩等请立孟轲、扬雄像于庙廷,仍赐爵号;又请追尊孔子以帝号。下两制礼官详定,以为非是而止。"(《宋史》,第2548页)
③ 《宋史》卷十六《本纪》第十六:神宗元丰七年"五月……壬戌,以孟轲配食文宣王,封荀况、扬雄、韩愈为伯,并从祀。"(《宋史》,第312页)另见孟广均编清德宗光绪本《重纂三迁志》卷四《祀典》"元丰一年五月壬戌始以孟子配享孔子。"(苗枫林主编:《孔子文化大全》,第204页)
④ 孟广均编:《重纂三迁志》(清德宗光绪本)卷四《祀典》,苗枫林主编:《孔子文化大全》,第205页。另见《宋史》卷一百五《吉礼八》:"咸淳三年,诏封曾参郕国公,孔伋沂国公,配享先圣。"(《宋史》,第2554页)
⑤ 孟广均编:《重纂三迁志》(清德宗光绪本)卷四《祀典》,苗枫林主编:《孔子文化大全》,第207页。
⑥ 吴若灏:《光绪邹县续志》卷五《祀典志》,山东府县志辑《中国地方志集成》第72册,第553页。

第四章 府庙林墓及其文化内涵

孟子府庙林墓的修建,伴随着孟子地位的崛起,经历了一个由无到有、由小到大的发展历程。能够形成今日所见规模,其中既有国家政治的关怀,也有地方士人与孟子后裔个人的努力。府庙林墓,既是普适的中国传统经济、政治、观念文化的全面反馈,也是特殊的儒家文化的集中展现。在这些有形的府庙林墓背后,隐含着的是中国深厚的文化意蕴和文化积淀。

第一节 孟 府

孟府是孟子嫡系后裔居住的宅第。今日所见的孟府,位于邹城南郊,以一街之隔与孟庙毗邻。自元文宗至顺元年(1330)封孟子为"邹国亚圣公"后,孟府又被称为"亚圣府"。

一、孟府的修建

孟府始建于何时何地,因年代久远、资料乏载而无考。关于孟府故宅的最早记录,首见于明太祖洪武六年(1373)立的《孟子宗传祖图》碑。碑文有孟子四十八代孙邹县令孟润于金卫绍王大安三年(1211)写的《孟氏家谱序》。文中记载了宋仁宗景祐四年(1037),孟子四十五代孙孟宁,被兖州知府孔道辅荐于朝廷,授迪功郎,"迪功新故宅"①的情况。由此可以推见,孟

---

① 《孟子宗传祖图》碑,现存孟庙启圣殿门前东侧回廊下。碑文收入刘培桂编著:《孟子林庙历代石刻集》,第100页。

府"故宅"始建时间应早于孟宁所在的宋仁宗景祐年间。至于此"故宅"究竟建于何时、何地,已无从考证。

今日所见孟府,从其与孟庙毗邻的布局情况看,初建时间应是与宋徽宗宣和三年(1121)孟庙第三次迁建于此时同建①。后历经两次重大破坏②,又两次重建,最终由孟广均于清道光年间奉旨修葺扩建至今日规模。

二、孟府的建筑格局

从建筑格局看,孟府是一座典型的府衙一体的古建筑群。平面呈长方形,占地面积约二万平方米。前后七进院落,共包括楼、堂、阁、室一百四十八间。主体建筑依次为:大门、礼门、仪门、大堂、世恩堂、赐书楼、后上房、缘绿楼等,沿南北中轴线依次展开。以大堂为界,前为官衙,后卫内宅。左右以中轴为主线成对称格局。整体布局严谨、大气,典雅而不失威严。

孟府大门为三楹,正中高悬蓝底金字"亚圣府"匾额。台阶两旁为须弥座上马石,两侧威武的石狮,与黑漆大门上高大威猛的彩绘门神相呼应,彰显着千年"圣人之家"卓然不凡的气质。

礼门面阔三楹,正中门额书"礼门义路"四字,取义于《孟子·万章下》"夫义,路也;礼,门也。惟君子能由是路,出入是门也"。三启门洞中,六扇黑漆大门的中间两扇彩绘威武雄壮的执刀武士,两侧四扇彩绘温文恭谨的执笏文官,寓意文武兼备的贵族气派。

---

① 车干:《孟府》,济宁市政协文史资料委员会、邹县政协文史资料委员会编:《孟子家世》,第174页。另见邹城市孟子学术研究会、孟氏宗亲联谊会编:《孟子与孟氏宗族》,第258页。
② 第一次大破坏是明熹宗天启二年(1622)鲁西南徐鸿儒领导的白莲教(又称"闻香教")起义。起义军攻占邹城,焚毁了孟庙和孟府,并殃及中庸书院、孟母断机处。孟子第六十代孙孟承光及其母孔氏、长子孟宏略被杀。此事见载于熹宗天启三年(1623)山东巡抚赵彦所撰《重建孟夫子庙成碑记》:"今上之二年五月间,白莲、闻香等教突然沸起,盘踞邹滕者半载。孟子庙及子思、子张、断机诸祠悉肥兵燹,一切殿庑垣墉无不残毁。孟博士宅夷为平地矣。所存者仅一正殿耳"(赵彦《重建孟夫子庙成碑记》,原石存孟庙养气门外北侧道左,现已毁。孟府藏旧拓,后收入孟广均编清宣宗光绪本《重纂三千志》卷八《艺文三》,苗枫林《孔子文化大全》,第487页;刘培桂编著:《孟子林庙历代石刻集》,第303—305页),"亚圣庙裔博士承光,率其徒力战不屈,骂贼死。焚其居,戕其母子"(文震孟《重建亚圣庙碑》,原石存孟庙养气门外北侧道左,现已毁。文收入孟广均编清德宗光绪本《重纂三迁志》卷八《艺文三》,苗枫林主编《孔子文化大全》,第498页。另收入刘培桂编著:《孟子林庙历代石刻集》,第308—309页)。第二次大破坏是清康熙七年(1668)地震(详见下"孟庙"部分)。

仪门建筑别具一格。是一座两侧不与垣墙连属的独立的全木结构门楣,因门上方前后缀有四个倒垂的木雕花蕾,又名"垂花门"。垂花门富丽堂皇的雕饰,既寄寓着宅主的审美情趣与生活憧憬,更彰显着宅主的财力、家世乃至于性格爱好和文化素养。因为垂花门平时关闭,只有在孟府婚丧大典、迎接圣旨及府内重大祭祀仪式时,才在礼炮声中徐徐开启。显然,其价值并非实用,乃是礼仪的体现,故称"仪门"。这是封建贵族府邸权力、地位与威严的象征。

大堂是孟府的主体建筑。正厅五楹,硬山单檐,建于高耸的台基之上。周围绕以精致石栏,在参天古桧的映衬下庄严而巍峨。堂前檐下正中悬挂着清雍正帝亲手赐书孟子六十五代孙孟衍泰的"七篇贻矩"匾额。台基下左右两侧的日晷和嘉量,仿皇宫建置,宣示着孟府的权力与威严。堂内正中摆放有文具印玺的公案两侧,依次陈列着"世袭翰林院"、"五经博士"、"肃静"、"回避"的官衔牌及旗、锣、伞、扇等执事器具,气象森严,是孟府大堂宣读圣旨、申饬家规、颁布族谱、处理公务之地。堂前的左右厢房是孟府管理祀田、庶务、礼乐生等的办公所在。大堂并排东、西两侧各建有孟氏宗族家祠"五代祠"(因供奉孟氏当代翰博以上五代先祖木主,故称)和孟氏后裔接待宴请宾客的"见山堂"。

大堂之后为孟府内宅,以内宅门与外府隔开,意味着内家眷而外公务的区别。内宅门内是沿南北中轴依次展开的四进中国北方典型的四合院建筑。第一进世恩堂院取意于孟子后裔世代蒙受皇恩,是孟子嫡裔翰博的居所。主体建筑世恩堂面阔五楹,内存清末民国字画和床榻橱柜等生活用具。东西两侧各有配房五楹,是孟府粮仓库房、管理账目、统理司务之地。其后的赐书楼院、上房院和缘绿楼院可顾名思义,是孟府存放帝王圣旨、钦赐墨宝、古籍文献、族谱档案之地,也是孟氏近族眷属居住、消遣、赏花之处。最后是孟府后花园,作为私家花园面积虽然不大,但园内曲径通幽,花木扶疏,与前几进院落中的石榴、玉兰等花树交相辉映,夏天花香四溢,秋日硕果累累,体现着中国人崇尚自然,人地和谐的传统情结。

在孟府西侧,还附建有孟氏私塾家学建筑,是孟氏后裔家学教学所在地。由前学、后学和孟氏小学楼组成。前、后学的前身是设立于清末的三迁书院。三迁书院废后,于民国初年始创。前、后学均为家塾式学校,前学为孟氏近支后裔品学兼优者就读之所,后学则只收纳翰博子弟就读。孟氏小学楼则是孟子七十四代孙孟繁骥任亚圣奉祀官后,于民国三十二年(1943)创立,由私塾性质渐扩成囊括所有孟氏子弟的家族小学。①

千百年来,孟子嫡裔子孙就是在这样一座府衙合一的建筑群中,恪守着"礼门义路家规矩"的祖训,诗礼传家,修德立行。

三、孟府建筑的文化意义

孟府自始建至今,已历八百余年,与一般的官僚家族豪宅相比,其兴于儒学而又府衙合一的建筑特点,使之成为中国特有的家国同构政治文化的象征和体现。

建筑作为文化的重要组成部分,总是以其特有的空间文化形态,反映着一定民族人们的哲学、伦理和审美,表达着他们的宇宙观、人生观和审美观。

中国传统建筑深受中国传统文化,特别是儒家和道家文化的浸淫。在建筑理念、建筑布局、建筑型制及其建筑样式上,都表现出了迥异于西方的独有特点。反映着中国人天人合一、亲近自然、尊卑有序、等级有差、人本关怀等传统哲学、伦理和审美理念。

而孟府建筑,恰是中国传统建筑的典型体现,自然也全面反映了中国人特有的哲学、心理和意识观念。

首先,天人合一的建筑理念。"道法自然"②是道家哲学的核心概念。这一哲学观念渗透、引导了中国建筑,形成了建筑与自然相谐相融的建筑理念。中国建筑受道家哲学观念的影响,强调建筑与自然的和谐,人与自然的统一。中国的园林建筑自不待言,即在民居建筑中,也从两个侧面突出体现了这一点:一是建筑形式上表现为建筑不是高耸于大地,向空间发展,而是在地面上以南北为中轴,沿地平线前后左右平面铺开;二是建筑布

---

① 邹城市孟子学术研究会、孟氏宗亲联谊会编:《孟子与孟氏宗族》,第264页。
② 《老子》第二十五章,王弼注,楼宇烈校:《老子道德经》,中华书局,2008年。

局装饰上,表现为庭院果树、藤萝的布置,花木、盆景的点缀与花园的曲径通幽、枝叶扶疏相互辉映,彰显人与自然的合一与和谐。孟府建筑的南北中轴,左右对称展开,及附属的庭院花木与花园设置,正是体现了这样的传统理念。

其次,家族群体意识的建筑设计。站在文化的角度审视中国建筑,它又是人伦关系的空间展现。中国建筑中,无论是宫殿建筑还是民居建筑,均以建筑群而非独立的个体建筑形貌呈现。格局设计上结构方正,逶迤交错,钩心斗角,气势雄浑。由简单的基本单位,搭配、组合成一个复杂制约、错落有致的建筑群体。对称中显示着变化,多样中蕴含着统一。在这样的建筑组群中,每一座单个建筑都失去了独立存在的价值,依赖于整体的存在而存在。单个建筑的空间布局与型制安排,也完全由群体组合的整体布局而左右。孟府正是这样一个家族建筑群体的典型。主体建筑以中轴为主线铺展,形成主体院落南北纵深推进,附属院落东西横向延展,中间以曲径、回廊连属,相互呼应而又统一有序的长方形建筑群落。这正是中国家族群体与儒家人伦秩序文化特征在空间上的体现。中国传统文化反馈着中国古老的农耕文明下人对于人与自然关系的理解和诠释。农耕文明的固土重迁,导致了中国人血缘家族意识的特别浓厚。而缺乏近代工业文明下人在自然面前自我意识的膨胀,又决定了中国人在自然面前的理智与审慎。中国传统文明的绵延不辍,更决定了中国传统文化不断随着历史的进展而延伸。这种种因素的整合,决定或规导着中国文化中原始血缘意识和家族群体意识的浓厚。人的生存方式由无血缘意识下"群之可聚也,相与利之也"[1]的原始"群"居特征,迁演为血缘意识下聚族而居的"家族群居"特征后,便随着血缘关系的延续而长期流传和保存下来,千年不变。

再次,等级伦理的建筑布局。儒家最长于体认中国血缘家族文化精髓,其伦理等级思想可谓最贴切地建立在对中国血缘家族文化的深刻理解之上。反过来,儒家伦理文化又强化了中国的血缘家族文化特征。儒家倡导的孝悌为本,尊卑有等,上下有序的社会等级伦理,固化为中国人

---

[1]《吕氏春秋·恃君览》,(汉)高诱注:《吕氏春秋注》,中华书局,1954年。

牢固的意识形态,浸润到中国文化的方方面面,也同样体现在中国建筑文化之中。中国传统的民居建筑格局是轴线清晰,院落分明的四合院。位于南北中轴线上,坐北朝南,地基高耸,且宽敞明亮。由长辈或主人居住的正房,与东西侧对称展开、低矮而狭小、由晚辈或仆人居住的厢房形成鲜明对比。正房与偏房的巨大反差,成为身份、地位、权力等级尊卑的象征。孟府建筑格局的分布正是如此,大堂、世恩堂、赐书楼院、上房院、缘绿院等以南北中轴依次排列,地基高崇,宽阔而明亮,象征着尊严与权力;左右附属厢房,低矮而幽暗,象征着卑微与顺从。清晰地体现着家族"贵贱有等,长幼有差,贫富轻重皆有称者"①的尊卑关系和等级秩序,所以殷海光说:"中国的建筑形式简直就是一种声威符号。……在传统中国,我们一看住宅,就大致可以看出其中主人的地位、历史、身份和声威之大小。"②

最后,人本精神的建筑型制。传统中国是农业大国,"一份耕耘一份收获"的农耕生活,导致了中国人"重实际、黜玄想"的民族文化心理取向。这种"大人不华、君子务实"③务实心理,就像一剂过滤剂,过滤着中国人对宗教的兴致,强化着中国人对人本的关怀。它解释了为什么中国两千年文化历程中,虽有种种土生的和外来的宗教,但却并未使中国人陷于宗教迷狂。相反,世俗、入世情结始终压倒神异、出世的向往。无意于去彼岸世界寻求解脱,却始终着力于此岸世界成圣希贤,建立人生的"三不朽"(立德、立言、立功)。这种"重现实、黜玄想"的人本精神,决定了中国建筑在建造型制上,不是通过建筑高耸入云,将人的注意力引向神秘幽远的天国,而是通过建筑的平面铺开,将人的注意力引向现实人间。在内部空间的安排上,则表现为拒斥空旷,趋向平易和便利人伦日用的空间组合。在建筑材料的运用上,拒绝阴冷生硬的石头和人工合成材料,钟情于象征暖和、自然与生命活力的木质,在与自然的和谐一致中寻求心灵的安宁。

---

① 《荀子·富国》,王学谦:《荀子集解》,《诸子集成》第2册,上海书店出版社,1986年。
② 殷海光:《中国文化的展望》,生活·读书·新知三联书店,2002年,第136页。
③ 王符:《潜夫论》卷十《叙录》,《四库全书》第696册,第430页。

第二节 孟子林庙

一、孟庙的修建与布局

（一）孟庙的三次迁建

孟庙也称"亚圣庙"，是祭祀孟子的场所。若从北宋仁宗景祐四年（1037）孔道辅访孟子墓于四基山并建庙致祭算起，孟庙至今已三改其址。

关于孟庙始建的情况，载于景祐五年（1038），孙复撰《新建孟子庙记》，碑文记述了景祐四年（1037）孔子四十五代孙孔道辅访孟子墓于四基山之阳，并"旁冢为庙"，以岁时祭享[①]，这是有关孟庙的最早记载。

因为四基山的孟庙"距城三十余里"，路途遥远，不便祭祀。后又"别营庙于邑之东郭，以便礼谒"。史料显示，神宗元丰六年（1083），诏封邹国公的次年，又诏孟子配食孔子庙，并更新庙貌[②]。而地颇湫隘，因此而有徽宗宣和三年（1121），县士徐钹："庙濒水亟坏，不四十年凡五更修"[③]的记载。对于这次"更新"，孙傅《先师邹国公孟子庙记》记为："孟子葬邹之四基山，旁冢为庙，岁久弗治。政和四年，部使者以闻，赐钱三百万新之。列一品戟于门。又赐田百亩以给守者。而庙距城三十余里。先是，尝别营庙于邑之

---

① 此碑应是四基山孟庙最早的一块石碑，后几经迁移，清宣宗道光十四年（1834）由孟子七十代孙孟广均移至孟子林享殿西夹室至今。参见刘培桂编著《孟子林庙历代石刻集》，第1—4页。

② 此次更新修葺是朝廷应朝奉郎权发遣兖州军州事兼提取济单州兵马巡检公事李樴奏请："臣窃守是邦，闻其庙在邹镇东北隅，制度极陋，栋宇已坏，仅存其名"，诏由京东路转运司下发兖州府，将修文宣王庙剩余之钱，"于数内郿三百贯文修孟子庙"。见神宗元丰七年五月四日《太常寺牒》和元丰七年九月十九日京（东路转运司牒），牒文由邹县令鱼敏夫于哲宗元祐元年（1086）三月初一日刻石，石现镶嵌于孟庙致敬门内院甬道东侧砖壁。参见刘培桂主编：《孟子林庙历代石刻集》，第6—7页。

③ 孙傅《先师邹国公孟子庙记》，现存孟庙亚圣殿内。参见刘培桂编著：《孟子林庙历代石刻集》，第9—11页。

东郭,以便礼谒。"①以上记载说明以下三个问题:一,北宋神宗时,为方便祭祀,在四基山孟庙外又在城东郭"别营"东郭之庙。因为孙傅碑记中"先是"一词意思非常明确,在政和四年朝廷赐钱三百万"新"四基山之庙之前,就已经"别营"庙于邑之东郭;二,东郭之庙究系何时所建,史料记载不明。不过,我们以上"元丰七年""诏更新庙貌",以及至"宣和三年""不四十年"的叙述,可以大致推算出,东郭之庙的"别营"时间应在元丰初,即北宋神宗元丰五年或六年②期间。三,东郭之庙虽然距城内近了,达到了"便礼谒"的目的。但随之又出现了另一个棘手的问题,即"地颇湫隘"。因为地势低洼,因而"濒水亟坏,不四十年凡五更修"。于是,又于宋徽宗宣和三年(1121)县士徐绂请求县令朱缶许之,"遂以私钱二百万,徙庙于南门之外道左。乡人资之钱者又数十万,而后庙成"③,此即孟庙今址。

至此,完成了孟庙自四基山至城东郭,再至城南门的三次大规模营建。元代张頵《邹国公庙碑铭》简述了迁建经过:"驺孟子庙,有宋景祐四年,孔公道辅守兖州建于墓旁。后自墓旁徙县东郭。宣和三年,令朱缶复徙南门外。"④明太祖洪武六年(1373),孟子五十四代孙孟思谅将三处孟庙绘图分

---

① 孙傅《先师邹国公孟子庙记》,现存孟庙亚圣殿内。参见刘培桂编著:《孟子林庙历代石刻集》,第9页。至于四基山之庙的存废,由孙傅《先师邹国公孟子庙记》城南孟庙"与山中庙轮奂相辉"的碑文记载可知,至宋徽宗宣和四年(1122)城南之庙建后依然存世。金代赵伯成于金卫绍王大安三年(1211)《重修邹国公庙记》中也有:"距邹仅一舍,在四基亦有孟茔之旧祠字严立。于县之南,就文明之地而庙复建"的记载。元末,郑质于元顺帝至正三年(1343)所撰《思本堂记》有:"四基山右麓,邹国亚圣公墓前祭堂,岁久摧毁。至正二年春,五十二代孙族长孟惟让,出庙帑楮币千余缗重建……不事华饰,务阕攸久"(元郑质《思本堂记》,碑现存孟子林享殿西夹室。参见刘培桂编著:《孟子林庙历代石刻集》,第72页),这是所见四基山庙最后的一次修葺,此庙"攸久"至何时,以至最终何时彻底摧毁无修,史无明载。但至少,据以上资料可以推见,四基山之庙自北宋仁宗景祐四年(1037)始建,至明初,阅300年之久。
② 注:元丰七年东郭之庙已建,而由宣和三年倒退四十年,恰值神宗元丰四年,而"不四十年",说明自建至宣和三年不到四十年,由此推算,东郭之庙"别营"时间必在北宋神宗元丰四年至七年之间,约元丰五年或六年。
③ 孙傅《先师邹国公孟子庙记》,现存孟庙亚圣殿内。另见刘培桂编著:《孟子林庙历代石刻集》,第9页。另孟广均编清德宗光绪本《重纂三迁志》卷四《祀典》有:"宣和三年,县令朱缶从邑人徐绂请,改建孟子庙于邹之南门外,监察御史孙傅为之记。"(苗枫林主编:《孔子文化大全》,第218页)
④ 张頵撰《邹国公庙碑铭》,碑由达鲁花赤忽哥赤于元成宗元贞元年(1295)八月朔日立石,现存孟庙启圣殿院甬道东侧。参见刘培桂编著:《孟子林庙历代石刻集》,第25—26页。

别以"四基山坟庙图"、"宋东廊之庙"、"宋南门外庙制"镌刻于《孟氏宗传祖图》碑碑阴。①

宣和三年南门孟庙初成时的规模,孙傅曾于《先师邹国公孟子庙记》中略有概述:"总四十楹。中为殿,安神栖,绘群弟子像于两庑。又为孟氏家庙于其东。以扬雄、韩愈尝推尊孟子,故又为祠于其西。重门夹庑,壮丽闳伟,与山中之庙轮奂相辉矣。"②可见,当年即具"壮丽闳伟"的规模。

不过,现在所见到的孟庙,早已不是宣和之旧观,宣和南门孟庙建成后,又历经金、元、明、清八百年兴废、重修与增建。其中除了少数几次系由孟氏后裔,如五十二代孙孟惟恭于元泰定帝泰定年间苦心经营,"计其子本所入,次第兴创"③,和七十代孙孟广均于清宣宗道光年间"自输资财,竭力修葺"④外,其余多系由政府组织支持修建。据明轩《孟庙历代修葺概况》统计,南门孟庙自建成之后迄今,有史可查的重大修葺,达40次之多⑤,以朝代计,包括金代1次,元代6次,明代20次,清代13次。以修葺方式计:其中重修、补修22次,重建5次,增建9次,帝王敕修增建4次。即若其中的重修、补修不会大改框架,然而其重建、增建则必日益远离原貌。但无论如何,从大趋势上看,屡次重建增建的结果是,其规模"壮丽闳伟"更胜当年。

(二) 孟庙的建筑布局

经过历代不断的修葺扩建,今日所见孟庙的规模,已远比当年闳伟壮丽。但在总体布局上依然遵循了中国传统的建筑风格和样式。呈现为南北中轴排列,左右对称展开的长方形古建筑群。在南北长四百多米,东西

---

① 《孟氏宗传祖图》碑,现存孟庙启圣殿门前东侧回廊下。参见刘培桂编著:《孟子林庙历代石刻集》,第95—100页。
② 孙傅《先师邹国公孟子庙记》,碑现存于孟庙亚圣殿内。参见刘培桂编著:《孟子林庙历代石刻集》,第9页。
③ 桂孟:《孟惟恭墓志》,现已不存。见史鹗编明世宗嘉靖本《三迁志》卷六《碑记二》(现存北京首都图书馆)。另收入刘培桂编著:《孟子林庙历代石刻集》,第89页。
④ 《重修断机堂记》,碑原存孟母三迁祠,已毁。文收入刘培桂编著:《孟子林庙历代石刻集》,第408页。
⑤ 明轩《孟庙历代修葺概况》,载济宁市政协文史资料委员会、邹县政协文史资料委员会:《孟子家世》,第143页,并见该书150—152页列表。

宽九十多米,总计占地四万多平方米的长方形区域内,建有殿宇六十四楹,碑亭两座,木门坊四座,石坊一座,整体建筑布局方正严谨,错落有致。

中轴线上,自南向北依次为棂星门、亚圣庙坊、泰山气象门、承圣门、亚圣殿和最后的寝殿。

棂星门为一木结构门坊,此坊据丁宝桢于清德宗光绪二年(1876)撰《重修亚圣孟子庙碑》记载,为清穆宗同治十二年(1873)重修孟庙时所建①。坊额上三个楷书"棂星门"贴金大字,即为此次主修者山东巡抚丁宝桢手书。取天上文星下凡,地上尊圣如天之意。据考证,棂星门的出现不晚于唐代,在建筑样式上有南方和北方的区别,在材质上又有木结构和石结构之分。但总起来看北方尚简洁,突出气势之宏;南方尚精致,彰显雕刻之美。不过与众不同的是,地处北方的孟庙棂星门却集南北方特色于一身,壮伟而不乏华丽。其内院东、西侧的"继往圣"和"开来学"坊与棂星门坊同时建造,以表彰孟子"继孔子之往,开儒学之来"的历史功绩。

亚圣庙坊是一四柱三门的石质门坊,从石坊东侧明万历九年所立《邹国亚圣公庙》碑文可知,这座门坊为明代孟庙大门。具体建筑年代不甚清楚,大致不出明万历九年之前。

泰山气象门,取意于朱熹:"仲尼,天地也。颜子,和风庆云也。孟子,泰山岩岩之气象也。"②为一歇山式斗拱承托门楼,三启门洞,高大巍峨,寓意皓然的圣贤气象。

承圣门与致敬门、启贤门三门并列,分别开启了孟庙的中、西、东三路。西院致敬门院内墙垣上镶嵌着历代名人祭谒孟庙的题咏碑刻;东院中轴甬道两侧集中竖立着众多历代有关孟庙修葺、历代封赠的碑刻,此即堪称孟

---

① 丁宝桢《重修亚圣孟庙碑》:"孟庙之在邹,虽非通祀,而天下宗之矣。顾以军事方殷,失修良久,于心怒然。东省肃清之岁壬申,始得筹款鸠工,为修葺计。派委道员陈锦,县令王恩湛、耿天九、邑绅董炳、孙文岐等履勘估计。除棂星门、继往、开来坊平地起造外,正院门殿再重,东院邾国公、宣献夫人殿,西院家庙、致严堂,凡栋宇台砌、垣扉龛案之朽窳无用,及高广失宜、文不中度者,更新之、易置之什七八。加置天震井、古柏石栏,立焚帛池于殿之西北。自癸酉二月初十日兴工,凡八阅月,并述圣庙、断机堂葳事。计费银一万七千余两。"碑现存孟庙启圣殿院甬道西侧。另见刘培桂编著:《孟子林庙历代石刻集》,第444页。
② 朱熹、吕祖谦:《近思录》卷十四《圣贤》,《四库全书》第699册,第119页。

庙历史长廊①的"孟庙碑林"。门前左侧是重檐斗拱,绿色琉璃瓦覆顶的康熙《御制孟子庙碑》亭,左右方各有出入孟庙的主要通道"知言门"、"养气门"和孟庙祭祀时准备牺牲与祭器的"省牲所"、"祭器库"。

亚圣殿是孟庙的主体建筑,广七楹,其重檐歇山式建筑样式,绿色琉璃瓦覆顶及戗脊上陈列的七只"戗兽",彰显着仅次于皇家的王者风范。②大殿正中门额和东、西两侧抱柱上分别为乾隆皇帝御赐:"道阐尼山"横匾和"尊王言必称尧舜,忧世心同切禹颜"楹联。殿内亚圣孟子塑像上方,横悬雍正帝手书:"守先待后"金匾。殿院东、西侧有安放配祀神位的东、西庑各七楹,前有天震井和乾隆御碑亭。这是孟庙中文化内涵最为丰富的所在。

寝殿是孟庙主轴的最后一座建筑。始建于元成宗元贞元年(1295),原名为"邾国公祠堂",是供奉孟子父母的殿堂。明弘治十年(1497),增修孟庙时改为"寝殿",成为祭祀孟子夫人田氏的专祠。③

以上主体建筑与西路的致严堂、祧主祠、焚帛池和东路的启圣殿、孟母殿共同构成了中国传统南北中轴、左右对称、参差有别、高低错落的建筑群落。巍峨的建筑与上百年的苍松、翠柏、银杏、古槐、紫藤相互映照,营造了千年贵族庙堂的昭穆森严与历史凝重。面对着它,不由得你不产生类似赵炯"森森古柏啼幽鸟,落落残碑锁绿苔。气象泰山难料想,纲常大道孰修裁。圣贤门下莫云躁,欲待无言似未来"④的唏嘘与感叹。

---

① 注:此碑林中共保存孟庙历代碑碣二百八十多块。涵盖了秦、汉、晋、唐、宋、金、元、明、清多个朝代,篆、隶、行、草、楷多种字体,以及政治、经济、军事、文化多方面内容,实为研究我国古代历史与文化的珍贵资料。几与西安碑林、曲阜孔庙碑林相埒。
② 我国古建筑的屋顶、戗兽号称中国建筑之冠冕。由最初排泄积水、稳定戗脊的实用价值逐步发展为等级的象征。屋顶以重檐庑殿顶最高贵,其次是重檐歇山顶。戗兽则以数量多少决定等级高低,除古宫太和殿为特殊的十个外,其余由九、七、五、三,依次降低。此外,屋顶瓦的颜色也以黄色琉璃瓦、绿色琉璃瓦和黑陶瓦分别代表着皇家、贵族王侯和普通之家的等级之分。孟庙亚圣殿的重檐歇山式绿色琉璃瓦屋顶和戗脊上的七个戗兽,都代表着孟庙仅次于皇家和孔庙的贵族王侯气派。
③ 见元曹元用于泰定帝致和元年(1328)撰《邾国公祠堂记》,现存孟庙启圣殿院甬道东侧;明刘健于孝宗弘治十年(1497)撰《重修邹县孟子庙记》,现存孟庙启圣殿院甬道西侧。另见刘培桂编著:《孟子林庙历代石刻集》,第55、174页。
④ (明)赵炯《谒亚圣庙》,石刻现镶嵌于孟庙致敬门内院东壁。参见刘培桂著:《孟庙历代碑文题咏选注》,泰山出版社,2009年,第262页。

二、中国祭祀文化与孟子林墓的兴建

(一) 中国墓葬文化与孟子墓的兴建

墓葬,作为人类的一种文化行为和现象,是随着人类文明的诞生而诞生的。考古发现显示,中国的墓葬习俗早在史前,就与灵魂不灭观念的产生共生。在历史发展长河中,经历了由不死的灵魂,到权力的体现,再到情感寄托与等级秩序维系的三个阶段性发展。

《孟子·滕文公上》有:"上世尝有不葬其亲者,其亲死,则举而委之于壑。……他日过之,狐狸食之,蝇蚋姑嘬之。其颡有泚,睨而不视。……归反虆(盛土器)梩(铲土器)而掩之。"《孟子》描述了上古雏形时期的葬俗。无独有偶,《礼记·檀弓上》和《周易·系辞下》也都有"古也墓而不坟"、"古之葬者,厚衣之以薪,……葬之中野不封不树"的类似记载。这是人类初期尚无生死观念的反映。

根据考古发现,从距今一万年前的旧石器时代晚期开始,人类就已经有了死亡与灵魂不灭观念,随之而产生了相应的丧葬仪式。1933年我国考古工作者在北京周口店山顶洞发现了山顶洞人上室、下室和下窨三层的居住遗址。在下室坟墓区的尸骨周围,发现了装饰品、生产工具和红色的赤铁矿粉。万年以前的祖先似乎在用特定的形式表达着某种愿望或信仰。这应该是灵魂不死观念在丧葬习俗上的反映。对于其中缘由,恩格斯曾在《路德维希·费尔巴哈和德国古典哲学的终结》进行过相关分析:"在远古时代,人们还完全不知道自己身体的构造,并且受梦中景象的影响,于是就产生一种观念:他们的思维和感觉不是他们身体的活动,而是一种独特的、寓于这个身体之中而在人死亡时就离开身体的灵魂之活动。从这个时候起,人们不得不思考这种灵魂对外部世界的关系。既然灵魂在人死时离开肉身而继续活着,那么,就没有任何理由去设想它本身还会死亡;这样就产生了灵魂不死的观念。"[①]既然灵魂是不死的,那么,就会产生生者对死者灵魂的

---

① 恩格斯:《路德维希·费尔巴哈和德国古典哲学的终结》,《马克思恩格斯选集》(第4卷),第219—220页。

某种美好的渴求和祈盼,这是原始丧葬习俗产生的心理因素。包括此后新石器时代仰韶遗址的公共墓地和红山文化的大规模石冢,都以外在物化的形式表达着早期先民内在的观念世界——灵魂不死与祖先崇拜。

可见,丧葬习俗的源头本出于人的亲情。但是,随着私有制的出现,这一观念也随同人的异化而异化。源出于亲情的丧葬习俗,掺杂进了等级、专制的残酷而浸泡在了被奴役者的血腥里。权力在握的奴隶主甚或某些残暴的专制君主,在"视死如生"的观念驱使下,除了建造更大的墓葬、随葬更多的陪葬品以外,甚至用活人殉葬。商代安阳侯家庄西北岗和武官村王陵大墓动辄几百人的大规模杀殉,是专制与特权在丧葬习俗上的典型反映。

然而,随着人类文明的进步,这种权威在丧葬上的残酷终被艰难地摒弃。崇尚"天地之性,惟人为贵"①,强调仁爱至上的孔子应该算作率先抨击丧葬残忍的先驱之一。《孟子·梁惠王上》有引述孔子的话:"仲尼曰:'始作俑者,其无后乎!'为其象人而用之也。"以像人形的俑殉葬都反对,更遑论杀人以殉。

以孔子为先驱,儒家的丧葬理念,是超越奴隶制的残酷,在更高层次上向史前人情的回归——由孝的情感寄托出发,以求社会秩序的稳定。《论语》、《礼记》中有大量关于孔子丧葬重在体现人的情感的记述。《礼记·檀弓》记载孔子将父母合葬后,"古也墓而不坟,今丘也,东西南北之人也,不可以弗识也,于是封之,崇四尺"②。为了表述怀念情感而封坟祭墓,实属发乎人情。这正是孔子重视"民、食、丧、祭"③,主张"丧事不敢不勉"④的落脚点。正因如此,孔子在关于丧俗的论述中才总是不厌其烦地表达着不事华丽形式,注重哀思表达的丧葬理念。《论语·子张》:"丧至乎哀而止。"《论语·子罕》:"麻冕,礼也,今也纯,俭,吾从众。"《论语·八佾》:"礼,与其奢也,宁俭;丧与其易也,宁戚。"从现存的《礼记》、《周礼》、《仪礼》、《吕氏春秋》等早期文献看,从"不封不树"到"又封又树",从祭于庙到祭于墓,新的

---

① 《孝经·圣治章》,邢昺:《孝经注疏》,《十三经注疏》(下册)。
② 阮元:《十三经注疏》(上册),第1275页。
③ 《论语·尧曰》,程树德:《论语集释》。
④ 《论语·子罕》,程树德:《论语集释》。

墓葬封树制度再一次从发乎情到止乎礼,成为新一轮等级秩序的维系要素。这一演化过程,在周代就已完成了,《周礼·地官司徒·冢人》"以爵等为丘封之度,与其树数"的记载就说明了这一点。

被埋葬的是死者,而执行埋葬的则是生者。因而,丧葬反映的是生者的意识,是活着的人的思想在一定社会条件、传统观念、宗教教义、社会意识等诸多方面引导、制约下的现实体现。正由于中国墓葬制度及其葬俗发源于亲情流露,又糅合了亲族、权力、等级等凝聚家族与民族情感的诸种复杂因素。由此成为培养忠孝精神,团结宗法家族,维系国家稳定的重要途径。

首先,活着的人对死去的人所尽的种种义务,是与死者有关的各方关系在死者身后的延伸。史前的丧葬仪式多在灵魂不死观念下形成。那时候,人们确信人虽然死了但灵魂永恒,由此产生了对死者灵魂的祈求与崇拜。原始宗教观念由此产生。但东周以后,随着人神关系的颠倒,哲学的挺立,灵魂不死的观念已悄然退位。与之相伴随,丧葬仪式也由祖先崇拜的表达转向人的情感抒发与维系。所谓:"祭者,所以追养继孝也。孝者,畜也。顺于道,不逆于伦,是谓之畜。……是故孝子之事亲也,有三道焉:生则养,没则丧,丧毕则祭。养则观其顺也,丧则观其哀也,祭则观其敬而时也。尽此三道者,孝子之行也。"①借助对死者的追念仪式,实现生者之间的关系维系,这正是死者与生者关系延伸的体现。

其次,通过生者与死者的关系延伸与维护,达到"慎终追远,民德归厚"②的教化目的。农耕社会下,生产经验的获得依赖于先辈的经验传授和楷模示范。同样,人际关系的维系也依赖于上下代之间的情感与道德传递,即后代人由血缘传承的感恩而衍生出道德意识的承续。这就把家庭血亲情义自然地扩延到了社会文化意义。如此一来,在"家国同构"的社会结构模式下,诸如聚族而葬②、墓前缅怀与岁时而祭等的丧葬形式,既成为凝聚家族关系,维系家族秩序的纽带,也成为调整社会关系,维护

---

① 《礼记·祭统》,(清)孙希旦注:《礼记集解》,《十三经注疏》。
② 注:文献显示,聚族而葬已于周代形成,《周礼·地官司徒》有"令国民族葬,而掌其禁令"的"墓大夫"一职。

社会秩序的基础。

　　再次,通过丧葬仪制体现社会等级秩序。随着东周以后新的社会等级秩序的确立,丧葬仪制也越来越成为这一新的等级秩序的体现者。无论是丧期、丧服的不同,丧葬仪式上排序、站位、职司的不同,还是坟墓"昭穆"的排列,封土高低及植树数量、种类的不同,乃至于葬区之大小、石兽之种类、墓碑之尺寸等①,都以其特有的方式,巩固和强化着社会等级与尊卑观念。《易传》的表达很精辟:"天尊地卑,乾坤定矣;卑高以陈,贵贱位矣。"②对于君主专制而言,尊卑等级是它的基础和保障。

　　孟子林墓的营建、祭享仪制及其功用一如中国传统。

　　今日所见孟子墓,位于山东邹城市东北三十里的四基山麓。如前述,孟子地位是在唐宋以后,随着儒家理论论证及社会政治之需才不断上升的。所以,在孟子殁后,唐宋以前的千余年间,其生前事迹及死后葬地缘于其社会地位的低下而始终湮没无闻。这种状况一直持续到宋代,在孟子学术与政治地位明显提高的社会环境下,由孔道辅的重视而始兴。

　　北宋仁宗景祐三年(1036),孔道辅始知兖州府,"以恢张大教兴复斯文为己任,常谓诸儒之有大功于圣门者,无生于孟子",且适逢"邹昔为孟子之里,今为所治之属邑",以为"当访其墓而表之,新其祠以祀之,以旌其烈",于是"以其官吏博求之,果于邑之东北三十里有山曰四基,四基之阳得其墓焉③。遂命去其榛莽,肇其堂宇,以公孙丑、万章之徒配"④。从此,孟子墓

----

① 《礼记·祭统》记有:"昭穆者,所以别父子远近长幼亲疏之序而无乱也";《周礼·地官司徒》记有:"先王之葬居中,以昭穆为左右。凡诸侯居左右以前,卿大夫士居后,各以其族……以爵等为上封之度,与其树数。"贾公彦疏曰:"尊者丘高而树多,卑者封下而树少。"另外班固《白虎通义》引《春秋·含文嘉》也有"天子坟高三仞,树以松;诸侯半之,树似柏;大夫八尺,树以栾;士四尺,树以槐;庶人无坟,树以杨柳"的记载。(班固:《白虎通义》卷下《崩薨》,《四库全书》第850册,第73页)
② 《周易·系辞上》,(魏)王弼,(晋)韩康伯注,(唐)孔颖达正义:《宋本周易注疏》,中华书局,1988年。
③ 注:孔道辅确认孟子墓在四基之阳的依据,史无明载,今见较早记载为孙弼于金宣宗贞祐元年(1213)所撰《邹公坟庙之碑》引晋郭璞云:"邾城北有绎山,绎山北有牙山,牙山北有唐口山,唐口山北有阳山,阳山北有孟轲冢焉。今四基山者是也。"而晋郭璞的结论又源于何,无考。
④ 孙复《新建孟子庙记》碑,现存孟子林享殿西夹室。碑文另见刘培桂:《孟子林庙历代石刻集》,第2页。

才得以确认,以后元、明、清各代不断扩建维护,祭享不断。

总起来看,宋、元、明、清,在政府的支持下,以地方官僚和孟子后裔为主,通过政府拨款和私人捐助及孟氏后裔自行筹资等方式,不断扩建和维护孟子林墓。其中有确切资料可查的就不下数十次,如下表①:

朝代	时间	修建	立碑(题额)	置地(数量)	植林(株)
宋	仁宗景祐四年(1037)	孔道辅			
元	世祖至元十四年(1277)		霍天祥(先师邹国公墓)		
	成宗元贞元年(1295)	司居敬			
	泰定帝泰定五年(1328)			朝廷(30顷)	
	顺帝至正二年(1342)	孟惟让			
明	宣宗宣德九年(1434)	鲁惠王			
	代宗景泰六年(1455)			朝廷(7顷31亩4分)	
	世宗嘉靖四十一年(1562)	章时鸾		章时鸾(50亩)	章时鸾(3 000株)
	明穆宗隆庆元年(1567)				孟氏族长孟衍崇、举事孟继梅(柏、杨数十株)
	神宗万历三十五年(1607)			胡继先(35亩)	
	神宗万历四十六年(1618)			李凤翔(30亩)	
	熹宗天启三年(1623)			毛芬(数量无)	

---

① 注:本表主要参照孟府、孟庙及孟子林墓碑记石刻、孟广均编清德宗光绪本《重纂三迁志》以及刘培桂《孟子林墓何以千古不泯》一文(收入刘培桂著:《孟子与孟子故里》,中国文史出版社,2001年,第128—135页)等材料整理而成。

(续表)

朝代	时间	修建	立碑(题额)	置地(数量)	植林(株)
清	圣祖康熙三十六年(1623)	吴涵			
	圣祖康熙五十年(1711)			娄一均(6亩)	
	世宗雍正十年(1732)	孟衍泰			
	仁宗嘉庆二年(1797)	孟传桂			
	宣宗道光十四年(1834)		孟广均(亚圣孟子墓)		
	浦仪宣统二年(1910)	孙宝琦			

自宋迄清,孟子墓历经千年风雨,屡经倾圮,又几度重建,终成蔚然大观:一千五百米神道之后,是七千多株柏、桧、柞、杨、榆、槐、枫、楷各类树木簇拥、覆盖的占地九百多亩的茫茫林海。林海之中,就是兀然挺立的孟子墓、享殿及其环绕周围的孟氏家族后裔的坟墓。它们与环绕周围根须裸露,却依然枝繁叶茂、生机盎然的桧柏交相辉映,在历代岁时祭祀的礼乐声中[①],见证着中国历史的悠久沧桑和中国文化的深刻厚重。

(二)中国祭祀文化与孟子林庙祭祀

许慎《说文解字》以"以手持肉"向神灵致敬解"祭"[②]。可见,祭祀是以丰厚的礼品,恭敬的态度和隆重的仪式向神灵致以敬意,以求得神灵帮助实现人力难为的愿望。

祭礼产生于早期生产力低下情况下人类对自然界不可抗力的崇敬与膜拜。《礼记·祭法》记载了中国早期祖先多神崇拜的情况:"燔柴于泰坛,祭天

---

① 注:关于孟子墓祭的程序方式,与庙祭大体相同或略简,至于其祭祀时间,限于史料缺乏详细情况已无从可考。从现存明代的两块石碑,神宗万历三十六年(1608)胡继先《增置四基山孟夫子墓陵祭田记》和万历四十六年(1618)李凤翔《捐俸银置习祭田记》的记载,前者记为:"除春、秋庙祭外,祭以伍月之伍日,柒月之望日,玖月之玖日",而后者则记为:"每岁十月初一日,备办猪羊祭品香帛等物,永祀孟夫子墓前。"(前者现存于孟子林享殿西夹室,后者现存于孟庙致敬门内院甬道东砖壁西侧。两篇碑文均收入刘培桂主编《孟子林庙历代石刻集》,第274、290页)相隔十年而祭祀时间不同。可以推见,孟子墓的祭祀时间依朝代和时间的不同而各异。

② 许慎:《说文解字》,中华书局,1963年,第8页。

也;瘗埋于泰折,祭地也。用骍犊,埋少牢于泰昭,祭时也。相近于坎坛,祭寒暑也。王宫,祭日也。夜明,祭月也。幽宗,祭星也。雩宗,祭水旱也。四坎坛,祭四方也。山林川谷丘陵能出云,为风雨,见怪物,皆曰神。有天下者,祭百神。"随着生产力水平的提高和对自然灾害抵御能力的增强,这种早期的万物有灵论逐渐凝练为以天神、地祇和人鬼为对象的祭祀礼制与祭祀传统。其中的"人鬼",是由父系社会以来随着灵魂不死发展而来的男性祖先崇拜。至周代,这些观念的东西外化为繁琐的祭祀礼制,构成了严密而复杂的周代礼制的重要组成部分。关于这一点,早期文献在理论和实践上都不乏有力佐证。前者如《左传·成公十三年》:"国之大事,在祀与戎。"《礼记·祭统》:"凡治人之道,莫急于礼;礼有五经,莫重于祭。夫祭者,非物自然至者也,自中出,生于心也";后者如《周礼·天官冢宰》中负责"以八则治都鄙"的"大宰",治都鄙的第一则就是"祭祀,以驭其神"。《尚书·金縢》中还有周公"为三坛同墠。为坛于南方北面,周公立焉,植璧秉珪,乃告大王王季文王"的记载。周公因为武王有疾,而设坛、墠祭周朝三代先祖大王、王季与文王。

  周代的祭祀与其它礼制一样,建基于中国以亲亲为核心的血缘等级之上。所谓:"天地之祭,宗庙之事,父子之道,君臣之义,伦也。"①不同的等级身份其祭祀对象、仪制乃至于祭品都有严格规范,繁复而自成体系。至春秋时期,随着人神关系的颠倒,祭祖的内涵也悄然发生了变化,由对祖先的敬畏与祈求,转为"致意思慕之情"的伦理表达。此后,由秦汉迄于明清,祭祀由上层帝王普及于平民社会,成为一般百姓的心灵寄托。所谓:"礼者,履也,所以事神致福也。"②由此而逐渐凝练成为一种传统,承载着收拾人心,凝聚亲情,维系家族的重要的社会职责而千年不衰。

  随着隋唐以后家族组织的重建,到宋代,以二程和朱熹为代表的理学家们再次强调了祭祀的重要,并结合社会现实,对祭祀仪制提出了一些新的创见。

  程颐指出:"四时祭用仲月。时祭之外,更有三祭:冬至祭始祖,立春祭先祖,季秋祭祢。他则不祭。冬至,阳之始也。立春者,生物之始也。季秋

---

① 《礼记·礼器》,(清)孙希旦:《礼记集解》。
② 许慎:《说文解字》,第7页。

者,成物之始也。祭始祖,无主用祝,以妣配于庙中,正位事之。祭先祖,亦无主。先祖者,自始祖而下,高祖之上,非一人也,故设二位。常祭止于高祖而下。旁观有后者自为祭,无后者祭之别位。……家必有庙,庙中异位,庙必有主,其大略如此。且如豺獭皆知报本,今士大夫家多忽此,厚于奉养而薄于祖先,甚不可也。"①

朱熹沿着程颐的思路继续论证:"冠婚丧祭,礼之大者,今人都不理会。豺獭皆知报本。今士大夫家多忽此,厚于奉养而薄于先祖,甚不可也。某尝修六礼,大略家必有庙,庙必有主。以上即当祧也。"并设计了包含月祭、四时祭和忌日祭在内的三种祭祀形式:"月朔必荐新,冬至祭始祖,立春祭先祖,季秋祭祢,忌日迁主祭于正寝。凡事死之礼,当厚于奉生者。人家能存得此等事数件,虽幼者可使渐知礼义。"②朱熹对祭祀的重视,贯彻了孟子"养生者不足以当大事,惟送死可以当大事"③的丧祭理念。通过时时祭祀,不断强化子孙的报本思想,时时拉紧彼此之间亲密的血缘关系,增强家族凝聚力、共荣感和共属意识。通过这样代代相传的耳濡目染,绵延下来,便可取得维护社会教化,维系社会秩序稳定的良好效果。《礼记·祭统》明确阐述为:"夫祭之为物大矣。其兴物备矣。顺以备者也,其教之本与。是故君子之教也,外则教之以尊其君长,内则教之以孝于其亲,是故明君在上,则诸臣服从,崇事宗庙社稷,则子孙顺孝。"④

明代方孝孺在《童氏族谱序》中,再次论述了维系家族组织长期存续的意义和有效途径:"有天下而不能为千载之虑者,必不能享百年之安。为一家而无数世之计者,必不获乐其终身。事变之生,固非智计之所能尽备也,然古之贤者宁使思虑出于事物之外,而不使事物遗乎思虑之表。方其燕安无事之时,日夜之所营为,恒恐一事之未周而启将来之患,一时之或懈而基无穷之忧。人固疑其为计之过也,而不知必如是,然后可委诸天命。……孝弟忠信以持其身,诚恪祠祭,以奉其祖,明谱牒,叙长幼亲疏之

---

① 程颢、程颐:《二程遗书》卷十八《伊川先生语四》,第189页。
② 朱熹、吕祖谦编选:《近思录》卷九《制度》,第149页。
③ 《孟子·离娄下》,朱熹:《孟子集注》,《四书章句集注》。
④ 阮元:《十三经注疏》(下册),第1604页。

分,以睦其族,累世积德,以求无获罪于天。修此则存,废此则亡,此人之所识也。"①方孝孺所强调的家系继绝,从家族血缘的传承指向家族遗风与家族荣誉的传承,即所谓"名门家系"的延续。

徐扬杰总结了历史上不同地域存在的三种祭祀形式,认为:对于一般封建家族,特别是宋以后的封建家族而言,祖祭的种类主要包括寝祭、墓祭和祠祭三种,亦即所谓"祭各不同,有家祭(即寝祭),有祠堂之祭,有茔墓之祭"②。

寝祭是家族中个体小家庭在家中的祖祭。在家庭住宅的正房或厅堂的正中处,设龛供奉自己小家庭直系祖先(一般到高祖为止,高祖以上的牌位迁至祠堂)的牌位。形式包括朔望祭、中元馈祖、除夕祭龛和祖先诞忌祭。

墓祭也叫扫墓,是家族中比寝祭规格高一级的祭祀,仅次于祠祭。祭祀形式或为春、秋两祭,或为清明一祭,或为其它约定的祭日(如孟府就规定五月五日,七月七日祭)。届时,族人前往由始祖开始的祖先墓前依次献祭。墓祭仪式完毕后,再查看祖墓是否有倒塌毁坏的情况,或当即修整或另择吉日修葺。徐扬杰指出:墓祭的本意,原在于对死去的祖先寄托哀思,不忘家族本源。但明清以后,墓祭多已违离本意,蜕变为或显示家族势力以威慑族众与异姓家族,或作为族众借以游览、宴饮的机会。

祠祭也叫庙祭或族祭。祭所在祠堂或家庙。这里既是家族祖先灵魂栖身之所,也是家族凝聚力的象征所在。祠(庙)祭本源于墓祭,汉代以后傍墓建祠(庙),而有祠(庙)祭。所以宋濂有"古者墓无祠,庶人唯祭其祢,礼也。至汉尝祠墓矣,祭尝及高祖"③的说法。祠祭的形式以春、秋大祭为主,这也是家族中最隆重、最盛大的祭祀仪式,包括置备祭品,主祭的宗子、族长及各级执事人员提前演习和正式祭祀几个步骤。

从祭祀礼制的内部结构和组织系统看,祭期、祭仪和祭品构成了传统祭祀的三大要素。对此,在早期记载和解释周代礼典的《周礼》、《仪礼》和《礼记》中都有详细论述。之后,虽然因时间和地域的不同,或理论阐述与社会实践的不同,而在内涵上呈现着较大的差异。但总体来看,每一要素

---

① 方孝孺:《逊志斋集》卷十三《序·童氏族谱序》,《四库全书》第1235册,第384页。
② 徐扬杰:《中国家族制度史》,人民出版社,1992年,第357页。
③ 宋濂:《文宪集》卷二《记·平阳林氏祠学记》,《四库全书》第1223册,第285页。

中又都有恒久且共同强调的内容。这些内容超越了时间和地域界域,成为中国传统祭祀礼制普适的核心或宗旨。

关于祭期,特别强调间隔时间的疏密中允。如《礼记·祭义》中所规定的:"祭不欲数,数则烦,烦则不敬;祭不欲疏,疏则怠,怠则忘。是故君子合诸天道,春禘秋尝。"郑玄注:"忘与不敬,违礼莫大焉。合于天道,因四时之变化,孝子感时念亲则以此祭之也。春禘者,夏殷礼也。"朱熹还据此制定了时祭、月祭和忌日祭。但这相对于繁忙的生计仍不失过密,因而春、秋祭和忌日祭成为较为普遍盛行的祭期。

关于祭仪,强调祭祀者态度的虔诚。所谓:"夫祭者,非自外至者也,自中出生于心也。心怵而奉之以礼,是故唯贤者能尽祭之义。……忠臣以事其君,孝子以事其亲,其本一也。……是故贤者之祭也,致其诚信,与其忠敬,奉之以物,道之以礼,安之以乐,参之以时,明荐之而已矣。"①"祭祀,与其敬不足而礼有余也,不若礼不足而敬有余也。"②

关于祭品(包括礼器),强调依祭祀者身份等级的不同,而在祭器与祭品种类与多寡方面的不可僭越。如《礼记·礼器》所说:"先王之制礼也,不可多也,不可寡也,唯其称也。是故君子大牢而祭,谓之礼。匹夫大牢而祭,谓之攘(盗窃)。"

除此之外,还有一个祭祀场所的问题。祭祀场所虽然会因地域及祭祀者身份的不同而不同。但在总的趋势上,经历了由原始、质朴的扫地而祭、除地而墠,到简单加工的封土为坛、掘地为坎,最终演变为复杂、奢华的建庙、立墓的三段式变迁历程。③

---

① 《礼记·祭统》,(清)朱希旦:《礼记集解》。
② 《礼记·檀弓》,(清)朱希旦:《礼记集解》。
③ 注:从祭祀仪制的发展变化历程看,祭祀场所经历了三大变革期:早期祭祀讲求仪式的质朴,对于祭祀场所没有固定的要求,常依祭祀对象的不同而随地献祭,故有"至敬不坛,扫地而祭"(《礼记·礼器》)和"除地为墠"(《礼记·祭法》"设庙祧坛墠而祭之"条下注,阮元《十三经注疏》下册,第1589页)的记载。以后,随着祭祀仪制的正规化,又逐渐有了"封土为坛"、"掘地为坎"作为祭祀场所。坛高起以寓为阳,坎下陷以寓为阴,故有"祭山林丘陵于坛,川谷于坎"(《礼记·祭法》"埋少牢于泰昭"条下注,阮元《十三经注疏》下册,第1588页)"祭日于坛,祭月于坎,以别幽明,以制上下"(《礼记·祭义》)的说法。其后,又在坛、坎的基础上进一步筑墙为屋,陈祖先灵位于宫为庙,埋祖先之体于地为墓。宫庙、陵墓,成为祭祀,特别是祭祖的最后、最复杂、最高级的人工祭祀场所。可见,祭祀场所也经历了由低级到高级,由简单到复杂,由质朴到奢华的发展历程。

源于对血缘家族的重视,形成了旨在维系血缘与家族伦理的繁杂的祭祀文化。作为植根于中国血缘与家族文化之上的儒家文化,自然成为最善于探寻、体现和张扬中国祭祀文化的代表。《礼记·祭统》记有:"昔者周公旦有勋劳于天下,周公既没,成王、康王追念周公之所以勋劳者,而欲尊鲁,故赐之以重祭,外祭则郊、社是也,内祭则大尝、禘是也。"这段论述,为儒家文化对中国祭祀文化的张扬做了极好的诠释。

　　颇受鲁风浸润的儒家创立者孔子,为了摆脱礼崩乐坏的社会困境,寄希望于经由亲亲、敬宗、睦族的途径重塑社会等级秩序。以孝为本,事鬼祭祖理所当然地成为实现这一目标的入手处。客观地看,孔子对鬼神与祭祀抱有理智的实用主义态度。《论语·八佾》的"祭如在,祭神如神在",成为后人论证孔子无神论的主要依据。在此,"祭如在",显然隐含着作为祭祀对象的"神"并非真在,而只是祭祀者心中的存在这一话题预设。祭祀对象的存在与否,依赖于主体"我"的主观认可。一个"如"字,把祭祀对象即"神"的真实性悬置起来。或者换句话说:祭祀者主体"我"并不一定必须确认祭祀客体"神"的真实存在与否,重要的是通过这样的仪式和过程,强化一种体验,即对祖先的怀念,并以此拉近祖先与子孙的血缘联系。在这样的语境下,外在客观的"神"已消解,而内化为一种主观的精神信仰和寄托,对外在祖先神灵的希求也就内化为对主体自我的一种约束或激励,一种现实的心灵安顿。而这个悬置起来的"神"在孔子那里究竟存在与否,我们通过孔子其余的阐述便可明了。《论语·子路》:"子路问事鬼神,子曰:'未能事人,焉能事鬼。'敢问死,子曰:'未知生,焉知死。'"可见,孔子对人死与鬼神,的确抱着一种理智的怀疑精神。问题是,孔子为什么并不想确定或张扬这种怀疑精神,而表现出模棱两可的态度呢?刘向《说苑》的一段话揭示了其中玄奥:"子贡问孔子:'死人有知无知也?'孔子曰:'吾欲言死者有知也,恐孝子顺孙妨生以送死也。欲言无知,恐不孝子孙弃而不葬也。赐,欲知死人有知将无知也,死徐自知之,犹未晚也。'"[①]若答死而有知,恐子孙以死害生;若答死而无知,恐子孙抛弃亲情。矛盾纠结的结果是暂且

---

① 刘向:《说苑》卷十八《辨物》,《四库全书》第696册,第166页。

搁置起来,等待死后解决。但死后是无法解决的,可见,孔子对鬼神的存在其实抱着一种并不认同的现实主义态度。不过,客观存在的人又真切地需要一种源自亲情的人文熏染和教化,个中缘由,孟子曾提醒过:"人,饱食暖衣逸居而无教,则近于禽兽。"①如此一来,通过祭祀祖先,实现人性的规约,是实现人之为人的必要途径。它一方面为祭祀者提供一种精神超越,使之在现实的人生中树立起一种超现实的神性或崇高性;另一方面为现实的人生提供一种精神规约,使人在这样的精神规约下摆脱原始生物性的肆无忌惮与为所欲为,以实现人人尧舜的社会企望。正是在这个意义上,孔子提出"所重民、食、丧、祭"②的主张。从这个角度而言,孔子在明显怀疑鬼神的情况下对丧、祭的重视与彰显,无疑是借用血缘亲情维系社会秩序的大智慧。这是准确而深刻地理解孔子鬼神与丧祭观的矛盾,及由儒家主倡的,在今天看来过于烦琐、大可不必的中国传统祭祀文化的关键。

孟子林庙祭祀制度植根于中国祭祀文化,同时也是中国祭祀文化的典型体现。因为孟子林庙祭祀仪制崛起并昌盛于宋代以后,经历了宋儒的提倡与整顿。因而,其中既遗留有商周以来中国祭祀文化的古老内核,也蕴含着宋代以后经过重整的新的祭祀精神。

孙复在《新建孟子庙记》中,对于当年兖州守孔道辅寻访孟子墓并建庙以奉孟子祭祀的目的,阐述的非常清晰:"孟子力平二竖之祸而不得血食于后,兹其阙也甚矣。祭法曰:能御大灾则祀之,能捍大患则祀之。孟子可谓能御大灾能捍大患者也。且邹昔为孟子之里,今为所治之属邑,吾当访其墓而表之,新其祠而祀之,以旌其烈。"③此后,孟氏历代宗子都以"主鬯"的身份奉守宗庙祭祀,千年相承不改。从现在存世不多的材料看,孟子林庙祭祀无论是祭时、祭仪,还是祭器、祭品,都形成了一整套严格的制度,除极特殊的天灾人祸等不可抗力外,都在实践中不折不扣的得以奉行。总括起

---

① 《孟子·滕文公上》,朱熹:《孟子集注》,《四书章句集注》。
② 《论语·尧曰》,程树德:《论语集释》。
③ 孙复《新建孟子庙记》碑,现存孟子林享殿西夹室内。参见刘培桂编著:《孟子林庙历代石刻集》,第2页。其中所提到的"祭法"为《礼记·祭法》,原文为:"夫圣王之制祭祀也,法施于民则祀之,以死勤事则祀之,以劳定国则祀之,能御大灾则祀之,牟捍大患则祀之。"(阮元:《十三经注疏》下册,第1590页)

来,不外如下几点:

其一,祭期与祭祀形式多样而频繁。从祭期看,孟子林庙祭祀基本执行了朱熹提倡的祭时设计。孟子七十代孙孟广均在向朝廷申请断机堂祭品的移文中称:"邹邑为圣贤梓里,祠祀甚多,除春秋二丁正祭外,如二仲丁、清明、中元、七月望、十月朔等日,祭品乃蒙历代贤父台筹拨,承制迄今,相沿未泯。"①孟广均编清穆宗同治本《孟子世家谱》有明代钦定祭期与祭品的规定,"祭期:二月上丁,八月上丁,生辰忌辰,正月元旦,上元冬至日致祭。孟母断机堂春秋中旬丁日,羊豕各一致祭。墓祭三月清明,十月朔雨林,羊豕各一致祭"②。可见,孟子林墓有着复杂且自成体系的祭祀制度。概而言之,从祭期看,有每月朔、望日(初一和十五日)小祭,每年春、秋两季丁祭(分别为仲春二月上旬逢丁日和仲秋八月上旬逢丁日)和孟子忌辰(冬至日)大祭三种;从祭祀形式看,有定期和不定期二种。定期的又分家祭和官祭两种。家祭由孟氏家族自主,届时于孟庙亚圣殿前,由宗子主持,族人陪祭。官祭由中央或地方官员承祭。其中前者又叫"遣官致祭"③,即由政府差遣官员赴邹县承祭,由地方官员陪祭。清高宗乾隆皇帝每次南巡、东巡,都在阙里祭孔的同时,委派官员分祭孟庙,如高宗乾隆十三年(1748)、二十一年(1756)、三十六年(1771)、四十九年(1784)、五十五年(1790)南巡阙里,就曾遣光禄大寺卿吴应枚、内阁学士兼礼部侍郎钱维城、光禄寺卿申甫、刑部侍郎杜毓林、内阁学士兼礼部侍郎翁方纲分祭邹县孟庙。孟广均等在《重纂三迁志》中也有"本朝遣官致祭之礼,乾隆时凡数次举行此礼,

---

① 班昭《孟母颂》碑,原存孟母断机堂,已毁。孟府藏旧拓,现存邹城市博物馆。参见刘培桂主编:《孟子林庙历代石刻集》,第 410 页。
② 孟广均编清穆宗同治本《孟子世家谱》卷首《前代恩例》,现存邹城市文物局。另孟广均编清德宗光绪本《重纂三迁志》卷四《祀典》,也有祭期的记载:"祭期,每岁仲春秋上丁日冬至日庙祭,中丁日断机堂祭,清明前一日十月朔前一夕腊日四基山墓祭,清明日十月朔日马鞍山墓祭,正月朔日二月二日十一月望日(俗传为孟子忌辰)腊日故里祠祭,上巳日重阳日旌忠祠祭,立春日伏日腊日春秋上丁日祧主祠祭。"(苗枫林主编:《孔子文化大全》,第 251 页)
③ 来保、李玉鸣《钦定大清通礼》卷十一《遣官释典颜曾孔孟四氏》:"亚圣孟子之礼各遣官一人斋祝文(翰林院随时拟撰),香帛分诣所在专庙,行礼陈设与京师太学四配每位器数同,祭日有司供具遣官行礼如祭。"(《四库全书》第 655 册,第 194—195 页)

为博士官署所司存。故记载宜详"①的按语。后者一般于家祭之后,由邹县知县等地方长官发起,县学教谕等地方辅官陪同全体家族成员参与。从祭祀地点看,除孟庙主祭场外,断机堂、孟子墓、孟母墓、故里祠、旌忠祠和祧主祠等也都有定期祭祀:断机堂祭于每年仲春和仲秋中丁日(二月中旬逢丁日和八月中旬逢丁日)两次;孟子墓祭于每年清明前一日、十月朔前一夕和腊日(十二月初八)三次;孟母墓祭于清明日和十月朔日二次;故里祠祭于每年正月朔日(初一)、二月二日、十一月望日(十五)和腊日(十二月初八)四次;旌忠祠祭于每年上巳日(原本为三月上旬的巳日,后演变为三月初三)和重阳日(九月初九)二次;祧主祠祭于每年立春日,入伏日,腊日和春、秋上丁日五次。这些祭祀在祭仪上比孟庙有所简化。如此算来,除去每月朔、望日的小祭,孟子林庙仅规模中等以上的定期祭祀每年就有二十多次,若再加上政府不定期的"遣官致祭",几乎平均每月两次以上。这样的祭祀频率的确堪称频繁。

其二,祭祀仪式隆重而烦琐。孟庙的祭祀仪制因祭祀形式的不同而在繁简程度上各有不同,但其主要程序大同小异。由春秋丁祭之"一斑"可窥其余祭仪烦琐之"全豹"。由以下几个主要要素构成:

1. 主持者。一般由宗子主鬯担任承祭官。宗子在父母之丧的三年和堂叔伯父母之丧的二十一日内,由族长代替。

2. 准备。祭祀前两日,主祭者于亚圣殿西侧的致严堂(原名斋宿所)住宿、沐浴、更衣、素食(不饮酒、不吃荤),以示对祖先神的诚敬。祭祀前一日,承祭者率所有执事人员在承圣门下演习祀仪并"省牲"(检查祭品是否完备)。祭祀之日,早上寅时初刻点火炬,称"庭燎"②。之后,关闭亚圣殿门,开启平日一直关闭着的棂星门。承祭官穿博士朝服,陪祭官穿公服,按

---

① 孟广均编:《重纂三迁志》(清德宗光绪本)卷四《祀典》,苗枫林主编:《孔子文化大全》,第209—211、250—251页。
② 贾公彦《仪礼·燕礼》"宵则庶子执烛于阼阶上"条下注:"在地曰燎,执之曰烛,于地广设之则曰大烛,其燎亦名大烛。"(阮元《十三经注疏》(上册),第1024页)孔疑达《诗·小雅·庭燎》疏:"庭燎者,树之于庭,燎之为明,是烛之大者。故云:庭燎,大烛也。"(阮元《十三经注疏》(上册),第432页)庭燎的目的除了照明,并用于驱邪和祭神祭祖,周秦以后在宫廷和民间广泛流行。

年龄、官爵或职位高低排列。在承祭官率领下,按顺序入棂星门,再由承圣门东偏门至亚圣殿前。三通擂鼓后,亚圣殿大门徐徐打开。承祭官、陪祭官及各执事者在赞礼生"各司其事""各就其位"的唱赞声中,各就各位,各司其职。而在正式祭祀仪式前二刻,与祭者先由启圣门进启圣殿,祭启圣邾国公。

3. 正式仪式。包括三个环节:一是"瘗毛血",执事礼生将牺牲的毛血送到瘗埋所掩埋①。二是"迎神",行二跪六叩②礼。三是行"三献礼":"初献礼",主祭者先到盥洗所浇水洗手,然后由司尊者向酒爵内酌酒。之后,至亚圣位前,跪上香,献帛、奠酒、行一叩礼。起立,复位,由引礼生引领依次到先贤乐正子位及东西庑各先贤、先儒位前如上复演一遍。回到亚圣殿前下跪,由承祭官"读祝"③,读毕行一叩礼,复位。之后,接踵而行"再献礼"和"终献礼",程序除不再盥洗外,其余与初献礼同。与亚圣殿前行三献礼的同时,分派陪祭者至寝殿、祧主祠献祭,仪式从简。

4. 饮福受胙。先是承祭人至受胙所,跪饮一杯祭祀用的酒,称"福酒",吃一点祭神后的祭肉,称"受胙",行三叩礼;然后"撤馔"(祭礼完毕后,将撤下的祭酒和祭肉分与众与祭人。象征与祭者分享神享用后的祭品,寓意神赐福予与祭人)、"辞神",行二跪六叩礼。

5. 焚帛。司帛者捧帛,司祝者捧祝,至焚帛池焚烧。其时,承祭官西向站立,称"望燎"。之后,回到亚圣殿前,典祀告毕,亚圣殿大门重新关上④。

以上仪式进行过程中都伴随乐工奏乐。由孟广均主编的清光绪本《重纂三迁志》卷四《祀典》辟"乐章"一节专记关于邹国公释典的乐章。从记

---

① 也称"瘗血",为祭祀前奏,故《通典·礼三》有:"祭地以瘗血为先,然后行正祭。"(杜佑:《通典》卷四十三《礼三》,浙江古籍出版社,2000年,第247页)祭祀前一日,将用于献祭的牺牲宰杀后,取血盛于干净容器中,次日祭祀的首件事即由执行礼生瘗于坎中,此即孙复《新建孟子庙记》所谓的"血食"。
② 注:据孟子七十五代嫡次犹孙孟祥居称,所谓"二跪六叩",历史礼仪制度相沿而成。祭至圣孔子以三跪九叩、八佾、太牢(牛、豕、羊);祭亚圣孟子以二跪六叩、六佾、少牢(豕、羊)。
③ 即祝告神的祝文,明清两代孟庙祝文由皇帝颁定格式。一般行文格式为:维×年×月×日第×代嫡孙世袭翰林院五经博士×,敢昭告于先祖邹国亚圣公曰:"言必仁义,道维尧舜。扶植纪纲,千载攸赖。今兹仲春(秋),谨备牲帛醴齐粢盛庶品,用伸虔祭,谨告。"
④ 以上祭仪详见孟广均编清德宗光绪本《重纂三迁志》卷四《祀典》,苗枫林主编:《孔子文化大全》,第245—250页。

载看,孟庙丁祭无单独乐章,概与帝王幸太学行释奠礼时酌献孟子所用乐章同。这些乐章随时代不同而有变化。如宋徽宗时有"成安之曲",金世宗时有"泰宁之曲",元成宗时有"诚明之典",而明洪武二十六年曾以国诏的形式"颁大成乐于天下",清代又改为"中和韶乐"。司乐者也从初期的专职乐户向后期的"民间乐户"①转变。现存《孟府档案》仍保留有亚圣府传乐工演习祭仪的谕单,乐工或七名,或十一名,概依年代不同而数额不等。

其三,礼器和祭品的丰富多样。

祭品是献祭祖先神的供品。祭品以牛、羊、豕三牲是否全备而有太牢与少牢之分。牛、羊、豕三牲俱全称太牢。只有羊、豕而无牛的称少牢。祭祀用太牢亦或少牢,视祭祀对象或祭者等级身份的不同而定。《礼记·王制》有"天子社稷皆大牢,诸侯社稷皆少牢"的记述。以故郑玄在《仪礼·少牢馈食礼》"少牢馈食礼"条下注:"礼将祭祀必先择牲,系于牢而刍之。羊、豕曰少牢,诸侯之卿大夫祭宗庙之牲。"②以此彰显等级规格。孟子封公爵,为大夫,故祭祀用少牢。按这一规格,孟子林庙祭祀用羊、猪为牺牲,此外再加黍、稷、稻、粱等粮食,榛、菱、芡、枣、栗、菹、醢等脯、菜、酱、羹类。祭品的制法极其讲究,这也是祭者虔诚的表达方式之一③,《三迁志》专门记载了孟府十分考究的祭品制法:

> 太羹:用淡牛肉汁,如无,以羊肉汁代之。和羹:用猪脊膂肉切薄片,滚汤焯过,漉起,然后用盐、酱、醋拌匀,腰子切荔枝形,盖面。临发用淡牛肉热汁浇上。黍稷:用米,拣过完洁,滚汤捞起,只如捞饭法制造。稻粱:稻用白粳米,粱用粟米。拣过完洁,滚汤捞起,亦如常饭法。
> 形盐④:用筛过洁净白盐。藁鱼:用白鱼一尾,大者约一斤,小者十二

---

① 孟广均编:《重纂三迁志》(清德宗光绪本)卷四《祀典》,苗枫林主编:《孔子文化大全》,第251—254页。
② 阮元:《十三经注疏》(上册),第1196页。
③ 《周礼·天官冢宰》有掌"祭祀共冰鉴"的"凌人",掌"四笾之实"的"笾人",掌"四豆之实"的"醢人",掌"祭礼之斋菹"的"醢人",掌祭祀之形盐的"盐人"等,专门负责管理祭品制作。
④ 郑玄《周礼》"盐人,掌盐之政令"条下注:"形盐,盐之似虎形。"(阮元:《十三经注疏》(上册),第675页)

两。以白盐少许淹过,晒干。临用时温水洗净,酒浸片时。枣栗:枣用膠枣或红鲜枣皆可,需拣洁净者;栗用拣过大者。如无以核桃、龙眼、荔枝代之。榛:榛用洁净者;如无亦以上数果代之。菱芡:菱用菱米或鲜菱,须洁净为主;芡是鸡头米,须洁将为主。鹿脯:活鹿一只,取肉一块。如无,狍獐代之。黑饼白饼:黑用荞麦面造,白用小麦面造。内用砂糖为馅,印作圆龙饼子。醓醢:用猪臂肉细切小方块,用盐、酒、葱、花椒、蒔萝、茴香拌酢。鹿醢:用鹿肉切作小方块,用油、盐、葱、花椒、蒔萝、茴香拌匀作酢;兔醢:用兔肉照鹿醢制法。鱼醢:用鱼照鹿醢制法。韭菹、芹菹:韭切去本末,取中三寸;芹切作长段,须洁净,淡用。如无时用其根亦可。菁菹、笋菹:菁菜略经沸汤;笋如干,煮过,以水洗净,俱切作长片,淡用①。

礼器是盛放祭品的器具。中国祭祀传统始终强调,以礼器和祭品的丰盛表示祭仪的隆重与祭者态度的虔诚。《礼记》专设《礼器》一篇,开宗明义:"礼器,是故大备。大备,盛德也。"以庙堂之上:"洞洞乎其敬也,属属乎其忠也,勿勿乎其欲其飨之也",达"天道至教,圣人至德",所以,"备服器",是"仁之至也"。就祭品的种类而言,因为祭祀本就是以生人之所获,献飨于祖先,因而以全为上,如《礼记》所说:"三牲鱼腊,四海九州之美味也。笾豆之荐,四时之和气也。内金,示和也。束帛加璧,尊德也。龟为前列,先知也。金次之,见情也。丹、漆、丝、纩、竹、箭,与众共财也。其余无常货,各以其国之所有,则致远物也。"②鉴于孟子对于儒家及其国家政治的特殊地位,清高宗于乾隆十四年(1749)曾亲自颁定孟庙祭器,原文如下:

乾隆十四年正月二十五日,内阁奉上谕:
国家崇礼先圣先贤,秩祀惟谨。阙里文庙祭器自皇考世宗宪皇帝时制造颁发。宫墙美富穆然,见隆古典型。乃者各坛庙升馨荐享,亦既悉

---

① 孟衍泰编清世宗雍正本《三迁志》卷五《礼仪·祭品制法》,台湾孟氏宗亲会民国七十二年(1988)重印,赠孟祥居家藏本。
② 《礼记·礼器》,(清)朱希旦:《礼记集解》。

用古制矣。惟兹元圣周公庙及四氏先贤祠,朕于东巡之次,特命修葺。今轮奂翼如,而器具未备,非所以重明禋将诚恪也。该抚准泰其饬有司遵定式敬谨成造,俾奠献几楹,执事有望,肃巨典焉。钦此。钦遵。

嗣于乾隆十五年五月内奉颁亚圣孟子庙祭器:

正位(照文庙四配例):献爵三只,铏一件,簠二件,簋二件,豆八件,竹笾四件,竹帛匣一件。

配位乐正子(照文庙十哲例):献爵一只,簠一件,簋一件,豆四件,竹笾十二件,竹帛匣一件。

东庑三龛(照文庙先儒例):献爵三只,簠三件,簋三件,豆十二件,竹笾十二件,竹帛匣一件。

西庑三龛(照文庙先儒例):献爵三只,簠三件,簋三件,豆十二件,竹笾十二件,竹帛匣一件①。

以帝王权威的形式,钦定了孟庙祭器的规制。由此可见孟庙祭祖除竹制的笾(盛果脯)、筐(盛帛)和青铜的爵(用于奠酒的三足酒器)、簠、簋(食器,前者为方形,后者为圆形,用于盛黍、稷、稻、粱等)、铏(献羹)、豆(盛谷物或肉、菜的高脚食器)、俎(盛牺牲的大形礼器)、香炉外,还有不同材质的烛台、盥盘、祝版等,种类繁多,质地考究,且具等级差异②。

第三节 孟府文物与典籍

作为中国文化和儒家文化的立体化体现,孟府在岁月沧桑中展现着它厚重的文化底蕴。而其中的府藏文物,尤其成为其厚重文化底蕴的代

---

① 《御颁亚圣孟子庙祭器碑》,现存孟庙致敬门前东侧。刘培桂:《孟子林庙历代石刻集》,第365—366页。
② 以上材料参见《孟府档案》、孟广均编清德宗光绪本《重纂三迁志》;孙长之《孟子林庙祭祀制度》,收入济宁市政协文史资料委员会、邹县政协文史资料委员会编:《孟子家世》,第166—173页;邹城市孟子学术研究会、孟氏宗亲联谊会编:《孟子与孟氏宗族》,第206页。

表性要件。作为千年府邸,孟府中的府藏文物本来应该很多,但兵燹战火、政治动荡、自然灾害等人为与非人为因素,致使大量文物损坏流失。不过,即便如此,粗略统其劫余,便足可以使我们讶异于其文化内涵的丰厚。

概略而言,孟府文物大致包含三大种类:一类是与帝王有关的圣旨诰封等政治类文物;一类是玉石陶器、青铜木雕、碑碣石刻等器物类文物;一类是家谱志乘、府藏档案等典籍类文物。

一、政治类文物

孟府的政治类文物主要由帝王加封孟子后裔及其封妻荫子等诏书封诰等组成。这一部分文物,因涉及政治,又历经岁月流转,其中人为或非人为因素的毁坏较为严重。现在所见传世的多为清代后期道、咸以后的存留,而且即便这有限的一点残留,也多遭虫蚀鼠啮,破损严重。这些文物的原本放置地为孟府赐书楼,后几经转移,现多藏于邹城市博物馆库房,详见下表①:

序号	名 称	时间	备注
1	关于授翰林院五经博士加四级孟继烺为文林郎及封孟继烺之妻杨氏为孺人的圣旨	道光八年十月九日	
2	关于赠孟广均之父征仕郎翰林院五经博士加一级封孟广均之母太孺人的圣旨	道光十五年十月十日	
3	关于给孟广均加三级及其妻封荫的诏书	道光三十年一月二十六日	满文、汉文
4	关于赠孟广均之父为文林郎封孟广均之母为太孺人的圣旨	道光三十年一月二十六日	

---

① 注:此表据邹城市文物局提供《孟府档案目录》(手抄)整理而成。

（续表）

序号	名称	时间	备注
5	关于加封孟广均主事衔蓝翎及封孟广均妻为安人的圣旨	咸丰五年十月二十日	断裂
6	关于封孟昭铨征仕郎及妻王氏为孺人的圣旨	同治十二年二月十二日	
7	关于嘉封孟昭铨父母的圣旨	同治十二年二月十二日	满文
8	关于嘉封孟昭铨父母覃恩的圣旨	光绪元年一月二十日	
9	关于孟昭铨加封二级及其妻封荫的诏书	光绪元年一月二十日	破损
10	关于孟昭全加封二级及其父母封荫的诏书	光绪十五年二月十七日	虫蛀
11	关于授孟昭铨为文林郎赠孟昭铨之妻王氏为孺人的圣旨	光绪十五年二月十七日	
12	关于赠封孟庆堂父母的圣旨	光绪三十一年七月一日	字迹不清
13	关于嘉奖孟庆堂兄嫂的圣旨	光绪三十一年七月一日	字迹不清

二、器物类文物

器物类文物中，最弥足珍贵者，除了原孟府后裔的生活用具外，另有两类：

一类是自宋代迄于民国的大量碑碣刻石及其庙记题咏。这些碑石也曾在频繁的政治运动等人为因素和长期的风雨剥蚀等自然因素中屡遭破坏。至今，除了一部分全然不知所终外，存世的也有不少已碑体断烂，字迹模糊。所幸的是,近些年随着文化的开放和文物保护意识的提高,政府和民间不断投入资金进行复原性维护,并不断加大保护力度。一些学者也投入大量精力,对碑碣刻文进行抢救性拓印、抄录和研究整理工作。刘培桂的《孟子林庙历代石刻集》是迄今在这一方面功力最深也是最为系统的整理成果。这一类文物又可按内容分为三大类:一是由创建、重修而成的庙记、墓记等;二是由祭祀、拜谒而成的祭文、题咏、谒记等;三是由帝王对孟子后裔封赠优免而成的诏敕、牓牒等,共计四百多篇①。这些碑碣题咏对于孟府文化、儒家文化乃至于中国文化的政治学、历史学、文字学和文艺学意义不言而喻。比如,北宋神宗元丰六年(1083)诏封孟子为邹国公的《尚书省牒》刻石,记录了孟子封爵的开始;元仁宗延祐三年(1316)追封孟子父母为邾国公、邾国宣献夫人的《圣诏褒崇孟父孟母封号之碑》、元文宗至顺二年(1331)加赠孟子为邹国亚圣公的《皇元圣制碑》及清圣祖康熙于二十六年(1687)颁立的《御制孟子庙碑》、清高宗于乾隆十三年(农历戊辰,1748)御书《亚圣孟子赞》,形象而立体地展示了孟子及其孟府的政治化历程。而宋仁宗景祐四年(1037)孙复撰《新建孟子庙记》、宋宣和四年(1122)孙傅撰《先师邹国公孟子庙记》碑及金宣宗贞祐元年(1213)孙弼撰《邹公坟庙碑》等,记录了孟子府庙林墓迁建过程,均为研究孟子府庙林墓历史变迁,孟府崛起及其内政、外交的极其重要的一手资料。以这些资料为路径,可以深入追寻儒家文化在儒学发源地的传播脉络。另外,从对历朝在孟府所立碑碣牒文数量、性质等内容的归纳,可以把握孟子及孟府政治地位变化的趋势,比如元代 31 块石刻远远超过宋、金两代之和,而继元之后的明代的 202 块和清代的 105 块刻石数量,似乎昭示了继元代尊孟达至高峰之后,明、清两代对孟子的进一步尊崇。更为重要的是,当我们把这些学术或思想上的尊崇,与国家政治体制变动的大背景相联系进行深层思考的时候,会循着这些表象的东西找到封建政治变动的内在演变轨迹。如元杨惠《太师右丞相过邹祀孟子之碑》及明赵彦《重建孟夫子庙成碑记》等碑记所记载的元、明两朝在河南、山东一带的农民起义情况,为我们研究和把握封建王

---

① 刘培桂编著:《孟子林庙历代石刻集·前言》。

朝的兴衰规律提供了切实的历史文献支撑。

另一类是孟广均重金搜集和收藏的"十长物"以及与孟子府庙没有直接关系的一些碑碣器物类文物。

首先,所谓"十长物",根据马星冀的记录,包括长乘马币一、周叔子盘二、葛父鬲三、周鼎四、邾子辟五、汉瓦当六、新天凤碣七、后汉骑部曲将印八、建安铁瓦砚九、明蕉叶白砚十。这十件"长物"在岁月沧桑中大多遗失,今仅存三件:汉天凤碣、建安铁瓦砚和明蕉叶白砚。

汉天凤碣又别名为《莱子侯封田刻石》、《莱子侯封冢记》、《天凤刻石》、《莱子侯赡族戒石》①等。最早为颜逢甲与友人,于清嘉庆丁丑年(1817),游邹县卧虎山时,在山前偶然发现。此刻石是在天然青石上竖刻隶书七行三十五字:"始建国天凤三年二月十三日,莱子侯为支人,为封,使诸子食等,用百余人,后子孙毋坏败。"文字中的"天凤"是西汉末王莽年号,天凤三年为公元16年。可见,此石虽暴露风雨近两千年,因为石质坚硬,到发现时仍字迹清晰,几无风化剥蚀。《莱子侯刻石》的价值,除了其内容的史学意义外,更在于它的文字学意义。虽然至今关于刻石的真伪及其文字价值尚有不同看法②。但其文字的形制特点,反映了汉代文字的发展演变过程。从历史上看,秦朝的"书同文",实现了汉字字形的规范化。东汉许慎《说文解字》的编写,就标志着汉字造字时代的结束。此后,文字发展的重点开始由汉字的创制转向字形的完美,汉字发展由字学时代进入书学时代,书法意义由此而凸显。特别是汉代政治的一统和经济的发展,为文化的发展提供了基础。再加上西汉政府重视文字规范化书写对书法艺术的刺激,两汉书法圆满实现了由篆而隶的转变,这一转变过程至东汉最终完成。而这块西汉末新莽天凤三年的《莱子侯刻石》在书法写作技巧上所表现出的苍劲古拙与隶中有篆,正是这一发展历程的极好展现。为后人了

---

① 梁启超称:"新莽石刻。存者惟此。……石在峄山西南廿里卧虎山下,以嘉庆二十二年出土,今移至邹县孟庙。莱子侯当是姓名,孟子有莱朱,岂其苗裔耶? 此刻盖封田以赡宗族者,亦可见古谊也。"(梁启超:《饮冰室合集》卷五《饮冰室文集之四十四·碑帖跋·汉莱子侯残石》,第33页)石今存邹城市博物馆。
② 如清冯云鹏《金石索》云:"此石虽非后人伪刻,亦系当时野制,无深长意趣。"(冯云鹏:《金石索·石索一·碑碣一》,《续修四库全书》第894册,第326页)

解汉代汉字由篆而隶的演变过程及其规律提供了重要参照。从这个角度看,《莱子侯刻石》在文字发展史上的标志性意义显然不可小视。

建安铁瓦砚又称"汉瓦砚",系一长方形板瓦状砚台。正面刻一葫芦形墨池,左右上角阴刻篆文砚铭,分别为:"惟天降灵,锡戍曹碎,值时精明,遇人而出"和"惜彼陶瓦,以古器贾,翰墨是封,以彰以述"。墨池两侧阴刻楷书联句:"为爱陶瓦之质,宜加即墨之封。"墨池下方竖刻十一行楷书小字,据胡新立阐释为:"予得此漳滨之深,以三十九枚取,而加绪翰墨,以为博雅好古之玩云。洪武辛未重九翟仙识。"瓦砚背面阳文隶书:"建安十五年",字的上方有一古货泉图案,下方为一回首卧鹿。从瓦砚的文字信息分析,此瓦砚制作于东汉最后一个皇帝汉献帝建安十五年,即公元211年。概收藏者于明太祖朱元璋洪武辛未年(1371)得之于安阳漳河之滨。瓦砚砚面色如黑漆,质地平润、细腻,无疑为瓦砚上品。虽然此砚是否为明代人仿制还有待进一步研究,但精良的质地及罕见的阳刻年代,似乎都显示着此砚非同一般的价值。

明蕉叶白砚,是端砚中的上品,因石质坚润,纹理间有如蕉叶状纯白片,故名。唐宋以后,在各地陆续发现的优质砚石石材中,以广东肇庆的端砚位居其首。肇庆端砚始于唐、盛于宋,精于明、清。唐代中晚期,端砚已被列为贡品,但此时的端砚多以实用为主,因而砚形较单调。中唐以后,端砚渐由文房用具向鉴赏工艺品演变,制作工艺趋向富丽繁杂,饰以山水景物或座右铭。小小一方砚台,成为展现文人哲学观念、审美理想与生活旨趣的平台,也由此成为反馈或研究中国文化特别是文人文化的窗口。宋代,在文化繁盛的大背景下,端砚已是实用价值与欣赏价值并重,除了用作研墨外,更多用于收藏、馈赠、鉴赏和研究。宋代许多书画大家如欧阳修、米芾、苏轼等都以爱砚、藏砚为嗜,并分别有《砚谱》、《砚史》、《东坡志林》等研砚名著问世。明代,社会鉴赏和收藏砚台之风达至极盛,端砚在设计、造型、雕刻方面均有新突破,而以崇尚"天然去雕饰"成为砚台制作和鉴赏主流,即以天然的石形、丰富的石色及珍贵的石品花纹等稍作人工点缀,以此彰显中国传统天人合一、崇尚自然的哲学与人文理念。

孟府收藏的这方明蕉叶白砚,便是明代制砚工艺的典型体现。这块砚台表面呈暗红色,砚上部以高浮雕镌刻一幅"夏夜纳凉图"。整个画幅展现为一个庭院,庭院正中央书床上有一手持羽扇的斜倚老者,老者左侧有一执扇扇风的童子。书床旁一方形案几上有几帙线装古书,左侧有假山,山石上阴刻行书:"崇祯壬申秋七月仿宋锦衣卫指挥使之法。宗周"中侧有茅亭,与院内青葱苍翠的古松、青桐、芭蕉相映成趣,共同营造了一种自然、安宁、祥和的生活和文化氛围。砚池两侧篆书对联:"窗虚不碍经澹日,地静偏留扫叶风。茆堂朱为弼"。砚两侧有刘墉行书题文:"百文奇音,在鲁庸听,警言妙响,逸之大扔。凡识知其绝群,则伯英不足称。食召闲可当也。唐人以为乡宿之风,所见大斋,聊浅识所到,但学书日坏,即此已罕,有能学之。石庵。"砚背面阳刻清代书法家包世臣的诗句"窗含远树通书幌,风飐残花落砚池。嘉庆辛酉清和月下浣安吴包世臣",上有启首章"御赐"二字。砚质细腻润滑,实为端砚上品。从假山刻文判断,此砚当刻制于明末思宗崇祯五年(1632)。"宗周"为何许人,史籍无载,疑当为明末制砚名匠①。砚台的制作与图案雕刻,形象地反映了明代端砚制作的风格。而刻于砚上的多处砚铭,则集中展示了清代乾、嘉、道时期三大政治家、书家:朱为弼、刘墉、包世臣的为人操守、文化修养与书法特色。可见,透过一方明蕉叶白砚,展示了明、清两代的社会好尚与文化理念,在此,砚台的文化学意义已远胜于本身的实用价值。

其次,所谓在内容上与孟子府庙没有直接关系的其它碑碣类文物,是以邹县为主不同历史时期发现的重要刻石、墓记、墓志铭等。这些刻石材料在后来的历史流转过程中,陆续收藏或保存于孟子府庙。这些碑石题刻文字记载,虽与孟子家族文化无直接关联。但若上升到更广阔的中国文化层面上,便是研究中国历史、中国地方史、中国民俗史、宗教史、中国文化、中国区域文化(邹县文化)等不可多得的一手材料。其珍贵之处有二:一是起始时间早,跨度大,自秦经晋、唐、宋迄于明、清代各有之;二是其内容为正史等文献材料所缺载,可补正史文献的不足。如其中最早的秦李斯的

---

① 胡新立:《孟广均及"十长物斋"》,济市政协文史资料委员会、邹县政协文史资料委员会编:《孟子家世》,第109页。

《峄山刻石》,虽然为元代至元年间摹刻,但对研究秦始皇巡游,特别是秦代文字改革意义非凡。① 再比如《汉石墙村刻石》、《西晋刘宝墓志》和唐欧阳询《苏玉华墓志铭》是研究汉唐历史文化的重要史料。还有诸如《大明宗室鲁靖王墓》、《鲁王圹志》、《巨野王圹志》、《鲁藩安丘荣顺王圹志铭》及《御赐鲁藩高密康穆王圹志》、《明册封鲁藩阳信昭定王墓志铭》②等王、王妃墓志对研究明史,特别是明地方史都有不小的意义。而其中如丁寿保《掩埋白莲池尸骨记》、王晴皋《邹县平定白莲教匪掩埋枯骨碑记》等碑记,对更全面深入研究和探讨清代中期统治矛盾与农民起义具有补充性作用。

三、典籍类文物

孟府的典籍类文物主要包括孟子家谱家志和孟府档案两大类。

(一)家谱家志

1. 中国谱牒文化通论

中国血缘家族文化的兴盛,决定了谱牒文化的繁荣。清代程瑶田对宗谱的作用及其与宗法的关系有一段精辟的论述:"族谱之作也,上治祖祢,下治子孙,旁治昆弟,使散无友纪不能立宗法以统之者,而皆笔之于书。然后一披册焉,不啻伯父伯兄仲叔季弟幼子童孙群居和壹于一堂之上也。夫所谓大宗收族者,盖同姓从宗合族属,合之宗子之家序昭穆也。今乃序其昭穆,合而载之族谱中。吾故曰:族谱之作,与宗法相为表里者也。"③方孝孺也一再强调:"家之为患常始于乖争,而乖忤之端在乎不知其本,兄弟之于父,其为本近也,其情亲而易感也,至于孙之于祖则稍远矣,由孙而至于曾玄则愈远矣,而况由曾玄而至于十世至于无穷者乎?使十世之后而相亲始兄弟,知有其本而不改视之如路人,非统之以祭祀而合之以谱图,安能使之然哉?是知家之有庙,族之有谱,善为家者之所当先也。"④

---

① 刻石现存孟庙启圣殿内,刘培桂评介"篆文画如铁石,骨气丰匀,方圆绝妙,法度谨严,仍不失李斯小篆固有风韵",见刘培桂编著《孟子林庙历代石刻集》,第468页。
② 以上碑石均存于孟庙泰山气象门东侧。参见刘培桂编著:《孟子林庙历代石刻集》,第483、483、484、488、490、495页。
③ 程瑶田:《宗法小记·嘉定石氏重修族谱叙》,《续修四库全书》第108册,第646页。
④ 方孝孺:《逊志斋集》卷十三《童氏族谱序》,上海古籍出版社,1987年,第385页。

从概念上看,家谱又称族谱、宗谱、支谱、家乘、家志等,以记述范围而论有宗与支的区别,以表述形式而论有谱与志的不同,以时间先后而论又有唐宋家谱、家传、宗谱、族谱与明清世谱、家乘、家志、谱录等名称的不同。统而言之,所谓家谱,是一种以谱、志形式记载血缘家族世系繁衍及其重要事迹的一种特殊史志文献,是中国家族血缘政治制度在民俗与历史文化上的反映。它作为特有的历史文献档案,记载了正史、方志所无法涵盖的特殊内容,为撰修"一国之史"和"天下之史"的基础,所谓:"有一国之史,有一家之史,有一人之史。传状志述,一人之史也;家乘谱牒,一家之史也;部府县志,一国之史也;综纪一朝,天下之史也。比人而后有家,比家而后有国,比国而后有天下。惟分者极其详,然后合者能择善而无憾也。"①早期谱牒专记帝王诸侯世系,所以《史记·三代世表》:"余读牒记。"《索隐》:"牒者,记系谥之书也。"②后来,逐渐向民间扩展,成为宗谱、族谱、家谱家乘的统称。

从起源上看,关于家谱的兴起时间,虽然目前学术界的意见尚没有取得一致,但从出土甲骨文、金文及早期文献典籍记载看,至少可以追溯到先秦。司马迁说:"自殷以前诸侯不可得而谱,周以来乃颇可著。"③周代已有谱牒,这已是不争的事实,所以班固才说"司马迁据《左氏》、《国语》,采《世本》"④。虽然《世本》一书是在司马迁之后,由刘向连缀民间献于宫中的零星篇章成书。但其中各篇,早在司马迁以前便已存在,成为司马迁写《史记》的体例雏形和史料来源。其中的《帝系》、《王侯谱》、《大夫谱》专记古帝王、诸侯和卿大夫谱系,是记载重要姓氏世系的谱学通典。秦汉以后,又有《帝王年谱》、《潜夫论·志氏姓》、《风俗通·姓氏篇》等谱学著作。魏晋南北朝门阀制度兴盛,家谱成为世族门弟、婚姻仕宦的主要依据,所谓"有司选举,必稽谱籍,而考其真伪"⑤,"官之选举,必由于簿状,家之婚姻,必由

---

① 章学诚:《文史通义》卷六《外篇一》,上海书店出版社,1988年,第8页。
② 《史记》卷十三《三代世表》,第488页。
③ 《史记》卷十三《三代世表》,第487页。
④ 《汉书》卷六十二《司马迁传·赞》,第2737页。
⑤ 《新唐书》卷一百九十九《儒学中·柳芳传》,第5677页。

于谱系"①,由此而谱牒之学大盛。唐宋以后,随着新的家族制度的兴起,由欧阳修的欧氏谱与苏洵、苏轼父子的苏氏谱发凡起例,形成了一整套体例完备、格式规范、内涵丰富的谱学体系。与此同时,修谱之风从官方普及于民间,以至于"家之有庙,族之有谱"②蔚然成风。考察家谱发展的历史,还值得一提的一点是,明代以后,在因袭欧、苏谱例的同时,在内容上增加了"志""考""录"等,出现了家谱吸收正史、方志的编纂特点的史志化新趋向。

从内容上看,家谱、族谱,是一个家族来源、生息、繁衍、迁徙、婚姻、族规、家约、家风等历史文化的全息记录。如同方孝孺在《重谱》中所说的:"尊祖之次莫过于重谱。由百世之下,而知百世之上;居闾巷之间,而尽同宇之内。察统系之异同,辨传承之久近,叙戚疏,定尊卑,收涣散,敦亲睦,非有谱焉以列之,不可也。故君子重之,不修谱者,谓之不孝。"③家谱的内容和体例,自宋以后至明清臻于完备。一般由以下几部分组成:一是序文。每个家族的家谱,都必有一篇叫做"宗族源流"或"族姓渊源"的小序冠于谱首,叙述本族姓氏由来,始祖渊源,迁徙经过,兴盛始末,祖宗事迹等。家谱的序文可以有许多篇,而且每次续修都增加新的序文。这些序文往往出自本族辈次名望较高的成员之手,也有请非本族的地方官或知名学者撰写的,主要叙明修谱的意义、缘起、本族得姓占籍的由来、繁衍的情况以及修牒的经过等。二是谱例。相当于一书的凡例,主要说明修谱的体例,规定入谱的资格,往往特别强调防止异姓乱宗。三是族墓、祠堂、族田情况。包括族墓、族田的面积和方位四至,祖先兆域的排列情形,祠堂的位置结构等内容,或有附图。四是自始迁祖以下全族已故和现存的所有成员的谱系世表。包括讳某字,娶某氏,生几子,葬某处,寿若干等,以及画像、诰敕、传记、墓志和著作等,这是家谱的主体。女性在家谱中虽有记载,但多不见名字,嫁入者以"某氏"附见于丈夫之后,嫁出者以"第几女"附见于父亲之后。这是中国父系家族社会在家谱编撰体例上的反映。

---

① 郑樵:《通志》卷二五《氏族略一》,《四库全书》第 373 册,第 254 页。
② 方孝孺:《逊志斋集》卷十三《序·童氏族谱序》,《四库全书》第 1235 册,第 385 页。
③ 方孝孺:《逊志斋集》卷一《杂著·重谱》,《四库全书》第 1235 册,第 74 页。

从种类上看,考察有史以来的谱牒记述形式,纸谱是最主要也是最普遍的记述形式。此外,还有存在于不同时期和不同地域的诸如口述、结绳①、甲骨②、青铜,以及碑谱③、塔谱④、布谱⑤等比较少见的特殊记述形式。

从功用上看,家谱的功用可以划分为历史的和现实的两大类,每一类中又可细分为社会的和学术的两个方面。

历史上,家谱的社会实用性功用,主要体现在通过血缘的记述与认同,强化家族宗法与社会政治秩序。朱熹在为本族族谱所作的序中说:"谱存而宗可考,是故君子重之。"家谱既是血缘、家族、婚姻的区别标志,其最原始的功用自然在于明贵贱、标婚姻、别选举。唐宋以后,随着社会变迁下家族组织的变化,家谱的功用自然也随之发生了变化,由此前官吏铨选及巨姓望族婚姻门弟的依据,转变为通过说世系、序长幼、辨亲疏以起到尊祖敬宗,睦亲收族的作用。所谓:"敦宗睦祖者,孝之推。人生以孝为本,故百行以孝为先。建宗祠,修宗谱,固联一族之孝思,以事其先人也。其事至庸而亦至难。"⑥在历史发展过程中,家谱作为家族维系的重要凭依,对保持家族世系的清晰,及由此而延伸出的维护社会秩序的稳定都起到过重要作用。它的学术性功用则体现在补正史材料之不足,如裴松之写《三国志》注就引到了《崔氏谱》(博陵)、《郭氏谱》(太原)、《陈氏谱》(颍川)、《稽氏谱》(谯郡)、《阮氏谱》(陈留)、《王氏谱》(太原);《世说新语》注中引到的:《王氏

---

① 注:如鄂伦春记世系的马鬃结和满族人供奉的称作"佛托妈妈"的线袋就是结绳世谱的体现。
② 注:陈梦家《殷墟卜辞综述》将殷墟卜辞分为三类,其中一类就是用于记载"干支表、祀谱和家谱"的"表谱刻辞",展示了甲骨家谱的记述形式。(陈梦家:《殷墟卜辞综述》第一章第七节《甲骨刻辞的内容与其它铭辞》,中华书局,1988年,第44页)郭沫若的《卜辞通纂》也将甲骨文分为八类,其中之一是"世系"。(郭沫若:《卜辞通纂·目次》,科学出版社,1983年,第5页)
③ 即"刻谱于石,以垂永久",始于汉代,现在河南巩义市白沙崔氏祠堂内、荥阳市丁村崔氏祠堂内、三门峡陕县崔家村和洛阳辛店镇高崖寨村陈姓等家族都还保存着碑谱。孟庙中也有多通存世的元、明两代碑谱,如元代的孟氏世系图、孟氏宗图派、亚圣宗派之图和明代孟元立的宗派之图。
④ 是刻在石塔上的一种家谱。这种形式的家谱国内较为罕见,其中最有代表性的是山西省临县崔家坪一座完整的明代嘉靖年间修造的崔氏石塔家谱,殊为珍贵。
⑤ 在棉、丝织物上书写的家谱。多数是在一块红色布面上,写上本家族先祖的世系、人名或画着先祖的图像,逢年过节或需祭典时,挂出来祭拜,事毕收藏起来。这是流行于民间的一种简单的家谱,也称"神轴"、"轴子"。目前在河南省豫西地区的农村还能见到,如偃师的缑氏镇崔河村崔氏家族、汝阳县古严村崔氏家庭的家谱都是写在红布上的。
⑥ 道光七年岁次丁亥冬十月吉旦刻《章邱焦氏祠堂碑刻》,碑现存山东省章丘市刁镇刁西村焦氏祠堂。

世家》(琅琊)、《袁氏世纪》(汝南)、《王氏家谱》(东海)、《荀氏谱》(颍川)、《谢氏谱》(陈郡)、《羊氏谱》(泰山)、《顾氏谱》(吴郡)、《陆氏谱》(吴郡)等众多的家谱材料。

现实中,家谱除了可以通过吸收其诸如尊敬长辈、勤学尊师、耕读为业、崇尚互助、讲究诚信、俭朴持家、爱国自强等伦理道德方面的积极意义,以起到资政和教化的作用以外,更主要的体现在它的学术价值。从小范围看,它对家族史料的记载,成为研究家族史、社会史、经济史等重要的资料来源;从大范围看,华夏文明就是不同血缘的姓氏宗族在各个不同时期繁衍生息、播迁交融的总汇。家谱作为记载姓氏家族的渊源世系、荣辱兴替及其历史功业和文化特色的重要文献,以特有的方式反映着中华民族文明发展的轨迹,可以为包括社会学、历史学、考古学、经济学、民俗学、人口学、民族学、文学、政治学、宗教学、法学等社会学科在内的学者提供资料支撑和研究凭依。

从历史上看,家谱作为家族组织活动的大事,一般每隔三十到六十年续修一次。届时往往由族长或威望较高的老者主持,全族参与。费用由族众摊派或能者多劳,印后分发到各支族,旧版销毁。各支族有义务对新谱严加保护,力避水浸鼠咬及人为毁坏。对于毁坏家谱者都规定了诸如取消家谱保管权之类的相应惩罚。

2. 孟府家谱、家志的修撰情况

孟氏家谱包含了志、谱两个系列,这是明代以后家谱向志书拓展的结果。从性质看,它既是族谱,又属地方志。从修撰目的看,因为孟氏族人享受朝廷优遇特权。所以,孟氏家谱的修撰除了诸如"详世系、辨亲疏、厚伦谊"等与普通家族相同的目的外,还有一个特殊的目的即"严冒紊"[1],防止外姓族人篡入族内,冒领孟氏后裔的优免特权。这使得孟氏家谱的修撰与普通家族相比,平添了几分严格。

(1) 家谱系列

关于孟氏家谱的修撰,孟广均编清穆宗同治本《孟子世家谱》卷首《世

---

[1] 孟广均编清穆宗同治本《孟子世家谱》卷首《孟衍泰序》,现存邹城市文物局。

谱考》有专门记述:"考我孟氏之有家乘也,由来久矣。魏晋以降,代罹兵燹。宋景祐间,四十五代中兴祖得遗谱于故宅古壁中,虫蚀风剥,残缺殆半。幸自二世祖以下嫡裔奉祀之人世次井然,无紊无阙。修辑成编,以贻将来。至金大定间,四十八代润公重修之。元至元间,五十一代祗祖公续修之。前明正德六年,五十二代惟恭公、五十七代博士元公,又以历代世系刻石立之家庙。至万历间,六十代承相公又复踵遗谱而增续之,而吾民之族姓益显矣!天启壬戌,妖贼介乱,宗族逃窜流离散寄四方。六十二代闻钲公恐其久而湮也,协同族众捐赀纂修刊板刷印散发各户,其砥柱宗门功诚伟矣!迨我朝主录熙五十九年宗子衍泰公,恭逢升平之世,远搜兵烬之余,确微详考编次成书,颇称完善。但其时族丁零落,故仍循遗谱旧规,合派通叙,至有或宜增易之处,以俟后人。讵先太宗主傅梿公承袭,复以修葺林庙未遑增修。先宗主继烺公,承先人未竟之志,谨于道光四年甲申之吉,遴选族众中通材硕彦,权其财赀所入,开馆续编。爰自五十五代有传之支,分派以十一,别户以二十,厘正考订,分叙合辑,亦既精确详明矣!"①

据推测,孟氏族谱的修撰至少可以上溯到六朝时期。其时,谱学的兴盛或成为孟氏族谱始修的契机。因为在今日所见孟子四十五代孙孟宁,于宋元丰七年(1084)所修的族谱序中,有这样的记述:"至四十四代先君子公齐公,值皇宋景德初,契丹大举入寇,车驾北巡,山东骚动,乃藏家谱于屋壁,携家避匿东山而终焉。"②金卫绍王大安三年(1211)孟子四十八代孙孟润在谱序中也写道:"宋景德初,兵革浩荡,四十四代公齐公,藏谱于屋壁,携妻子逃难东山而终焉,后家人莫知家谱所在,先世言行咸沦没而不著,可胜异哉!……四十五代宁公……重修故宅,拆毁屋壁,乃得家谱,岁久鼠啮虫蚀,磨灭断缺,失次二三。公披阅群书,证以见闻,重加编次,复成完本,以贻后世,宗族相传,迄今二百余载未尝失坠。"③可见,孟氏家谱在宋代以前即已流传于世,宋代战乱中一度失坠。后由孟子四十五代孙孟宁在重修故宅时,复得于墙壁,但已鼠啮虫蚀,磨灭断缺,失次二三。孟宁披阅群书,

---

① 孟广均编清穆宗同治本《孟子世家谱》卷首《世谱考》,现存邹城市文物局。
② 孟广均编清穆宗同治本《孟子世家谱》卷首《孟宁序》,现存邹城市文物局。
③ 孟广均编清穆宗同治本《孟子世家谱·孟润序》,现存邹城市文物局。

参以见闻,重加编排,终使孟氏家谱免于失坠。这是有关孟氏家谱流传的最早记载,孟宁之前已一概无据可查。

由孟宁之后历代所修族谱序及孟子林庙所藏碑碣刻石,可略见孟宁之后孟氏家族谱、志的修撰情况。

关于孟氏家谱的修撰,有确切年代可考的,上起宋神宗元丰七年(1048),下至清穆宗同治四年(1865),上下延续八百年之久。传世的孟氏家谱系列有纸谱和碑谱两大类。纸谱的修撰与碑谱的刻立交相映证,蔚为大观。

见于文字记载的纸谱计有:

① 四十四代孟公济壁藏本,修于何时不详。

② 宋神宗元丰七年(1084)孟子四十五代孙孟宁续修本。

③ 金卫绍王大安三年(1211)孟子四十八代孙邹县令孟润续修本。

④ 元世祖至元元年(1264)孟子五十一代孙孟祗祖续修本。

⑤ 明熹宗天启二年(1622)孟子六十二代孙孟闻钲续修本。

⑥ 清圣祖康熙五十九年(1720)孟子六十五代孙世袭翰林院五经博士孟衍泰续修本。

⑦ 清文宗道光四年(1824)孟子六十九代孙世袭翰林院五经博士孟继烺续修本。

⑧ 清穆宗同治四年(1865)孟子七十代孙世袭翰林院五经博士孟广均续修本①。

碑谱计有:

① 金卫绍王大安三年(1211)孟子四十八代孙邹县令孟润续修本碑刻,毁于文革。②

---

① 参见孟广均编:《孟子世家谱》(清穆宗同治本)卷首各《序》;邹城市孟子学术研究会、孟子宗亲联谊会编:《孟子与孟氏宗族》,第34—35页。

② 邹城市孟子学术研究会、孟氏宗亲联谊会编:《孟子与孟氏宗族》,第35页。此碑由孟子四十八代孙、宣武将军、邹县令孟润作序,原立于孟庙亚圣殿前正中甬路西侧,文革中遭破坏。现立于孟庙东院启圣殿东檐廊下。据孔令源考证,此碑实立于明洪武六年(1373)(孔令源《孟氏族谱、族长、十一派、二十户及行辈》,见济宁市政协文史资料委员会、邹县政协文史资料委员会编:《孟子家世》,第56页)。

②元世祖至元四年（1267）立《亚圣四十五世孙孟宁之墓碑》碑阴的"孟氏世系图"，存于凫村孟母林内孟氏中兴祖孟宁墓前。①

③元成宗元贞元年（1295）立《驺孟子庙碑》碑阴的"孟子世系图"，存孟庙启圣殿院。②

④元仁宗延祐元年（1314）立《先师亚圣邹国公续世系图记碑》碑阴"亚圣宗派之图"，存孟庙启圣殿院。③

⑤元文宗至顺二年（1331）立《皇帝圣旨里碑》碑阴"孟氏宗枝图派"，存孟庙启圣殿院。④

⑥明太祖洪武四年（1371）立《孟氏宗支之记》碑，存孟庙启贤门外东侧。⑤

⑦明武宗正德六年（1511）立《宗派之图》碑，存孟庙亚圣殿院乾隆碑亭南侧。⑥

⑧清高宗乾隆十四年（1749）立《孟氏大宗支派碑记》碑，存孟府五代祠。⑦

以上所列孟氏碑谱虽有部分字迹损坏状况，但大部分保存下来，所存之地已如上述。惟纸谱由于新谱既成，旧谱即行销毁的传统，已大多亡佚。今之存世者，仅道光和同治谱两种，现均存于邹城市文物局。兹就其各自体例与内容简介于下：

孟继烺编的《孟子世家谱》，成书于清宣宗道光四年（1824），简称《道光谱》，共六册十四卷。卷首先是主修者孟继烺所作的新序，其次是孟宁、孟润、孟衍泰的旧谱序，其下又依次有职名、凡例、目录（附字数）、修谱事宜、姓源、捐资数目、支销、领谱数目、世谱考、宗派总论、分派分户图、嫡裔

---

① 原碑已毁。现存碑及《世系图》系由孟氏后裔及孟子研究会于2006年集资重建。
② 参见刘培桂编著：《孟子林庙历代石刻集》，第27页。
③ 碑文收入刘培桂编著：《孟子林庙历代石刻集》，第47页。
④ 碑文收入刘培桂编著：《孟子林庙历代石刻集》，第39页。
⑤ 碑文收入刘培桂编著：《孟子林庙历代石刻集》，第90页。
⑥ 此碑共三通，现均存于孟庙亚圣殿院乾隆碑亭南侧，落款为："正德六年辛未春三月吉旦五十七代宗子、翰林院世袭五经博士孟元等立"。字迹剥落不清。参见刘培桂编著：《孟子林庙历代石刻集》，第182—184页。
⑦ 参见刘培桂编著：《孟子林庙历代石刻集》，第366页。

考、嫡裔相承图等目。最后是正文,自战国迄于清道光,孟子以来后裔及各支派生平事迹名录。

孟广均编的《孟子世家谱》是道光谱的续修本,刊于清穆宗同治四年(1865),简称《同治谱》,共六册十五卷。卷首先是主修者七十代翰博孟广均所作的新序,其次是孟宁、孟润、孟承相、孟衍泰、孟继烺的五篇旧序,再其下依次是世谱戒词、修谱职名、凡例、修谱事宜、开馆仪注、修谱誓词、谱成告祭仪式、领谱数目、姓源、世谱考、恩例等目。最后是正文,自战国迄于清同治,孟子以来后裔支派生平事迹。编排次序和内容与道光谱大致相同。

从传世的道光、同治两谱的卷首记载看,孟氏家谱修撰有严密的组织和严格的规范。其大致程序为:

首先,由主修者通告孟氏族众开馆日期;

其次,按能者多劳的原则,入谱现丁每人交纳一定数量银钱作为修谱费用;

第三,组成修谱的相关组织系统,包括鉴修、司编、誊录、校阅、稽察。如同治谱的组织系统如下:

　　鉴定钦加主事衔世袭翰林院五经博士加七级孟广均鉴修
　　家庭族长贡生孟举凰
　　林庙举事武生孟继元
　　司编
　　应袭翰林院五经博士廪膳生孟昭铨
　　壬戌科举人孟传琦
　　辛亥科举人孟继仲
　　誊录
　　恩贡生孟昭钤
　　恩贡生孟昭铗……
　　廪膳生孟广淑
　　附生孟广钦……

儒童孟宪泗

校阅

廪膳生孟毓锇

庠生孟传坫

稽察

协理谱馆各件要务应袭翰林院五经博士廪膳生孟昭铨①

在以翰博、族长、林庙举事、廪膳生、举人、贡生为参与者的组织体系中,参与者各负其责,各司其职,并共同议定修谱章程(以楷书悬于致严堂),组织协调家谱的撰修工作;

第四,举行告祭宗庙开馆仪式:"恭于开馆之日,陈牲醴于始祖亚圣神位前,宗子具礼服率宗族有事者恭行千祭,礼毕诣致严堂,皆北面跪,族长奉誓词西面跪,读毕,仍安案上降班,宗子以下行三叩头礼讫,诣焚拆词所,族长仍至案前,捧拆词先至焚池前,焚毕,族众向宗子序揖退,遂燕有事于谱者于馆。"

第五,谱成,举行告祭宗庙闭馆领谱仪式:"谱成之日,黎明陈告庙谱于始祖亚圣神位前正中案上,陈散给谱于致严堂正中案上。宗子率众族诣始祖亚圣神位前行告祭礼,并如开馆之仪。族长于临祭之前恭将谱板汇齐,俟致祭毕,于亚圣殿墀前焚销。宗子率族众退,诣致严堂北面鞠躬四拜,平身。族长奉谱一部授宗子,宗子跪受兴退。族众以次按谱端领谱,次序唱名。进跪领讫,族众向宗子序揖。宗子答揖,退设筵于大堂偏。酬馆员及族人曾效力者,下逮作坊工匠偏为赏犒。内收掌敛集格册稿本及各项文移札饬,粘连成卷,入箱珍藏。"②

其修谱的规范也殊为严格。这一部分内容主要见于家谱卷首的"凡例"和"修谱事宜"等。粗略归纳有如下几点:

其一,间隔时间。一个家族的家谱,必须定期续修。因为每隔一段时

---

① 孟广均编清穆宗同治四年本,《孟子世家谱》卷首《修谱职名》,现存邹城市文物局。
② 孟广均编清穆宗同治四年本,《孟子世家谱》卷首《谱成仪注》,现存邹城市文物局。

间,家族中总有人员及族产变化。续修家谱,就是将这些变化及时反映到家谱上来,以确保家族血缘关系的清晰、明确。续修时间间隔,多数规定为三十年或三世,所谓"谱必三代一修,恐世远年久,无不散失,乖离之弊,其所失为不小"①。孟氏家谱的续修时间理论上完全遵循传统,按照"三十年一小修,六十年一大修"②的时间规范,但在现实实践中却由于战乱、动荡等诸多原因常难以践行。从以上传世的孟氏家谱看,排除毁坏因素,显然也并没有严格履行这一规定,如明初二百多年无谱。明天启至清康熙、清康熙至清道光,也都已间隔百年。对此,孟衍泰在天启《谱》序中有述:"自天启三年迄今九十余载我族得一千三百余人,至四子午修谱之期,俱以别故间阻,虽有采集未付剞劂。"③显然,此百年间无谱的原因,不是毁坏,而是因朝代更替,时局动荡而缺修。

其二,名字规则。名字规则包括名字避讳规则和名字行辈规则。所谓名字避讳规则,即遵循"为尊者讳,为亲者讳,为贤者讳"(《公羊春秋·闵公元年》)的避讳传统,规定族众名字"有犯庙讳御名至圣师并四配讳者,皆敬谨改避,照科场条例以同音别字代之";所谓名字行辈规则,是同一辈分子女的名字,或以伯、仲、叔、季,或以其中某个字的相同或形、音、义的部分相同界定同辈,区别异辈。这一传统在中国自春秋以来源远流长。家谱的行辈字排列便依循于此。行辈字一般由家族中有声望者规定,多用于名字中的头一个字(少数用于后一个字)。由于家谱的行辈字排列带有一定的"分尊卑、别长幼"以强化宗族的目的色彩,由此赋予了行辈字规定以表述美德、吉祥、家族延续昌盛,乃至于怀念先祖、歌颂皇恩等寓意功能性选择。据孟广均编清穆宗同治本《孟子世家谱》记载,孟氏家族自五十代起虽有"德祖惟之思克"的行辈固定排列,但并不严格。自明代孟子五十六代孙孟希文始采用孔府上奏帝王所定行辈,自此至民国共形成了以下五十代辈分字:

---

① 《光绪春谷东溪王氏宗谱》卷首,转引自徐扬杰:《中国家族制度史》,人民出版社,1992年,第326页。
② 孟广均编清穆宗同治四年本《孟子世家谱》卷首《孟广均序》,现存邹城市文物局。
③ 孟广均编清穆宗同治四年本《孟子世家谱》卷首《孟衍泰序》,现存邹城市文物局。

希言公彦承，弘(宏)闻贞尚胤(衍)①
兴毓传继广，昭宪庆繁祥
令德维垂佑，钦绍念显扬
建道敦安定，懋修肇懿常
裕文焕景瑞，永锡世绪昌

综合看，与普通家族行辈字的制定相比，孟氏家族行辈字确定的一大特点是：依仿孔府，与孔子家族实行"通谱"②方式，并奏准帝王而定。这就使孟府后裔行辈与孔府同样具有了官定性质。这是孟氏家族的政治性特点在家谱规范上的体现。

其三，序文规则。每次修谱必有序文，且"旧序悉附于新序之后以备考核"。

其四，修谱宗旨。申明修谱宗旨在于严防假冒、表彰懿行、彰善瘅恶。

其五，入谱禁规。本着以上修谱宗旨，规定：义子、赘婿、甥承舅嗣、侄奉姑嗣、既娶再醮妇带来之子，及出家僧道、不孝不悌、曾经犯法或流入下贱厮役之人，一概不许入谱。相反，"载于郡县志乘……矢志抚孤，节操炳著，继承宗祧"的节烈女可破例入谱，以示表彰。

其六，领谱数量及家谱呈验规则。所修家谱总量及领谱人员和领谱数量都有严格规定。如道光谱共印六十三部，其中告庙、宗府存查、族长交代、举事交代各一部。二十户户头、户举交代谱二十部、谱馆执事人员三十九部。同治谱共印四十五部"谱成即将告庙一部宗府存查一部族长举事前后交代各一部二十户每户头前后交代各一部"，族长户头领谱后，需严格保管，每年都有规定时日予以勘验："以每年清明及十月初一日族众赴两林祭扫之便携谱呈验"，以避免因家谱保存不善而造成人为或非人为损坏，杜绝家谱私售失遗。

---

① 注：括号内为因避帝王讳改。其中"弘"，为避乾隆帝"弘历"讳改为"宏"，"胤"避雍正帝"胤禛"讳改为"衍"，约乾隆大修家谱时改。见邹城市孟子学术研究会、孟氏宗亲联谊会编：《孟子与孟氏宗族》，第40页。

② 所谓"通谱"也称"通天谱"，即几个家族采用相同的行辈字。孔、孟家族的通谱，一般由孔府嫡裔议定，上奏帝王或后来的民国政府批准，孟子家族仿照沿用。（详见下）

其七,家谱销毁规则。谱册领新交旧,并由监督人员监督将旧谱及新谱谱版一同销毁①,这是旧谱失传主要的人为因素。

其八,违犯修谱规则的惩戒规则。"户头户举以及宗族人等倘狗一时情面或贪一已营私……或经旁人告发或由本院访闻立治以违。"②

(2) 家志系列

家志,是随着明代以来地方志的推广及其志书体例的逐步完善而出现的家谱的志书化现象。孟氏家族由单一的家谱修撰,拓展至谱、志双轨制,就是这一现象的具体体现。其家志编撰自明宪宗成化年间迄于清德宗光绪年间,前后四百年(1482—1887)间有六次大规模修撰,每次均由朝廷属官及地方名流主持。其编纂方式经历了由孔颜孟三氏合志到孟氏单独成志的变化。其名称也经历了由《三迁志》到《孟志》,再到《三迁志》的变化。综计如下:

① 明宪宗成化本《孔颜孟三氏志》

孟氏家志的始创,首以孔、颜、孟三家合志的形式出现。明代自英宗正统(1436—1449)以后社会统治进入中期,朝廷吏治腐败,官吏贪污成习。中央宦官干政,财政危机;地方土地兼并,起义不断。在这样的颓势下,统治者除了强化儒家忠孝,加强思想控制之外,已无别计可施。于是,方有代宗在英宗复辟的威胁下,仍频繁下诏倡导儒学,优礼孔、孟、颜家族(如诏以颜、孟子孙长而贤者各一人,至京官之。授希文翰林院《五经》博士,子孙世袭等)的举措。《孔颜孟三氏志》的编撰正是基于这样的社会背景。成化十年(1474)山东学政毕瑜按临邹县,以为:"孔颜孟三氏之乡,古今学者诵诗读书博文约礼但知其概而已。然其出处世系之详,行事褒崇之典,若非亲造其地,体验之真,孰能知哉? 三氏之志,其可阙乎!"于是,命邹县教谕刘濬、宁阳教谕宋叔昭、峄县教谕吴伯淳三人编写孔、颜、孟三氏志。五年间"凡五易稿而得其七八矣。然家藏故典不能尽详"。显然,志书编撰遇到了材料不足的困难。成化十六年(1480),刘濬、吴伯淳二人因担任山东乡试

---

① 在今日所见孟广均编清穆宗同治本《孟子世家谱》首页上印有"印峻销版"四个字,现存邹城市文物局。
② 以上引文资料除特殊注名者外,均见孟广均编清穆宗同治四年本《孟子世家谱》卷首《凡例》、《开馆仪注》、《谱成仪注》,现存邹城市文物局。

考官暂离任,毕瑜也在同年去世。志书编纂工作遂告中辍。至成化十八年(1482),刘濬从孔公璜处获取《祖庭广记》,总算可以补充前期暂缺内容,书稿终得以完成。由时任邹县知县张泰校正后,出资刻版印行。所以该书署名"赐戊戌进士、山东兖州府邹县知县、肃宁张泰校正;乡贡进士、山东兖州府邹学县教谕、永嘉刘濬编次;宣圣五十八代孙、三氏学录、阙里孔公璜辑录"①。其中以刘峻关注始终,出力最多。

全书由《三氏志总图》、《提纲》(元人杨奂的《东游记》)及正文六卷组成。正文卷一至卷四为《宣圣孔氏志事类》,卷五为《复圣颜氏志事类》,卷六为《亚圣孟氏志事类》。其中卷六《亚圣孟氏志事类》详目为:

  姓氏源流
  出处事迹
  庙宇(附断机堂、子思书院)
  林墓(附孟母、公孙丑、万章三墓)
  历代封谥诏旨诰敕
  历代主祀宗子特授恩典
  历代祭文
  历代题咏
  历代修建庙宇碑文(附孟母断机堂、子思书院)。

《孔颜孟三氏志》虽然还不是孟氏家族专志,且其中年代文字颇多"疏舛"②。

---

① 以上均见刘濬编:明宪宗成化本《孔颜孟三氏志·序》,四川大学古籍整理研究所编:《儒藏》(第9册),第77页。
② 文章开头"壬子"下夹注"元宪宗淳祐十二年"。考《年表》,"壬子"年为元宪宗肃皇帝(蒙哥)二年(1252),此年为南宋理宗(赵昀)淳祐十二年(1252),作者移理宗年号于蒙古。所以《四库全书总目提要》称其为:"纪年既误,而又以宋理宗年号移之于元,殊为疏舛。即此一端,其他可概见矣。"(永瑢等《四库全书总目》卷五十九《传纪类存目一·孔颜孟三氏志》,中华书局,1965年,第532页)考史事,此时正是蒙古蒙哥汗大举南下,南宋理宗据长江自守,包括山东在内的长江以北已被蒙古占领。出现此类错误估计有两种可能:一种是无意间将南宋与蒙古年号相混;另一种可能是作者既不敢触怒蒙古,又欲保持南宋正统,故以元宪宗与南宋理宗纪年合一。另"鲁鱼亥豕之误尤多,此盖明人编书、刻书之通病"。(四川大学古籍整理研究所编:《儒藏·孔颜孟三氏志序》第9册,第76页)

但其内部体例框架已初具史志规模,作为志书的开辟之功,功不可没。此书原版存于北京国家图书馆,同时收入四川大学古籍整理研究所编纂的《儒藏》。

② 明世宗嘉靖本《三迁志》

明世宗在位四十六年(1521—1566),统治时间在有明一代仅次于神宗。他在位期间的表现,后人评说大致优劣参半。前者如重海防,修边备,北抵蒙古,南御倭寇;后者如宠严嵩,罢海瑞,迷信道教,不理朝政。无论是前者抑或是后者,这些事件的出现都昭示了一个事实:明代已进入多事之秋的统治后期。正是在这样一个风雨欲来的大环境下,史鹗出任山东按察司佥事、奉敕整饬沂州等处兵备。上任伊始,游孟子林庙,"予观兵东鲁,幸睹孟子庙貌,吊其遗塚,礼其宗裔,足慰平生景仰之私,及叩其《志》,乃曰尚未有专制者。予为之慨然,乃命教官费子增①,遍考群籍,删繁存要,集为全帙。予又重加订证,补其缺,正其讹,使像图、爵田、记赞之故历历可考",并"取孟子作圣之功,由于母氏蒙养之正"②而题其志名为《三迁志》。

嘉靖本《三迁志》究竟成书于何时,书中无明确记载。内容由卷首、正文和卷尾三部分组成:卷首包括史鹗作《三迁志·序》、凡例九条和目录三部分。正文六卷,详目如下:

卷一:行教小影、危坐图、三迁图、断机图、邹国图、四基山孟子墓图、马鞍山孟父母墓图、宋南门外庙图、元重修孟子庙图、国朝孟子庙图、祭器图

卷二:出处事迹、史记列传、宗子世系、历代授官恩泽、历代闻达子孙、庙宇、林墓、户役、封号、章服、祀典、给田、免役、门弟子封爵

卷三:诏敕、恩赐、表

卷四:奏疏、文移、祭文、赞、诗

卷五:碑记一

卷六:碑记二、墓志

---

① 费增,江州举人,时人滋阳县儒学教谕。
② 史鹗编明世宗嘉靖本《三迁志·序》,现存北京首都图书馆。另见孟广均编:《重纂三迁志》(清德宗光绪本)卷六《艺文一》,苗枫林主编:《孔子文化大全》,第371页。

卷尾包括费增的《三迁志·后序》和孟子五十八代孙、前翰林院世袭五经博士孟公肇的《三迁志·后语》①两则。

明世宗嘉靖本《三迁志》系孟氏家族第一部独立专志。其后,孟氏志书的内容体例无不仿照此书成例。其为专志的开创之功,毋庸置疑。此书原版现存于北京首都图书馆。

③ 明神宗万历本《孟志》

万历本《孟志》,是由明神宗万历进士胡继先②任邹县知县时所编。从其《新修孟志引》中所述:"岁庚戌之春,观察潘公,以是方文献,暂休沐于里中,而孝廉周君,复以博综尔雅佐之,遂乃极意厘正,分类编摩……"可知,书始修于庚戌年,即神宗万历三十八年(1610)。至次年(万历三十九年,1611)暮春正式付梓③,只用了一年时间。其中参与编纂的两位执笔者"观察潘公""孝廉周君",分别为万历年间进士潘榛和举人周希孔。

《孟志》由卷首、正文和卷尾三部分组成。卷首包括时任山东巡抚黄克缵的《序》和胡继先的《新修孟志引》及凡例、目录。正文五卷,内容如下:

一卷:地灵(山川图、故宅图、庙图、林墓图)、石像、祖德、母教、师授、年表

二卷:佚文、赞注、崇习

---

① 孟公肇是五十七代翰博孟元之侄。孟元死时其子公綮年幼,由侄公肇代袭。《三迁志》付梓时,公肇已让职与公綮,故"后语"中署"前"翰林院世袭五经博士。
② 胡继先,四川汉州人,明神宗万历三十五年(1607)进士,授任邹县知县,官至开封府知府。一生服膺儒学,崇尚学术,编有《邹志》、《乐中集》等。在邹任职期间,致力于孟子府庙营建和孟学弘扬。初任邹令,谒孟庙,"拜亚圣祠下,徘徊瞻视,愀然有感"赋诗:"垂髫梦里识先贤,今日分符非偶然。气象岩岩浑是旧,宫墙落落未仍前","睹庙宇倾颓,有修理之任"。次年(万历三十六年,即1608)秋"捐俸廿余金,托其族之贤者孟闻钲等谋置祭田三十五亩",同年冬,又"计财之在官而不藉于官,将备歉岁而可缓于丰岁者,得金六百有奇,遂以兴事"并亲自"毕力经理,费节而当,工朴而敏","不数月而功竟",使残颓的孟庙和中庸精舍焕然一新。其于孟子林庙维护之功绩七十年后,孟子六十五代孙孟衍泰尚在《重修圣祖林墓享殿碑》文中感念提及。同门唐大章综其为邹令期间的贡献,称赞为:"公之英略,卓有思孟风。守身以约,服官以勤,搜蠹振癃,惟力是视,民以膏雨而吏以清霜也。……公治邹,其茂庸在民社,其伟望在简书,诸不胜殚记"概不为过。(以上见胡继先《初谒孟庙感而赋此(二首)》,现存孟庙致严堂内西壁。唐大章《重修中庸精舍记》,现存孟庙致严堂内西壁。胡继先《增置四基山孟夫子墓陵祭田记》,现存孟子林享殿西夹室内。戴章甫《邹县重修孟庙碑记》,现存孟庙致敬门内甬道西侧。孟衍泰《重修圣祖林墓享殿碑》,现存孟子墓东南侧约六米处。上文均收入刘培桂主编:《孟子林墓历代石刻集》,第270、271、273、275、352页)
③ 胡继先编明神宗万历本《孟志》卷首《新修孟志引》,现存清华大学图书馆。

三卷：爵享、弟子、礼仪、恩赉、宗系、名裔

四卷：祠庙（附孟父母庙、子思书院、子思祠、孟母断机堂）、林墓（附孟母墓、万章墓、公孙丑墓）

五卷：祭谒、题咏、古迹、杂志

卷尾收有潘榛《孟志后序》、周希孔《书新孟志后》，及六十代翰博孟承光《家志跋语》。

《孟志》的特点，一在于名称的变化，改《三迁志》为《孟志》。至于更改原因，作者在本书"凡例"中有交代："志者，史之流也。古之为史者，或以国名，或以地名，或以氏名，其所载之事如之。前志旧名'三迁'，取义似狭。爰共商榷，更为'孟志'，凡事之有涉于孟氏者，咸得以类附入云。"二在于内容、体例较前更完善，所谓："不循旧《志》，尽发素所藏书，协力披录，但关孟氏者，条分类纪，而孟氏之裔茂才闻钲者从乃祖，宦游亦多识其家故实。又即其耳目所及，一并采入，属稿数月，积帙凡五，为目二十有一。虽犹觉未详，而自顾考索证引，弗敢忽矣。"①

统观全书，较之以前，内容有增，体例更优。尤其是"二十一目"的分类与顺序安排，秩序井然，眉目清晰，成为其后《三迁志》各版本的成例。此书原版存于清华大学图书馆。

④ 明熹宗天启本《三迁志》

天启本《三迁志》，先由山东布政使都事吕元善，于明熹宗天启七年（1627），在史鹗、胡继先二家旧本的基础上加以"增补"②，未脱稿而"殉寇难，其子兆祥、孙逢时，乃续成之"③。全文由序和正文两部分组成：序包括天启七年李日华、贺万祚、吕浚诸家新序，又粹集了史鹗《三迁志序》、黄克缵《孟志前引》、胡继先《孟志引》、潘榛《孟志后引》、周希孔《孟志后序》、孟承光《孟志跋语》等旧本前、后序语。正文共分五卷，每卷之中又各分上、中、下三子卷（卷四仅有上、下），凡二十一类：

卷一：上为地灵、石像；中为祖德、母教、师授；下为年表

---

① 胡继先编明神宗万历本《孟志》卷尾潘榛《孟志后序》，现存清华大学图书馆。
② 四川大学古籍整理研究所编：《儒藏·三迁志序》第9册，第416页。
③ 永瑢等：《四库全书总目》卷五十九《传纪类存目一·三迁志》，第533页。

卷二：上为佚文，中为赞注，下为崇习

卷三：上为爵享、弟子（配享、从祀、附祀、拟祀）；中为礼仪、恩赍；下为宗系、名裔

卷四：上为祠庙；下为林墓

卷五：上为祭谒；中为题咏；下为古迹、杂志

其内容与体例虽依史、胡二家增补而大致相同，但与史、胡二志相比，"别为一种不刊之典"①。总起来看，在以下三方面略有变化：一在内容上，续补了自《孟志》以来亡故的孟氏族中名人事略（如六十代翰博孟承光及其母孔氏、长子宏略三人事略和皇帝对其旌表的诏敕）、墓志和部分题咏；二在体例上，于每卷之中增益上、中、下，与前版相比略显琐碎。所以《四库全书总目提要》谓其"纪载颇详。而体例标目，俱未能雅驯"②；三在书名上，恢复书名为《三迁志》。其后沿用，不复改易。此书原版存于南京图书馆，同时收入四川大学古籍整理研究所编纂的《儒藏》。

⑤ 清世宗雍正本《三迁志》

吕元善编明熹宗天启本《三迁志》，因为体例标目，未能雅驯，兼以"岁久漶漫，而国朝尊崇之典，及子孙世系、林庙增修，亦未纂录成编"。因而，清康熙年间，孟子六十五代孙孟衍泰又与滕县王特选、济宁仲蕴锦"乃以次辑补"③，于清圣祖康熙六十一年（1722）付梓，并于次年（世宗雍正元年，即1723）正式刊印。

雍正本《三迁志》在体例上，多沿袭明万历本《孟志》。全书由序、正文和后跋三部分组成。序部分除汇集了此前各旧《志》，如史鹗、黄克缵、胡继先、潘臻、周希孔、贺万祚、吕浚、李日华、孔胤植、吴麟瑞、虞廷陛、施凤来的序、引外，又有时任邹县知县韩于斐于康熙六十一年（1722）所作的新序。正文虽厘分为十二卷，但仍沿二十一目，具体卷目如下：

---

① 吕元善编：明熹宗天启本《三迁志·李日华序》，四川大学古籍整理研究所编：《儒藏》第9册，第419页。

② 永瑢等：《四库全书总目》卷五十九《传纪类存目一·三迁志》，中华书局，1965年，第533页。

③ 永瑢等：《四库全书总目》卷五十九《传纪类存目一·三迁志》，第534页。另雍正本《三迁志》编者署名极其繁复，有"裔孙孟尚桂鉴定，孟衍泰重校，古滕王特选增纂、阙里孔传商校订、古卞仲蕴锦删阅"及孟氏族人补辑、编次、参考等名目。而从序跋所述编纂经过可知，此书主要由孟衍泰编，王特选和仲蕴锦主笔。故《四库全书总目》称："国朝孟衍泰、王特选、仲蕴锦同撰。"（永瑢等：《四库全书总目》卷五十九《传纪类存目一·三迁志》，第534页）

卷一：灵毓（原为"地灵"）、像图（原为"石像"，因新增祭器图，以改）

卷二：祖德、母教、师授

卷三：年表

卷四：佚文、赞注、崇习

卷五：爵享、弟子、礼仪、恩赉（附敕命）

卷六：宗系

卷七：闻达（原为"名裔"）（附列女）

卷八：庙记（原为"祠庙"）（附奏疏）

卷九：墓记（原为"林墓"）

卷十：祭谒（附志铭传题）

卷十一：题咏

卷十二：古迹、杂志

后跋包括六十代翰博孟承光为万历本《孟志》所作旧跋和六十五代翰博孟衍泰所作新跋。此书虽在体例结构上多沿袭万历本《孟志》，但在内容上有不少增益，主要有：一，图像的增加与重绘。所有图像全部重新绘制，并新增《邹北傅村孟子故里图》、《孟子冕旒像图》及王特选、仲蕴锦所作《图赞》、《桧柏图》及韩峰起所作《图赞》、《天震井图》及其碑记、《祭器图》等；二，清初史事的补充。虽然所补内容"鱼龙混杂，疑信参半"[1]。然而从史料流传的角度看，仍不失为有益之作。此书原版在中国台湾与大陆都有收藏，但随年代流逝，邹城孟子故居所藏近年已有残损。1983 年，台湾孟氏宗亲会重新影印，时居台的孟子七十四代孙孟繁骥写的《重印雍正本〈三迁志〉序》称："雍正本雕版原藏于故里山东邹城县家祠，（始祖孟子祀于孟子庙，历代祖先别有家祠以祀。）原版已于清末毁于捻乱。……去岁（七十一年），宗亲会理事会决议，以家志'雍正本'已成海内孤本，宜先予影印以广流传。"[2]另有齐鲁书社 1997 年影印本，四川大学古籍整理研究所编纂的《儒藏》也同时收入。

---

[1] 四川大学古籍整理研究所编：《儒藏·三迁志提要》第 9 册，第592 页。
[2] 见台湾孟氏宗亲会《重印雍正本〈三迁志〉·孟繁骥序》，邹城市孟子七十五代嫡次犹孙孟祥居家藏本。

⑥ 清德宗光绪本《重纂三迁志》

光绪本《重纂三迁志》的修撰过程充满了一波三折。先是，道光十五年（1835），孟子七十代孙世袭翰林院五经博士孟广均约请邹县举人马星翼依循原有体例，重修《三迁志》。历七个月初稿成，是为对雍正本的增补。稿成后，曾请日照许印林等校阅①，但未及刊印。同治十一年（1872），山东盐运使、候补道陈锦，至邹主持修复孟子林庙事宜。孟广均之子，孟子七十一代孙世袭翰林院五经博士孟昭铨向陈锦献稿，请求校正。陈锦于光绪五年（1879）得闲暇约请刑部主事荣城人孙葆田和翰林院庶吉士柯劭忞损益初稿。搜辑旧闻，修严体例，定为十卷，为目十一。但稿成后又搁置八年，于光绪十三年（1887）才终于付梓刊印。前后竟历经五十二年之久。

光绪本《重纂三迁志》将序从卷首析出，全篇分序、卷首、正文三部分。序包括张曜、陈锦、孙葆田三篇新序及孟广均原纂稿序，次以编纂人员题名、目录等名目；"卷首"为御制文圣像诸图，包括清朝各代皇帝御制碑文及赞词及图像、地图、祭器陈设图等（图后均附文字说明及考证）；正文十卷，十二目，详列如下：

卷一：世系、年表

卷二：事实

卷三：经义、佚文

卷四：祀典

卷五：从祀

卷六：艺文一

卷七：艺文二

卷八：艺文三

---

① 许印林，名瀚，日照人。《清史稿》有传，称其"博综经史及金石文字，训诂尤深。至校勘宋、元、明本书籍，精审不减黄不烈、顾广圻"。（《清史稿》卷四百八十一《儒林列传二》，中华书局，1977年，第13231页）被龚自珍赞为"北方学者第一"。（原文为："北方学者君第一，江左所闻君毕闻；土厚水深词气重，烦君他日定吾文。"龚自珍《己亥杂诗·别许印林孝廉瀚》，见《龚定庵全集类编》，上海书店出版社，1991年，第366页）生平著述甚多。据孟广均编清德宗光绪本《重纂三迁志·陈锦序》称："日照许印林、会稽宗涤楼两先生驳正数十百事。"对孟广均原纂稿进行了校正。（苗枫林主编：《孔子文化大全》，第12页）

卷九：艺文四

卷十：杂志

光绪本《重纂三迁志》虽减为十二目，但因题目较之以前内涵更广，内容经过合并移易，基本涵盖了前志二十一目（如卷四"祀典"包含了爵享、林庙、祭仪、乐章、礼器五大条目）的内容，且增补了雍正本《三迁志》后一百五六十年间，诸如世职延续、林庙修建及碑文、题咏等内容。光绪本《重纂三迁志》因受惠于清代朴学的昌盛和近半个世纪的反复凝练与修订，而资料丰富，考订精审。此书在台湾和大陆也都有存世，苗枫林主编《孔子文化大全》和四川大学古籍整理研究所编《儒藏》均收入。

以上六种孟氏家志的流传，因年代久远和战乱等自然与人为因素，至清代后期，惟明熹宗天启本和清世宗雍正本《三迁志》民间尚有流传，以故张曜作《重纂三迁志·序》有"孟氏志乘，惟吕元善、孟衍泰前后所著《三迁志》十二卷"①的记述。明末以前的本子久已在民间湮没无闻。20世纪80年代为编《中国古籍善本书目》，在对除台湾地区以外的中国各省、市、自治区公共图书馆、博物馆、文物保管委员会、大专院校、科学院等的图书馆、纪念馆，甚至包括寺庙在内的781个单位藏书普查中，除查清了明熹宗天启本《三迁志》藏于南京图书馆外，还发现此前的明代三种《三迁志》仍然存世，其具体馆藏情况为：明宪宗成化本《孔颜孟三氏志》藏国家图书馆；明世宗嘉靖本《三迁志》藏首都图书馆；明神宗万历本《孟志》藏清华大学图书馆。至此，孟氏六种家志重新齐聚。其中存于北京首都图书馆的明世宗嘉靖本《三迁志》和存于清华大学图书馆的明神宗万历本《孟志》仍为孤本，亟待抢救性保护外，其余四种包括明宪宗成化本《孔颜孟三氏志》、明熹宗天启本《三迁志》、清世宗雍正本《三迁志》和清德宗光绪本《重纂三迁志》均已收入由四川大学主持编纂，于2005年以后陆续出版的《儒藏》，对于《三迁志》的保存和传世大有裨益。

（二）孟府档案

孟府档案是孟府内部府务管理及对外交往的相关文件记录。孟府，作为封建社会颇具特殊性的封建贵族府邸，自中兴祖始建迄于民国，历八百

---

① 孟广均编：清德宗光绪本《重纂三迁志》，苗枫林主编：《孔子文化大全》，第9页。

年未曾中断。其间府务管理与对外交往的文件、记录,本应是全面系统的,但由于兵燹战乱、自然损害和人为破坏,锋镝劫余,竟所剩无几。不过,从今日仅存的一小部分,仍可窥见孟府当年的繁华。

现存的《孟府档案》,从时间上划分,最早始于乾隆四年(1739),最晚止于民国三十六年(1947),时间前后跨越二百余年。而在此期间,时间越靠后,材料存世量越大。清朝后期的约占总数的五分之一,其余五分之四均属民国以后,尤以1942年—1944年几年内最多。详近而略远,这也合于史料传世的自然规律。从现有档案材料内容划分,大体包含以下四种:(1)对外及人际交往类文件。包括孟府与帝王及各级官府间的御赐书单、文移、复照、咨会、呈请、禀状和通知、谕单、信票、布告、奉祀官指令、批令,以及与民间亲属邻里百姓交往的礼单、礼赞、挽联、书法画册印章收藏、家信函件等;(2)内部政务活动类文件。主要包括府内各种政务记录,如工作日志、收发文簿及各种会议通知、会议记录及府内人员值班、活动登记表格、祭祀典礼仪制人员杂役委派及邻里司法纠纷处理文稿记录等;(3)内部府庙经济经营与管理类文件。主要有府内地亩、宅基、祀田、园地及佃户所交地租数量,教育建设投资及祭祀所需费用,府庙修建工程计划、包工合同、原材料用工资费及日常应酬等相关经济记录、收支和清册等。按照这一分类,排纂列表如下①:

种类	序号	题　名	时　间	页数	备注
(1)	1	滕县知县就近差拿抗不供孟府差役田国顺移文	清乾隆四年九月		
	2	御赐书单	咸丰三年三月		
	3	刘盛玉殴打曹志诚的禀文	咸丰五年十月二十五		

---

① 注:此表据邹城市文物局提供《孟府档案目录》(手抄)、刘培桂主编《孟子志》(山东人民出版社2009年版,第369—371页)及孙庆元《孟府档案概述》附《孟府部分档案目录》(载济宁市政协文史资料委员会、邹县政协文史资料委员会编:《孟子家世》,中国文史出版社,1991年,第219—222页)整理而成。表格中凡未特别注明的"时间"均为"不详";空白"页数"均为"1";空白"备注"均为"保存完好"。所收内容尽量齐全,但难免于疏漏、重复和错误。

第四章 府庙林墓及其文化内涵 233

(续表)

种类	序号	题名	时间	页数	备注
(1)	4	新泰县族人孟毓祥受邻人殴辱禀呈	咸丰五年十月二十五日		
	5	曹州府单县知县回复亚圣府拟将孟继庠派充林庙执事移文	咸丰十年六月初六日		
	6	孟继文被骗取谱牒银、建庙银公告	同治十年		
	7	林广銮致五经博士信封	同治十年四月十一日		
	8	山头村孟继彬不遵宗规屡次犯林禀	光绪二年六月		
	9	孟府五经博士加二级本族引为规范谕单	光绪丁丑（光绪三年）二月二十日		
	10	催猪羊信票	光绪十九年八月初一日		
	11	孟府请邹县正堂给王景魁颁发赞礼生执照的移文	光绪十九年十一月十四日		
	12	差刘继福赴野店官庄催办祀田籽粒信票	光绪二十二年八月十日		
	13	差武振清、党兴臣赴宽甸县投送公文会票	光绪二十八年十一月四日		
	14	清丈城南府第完竣将地图一张及清册一本送府存卷备查呈	民国二十二年一月		
	15	孟府与日本各地的挂号邮件凭单	民国二十四年、民国二十六年		
	16	抗战时期日本人盐谷温途经邹县时送给孟雪生的名片			
	17	孟庆棠调查圣墓前开山辟石训令及附件	民国二十八年二月		
	18	孟府工作人员调换的会议记录	民国二十八年二月二日		
	19	奉祀官孟庄棠向山东省长报告孟庙损坏情况呈文	民国二十九年		
	20	奉祀官孟繁骥照准孟毓宸辞去族长职务由孟传纲接任指令	民国三十一年五月		

(续表)

种类	序号	题名	时间	页数	备注
(1)	21	孟繁骥任命王东生为总务股主任训令	民国三十一年五月		
	22	邹县县署布告保护亚圣庙先贤古迹及庙产祀田布告	民国三十一年五月二十九日		
	23	关于田德元请求再次录用的呈文	1942年9月		
	24	孟府与同春酱园为孟府厨厨夫蒋振坤出具的保证书	民国三十二年五月六日		
	25	新民会邹县总会的省联协议会出席经过发表书	民国三十二年		
	26	传相关人员参加大典演习谕单	民国三十二年八月二十九日		
	27	曲阜恳谈会省长报告	民国三十二年九月二十八日		
	28	传乐工带乐器到庙谕单	民国三十二年九月二十九日		
	29	注销周秀川身份证呈文	民国三十三年		
	30	传乐工带乐器到庙谕单	民国三十三年二月二十五日		
	31	传相关人员参加大典演习谕单	民国三十三年二月二十五日		
	32	孟府关于催缴祭祀用品（猪羊）的谕单	民国三十三年二月二十五日		
	33	传相关人员参加大典演习谕单	民国三十三年九月十日		
	34	传唤乐工谕单	民国三十三年九月十日		
	35	秘书处民国三十三年工作事项呈文	民国三十四年一月一日		
	36	山东省公署修辑颜庙孟庙工程委员会组织简章及监修孟庙工程支出与报告	民国三十六年	9	

(续表)

种类	序号	题　名	时　　间	页数	备注
(1)	37	邹县临时参议会第一届第一次大会宣言	民国三十六年五月九日		
	38	亚圣奉祀官训令提升总务股员王东升任总务主任			
	39	孔德成谢帖签			
	40	亚圣书院城垣、树木堪查呈文			
	41	孟庙损坏需修复的呈文			
	42	孔道总会章程			
	43	李济东退辞事务员由孟香南充任的通知	××年七月二十二日		
	44	汉班昭孟母颂、晋左芬孟母赞		3	
	45	关于各支长等共同约束重则具禀之谕			
	46	关于张傅苓请求鉴核恩准赏给山上应得斗谷以糊口的呈文			
	47	关于仆人十一人所用煎饼等物清单的呈			
	48	关于由张、王两秘书负责孟氏族代整理委员及孟希远之要求的文			
	49	关于孟毓淇务必于九月来邹面呈工料、经费之谕			
	50	孟氏全族劝谏书（劝谏容纳歌伎事）			
	51	管翼鞠对联：教本尼山继万世宗师何必西天参佛果；道传泗水守七篇家学至今东鲁有儒经			

(续表)

种类	序号	题　名	时　间	页数	备注
(1)	52	张子钧对联：兴灭继绝功高赞育；慎终追远望重群黎①			
	53	孟庆堂书法：文章浩渺起波澜②			
	54	孟府各种印章样本		3	
	55	亚圣府印章与孟繁骥印章样本			
	56	孟传纲各式印章			
	57	习字帖		2	残
	58	赵鸿勋画册页、吴东严解仲秋题诗、清代山水人物画册			
(2)	1	本署文件用印号簿	同治十三年元旦		
	2	办理二支世怡堂睦记表仪簿	光绪六年六月		
	3	野店祀田籽粒谷花名册	光绪八年八月		
	4	孟继修滥伐树木请官员处理	光绪二十二年二月		
	5	孟府秘书处日志记载孟府七月至十月内务外事活动	民国二十三年七月至十月	1	
	6	孟府收文记录	民国二十七年十月一日至民国二十八年九月三日		
	7	孟府发文记录	民国二十七年十一月七日至民国二十八年五月十七日	4	
	8	发文簿二十八年二月十四日至三十九年九月三日孟府与族长、县公署、警备队、新民会等往来公文	民国二十八年二月十四日		

---

① 注：另有十五件对联和一件花鸟图，残破不全，此不录。
② 注：另有孟复堂、孟雪生（繁骥）、马维骧、鲁显宗、王梓生等书法作品二十余件，多残破，此不录。

（续表）

种类	序号	题　名	时　间	页数	备注
(2)	9	购买祭品事由证明书	民国二十九年（余4份不详）	5	
	10	通告记述孟庙陪祭杂役事务	民国三十年二月二十七日		
	11	讨论王东生任命状等事项及研究如何振刷精神努力建设新孟府的第一次府务会议记录	民国三十一年五月十九日		
	12	孟府会计股字卷	民国三十一年八月		
	13	亚圣奉祀官府职员考勤表	民国三十二年七月		
	14	孟氏族长就职典议程及内容	1943年9月7日	2	
	15	孟氏小学开学典礼仪式包括学校管理主任报告、奉祀官训示、孟氏族长致词、林庙举事致词等	民国三十二年九月七日	3	
	16	孟府小学筹备会议记录			残卷
	17	关于十一月一日举行朝会的通知	民国三十二年十月三十一日		
	18	孟氏族务第二次会议议程及内容	1943年12月13日	5	
	19	邹县新运献机会会议记录	民国三十二年十二月二十三日		
	20	孟府职员证明书样本及银质证章底稿	民国三十二年至三十四年	6	
	21	秘书处年度工作事项简要报告包括保持文件、宣传圣学、整理府风等三项	民国三十三年		
	22	孟庆棠手谕令孟繁骥担任奉祀官职务			
	23	孟繁骥任奉祀官期间的一次仲秋上丁祭祀孟子的筹备会议记录			

（续表）

种类	序号	题名	时间	页数	备注
(2)	24	孟府移清兖州就各物纠纷作批示的手稿			
	25	孟府关于养蚕祠工程遭破坏请官方作出处理的拟稿			
	26	雪生手字孟庙由轮流值班改为专人值班			
	27	孟传策被告文申冤文稿			
	28	康有为先生公葬筹备处代收捐款通知			
	29	关于翻译图书的条例（第六至十四条）			残档
	30	孟氏族人议交纳丁银事务议案			
	31	再认摊派演戏谢神要约			
	32	周翰庭家书			
	33	邻里具保书			
	34	借阅族谱具保人名单			
	35	关于孟继颜的身份证明			
	36	孟庙七十四代孙秋祭欢迎词			
	37	因局势不稳府门晚开早关的通知	××年八月二十八日		
	38	张子固请假的假条	××年七月六日		
	39	孟庆棠感谢他人送其印章的书笺			
	40	孟庆棠送工钱给塾师的书笺			
	41	族长关于户头名称不雅请予更换的提议			
	42	孟府大宗户、城西户、山头户、基阳户材料			

（续表）

种类	序号	题名	时间	页数	备注
(2)	43	亚圣奉祀官府全族代表临时整理委员会组织细则应行修改部分			
	44	关于亚圣奉祀官府全族代表整理委员会收发文簿			
	45	孟府叩首拜谢名单			
	46	孟府发布的公文函件记录		10	
	47	孟庙秋祭发帖式样		2	
	48	孟府朝会通知及参会人员名单			
(3)	1	蔡庄续制地亩册	嘉庆二十二年三月		
	2	福字号蔡庄地亩清册	道光十二年四月		残缺
	3	寿字号蔡庄地亩清册	道光十二年四月		
	4	孟府滕县租项清册	光绪六年九月		
	5	征收野店祀田官庄土地籽粒谷花名册	光绪八年八月		
	6	包工合同复修孟庙款项及开支、竣工时间等	民国二十九年九月		
	7	关于重修邹县城隍庙大殿东南隅三曹殿的序			
	8	孟府银丁册	①民国三十一年九月二十五日（西阁户）；②民国三十二年十二月三十日（孟氏城西户）；③民国三十三年七月十六日（故里户）；④民国三十三年（大宗户）		
	9	流水账三月二十八日至九月十八日孟府消耗、购置、应酬、祭祀等项开支	民国三十一年三月		
	10	蔡庄地区祀田官庄租户粮食籽粒呈送单	民国三十一年至三十二年		

(续表)

种类	序号	题名	时间	页数	备注
(3)	11	关于奉祀官府收到蔡庄租物收据	1943年4月24日		
	12	关南户南孟家庄丁银册	民国三十二年		
	13	安东镇孟母庙占地、树木等状况			
	14	民国年间蔡庄地区租户呈交钱粮、柴火账目			
	15	孟府(蔡)庄买进卖出茶豆账目			
	16	孟府关于孟宪申、邹继明等赔麦的收条			
	17	关于向贾继宗、贾广聪赎回土地的赎条			
	18	发票、收据	①光绪元年五月 ②光绪四十八年 ③民国三十二年七月十三日 ④不详 ⑤不详	5	
	19	职员考勤表	1943年7月		
	20	孟府职官亲族差役寄居名册表	1943年	10	
	21	职员轮流值夜表	1944年		
	22	收粮条			
	23	礼单			
	24	张方喜所购五天蔬菜食品清单条		5	
	25	孟府差役一览表			稍残
	26	孟府所辖户族值名表		4	
	27	物品清单名册			
	28	孟府大礼簿菜单		9	
	29	孟府各院口粮		9	
	30	食物收支表			
	31	孟府前后院共领煎饼粮食清单			
	32	买进济南绸布账目			

第五章 府务管理与外交关系

内部管理与外部交往是一个家族生存和立足社会不可或缺的内在和外在诉求。从某种意义而言,府务管理水平反映了一个家族在聚族而居的观念和农耕定居的生存方式下自我生存和管理能力的强弱;而外交往来,则是一个家族在特定的社会经济和复杂纷纭的社会政治环境下如何立足社会、发展壮大自我的能力反馈。

孟氏家族严格的府务管理体系及其与政府、孔府频繁的外交关系,正是孟府以"亚圣府"的特定身份跻身于政府与孔府之间,立足社会,谋求生存与发展的内在和外在支撑。

第一节　孟府的府务管理

孟氏家族的崛起主要是在宋代以后,历代政府的关怀与优礼使家族人脉日盛,逐渐形成一个带有明显政治色彩的封建大家族。在家族人口不断增多,规模不断壮大的情况下,府务管理在家族维系与发展中扮演着越来越重要的角色。在长达千年的管理实践中,孟府在管理机构、管理规范、管理手段等府务管理方面的经验,随着历史的演进日渐成熟,按常理推断,应该有大量相关资料存世。但是,由于自然与人为等诸多因素导致的严重的资料破坏和佚失。这就为我们全面了解孟府的府务管理以极大障碍,只能借助于现存谱、志和仅存的一点严重残缺的孟府档案做一大概梳理。

一、管理机构

科学合理的机构设置是府务管理的前提保障。

就家族组织系统而言,一般情况下,族长(或称族正、族首,少数有宗长、祠长、户长)是家族的最高首领(较大的家族还有总族、支族区别。总族、支族又各设总族长、支族长)。族之下,依血缘关系的亲疏远近分为若干房或支,房设房长、房头。房下统率个体家庭。族长之下,还设立助理人员和各种专门职事,协助族长工作,执掌族中的公共事务,如管理祠堂,管理族田,协调族众关系,管理祭品等。人口众多的大家族,还仿照古代宗法制度,设立宗子一人(宗子如不兼族长,则没有实权,实权操在族长手中),专主祖先祭祀,是全族的精神领袖。族长、房长在形式上都由推举产生,不得世袭,这一点在家族的家法族规中有明确规定。族长如果不称职,可以举行全族会议罢免或改选。这大概也是古老的氏族民主制的残留。

族长的职责,包括主持祭祀祖先(凡设立宗子者,族长协助主持祭祀,未设立宗子者,族长单独主持祭祀),管理族田收入及族中其他产业,监督或裁判族人财产继承、分家过户及族人与乡里之间的民事、经济纠纷等。族长拥有私设刑堂,对族人违法、违规行为的初级裁判甚至处死的特权,主宰着族内人的婚姻及生老病死等一切重大事务。辩证地看,族权的存在,对于社会起到的是正、反两个方面的作用。前者在于:它使处于分散的小农经济下的族众容易在血缘的召唤下形成一个稳固而强大的整体,对于强化血缘意识,形成家族凝聚力,协助封建政府维系地方统治秩序具有重要的稳定作用,因此而成为封建政权社会管理职能的有效的补充形式。后者在于:它对普通族众的生存主宰,在客观上消解了族众对于生活的自我意识和自我处置权,使族众游离于个人自由与统一的国家法规之外。尤其到了封建社会后期,在家族组织日益政治化,并且日趋背离纯朴的血缘亲情的现实状况下,族众不可避免地成为族权泛滥的受害者和族长淫威的牺牲品。毛泽东正是从这个意义上说它与政权、神权、夫权互为补充,成为"束缚中国人民特别是农民的四条极大的绳索"①。

　　从家族性质看,孟子家族既孕育于中国文化的大环境之中,又是承负儒家文化的特殊载体。这决定了它与其它普通家族相比,既具有一般封建家族的通性,又具有区别于其它家族的特殊政治性和儒家特性。这一特性,同样在孟府的府务管理上突显出来。

　　孟府的管理机构,以亚圣孟子嫡裔、世袭翰林院五经博士为最高管理者,称为宗子。其下设族长和举事②,负责管理全族事务。

　　宗子③由孟氏大宗嫡裔世代承袭。在继任程序上,一般先由老一代翰博向朝廷提出申请,批准后,由新任宗子率全族举行就职演说,正式就职。现存《孟府档案》中《关于孟繁骥担任亚圣第七十四代奉祀官的谕》记录了这一就职程序:

　　　　兹经于本月十五日案奉

　　　　亚圣七十三代代袭奉祀官手谕内开,本人以年老力衰弗克奔走庙庭,……兹令长子繁骥(雪生)担任奉祀职务,并府内一切事宜等。因奉此按照旧例,遵于本月十八日午前九时由亚圣七十四代嫡裔奉祀官孟雪生偕同孟氏阖族代表敬诣

　　　　先圣在天之灵。

　　礼成之后,率同奉祀官府全体职员并孟氏全族代表整理委员会全体委员举行就职典礼。除呈请省宪转呈华北政务委员会存案外,规定典礼仪节如此④。此次就职程序虽然时间已在民国时期,与传统程序相比有一些变化或简化,但习俗的传承性,决定了不会有太大差异。在早期资料缺乏的

---

① 毛泽东:《湖南农民运动考察报告》,《毛泽东选集》(第一卷),人民出版社,1991年第2版,第31页。
② 举事设于何年无考。吕元善编明熹宗天启本《三迁志》有"孟氏博士、族和外,又有举事一名,佐族和督理林庙、绳愆子孙。然其始起之年,不可考矣"(吕元善编:明熹宗天启本《三迁志》卷三中《恩赉》,四川大学古籍整理所编:《儒藏》第9册,第478页)的按语。
③ 自孟子五十六代孙孟希文于明代宗景泰三年(1452)受"翰林院五经博士"后,直至第七十三代孟庆棠于民国三年(1913)改为"奉侍官"止,又称"世袭翰林院五经博士"。
④《孟府档案》,现存邹城市博物馆。

情况下，我们只得由此管窥。

在日常管理中，宗子主要责任是主持家族祭祀与应酬对外往来，一般并不直接过问普通家族事务，普通家族事物多由族长和举事负责。

孟府的族长和举事通常由宗族公推选举产生，偶尔也有帝王"诏设"，如宋徽宗崇宁二年(1103)就曾"诏设孟庭族长，外设举事一员，督理林庙，绳愆子孙"①，这也是今存最早的反映孟府族长、举事诏设的材料。族长一经批准，也要举行就职典礼。典礼首先由奉祀官讲话，其次是奉祀官颁发委任状、族长致谢辞等。现存《孟府档案》中，一份标明为民国三十二年(1943)九月七日的《孟氏族长就职典礼议程及内容》的文件，展示了孟氏族长就职典礼的程序情况。虽然这份档案时间较晚，但其大概行文格式当无太大变化：

(1)
中华民国三十二年九月七日
孟氏族长就职典礼
时间　下午二点
地址　亚圣府大礼堂
出席者见签到簿
主席　奉祀官
纪录　女牍主任
司仪　韩总务员
开会如仪
奉祀官训示

---

① 孟广均编清穆宗同治本《孟子世家谱》卷首《前代恩例》有"徽宗崇宁二年，诏设孟庭族长，外设举事一员"的记载。(现存邹城市文物局)另，陈镐《阙里志》卷之八《孔庭族长》有："崇宁二年，诏文宣王家选亲族一名，判司簿尉事即以家长承继，家长之名所从来也；至于举事则佐家长督理林庙，绳愆子孙者。"(苗枫林主编：《孔子文化大全》，第369页)孟广均编清德宗光绪本《重纂三迁志》也记为："宋崇宁二年孔颜孟各设族长一名，判司簿慰事。明景泰二年增设举事一员，使之督理林庙，绳愆子孙。"(孟广均编：清德宗光绪本《重纂三迁志》卷四《祀典》，苗枫林主编：《孔子文化大全》，第234页)

今天借开学典礼的机会,遂就举行族长就职典礼以示隆重。查我们的族长名义自宋朝就有。不过,那时的族长似乎不大合法。所以,命令不能全族通行,所能通行的仅附近七、八户而已。是以族务一盘散沙,一般像这种情形不尽遗憾。现在呢,则不然,非经过二十户全族族众通过,再联名具保不能委任,由此看来,我们族众的知识提高,团结力坚强,这也是我们族众良好的一种现象。如我们代理族长传纲公,自代理族务以来颇著勤劳,甚孚众望。此次本家们呈请晋级实任,颇见眼光明敏,本人自当准予所请,兹为隆重起见,遂就举行一个仪式,将来我们的族务相信益加起色,团结力将益加巩固,本族的光荣定可相见的,完了。

(2)奉祀官颁发委任状

(3)王秘书致辞

(4)族长致谢辞

(5)全族代表整委会致辞

(6)闭会　聚餐①

从上述可以看出,担任族长和举事的条件是,具有仁爱公正的良好品格、较高的素质能力和威望的长者。孟府的族长也称家长,一般居于孟林所在地四基山前的山头村。举事则一般居于孟子诞生地凫村。族中事务除特别重大者需向宗子请示外,一般族务可由族长和举事按族规自行酌情处置。

家族中享有最大权力和最高地位的是宗子而非族长,是孟氏家族与一般家族的明显区别。封建社会后期,在大多数普通宗族中已不再立宗子,少数宗族即便立有宗子,也往往与族长合二为一。宗子在家族事务管理中,成为名不符实的空壳,其地位被族长取而代之。与这一趋势和现象不同的是,由于孟氏家族嫡裔的特殊性,孟府宗子的地位和权力始终没有旁落,真正掌控着孟府一切重大事务的处置权。族长、举事虽然有权代表宗

---

① 民国三十二年九月七日《孟氏族长就职典礼议程及内容》,《孟府档案》,现存邹城市博物馆。

子处理具体族务,但其权力和地位始终不能超越宗子之上。特别是在一些如宗族祭祀、族谱续写、族长任命就职等重大族务的处理上,宗子始终拥有绝对决定权和操控权,族长只不过起到一个服从执行或协理的作用。比如对于续修族谱事宜,先由宗子会同族长、举事和部分族绅研究协商,决定有关修谱事宜。开馆之日,宗子率族众代表行祭告礼时,族长负责宣读誓词。谱成告祭礼时,族长负责按二十户清单发谱。对有违族规家训的族众,族长也只是提出处罚意见,交由宗子最后判定。甚至族长的继任,虽然名义上由公推产生,而实际上前任宗子掌握着向朝廷(或政府)的呈报权和决定权。这一点,我们通过现存不多的《孟府档案》可以一窥其大概。如中华民国三十一年(1942)五月的一份《亚圣奉祀官府指令》,内容为:"呈件为会议通过孟传纲代理族长,请求颁发委任……表决以孟传纲代理族长,全族赞成通过,复据族长孟毓宸呈,称为年老力衰深恐旷职虚位,恳请辞职,当经指令照准。"①这份指令表明:孟府族长虽经族众公举,但最终的呈报与任命还是操控于宗子之手。

二、管理职责

孟府的府务管理主要包括政务管理、财务管理和祭祀管理等几个大的方面。

(一)政务管理

孟府的政务管理主要指人事管理,包括对族人的管理和对职员、差役的管理两部分。

前者包括居住在孟府大院内上房院、缘绿楼院、赐书楼院及前学、后学等孟子大宗五世以内亲族(也叫大宗户),包括孟氏"十一派""二十户",以及迁徙、散居于全国甚至国外的全部孟氏族人。从现存档案情况看,孟府对族人的管理主要包括两个方面:一是对外代表本族,处理族众对外诉讼。如有族众受人欺压、财产被盗或因罪被官府拘押,孟府以亚圣

---

① 孟繁骥《亚圣奉祀官府指令》(福字第 2 号),《孟府档案》,现存邹城市博物馆。孟繁骥,孟子七十四代孙,民国二十八年(1939)承袭奉祀官,1949 年赴台湾,1990 年病逝于台北。

府的名义出面向有关部门提出咨会,或替族人申冤,或责成处置恶霸,或追回失物,或组织捐资为族人赎罪等;二是对内维护宗法族规与助贫扶困。所谓:"族中若有力行孝悌者自应表扬,倘有不知自爱者立即随时劝惩",而对族众中幼弱贫困者则协调全族予以救助,或集资办学,解决族众子弟教育问题等。

后者主要指被孟府聘用的服务于孟府的工作人员(包括孟姓族人和外姓人),包括对孟府职员、差役的选拔、任用、考核、辞退等。对职员的选拔要按照规定的条件和标准,并要履行必要的手续。职员进孟府要个人申请,并有保人保举。职员选用与提升的最终决定权由宗子掌握。职员升迁也由宗子亲自任命。现存《孟府档案》中,有一份孟子七十四代孙亚圣奉祀官孟繁骥《亚圣奉祀官训令提升总务股员王东升任总务主任》的手令,手令的内容为:"该股员任职以来,夙兴夜寐,卓著勤劳,办理总务,深富经验。本奉祀官殊资依异,着将该员升充总务主任,以专责成,而励来兹……"①这份手令证明了这一职员任命程序的真实性。按规定,职员、差役一经任用,即由孟府发给一定酬劳,一般为职员发放定薪,差役发份粮。从现存《孟府档案》看,孟府对职员、差役的工作管理极其严格,有严格的考勤制度和严明的纪律。职员定时上下班,每天上午、下午两次填写考勤表并加盖私章,如有缺勤,须注明公出、值夜,或病假、事假等原因。由总务股总务主任检查出勤情况,予以相应奖罚。例如,现存《孟府档案》中有一份标明时间为中华民国三十二年(1943)七月的《亚圣奉祀官府职业考簿》,内容如下:

亚圣奉祀官府职员签至表　　三十二年七月份②

---

① 孟繁骥《亚圣奉祀官训令提升总务股员王东升任总务主任》,《孟府档案》,现存邹城市博物馆。
② 《亚圣奉祀官府职业考簿》中华民国三十二年(1943)七月,《孟府档案》,现存邹城市博手馆。表中"印"为私人印章。

孟云衢	孟干堂	韩献廷	韩筱溪	孟子玉	张子固	孟鹤云	孟明纪	姓名＼日时	
	印	公出	印	公出	印	病假	印	上午	一日
	印	公出	印	公出	印	病假	印	下午	
	印	公出	印	公出	印	病假	公出	上午	二日
	印	公出	印	公出	事假	病假	公出	下午	
	印	公出	印	公出	事假	病假	公出	上午	三日
	值夜	公出	印	公出	印		公出	下午	

职员、差役还必须遵守族规，如有违犯，必予查究，并视情节轻重给予或警告、或革职免差的处罚。反之，若职员、差役在任期间能遵纪守法，勤恳工作，则视业绩多少予以表彰奖励和提拔。

（二）财务管理

财务管理的对象是财产，而家族的财产也叫族产或祠产，是全族公有的财产，主要包括土地、山林、房屋等。中国封建社会下，土地是经济的核心要素，也是财产的主要体现。作为极具特殊性的封建大家族，孟府拥有的土地也叫族田。对族田及其产出物——地租的管理，构成了孟府经济管理的核心内容。除此而外，还辅之以有关府庙林产等有形财产的经营与管理。

1. 族田管理

族田是孟氏家族族产中最重要的财产，包括祀田（祭田）、粮地、墓田、宅基、学田等。孟府族田的来源主要包括朝廷拨赐、官员捐买、族人捐赠和族资购买四种渠道，其中朝廷拨赐是孟府族田的主要来源，这部分内容已见前述。官员捐买、族人捐赠和族资购买是三种次要的来源方式。

　　官员为孟府捐买田产,是孟府族田来源与其他普通家族族田来源的重要区别。因为国家政治对儒学与孟子的提倡,使深受儒学思想浸润的官僚,特别是因科举抑或行政任职而结缘与邹、绎之地的官僚,特别关注于孟子府庙的经营与建设。他们除了以自身的政治影响力积极建言朝廷,增建修葺孟子府庙林墓外,还多以一己之力为孟子府庙捐资捐买族田,以供亚圣林庙祭祀,这是其在特定思想主导下行为的必然。如明世宗嘉靖四十一年(1562)邹县知县章时鸾在捐资建孟林享殿的同时,"复捐俸置田五十亩,岁入其租,以为祭祀、修理之具"①。明神宗万历二十五年(1597)邹县令王一桢"捐俸买地二十亩,给帖佃种"②。十年之后,即明万历三十五年(1607)邹县令胡继先谒孟子墓,闻听岁祀乏资,而前县令章时鸾、王一桢所置祭田"岁久且湮没","爰捐俸金廿余金,托其族之贤者孟闻钲等谋置祭田三十五亩。又搜得其先二令所置共伍十亩,归其本族,酌为叁祭"③。此后又十六年,即明神宗万历四十六年(1618)邹县知县孟凤翔也曾"捐俸银二十四两,置买孟弘田地三十亩,共四段……"④明代官员为孟府捐买祭田的行为一直持续到明末熹宗天启时毛芬和思宗崇祯时黄应祥任邹县令期间。⑤ 明代官员陆续不断地为孟府捐买祭田,当然一方面受明代重儒环境及科举考试等大环境影响的结果,另一方面也是受政府对孟府经济扶置政策影响的结果。从这一点看,官员个人的捐买与朝廷的拨赐在性质上是一致的,都是政治的产物。

　　除官员捐买外,还有孟氏族人捐赠和族资购买。孟子六十九代孙孟继

---

① 朱观烶《重建亚圣林享堂记》,现存孟林享殿内东首。参见刘培桂编著:《孟子林庙历代石刻集》,第237页。另见孟广均编:《重纂三迁志》(清德宗光绪本)卷八《艺文三》,苗枫林主编:《孔子文化大全》,第477页。
② 王一桢《置地林守林记》碑,原存马鞍山孟母林,已毁。孟府有旧拓。参见刘培桂编著:《孟子林庙历代石刻集》,第265页。
③ 胡继先《增置四基山孟夫子墓陵祭田记》碑,现存孟子林享殿西夹室内北首。参见刘培桂编著:《孟子林庙历代石刻集》,第274页。
④ 李凤翔《捐俸银置买祭田记》,现存孟庙致敬门内院甬道东砖壁西侧。参见刘培桂编著:《孟子林庙历代石刻集》,第290页。
⑤ 孟广均编清德宗光绪本《重纂三迁志》卷四《祀典》"天启三年,邹县令毛芬增设亚圣墓祭田","崇祯元年,县令黄应祥置祭田一顷十五亩"。苗枫林主编:《孔子文化大全》,第214、224页。

烺的《钦赐祭田记并载〈会典〉》,和孟子七十代孙孟广均的《祀田记》比较全面地记载了孟府土地的各种来源,包括朝廷拨赐、官员族人捐赠及族资购买等渠道。其中所记朝廷拨赐,相对于谱、志所记更加细化,明确标注了赐地所在区域,如所记朝廷拨赐有:"元泰定五年,拨赐祭田三十顷,坐落野店;明景泰六年,增给祭田二十四顷十五亩,坐落蔡庄;又赐庙宅基一顷三十亩七分五厘,坐落南关;又赐墓田七顷三十一亩四分,坐落四基山、马鞍山。……明万历三年,钦赐孟府中下例粮地九十顷,坐落庄朱社","明景泰六年,拨赐庙宅基一顷三十亩零七分五厘(坐落南关);又拨赐滕县上宫馆祭田八顷(坐落孟家口);又拨给滕县例地十顷零六十亩(坐落薄家庙、斗城、凉水泉、辛安等村)"。所记官员捐买有:"明崇祯年,鲁藩王捐赐祭田七顷二十亩,坐落蔡庄。""国朝康熙五十年,邑侯娄一均捐买墓田六大亩(坐落四基山)"。所记族人捐赠有:"崇祯二年,六十一代祖弘誉捐绝产二顷八十亩(坐落王屈),世随宗子朝庙公需","六十三代祖贞仁,捐置地九十五亩四分;又族人孟贞友捐绝产三十三亩八分,坐落付村,世随宗子林墓祭扫","(乾隆)十二年,滕邑族人孟尚巘,捐入上宫馆祀田二顷三十亩(坐落孟家口);三十五年,族人孟衍镇,捐入故里祠绝产六十亩(坐落凫村);道光二年,滕邑族人孟兴仁等,捐入上宫馆祀田二顷四十亩(坐落石坝村)"①。所记族资购买有:"乾隆六年,估售两林干树,增置墓田三十一亩(坐落凫村)"②。

现有资料记载显示,孟府族田的最主要来源是朝廷拨赐,其次是官员捐买和族人捐赠,再次则是由孟府族产变卖所得族资购买。孟府族田的来源渠

---

① 另,孟子七十代孙孟广均撰《庙户营添设祭田碑记》专门立石表彰族人孟广涟捐赠祭田一事,文称:"庙户营在城西六里,旧有圣母邹国端宣献夫人神祠,谓是三迁曾经之地也。庙基外仅有祭田十三亩,均素以为歉,顾款无所出。今兹吾族恩监生广涟,慨捐己业十亩,佐春秋二仲祭品牺牢之需,甚盛心也。念自数载以来,吾乡被南匪蹂躏,居民日不聊生。暂得小憩,皆嚣嚣苦不足,谁复有深谋远虑? 而吾族广涟报本追远之意仍复,殷殷不忘且勇为惟恐后时,此其仁心为质,岂寻常好义乐施之比哉! 族众广居、广钦等俱呈乞以存案。均深为嘉尚,即谋刻石以记,不徒敞署存案已也。"(现存邹城市城西庙户营前村孟母三迁祠享殿回廊下西壁。参见刘培桂编著:《孟子林庙历代石刻集》,第 437 页)
② 以上均见孟继烺《钦赐祭田记并载〈会典〉》(见孟衍泰《孟氏大宗支派碑记》碑阴)和孟广均《祀田记》,两石现分别存于孟府五代祠院内道东和孟府二门内东侧厦下砖壁。参见刘培桂编著:《孟子林庙历代石刻集》,第 367—368、420—421 页。

道,同样显示出了孟子家族与其他普通封建家族在性质特征上的不同。我国从民间自行生长起来的普通家族,其家族实力和族产一般均经过家族几代甚至几十代人的戮力经营,不断积累而成。族人几代接力式的购买和滚雪球式的积累是其族田来源的主要渠道,纯属家族私人性质。而与他们相比,孟府族田的来源渠道则有明显的不同。朝廷拨赐和官员捐赠的族田来源渠道,突显了孟府强烈的政治化色彩。这是孟氏家族作为封建政治性家族,特异于我国民间普通家族的重要表征之一。

  孟府对祀田的管理,因为资料的缺失,已很难了解其详,不过透过现存的零星材料,尚可窥见其大概。因为祀田是家族产业的支柱,是祖先祭祀和家族维系最重要的经济来源,因而孟府对此十分重视,设有专门管理机构"祀田管理处"①。它的主要职责,一是定期清理登记田亩,保护祀田不受侵犯流失。孟府对于租户地租的管理有严格规定,如规定佃户租种的祀田,可以世代相袭,但不准隐盗、转租和买卖。如李凤祥《捐俸银置买祭田记》中就明确规定:"其地止许佃种供祭,不许欺隐盗卖。如有隐盗者,许孟氏族众禀告。"②今日留存下来的《孟府档案》中有记载详细的地亩清册(包括形状、边邻、积步、成亩等内容),甚至还注明了佃户三代的相貌。二是及时足额收缴地租。孟府祀田多采用佃户租种的形式经营,如元蔡文渊《孟子庙资田记》碑阴有"摽拨到孟庙祭田地叁拾顷……令孟氏家长召募佃客耕莳,

---

① 注:因为资料的损毁,关于府务管理部分,可资引用为证的大多系孟府留存下来的民国以后的材料。比如"祀田管理处"这一名称,显然也是民国以后的新称呼,民国以前是否有管理机构,限于材料,不得而知。现有资料显示,在孟府管理中,机构、名称应时间、时代而不断改变,比如,今日留存下来的《孟府档案》中有一份《亚圣奉祀官府全族代表临时整理委员会组织细则应行修改部分》的文件,文件内容规定了"委员会组织细则应行修改部分",包括定名为"亚圣奉祀官府全族代表临时整理委员会",其下组织"以全族二十户户头为当然委员,再由奉祀官指定族绅五人共二十七人,由此二十七人中互选公推会长一人,由奉祀官指定常务委员三人常川驻会",委员会会址"由奉祀官指定府内房屋"、委员会任期"为年为限",及关于清理祀田的规定(《孟府档案》,现存邹城市博物馆)。由这份文件可知:其一,孟府管理机构及其组织管理细则不断随时改变;其二,孟府对于祀田的管理有一套专门的机构和规范。只是由于材料的损毁,今天已难窥原貌。
② 李凤翔《捐俸银置买祭田记》,现存孟庙致敬门内院甬道东砖壁西侧。刘培桂编著:《孟子林庙历代石刻集》,第290页。

抽分子粒,以供孟庙春秋朔望祭祀,修理庙宇销用"①。另,明邹县知县李凤翔为孟府捐俸置买的祭田也规定"仍令孟弘田佃种收租。每岁十月初一日,备办猪羊祭品香帛等物,永祀孟夫子墓前"②。佃户除少部分来自朝廷赐佃外,大部分由孟府自行招佃和失去土地的农民自愿投充。所以,从现有材料看,孟府的实际佃户远比政府公布的赐佃户数量多得多。据民国初的一份材料显示,仅野店一村即有孟府佃户二百多户。③ 佃户除需完成对孟府的交租数额外,均按政策享受国家免税免役特权。

而上述碑碣材料也一并说明,孟府族田主要用于祭祀、庙宇维修及对族人的赡养。

孟府对地租的收缴时间、数量、程序等都有具体规定。收租的时间一般于每年秋收以后。地租数量视土地的沃瘠等级而定。孟府将土地按质量优劣分为中地和下地两个等级,不同等级的土地交租数量不同,如雍正本《三迁志》中记载:"额设亚圣府例:中地每亩征银一分三厘七毫五丝七忽,米一合六勺一抄九撮八圭二粟八颗。下地每亩征银五厘四毫六忽,米八勺一抄九撮八圭二粟九颗;孟氏例:中地每亩征银二分二厘一毫五丝六忽五微,米一合六勺三抄九撮八圭五粟八颗;下地每亩征银一分一厘五丝六忽五微,米八勺一抄九撮八圭二粟九颗。"④孟府对佃户的管理和地租的收缴主要通过户头这一中间环节。因为户头承担了代孟府向佃户催缴租款的职责,为此得以享受孟府无偿拨给一定数额的耕地作为报酬。但须逢每年二、八丁祭时,向孟府赠送猪、羊祭品。现存《孟府档案》中,保存了中华民国三十三年(1944)二月廿五日向户头催交祭品的谕单,文如下:

---

① 蔡文渊《孟子庙资田记》碑阴,现存孟庙启圣殿院甬道东侧。参见刘培桂编著:《孟子林庙历代石刻集》,第61页。
② 李凤翔《捐俸银置买祭田记》,现存孟庙致敬门内院甬道东砖壁西侧。参见刘培桂编著:《孟子林庙历代石刻集》,第290页。
③ 转引自凌湲《孟府田产、佃户、庙户及历代优崇》,见济宁市政协文史资料委员会、邹县政协文史资料委员会编:《孟子家世》,第72页。
④ 孟衍泰编:清世宗雍正本《三迁志》卷五《恩赉·优复》,四川大学古籍整理研究所编:《儒藏》第9册,第664页。

为谕催猪羊事,昭得国历三月四日即阴历二月十日仲春上丁,各该户例应按照定规迅将大祭应用猪羊妥速备齐,羊以三十斤为准,猪以八十斤为额,限于上丁前一日早行送府,以凭验看,用昭属诚,合行谕催,为此仰役迅催。后列各户户头须选备博硕肥腯,不得以瘦小搪塞。如敢故违,除按照旧章赔□□称外,仍加究责不贷。去役亦不得籍端滋事,致干未便。速速! 须至谕者。

计开

张户猪二口　　　　　　　刘户猪一口　羊一双
邵户猪一口　　　　　　　常户猪一口　羊一双
田户猪一口　羊一双　　　马户羊一双

中华民国三十三年二月廿五日

府限　日缴销①

孟府催交地租的程序为:首先,由祀田管理处将应收租物数量呈报孟府,孟府应季派人向户头送达催租"信票"。如今存《孟府档案》中,有一份标注时间为光绪二十二年(1896)八月十日的《差刘继福赴野店官庄催办祀田籽粒信票》:

值秋禾登场,例应征收本年米粒。速备干净好谷,依限完纳……不得借端滋扰。计催:张、刘、邵、党、田、马六户各五石六斗,差刘继福限日缴销。②

这就是孟府向户头催缴地租的信票。然后,再由户头按照信票所列户头和数量直接向佃户催缴。孟府收到地租后,开具收到租物的收据。如现存《孟府档案》中有一份民国三十二年(1943)四月二十四日《关于奉祀官府收到蔡庄租物的收据》,其文为:

---

① 《1944年2月廿五日孟府关于催缴祭祀用品(猪羊)的谕单》,《孟府档案》,现存邹城市博物馆。
② 《差刘继福赴野店官庄催办祀田籽粒信票》光绪二十二年(1896)八月十日,见《孟府档案》,现存邹城市博物馆。

谨将蔡庄租麦豆子红粮柴火,由祀田管理主任送府。数目:租麦三十七石,豆子、红粮共二十二石(三斗五升),柴草共收一万七千四百斤,连同存根及执收各据合并呈报查核。此呈。①

文后盖有奉祀官印和亚圣奉祀官府总务处公事章,最后标注日期"四月廿四日"。

尽管孟府对族田严格管理,不断清查,并派常人看护,但仍不断受到被侵占的威胁,特别是在灾害、战乱的情况下。如值元、明交替,孟府在野店的祭田几乎被侵占殆尽。为此,孟府也常对外寻求朝廷或政府的保护。现存《孟府档案》中就保留了二十七张邹县公署应孟子七十三代孙孟庆棠呈请,依据山东省公署文件精神保护先贤古迹及庙产、祀田的布告。其中一份原文如下:

邹县公署布告　　　　　　　　教字第五号
为布告事:案奉
山东省公署引省民礼字第一三四九号训令内开,案据亚圣府奉祀官孟庆棠呈请,颁发布告,保护亚圣庙先贤古迹及庙产祀田,以免摧残,而垂永久等情,据此查核:县亚圣庙攸关我国古迹文化至钜,本署曾于上年拨款重修,以示尊崇之意。至庙产祀田并关祀典,统应加意保护,以免摧残,而维圣迹。着由该知事印制布告,张贴通衢,俾使人民一体周知,并饬警随时保护,勿稍疏忽。除函复外,合行令仰该知事即便遵照办理,并将办理情形具报查考,此令。等因,奉此。查先贤古迹及庙产祀田,均系著名圣迹,内则地方文化所归,外则国际观瞻所系,尤应特别保护,以资瞻仰,而垂永久,除令警队及各区公所随时严加保护外,合行布告全县民众及附近住户一体周知,嗣后对于先贤古迹及庙产祀田,均应认真看守,力加保护,倘有任意摧残,一

---

① 《关于奉祀官府收到蔡庄租物的收据》民国三十二年(1943)四月二十四日,见《孟府档案》,现存邹城市博物馆。

经查觉或被告发,定即从严惩办,决不姑宽。切切此布"①

保护私产本是政府职责所系。但由政府直接以布告形式,并动用警力与地方治安保护某个特定家族的财产,这在历史上还是比较少有的现象。因为孟府"系著名圣迹,内则地方文化所归,外则国际观瞻所系",特殊身份决定了它得以享受的特殊待遇。这再一次显示了孟府作为儒学家族与普通家族的特异之处。

2. 林庙管理

对孟庙、孟林和孟母林的管理统称林庙管理,这也是孟府管理的重要组成部分。在宗子享有至高管理权的管理制度之下,林庙的具体管理依然主要由宗子和举事负责。管理内容主要包括两个方面:

一是林庙的建造维修。一般小型或局部修理,由孟府自行筹措处理。耗资巨大的重大营建或维修,一般由宗子向政府提出申请,由政府拨款并派员监修。现存《孟府档案》中有标注为民国二十九年(1940)世袭翰林院五经博士孟子七十三代孙孟庆棠,向山东省省长呈送的关于《奉祀官孟庄棠向山东省长报告孟庙损坏情况呈文》的申请告文,文称:"亚圣庙自宋宣和三年距今八百一十九年,创造以来历代缮修已有三十八次,最近一次系于清宣统二年,山东巡抚孙派员所勘修……"省政府回应了这一申请,并下文由省公署制订了详细的修复计划,派出监工人员,并拨款国币三万八千五百元,于民国十九年九月九日至十二月三十日,对孟庙进行了大规模修葺②。

二是林庙财产的日常保护。林庙中的林庙户,专门负责林庙日常守护洒扫,阻止和查究盗窃庙产、损坏林木建筑设施的行为。

从整个历史发展过程看,以祭田为主的孟府财产总额,不断赐拨也不断遗失,一直处于变动不居的状态。据潘相所修《曲阜县志》统计,至清高

---

① 《孟府档案》,现存邹城市博物馆。
② 《奉祀官孟庄棠向山东省长报告孟庙损坏情况呈文》、《山东省公署修辑颜庙孟庙工程委员会组织简章及监修孟庙工程支出与报告》、《包工合同复修孟庙款项及开支、竣工时间等》,见《孟府档案》,现存邹城市博物馆。

宗乾隆年间,孟府概有政府拨赐无粮地亩"祭田五十一顷一十五亩,墓田地一顷古十一亩四分,庙宅基一顷三十亩七分五厘,佃户三十二户,庙户二十五户,门子五户"。这虽然与仅祭田就有"二千一百五十七顷五十亩"①的衍圣公府相比悬殊巨大,但以"亚圣府"的角色定位,与民间普通家族相比,已足以印证朝廷的非凡优遇。

(三)祭祀管理

祭祀活动既是孟府频繁举行的重要活动,祭祀活动的组织管理也便成了孟府府务管理的重要内容。孟府祭祀的统领权和管理权归于宗子,由族长和举事负责协助。每一次祭祀活动从准备到举行,过程相当繁杂。现存《孟府档案》中有一份《孟繁骥任奉祀官期间的一次仲秋上丁祭祀孟子的筹备会议记录》(时间不详),其中罗列了二十七条,包括礼生、乐工、执事、差役的人数、分工;各种祭器、祭品的筹集、购买及制作规格、要求;祭祀程序和礼仪;参祭族人及来宾人数、住宿及生活安排,甚至对参祭者的进退路线、队形排列、衣着穿戴、行为举止、遵守纪律等细节问题都作出详细规定。由这份筹备会议记录内容,可见孟府丁祭的复杂程度。

筹备会议结束之后,孟府按照筹备会议的决定,提前于每年春、秋丁祭之月月初下发谕单,通知分居各村的礼乐生届时至亚圣府演习礼仪。《孟府档案》中,现存民国三十三年(1944)二月的一份《孟府为传所有乐工携带乐器到孟庙出布的谕单》和当年九月《孟府为差传礼生来府演习礼仪伺候大典发布的谕单》记录下了这些史事。为形象表述起见,将这两份谕单抄录如下:

第一份谕单为:

  亚圣府谕

    为差传事:照得本年三月四日即夏历二月初十日为仲春上丁,所有乐工人等合行差传,为此仰役立传该乐工等除大笛外务须各带笛管

---

① 潘相:《曲阜县志》卷四十七《类记第四之二》,清高宗乾隆三十九年(1774)刻本,《中国地方志集成》第73册,第335页。

笙等各项细乐器，具于三月三日即夏历二月初九日晨九点到庙。敬谨候。倘能不误乐章尚拟酌予奖励。若有违误草率之处，定加惩罚。仰即按时前来，勿得迟延，致干究责去役。亦不得藉端滋扰，速速，须至谕者

计催

宫昭伦　住白庄　　陈殿柱　住查村　　崔振江　住东关

李贵昌　住故县　　魏学富　住石墙　　吴兴照　住石集

郝守富　住石墙

　　　　中华民国三十三年二月廿五日　　差　王秀章

府限　日缴销

第二份谕单为：

亚圣府谕

为差传事：照得本年九月二十日即夏历八月初四日仲秋上丁，所有礼生等合行差传来府演习礼仪，伺候大典，为此仰役立传该生等务于九月十九日来府报道，不准违误，不许借端滋事，致干重处不贷，速速，须至谕者

　　计开　　　　　礼生

潘贞厚　住白庄　　　　　路希干　住路家庄

高云龙　住白庄　　　　　高瑞丰　住白庄

赵云海　住白庄　　　　　高瑞冠　住白庄

刘锦堂　住白庄　　　　　梁学义　住羊山村

吴景兰　住曲阜武家村　　王承仪　住曲阜大雪村

　　　　中华民国三十三年九月十日　　差　葛春祥

府限　日缴销　　　销九月十七日①

---

① 《孟府为传所有乐工携带乐器到孟庙出布的谕单》中华民国三十三年(1944)二月廿五日；《孟府为差传礼生来府演习礼仪伺候大典发布的谕单》中华民国三十三年(1944)九月十日，见《孟府档案》，现存邹城市博物馆。

从两份谕单可以看出,孟庙春秋丁祭都要经过从筹备到预演较长时间的准备期。从谕单内容看,礼乐生是否按时到达及态度的优劣都会受到相应的奖惩。可见其管理之严格。尤其值得注意的是,这两份谕单的时间均为民国三十三年,即 1944 年,此时,中国的抗日战争正进入最后的关键时刻。在这样的环境下,孟府祭祀已本着从简的原则,规模尚且如此,常规状态下的孟府祭祀,其规模之大、组织管理之繁复更可想而知。

第二节　孟府的外交关系

由于材料的缺乏,孟府的外交问题成为孟氏家族文化研究的难点。但按一般道理,作为一个儒学名家,上有帝王垂爱,下有孔府呵护,其与相关方面的往来肯定是不可避免的。好在,仅存的文献及碑志谱残余,虽然零星而缺乏系统,但还是可以给我们提供一些这方面的参考。经过一番艰难的钩沉搜稽,对于孟府的主要对外交往关系,可以粗线条地勾勒出一个大致框架:孟府的对外关系,主要体现在与朝廷及孔府的交往。当然,还包括与相近望族如复圣颜氏、万氏等的交往。

一、与朝廷的关系

孟府特有的儒学承载者的政治和文化使命,决定了它与国家帝王之间关系的紧密。孟府与封建帝王之间频繁的关系往来,主要是在孟子地位上升之后的宋、元、明、清四朝。从双方往来的关系向度看,一方面是上对下的关系,即帝王对孟府的奏准、封赠;另一方面是下对上的关系,即孟氏家族就府庙管理事宜对朝廷提出的请求及参与朝廷的活动(特别是五经博士赴京参加朝廷朝贺、临雍大典、万寿圣节等活动)。无论是上对下,还是下对上,都体现了较强的政治性特征。拣其要者,以时代先后梳理如下:

（一）宋代

在唐宋以来的孟子地位提升,以及由此开始的孟府建设历程中,宋代属于起步期。因此,在孟府与朝廷的关系中,多表现为朝廷对孟府在名号、服色等制度规范方面的单向度封赠。

孟庙虽然于宋仁宗景祐四年(1037),由时任兖州知府的孔道辅创建,但并不代表大宋朝廷的官方认可。直到四十多年后,宋神宗元丰六年(1083)十月,朝廷批准了吏部尚书曾孝宽的奏请,尚书省正式下牒文①,褒封孟子为"邹国公"爵号。这是孟子首度封爵。自此始,孟庙的建立及其祭祀礼制才算得到朝廷的正式认可。次年(宋神宗元丰七年,即1084)五月,又应朝奉郎李梴奏请,由太常寺于五月四日发牒兖州府,修葺东郭孟庙,并颁定孟子像冕服制,牒文为:

> 兖州:准尚书礼部符,准都省批送下朝奉郎权发遣兖州军州事兼提取济单州兵马巡检公事臣李梴奏:"伏睹本州孟子庙,近因前京东西路安抚使曾孝宽札子,奏乞褒封,载于祀典。礼部以谓后世宗师非诸子之比,奉敕特封邹国公。若非右文之世,陛下能推尊圣贤,固未有此国公之号。使千载之上彰轲之道愈光,四方学者传轲之书益重,诚由陛下旌褒尊显之至也。臣窃守是邦,闻其庙在邹镇东北隅,制度极陋,栋宇已坏,仅存其名。遂下仙源县,勘会到,共有屋七间,内三间倒塌,四间破漏。其塑像服色,亦只是乡民随意装造,无所稽据。今朝廷既已旌封,则庙貌亦当完具。至于冕服之类,皆须与爵命相称。臣契勘本州昨修文宣王庙有剩钱一千七百余贯,内除七百九十余贯,系州司

---

① 牒文称:"礼部状:'近准都省批送下朝散大夫、试吏部尚书曾孝宽札子:"臣左领使京东西路,邹鲁实在封部。伏见孟轲有庙在邹,属兖州。未有封爵,载于祀典。况先儒皆有封爵。孟轲自古尝以其书置博士,朝廷亦以其书劝学取士。宜有褒封,载于祀典。伏望圣慈付有司议定施行。"取进止后批送礼部勘当。本部寻符右太常寺,详上件事理定夺。申:"今据本寺状,检会近条节文,今后诸神祠加封,无爵号者,赐庙额;已赐额者,加封爵。初封侯,再封公,次封王。生有爵位者,从其本。当寺参详。孟子传圣人之道,有功于天下后世,非诸神祠一时感应之比。今若止加庙额、侯爵,恐未尽褒崇之义。检会颜子封兖国公,十哲并封郡公。欲乞自朝省详酌,特封国公。又缘与近条不同,乞据状申取朝廷指挥,申者看详。"太常寺所申事理,虽于近条有妨,缘孟子传道于圣人,而为后世宗师,非诸子之比,谓宜封公,以示褒显。本部未敢施行,更自朝廷详酌指挥,伏候指挥。'兖州孟轲·牒·奉敕:'自孔子没,先王之道不明。发挥微言,以绍三圣,功归孟氏,万世所宗。厥惟旧邦,实有祠宇,追加爵号,以示褒崇。宜特封邹国公。'牒至准敕。故牒。元丰六年十月囗日牒。"(《尚书省牒》)刻石,现存孟庙致敬门内院甬道西侧砖壁。文收入刘培桂编者:《孟子林庙历代石刻集》,齐鲁书社,2005年,第4—5页)另见《宋史》卷十六《本纪》:神宗元丰六年"冬十月……戊子,封孟轲为邹国公"。(《宋史》,第311页)

再修在城文宣王庙准度充用外,今欲乞于其余剩钱内支钱三百贯文,委自本州郁官增修孟子庙。所有合衣冕服等,并乞从礼部检定降下,以凭遵依施行。"奏闻,候敕旨。……符:"寺主者勘会,修庙已闲工部施行外,所有冕服,仍具合服名件制度一面回报本处,不管住滞,符到奉行。"当寺检会,国公系正一品,合服,九旒冕(旒以青琪为之),犀簪导,青纩充耳;青衣朱裳九章,白罗中单,青褾襈裾,革带,钩䚢,大带,蔽膝,玉装钏,玉佩,晕锦绶,间施二玉环;朱袜,朱履者。牒候到,请详前项事理施行。谨牒。元丰七年五月四日牒。

同年九月十九日,京东路转运司就修庙敕向兖州府下发牒文称:

兖州:准尚书工部符,九月八日申后,准元丰七年九月六日敕节文,中书省、尚书省送到工部状,准祠部闲都省送下朝奉郎权发遣兖州事李梃奏本部符,京东转运司勘会得修文宣王庙有剩钱,今于数内郁三百贯文修孟子庙,别无妨阙违碍。本部欲乞依京东路转运司勘会到事理施行,伏候指挥,仍连元状。九月五日,奉圣旨,依奉敕如右,牒到奉行。都省前批。九月八日未时,付工部施行。仍闲户部及合属去处本司主者一依敕命施行。符到奉行者,牒请一依尚书工部符内敕命指挥施行。

谨牒。

元丰七年九月十九日牒。①

宋徽宗政和四年(1114),朝廷赐钱三百万在城东郭建新庙,并赐田百亩给守庙者。次年(宋徽宗政和五年,即1115),又"诏以乐正子配享,公孙丑以下从祀,皆拟定其封爵"②。

（二）元代

元代虽然是蒙古族建立的政权,但"征服者被征服"的文化转向结果,

---

① 该牒文由邹县令鱼敏夫于宋哲宗元祐元年(1086)三月初一日刻石,石现镶嵌于孟庙致敬门内院甬道东侧砖壁。参见刘培桂编著:《孟子林庙历代石刻集》,第6—7页。
② 《宋史》卷一百五《礼志八》,第2551页。

使元代朝廷对于孟府的优礼倾向有甚于宋代,表现在不仅继续沿袭宋代以来朝廷对孟府的政治性封赠,而且开始由单一的爵位名号的政治性封赠,向诸如祭田、林庙户等经济封赠扩展。这一扩展,对于孟子家族的崛起,特别是府庙林墓建设具有重要的实质性意义。

元仁宗延祐三年(1316)七月,仁宗下诏追封孟子父为邾国公,母为邾国宣献夫人,诏文如下:

> 上天眷命,皇帝圣旨:朕惟由孔子至于孟子百有余岁,而道统之传独得其正。虽命世亚圣之才,亦资父母教养之力也。其父凤夭,母以三迁之教励天下后世。推原所自,功莫大焉。稽诸往代,实阙褒崇。夫功大而位不酬,实著而名不正,岂朕所以致怀贤之意哉!肆颁宠命,永赉神休。可追封其父为邾国公,母为邾国宣献夫人。
>
> 主者施行。
>
> 延祐三年七月□日(宝)①

这是继北宋哲宗元祐年间授孟子父母为邹国公、宣献夫人之后,孟子父母再度被封。

元泰定帝泰定五年(1328)正月,依大司农司都事郭奉议关于孟庙"尚缺庙田……春秋祭礼,无所取给……将邹县蔡家庄、野店等处系官草场地土拨属孟庙,以供修理、祭礼"的奏请,"摽拨到孟庙祭田地叁十顷。其地东至峄山东华宫,南至民地,西至官路,北至颜庙祭田。……令孟氏家长召募佃客耕莳,抽分子粒,以供孟庙春秋朔望祭祀,修理庙宇销用"②。

元文宗至顺二年(1331),正式加赠孟子为"邹国亚圣公"③。至此,对

---

① 元仁宗《圣诏褒崇孟父孟母封号之碑》,现存启圣殿甬道西侧。文见孟广均:清德宗光绪本《重纂三迁志》卷四《祀典》,苗枫林主编:《孔子文化大全》,第302页。另收入刘培桂编著:《孟子林庙历代石刻集》,第49页。
② 元泰定帝五年(1328)圣旨《摽拨孟庙祭田公凭》,见蔡文渊《孟子庙资田记》碑碑阴,现存孟庙启圣殿院甬道东侧。参见刘培桂编著:《孟子林庙历代石刻集》,第59—61页。
③ 元文宗《皇元圣制》碑,现存孟庙启圣殿院甬道西侧。文收入孟广均:清德宗光绪本《重纂三迁志》卷六《艺文一》(苗枫林主编:《孔子文化大全》,第302—303页)。碑文另收入刘培桂编著:《孟子林庙历代石刻集》,第65页。

孟子的政治性褒崇达至巅峰，"亚圣"之名由此而定。

元顺帝至正二十六年(1366)，孟子五十四代孙孟思谅向朝廷提出"先祖亚圣庙林缺人守护洒扫"的禀文。顺帝在政治统治风雨飘摇的危难局势下，仍"依准所禀。仰行下有司，拨付伍户，免差税，晨昏洒扫"①。中书省左丞相钧批，付孟氏族长孟之全实行。

（三）明代

因为元代对孟子爵位名号的封赠已达至极点，因而明代朝廷与孟府的关系，除在政治上沿袭元代以外，重点在于经济上继续扩大元代对孟府的封赠和优礼，对孟府的佃户、庙户及祭田、礼乐生等的经济赐予继续升温并达至高峰。

太祖洪武四年(1371)，御史台牒下按察分司，令出榜禁谕，"军民人等，毋得非礼入庙宿歇，斫伐树株。如有违犯之人，令宗子陈告到官，依律究治"②。首次以法律的形式保护孟子庙林。这是明代朝廷对元代以来孟子府庙林墓建设给予的官方认可。

洪武十三年(1380)，燕王朱棣奉命赴都，途经邹，过孟府，遣奉祠余清远"具牲醴祝帛"行祭孟大礼，祭文为："惟公学继孔子，德为亚圣。兹者钦承上命之国，道经于此，谨遣奉祠余清远以牲醴致祭。伏惟鉴知。尚享！"类似这等大明皇族与孟府之间的政治联姻，其客观功用或效果是显而易见的，用余清远在碑文中的话说，就是："是讵止光于孟氏之家，实有光于斯文，尚可见圣代崇重之溢美也。"③皇室对孟府的政治礼遇，不仅是对孟氏家族，更是对儒学崇重的体现，这更清楚地说明：朝廷对孟府优礼封赠的背后，是对儒学的褒崇。而再进一步说，朝廷对儒学褒崇的背后，则是更深层的政治统治需要。

---

① 见《孟庙额设户计公文》，现存孟庙致严堂后影壁北面。参见刘培桂主编：《孟子林庙历代石刻集》，第83页。
② 胡继先编明神宗万历本《孟志》卷之四《祠庙》，现存清华大学图书馆。参见刘培桂编著：《孟子林庙历代石刻集》，第91页。
③ 余清远《燕王过邹祭亚圣公庙记》，该石原存何处不详，后久佚，1998年秋出土于孟庙，已残，现存孟庙致严堂后院。参见刘培桂编著：《孟子林庙历代石刻集》，第114—115页。□处为刘培桂据明嘉靖四年(1525)戴光修《邹县地理志》卷四载文所补。

代宗景泰三年（1452），政府"以颜、孟有功于世道，询其嫡长子孙，召赴阙廷，赐遇甚厚。升授颜、孟宗子世袭为翰林院五经博士之职，令吏部给符，还守祀事。邹孟氏五十六代孙名希文者，授职荣归"①。这是孟氏宗子受"世袭翰林院五经博士"一职的开始。这一世职一直延续到清末。此后，每一代翰林院五经博士都在朝廷举行的万寿圣诞、临雍大典等活动中，赴京参与，历久成制。② 同年，朝廷又拨赐孟庙祭田六顷。③ 自此开始，以后的宪宗成化、孝宗弘治朝多集中于对孟子府庙祭田、佃户、庙户及礼乐生的赐予。

熹宗天启二年（1623），孟子六十代孙孟承光及其母孔氏、长子孟弘略在白莲教起义中殉难。讣闻，明熹宗朱由校在诏修因战乱毁损的孟子府庙的同时，亲颁祭灵文，遣太常寺少卿魏应嘉赴祭："朕每览守臣奏状，殊切怆怀。是用遣官，敬陈笾豆，式念羹墙。暨孟承光母子起尔哀魂，歆兹渥典。"如此这般的目的，如祭灵文中所述："朕惟我朝追崇贤圣，恤及后昆，所以维世道觉人心也"④，以对孟府衷心朝廷的表彰，作为其它家族的楷模。事后，

---

① 杨瓛《亚圣五十六代孙世袭翰林院五经博士荣归记》碑，现存孟庙致敬门内院甬道东侧。参见刘培桂编著《孟子林庙历代石刻集》，第 144 页。
② 如孟希文在"景泰二年诏求孟子后，命下，孟裔中人惟公学行俱优，又系嫡长，应诏赴都，拜袭封之命"后，又每"遇宪宗、孝宗两朝临雍大典，俱钦取陪祀，宴赐、颁衣、加级，俱邀盛典。逢万寿圣节，俱乘传赴郡，朝罢宴享"。（参见刘培桂编著：《孟子林庙历代石刻集》，第 172 页）又如孟希文长子孟元"至弘治三年""以宗子袭继，克绍前业。遇万寿圣节，必随圣公暨五家博士诣阙拜贺。朝廷赐宴礼部，以宠嘉之。逮至正统元年（作者注：应是明武宗正德元年）、嘉靖七年两朝临雍大典，诏取四氏子孙陪祀，俱宴于礼部，赐锦衣一袭，长伯（作者注：孟元字）皆躬逢之。"（以上所引均见孟衍泰编清世宗雍正本《三迁志》卷十所载孔公恂《亚圣五十六代孙世袭翰林院五经博士焕孟公墓志铭》，郭本《亚圣五十七代孙世袭翰林院五经博士长伯孟公墓志铭》）孟子六十五代孙孟衍泰也曾于"康熙六十年恭遇万寿覃恩加一级，又临雍释奠行取陪祀，赐墨、赐御膳，复宴礼部。……雍正二年临雍释奠，行取赴京陪祀，礼成，赐茶果，至次日于乾清宫召见，亲问世袭姓名，谕曰：'尔等圣贤之后，当效法祖先，不可以几篇时文为学问，必存至诚道理方不愧对贤后裔。'赐墨一函，缎衣一袭，貂皮二张，赐御膳于箭亭，仍宴于礼部。于雍正三年八月初五日，赐'七篇贻矩'堂额。乾隆三年，临雍释奠，行取陪祀，御赐《乐善堂文集》、《朱子全书》，衣、貂各如旧例，赐御膳，复宴于礼部。"孟子七十代孙孟广均"恭逢咸丰三年二月初八日临雍释奠，奉领族人陪祀二名观礼八名。礼成后，初九日辰刻，午门晋表谢恩，赐宴于礼部"。（分见孟广均编清穆宗同治本《孟子世家谱》卷二、卷三，现存邹城市文物局）
③ 注：孟广均编清德宗光绪本《重纂三迁志》卷四《祀典》记为景泰三年，而本人同编的清穆宗同治本《孟子世家谱》卷首《前代恩例》则记为："景泰二年拨赐祭田六顷"，前后有一年之差。
④ 朱由校《皇帝遣魏应嘉谕祭亚圣孟夫子暨博士孟承光等之灵文》碑，现存孟庙启圣殿院甬道西侧。参见刘培桂编著：《孟子林庙历代石刻集》，第 298 页。

山东布政使司右参政管兖州事孙朝肃及邹县知县毛芬,联手于次年立石于孟庙以纪。现这篇微有断残损毁的御制祭文,仍矗立于孟庙启圣殿甬道西侧。碑额上立体雕刻的双龙戏珠纹,宣示着皇家特有的威严与风范。然而,来自皇室的这种荣光,对于孟氏家族而言却含着一种莫名的沉重感。

(四)清代

经过元、明两代对孟子府庙的经济性封赠,至清代,孟府的日常经济显然已维持在了一个相对稳定的状态。林庙的修葺维护与祭祀的经济维持已后顾无忧。缘于此,在其后的清代,除统治伊始的顺治时期有诏增设礼生、庙户,如"顺治四年,增设祀生八名"①的情况外,自康熙以后,重点转向诸如赠赐碑、赞、匾、联及御驾亲祀等政治性褒扬。

清圣祖于康熙二十六年(1687)三月壬戌,"撰孔子庙碑文成,亲书立碑"。四月,立碑孟庙,盛赞孟子"岳岳亚圣,岩岩泰山;功迈禹稷,德参孔颜"②。

清世宗也不甘示后,于雍正三年(1725)八月为孟庙亲题"守先待后"匾额,同时赐孟子六十五代孙孟衍泰"七篇贻矩"堂匾③。

清高宗时,朝廷与孟府的关系之紧密堪称达至顶峰。乾隆皇帝即位伊始就表现出了对孟府的特殊关怀,不仅对孟府的封赠有盛于前代,且开启了亲自至邹县祀孟的先例。高宗乾隆元年(1736)即"着山东巡抚即委员确估报部兴修……自亚圣殿而东庑西庑,而承圣门,而大门,而棂星门,而亚圣庙坊表,继往、开来坊表;后而寝室,而承圣之左右门,曰'知言',曰'养气';又自邾国公祠,而宣献夫人寝室,而家庙,而致严堂,而缭垣甬道,东出者曰致敬门,西出者曰启贤门;又圣祖仁皇帝御制碑亭,凡十有九处,黯者新之,败者易之,阙者增之。……统计用白金九千三百七十两有奇"④。此

---

① 孟广均编:《重纂三迁志》(清德宗光绪本)卷四《祀典》,苗枫林主编:《孔子文化大全》,第225页。
② 爱新觉罗·玄烨《御制孟子庙碑》,现存孟庙承圣门外东侧康熙御碑亭内。参见刘培桂编著:《孟子林庙历代石刻集》,第328—329页。
③ 孟广均编:清穆宗同治本《孟子世家谱》卷首《国朝恩例》,现存邹城市文物局。
④ 孟衍泰《敕修亚圣孟子庙感恩碑记》,现存孟庙启圣殿院甬道西侧。参见刘培桂编著:《孟子林庙历代石刻集》,第356—357页。

番大规模建设,历时两年零四个月。其工程之大,用时之长,维修范围之广,耗费财力之大,实为孟庙建设史上所罕见。乾隆三年(1738),又命翰林院撰拟并亲自钦定祭文,遣总理省直山东等处盐法道杨宏俊致祭孟母,并命内阁撰拟,将孟母封号由"邾国宣献夫人"改为"端范宣献夫人"①。十年之后,即乾隆十三年(1748)二月,乾隆帝又御笔"亚圣孟子赞",盛赞孟子"能不动心,知言养气。治世之略,尧舜仁义。爱君泽民,惓惓余意。欲入孔门,非孟何自?……卓哉亚圣,功在天地!"以帝王的权威,进一步确立了孟子在发展儒学、维护统治中的地位和作用。与此同时,再次遣吴应枚致祭孟子。② 又两年之后,即乾隆十五年(1750)五月,发上谕颁定孟子庙祭器(已见前述)。乾隆二十一年(1756),康熙帝平定了三藩后,东巡曲阜,在遣勒尔森祭曾子、遣富德祭子思子的同时,又遣内阁学士兼礼部侍郎钱维城第三次致祭孟子。③ 不仅如此,乾隆又在二十二年(1757)④、二十七年(1762)两次南巡回銮过邹县时,亲诣孟庙拈香祭孟,行一跪三叩礼。对于

---

① 爱新觉罗·弘历《皇帝遣杨宏俊致祭于孟母文》碑文及碑阴"推崇贤母端范封号"刻文,碑现存孟庙孟母殿前回廊东侧。收入刘培桂编著:《孟子林庙历代石刻集》,第354—355页。另见孟广均编:《重纂三迁志》(清德宗光绪本)卷六《艺文一》,苗枫林主编:《孔子文化大全》,第312—313页。
② 爱新觉罗·弘历《亚圣孟子赞》碑和《皇帝遣吴应枚致祭于亚圣孟子之神位文》碑,前者现存孟庙亚圣殿院东庑乾隆御碑亭内,后者原存孟庙,现已毁,孟府藏有旧拓。以上两碑文均收入刘培桂编著:《孟子林庙历代石刻集》,第371页。
③ 爱新觉罗·弘历《皇帝遣钱维城致祭于亚圣孟子之神位文》碑,现存孟庙启圣殿院甬道西侧。参见刘培桂编著:《孟子林庙历代石刻集》,第371页。另孔继汾《阙里文献考》卷十六《祀典考第三之三·幸鲁之典》记载与同,只是时间由记为"乾隆二十三年",有误(苗枫林主编:《孔子文化大全》,第368页)。注:乾隆十三年、二十一年的祭孟,均是乾隆帝出巡阙里时,遣大臣分祭邹县孟庙。乾隆共借巡幸阙里五次,除此两次外,另有乾隆三十六年(1771)、四十九年(1784)和五十五年(1790)三次,每次都遣大臣分祭孟庙。
④ 此次祭孟并亲自御书孟庙"道阐尼山"匾额和"尊王言必称尧舜,忧世心同切禹颜"楹联。事见孟子六十七代孙翰林院五经博士孟毓瀚《重修亚圣感恩碑》:"二十二年丁丑,天子南巡回銮,驻跸峄阳。越翌日,朝至始祖亚庙拈香,颁赐匾联。隆礼优如,自古莫及。"(碑现存孟庙启圣殿院甬道东侧。参见刘培桂编著:《孟子林庙历代石刻集》,第379页)另孟广均编清穆宗同治本《孟子世家谱》卷首《国朝恩例》,记为:"二十二年正月,圣驾南巡,博士衍圣公迎銮于德州北界,四月初九日己巳,驾幸邹县,亲诣亚圣庙拈香,行一跪三叩礼。"(现存邹城市文物局)孔继汾《阙里文献考》卷十六《祀典考第三之三·幸鲁之典》记为:"二十二年春正月,皇上南巡江浙,……夏四月己巳,亲幸孟庙拈香,行一跪三叩头礼。是日,诣圣庙拈香,行三跪九叩礼。翼日庚午回銮。"(苗枫林主编:《孔子文化大全》,第369页)孟广均编清德宗光绪本《重纂三迁志》卷四《祀典》,也有记载(苗枫林主编:《孔子文化大全》,第229页)。

这两次乾隆亲祭孟子,时翰林院五经博士孟子七十六代孙孟毓瀚均于其后数月,"随衍圣公入都谢恩"①。

二、与孔府的关系

孔、孟作为前后相继的儒家代表,其主要思想自然一脉相承。而孔、孟家族,作为共处邹鲁的两大儒学家族(或两大家族府邸——衍圣公府和博士府),也因之于共同的思想渊源与相同的政治渊源,而形成了彼此间在人际关系、家族事务乃至于家族文化建设等诸多方面的紧密关联。形成了彼此相互依存、同舟共济、荣辱与共的密切关系。孟府与孔府的关系,在交往性质上,较之于与帝王的关系,除共有的官方化政治性之外,还掺杂了更多的民间成分与私人友情。在交往的关系势位上,则表现为后者对前者的高势位状态。即孔府相对于孟府,处于一种主动关怀、管辖与统领地位。反之,孟府对于孔府,则处于一种较为被动地被关怀、被管辖与被统领地位。这其实也是由两个家族及其家族文化的代表——孔子与孟子,作为开创者与后继者,及其由此决定的在庙堂中主享者与配享者地位的不同所决定的。②

(一) 政治事务由孔府统领

自北宋仁宗至和二年(1055)封孔子四十六代孙孔宗愿为衍圣公后,金、元、明、清代代相沿③。孔氏家族的政治地位和权力在历朝对儒学的不断重视与提倡中不断提升,由主衍圣公府奉祀事、管理孔氏族人,逐渐扩展到管理和统领所有颜、孟、思、曾、仲等十三氏后裔,其嫡长孙袭封翰林院五经博士的承袭、任命,以及与帝王的政治往来(比如类似万寿圣节、帝王视学等活动)中赴京朝贺,均由衍圣公保举、推荐和率领。今日所能目及的材

---

① 孟广均编清穆宗同治本《孟子世家谱》卷首《国朝恩例》:"二十三年博士随衍圣公入都谢恩","二十七年正月圣驾巡幸江浙代理博士随衍圣公迎銮至山东邹县亲诣亚圣庙拈香拜跪如二十二年之仪。五月博士随衍圣公入都谢恩"。(现存邹城市文物局)
② 宋神宗元丰六年(1083)封孟子为邹国公,次年,以孟子配享孔庙。元文宗至顺元年(1330)加赠孟子为邹国亚圣公。明世宗嘉靖九年(1530)诏定孔子为至圣先师,"四配"为:亚圣孟子、复圣颜子、宗圣曾子、述圣子思子。
③ 直至民国二十四年(1935)孔子七十七代孙孔德成,必为奉祀官。

料,前者如今存《孔府档案》中的《至圣庙衍圣公府属官额缺册》有"孟氏世袭翰林院五经博士,顺治九年,吏部核准,颜、曾、思、孟、仲世袭五经博士,由嫡派子孙承袭,令衍圣公咨送题补"①的记载。后者有明郭本《亚圣五十七代孙世袭翰林院五经博士长伯孟公墓志铭》中"遇万寿圣节,必随圣公暨五家博士诣阙拜贺。朝廷赐宴礼部,以宠嘉之。逮至正统元年、嘉靖七年两朝临雍大典,诏取四氏子孙陪祀,俱宴于礼部,赐锦衣一袭,长伯皆躬逢之"②的碑刻。

(二) 家族"中兴"由孔道辅推动

孟府的崛起主要缘于宋代以来封建政府出于政治目的对孟府的扶植,但与孔子后裔孔道辅对孟府的扶助亦不无关联。他的努力是孟府"中兴"的关键。

宋仁宗景祐三年(1036),孔道辅知兖州,访求孟子墓于四基山之阳并建庙以祠,此事详记于孙复的《新建孟子庙记》。碑原立于四基山孟庙内,清宣宗道光十四年(1834),由孟广均移入孟子林享殿西夹室内至今,成为今存孟庙最早的刻石。全文在叙述了孟子生平功勋后,称:"公圣人之后,以恢张大教兴复斯文为己任,常谓诸儒之有大功于圣门者,无先于孟子。孟子力平二竖之祸而不得血食于后,兹其阙也甚矣。祭法曰:能御大灾则祀之,能捍大患则祀之。孟子可谓能御大灾能捍大患者也。且邹昔为孟子之里,今为所治之属邑,吾当访其墓而表之,新其祠而祀之,以旌其烈。俾其官吏博求之,果于邑之东北三十里有山曰四基,四基之阳得其墓焉。遂命去其榛莽,肇其堂宇,以公孙丑、万章之徒配。越明年春,庙成,俾泰山孙复文而志之。"③孔道辅的访墓立庙,为孟氏家族的府庙林墓建设奠定了基础。孟氏家族的府庙林墓建设之所以能成就今天蔚为大观的规模,当然依

---

① 转引自苏庆恭:《孟府与孔府的关系拾遗》,济宁市政协文史资料委员会、邹县政协文史资料委员会编:《孟子家世》,第178页。
② 郭本《亚圣五十七代孙世袭翰林院五经博士长伯公墓志铭》,见孟衍泰编:清世宗雍正本《三迁志》卷十《祭谒·墓志铭》,四川大学古籍整理研究所编:《儒藏》第10册,第57页。参见刘培桂编著:《孟子林庙历代石刻集》,齐鲁书社,2005年,第204页。
③ 孙复《新建孟子庙记》碑,现存孟子林享殿西夹室。参见刘培桂主编:《孟子林庙历代石刻集》,第2页。

赖后期宋、元、明、清历代政府及孟氏后裔不懈的努力修葺和扩建,但孔道辅的奠基之功也至关重要。

孔道辅在四基山访墓立庙之后,又于凫村访得孟子第四十五代孙孟宁,荐于朝廷。诏授迪功郎、邹县主簿,主孟子庙祀。

以兴复斯文为己任的孔道辅在孟子府庙林墓建设及荐孟宁于朝廷等方面所做出的努力,不仅开启了孟氏家族的中兴之路,也奠立了至圣与亚圣二府密切关系的牢固基石。

(三) 嫡裔行辈依行孔府

孟子家族的地位是随着唐宋以后孟子地位的提高而提高的,无论是后裔的发现、家谱的续修、林庙的建设还是帝王的封赠,都毫无疑问地体现着这一点。关于孟氏家族的行辈排列问题亦复如此。

唐宋以后,孟子以儒学后继者的身份受到学界、政界关注。与之相伴随,孟子家族也开始与儒学创立者孔子及其家族产生更加紧密的关联,其中就包括双方后裔的行辈排列。为了方便观察和分析起见,我们不妨先将两个家族嫡裔世系及其所处朝代以表格的形式对应排列如下:

代数	孔氏	朝代	孟氏	朝代
1	孔丘	春秋	孟轲	战国
2	孔鲤	战国	孟仲子	—
3	孔伋	战国	孟睪	—
4	孔白	战国	孟寓	—
5	孔求	战国	孟舒	西汉高祖
6	孔箕	战国	孟之后	—
7	孔穿	战国	孟昭	—
8	孔谦	战国	孟但	西汉武帝
9	孔鲋	秦始皇	孟卿	—
10	孔忠	西汉文帝	孟喜	西汉宣帝

（续表）

代数	孔氏	朝代	孟氏	朝代
11	孔武	西汉景帝	孟镃	—
12	孔延年	西汉武帝	孟兴	—
13	孔霸	西汉元帝	孟尝	东汉和帝
14	孔福	西汉成帝	孟展	—
15	孔房	西汉哀帝	孟戫	东汉桓帝
16	孔均	西汉平帝	孟敏	—
17	孔志	东汉光武帝	孟光	东汉灵帝
18	孔损	东汉明帝	孟康	三国魏明帝
19	孔曜	东汉安帝	孟宗	—
20	孔完	东汉灵帝	孟揖	西晋惠帝
21	孔羡	三国魏文帝	孟观	西晋惠帝
22	孔震	西晋武帝	孟嘉	—
23	孔嶷	东晋明帝	孟怀玉	东晋安帝
24	孔抚	东晋明帝	孟表	北魏孝文帝
25	孔懿	东晋明帝	孟斌	—
26	孔鲜	南朝宋文帝	孟威	—
27	孔乘	北魏教文帝	孟恂	—
28	孔灵珍	北魏孝文帝	孟儒	北齐文宣帝
29	孔文泰	北魏孝文帝	孟景	隋炀帝
30	孔渠	北魏孝文帝	孟善谊	—
31	孔长孙	北齐文宣帝	孟诜	唐高祖
32	孔嗣悊	隋炀帝	孟大融	唐玄宗
33	孔德伦	唐高祖	孟浩然	唐玄宗
34	孔崇基	武后	云卿	唐肃宗
35	孔璲之	唐玄宗	孟简	唐德宗

（续表）

代数	孔氏	朝代	孟氏	朝代
36	孔萱	唐玄宗	孟常谦	唐德宗
37	孔齐卿	唐德宗	孟遵庆	—
38	孔惟晊	唐宪宗	孟琯	—
39	孔策	唐武宗	孟方立	唐昭宗
40	孔振	唐懿宗	孟承海	后晋
41	孔昭俭	唐懿宗	孟汉卿	后周世宗
42	孔光嗣	唐哀宗	孟贯	—
43	孔仁玉	后唐明宗	孟昶	—
44	孔宣	宋太祖	孟公济	—
45	孔延世	宋太宗	孟宁	宋仁宗
46	孔圣佑	宋真宗	孟存	—
46	孔宗愿	宋仁宗	孟坚	—
47	孔若蒙	宋神宗	孟况	—
47	孔若虚	宋神宗	孟宽	—
48	孔端友	宋徽宗	孟彬	—
48	孔端操	宋徽宗	孟钦	—
49	孔璠	金太宗	孟澄	—
49	孔玠	金太宗	孟津	—
50	孔摺	金熙宗	孟德成	—
50	孔拯、孔摠	金熙宗	孟德义	—
51	孔元措、孔元用	金章宗	孟述祖	—
51	孔文远	金章宗	孟允祖	—
52	孔之全	蒙古灭金前	孟惟清	—
52	孔万春	蒙古灭金前	孟惟恭	—

（续表）

代数	孔氏	朝代	孟氏	朝代
53	孔浈、孔治 孔洙	元宪宗	孟之平 孟之训	—
54	孔思诚 孔思海	元仁宗	孟思春 孟思谅	明太祖
55	孔克坚	元顺帝	孟克刚 孟克仁	—
56	孔希学	元顺帝	孟希文	明代宗
57	孔讷	明太祖	孟元	明孝宗
58	孔公鉴	明惠帝	孟公綮（孟公肇代）	明世宗
59	孔彦缙	明成祖	孟彦璞	明穆宗
60	孔承庆（早卒未袭）	—	孟承光	明神宗—明熹宗
61	孔宏绪、孔宏泰	明景帝 明宪宗	孟宏略（孟宏誉代）	明神宗
62	孔闻绍	明孝宗	孟闻玉（孟闻玺代）	明思宗
63	孔贞干	明世宗	孟贞仁	清世祖顺治
64	孔尚贤	明世宗	孟尚桂	清圣祖康熙
65	孔衍植	明熹宗	孟衍泰	清高宗乾隆
66	孔兴燮	清世祖顺治	孟兴铣（早卒未袭）	清高宗乾隆
67	孔毓圻	清圣祖康熙	孟毓瀚	清高宗乾隆
68	孔传铎	清世宗雍正	孟传桂	清高宗乾隆
69	孔继濩（早卒未袭）	—	孟继烺	清仁宗嘉庆
70	孔广棨	清世宗雍正	孟广均	清宣宗道光
71	孔昭焕	清高宗乾隆	孟昭铨	清穆宗同治
72	孔宪培	清高宗乾隆	孟宪泗	清德宗光绪
73	孔庆镕	清高宗乾隆	孟庆桓（早卒孟庆棠代）	清德宗光绪

(续表)

代数	孔氏	朝代	孟氏	朝代
74	孔繁灏	清宣宗道光	孟繁骥	民国
75	孔祥珂	清穆宗同治		
76	孔令贻	清德宗光绪		
77	孔德成	民国		

注：本表系参照《孔子世家谱》、《孟子世家谱》、《阙里志》、《三迁志》，及济宁市政协文史资料委员会、邹县政协文史资料委员会编撰的《孟子家世》附表一《孟子嫡裔相承表》（中国文史出版社，1991年，插页）和邹城市孟子学术研究会、孟氏宗亲联谊会编的《孟子与孟氏宗族》（中国文史出版社，2005年，第50—56页）等资料整理而成。其中同一代有多个人名者，为南北割据的状况下，孔氏和孟氏分为南、北宗所致。其中"一"为史籍乏载，朝代不明。

上表清晰地显示出如下几点：其一，孔、孟两个家族在五十三代（即元朝）以前，并没有使用共同的辈分排行。从第五十四代"思"字辈，始共用行辈排字。但第五十七代又出现了不同，两个人的名字孔讷和孟元都用了两个字。说明此期两个家族行辈的共用并不严格，也不正规。其二，从五十八代，即明代以后，两个家族的辈分排行开始完全相同，直至民国。如此一来，我们不难得出结论：孔、孟两个家族自明初开始正式共用同样的辈分排行。这种现象从明初出现后，一直持续到民国，历三百余年。如果不是有意所为，仅用所谓的"偶然"、"巧合"之类是很难解释得通的。其三，当我们将嫡裔传承与所处朝代相对照时，又不难看出，当孔氏家族的五十九代孔彦缙在明成祖（1402）时，孟氏家族五十九代孟彦璞已是明穆宗（1567）时，孟氏五十九代相对于孔氏五十九代在时间上已延后了百年之余，这又足以说明：如果孔、孟共用通天谱的话，那么孟氏家族一定是效仿孔氏家族，而不是相反。

依据孔子家谱及孟子流寓各地支谱的材料记载①，孔子后裔的辈分排序始于明初孔子五十七代孙孔讷（明太祖洪武十七年袭位）。其时，由于家

---

① 一并参阅邹城市孟子学术研究会、孟氏宗亲联谊会编：《孟子与孟氏宗族》，第40页。另据清徐珂《清稗类钞·姓名类·孔氏命名之字派》载："曲阜孔氏为孔子之后，命名皆有字派，其迁徙他郡县者，但系孔子嫡传，亦必同一字派。盖自元代之五十四代衍圣公名思晦者起，于是凡五十四代孙，均以思字为派。思字下为克字派，克字以下，则为希、言、公、彦、承、弘、闻、贞、尚、衍十派，再次则为兴、毓、传、继、广、昭、宪、庆、繁、祥十派，又次则为令、德、维、垂、佑、钦、绍、念、显、扬十派。"（徐珂编撰：《清稗类钞》第5册，中华书局，1984年，第2148—2149页）

族发展,子孙繁衍,生齿无以数计。鉴于此,为使长幼有序,以定尊卑,孔讷提议,排定行辈用字。原本定了八个字"公彦承弘闻贞尚胤",由于各支族繁衍快慢不同,同一时代出现辈分高低的差异,繁衍较慢者有五十六代出生需要起名。因此,又上溯至五十六代孔希学,五十七代孔讷二字不宜统一排行辈,采用孔讷字"言伯"中的第一个字"言"字。如此,便以预定与逆定合一的形式,排定了孔子后裔自五十六代到六十五代的十个行辈字"希言公彦承弘闻贞尚胤"[①],并上报朝廷,于洪武二年(1369)孟子第五十八代孙孔公鉴时正式实行。为此,孔府还专门颁布了《孔氏行辈告示》:"立行辈所以分尊卑,定表字所以别长幼,迩来我族人满数万丁,居连数百里,岂为目不能遍识,且耳不能便闻。若无行辈则昭穆易紊,无表字则称谓不论。在前业经奉旨更定。今依所列吉字开列于后,凡我族人俱当遵照后开行辈,取名训字。有不钦依世次随意妄呼者,不准入谱。明太祖所赐行辈共八字,加之原有二字,共计十字。曰'希、言、公、彦、承、弘、文、贞、尚、胤'。"[②]至明熹宗天启年间,明初御颁的十个行辈字已用完,又由孔子六十五代孙孔胤植主持议定了第六十六代至第七十五代十个字"兴毓传继广昭宪庆繁祥",奏准朝廷,于明思宗崇祯二年(1629)颁定实行。其后,孔子七十五代衍圣公孔祥珂再立第七十六代至第八十五代"令德维垂佑钦绍念显扬"十个行辈字,于同治二年(1863)报请朝廷批准,并在同治四年(1865)续修族谱时予以确认和记载。

自孔子七十六代孙孔令贻于清德宗光绪三年(1877)袭封衍圣公以来,大清腐败的封建政治面临西方文化的冲击而崩溃,中国社会进入"三千年未有之变局"。面对内忧外患,作为中国封建帝制在文化观念上的主要支撑,孔子家族注定无法躲避这场猛烈的"山雨"。孔令贻似乎预感到了这一点,在上次行辈字并没有用完的情况下,未雨绸缪,预先将孔氏家族行辈再续二十个字:"建道敦安定懋修肇益常裕文焕景瑞承锡世绪昌",规定了第八十六代至第一百零五代的辈分排序,并咨请当时已退位的清廷内务府核准备案,由北洋政府内务部批准,于民国八年(1919)颁行全国[③]。孔氏家族自五十六代至一百零五代世系行辈用字,因为均经过上报清朝廷或民国政

---

① 注:如此,便出现了与孔讷同辈的孔子五十七代孙,生于孔讷之后的都以"言"字排行的情况。
② 转引自刘瑞林:《孔氏家族》,华语教学出版社,2000年,第27页。
③ 以上部分参照邹城市孟子学术研究会、孟氏宗亲联谊会编:《孟子与孟氏宗族》,第40页。

府批准,这就使得孔子家谱辈分排行带有了"国定"的性质。而孟氏家族的辈分排序,也是在明朝初随即仿照孔家。从上表可以看出,从五十四代"思"字辈起,孟氏与孔氏已用了相同的辈分排字,但其时尚并不严格。直到五十八代"希"字辈开始,两个家族的行辈才完全一致起来,这其实也符合事物发展由不自觉到自觉的一般规律。孟氏不但行辈依仿孔氏,且其家族谱牒修成后,还要报孔府衍圣公备案。这一点也充分体现出孔、孟家族在家族事务上统辖与被统辖的关系。

(四)与孔府子弟共学

孔子首创私学,平生大多从事教育。孔子死后,弟子虽然相率离去,但孔氏家族后裔却沿袭了孔子的重教传统,诗礼传家,重视家族教育。并且,随着历代封建政府由倡导儒学而对孔氏家族的重视,在政治、经济和家族教育上多方优礼。政府对孔氏家学的支持和干预,使孔氏家学在办学方式上渐由家族私学向官学转变。在生徒范围上也逐渐吸纳孟、颜、曾氏子弟而相继成为三氏学、四氏学,在规模上呈现不断发展壮大的趋势。

从现有资料看,孔氏家学始创于三国时期。明吕元善《圣门志》载:"学始于魏文帝黄初二年崇圣候孔羡创建",这是孔氏家学的开始。但接下来的两晋,儒学中衰与社会战乱,孔氏家学"数百年中,无复讲诵"①。直到南朝宋文帝元嘉十九年(442),才又"诏修孔子庙,复学舍,召生徒"②。这应该算是官方关注和干预孔氏家学的开始。

宋元是孔氏家学的确立期。宋真宗大中祥符元年(1008),追封孔子为"玄圣文宣王"诏令增扩孔子庙,亲作《宣圣赞》,称颂孔子为"帝王之师"。大中祥符二年,"殿中丞孔勖知县事,奏准令就庙侧建学,以训孔氏子孙"③。三年后,孔子四十四代孙孔勖奏请于家学旧址"重建讲堂,延师教授"④。朝

---

① 孔继汾:《阙里文献考》卷二十七《学校第八之一·四氏学建置始末》,苗枫林主编:《孔子文化大全》,第617页。
② 潘相:《曲阜县志》卷二十一《通编第三之七》,清高宗乾隆三十九年(1774)刻本,《中国地方志集成》第73册,第145页。
③ 吕元善:《圣门志》卷之三中《四氏学世职学录一人》,苗枫林主编:《孔子文化大全》,第659页。
④ 孔继汾:《阙里文献考》卷二十七《学校第八之一·四氏学建置始末》,苗枫林主编:《孔子文化大全》,第617页。

廷准其奏,这是孔氏庙学的开始。此后,孔氏家学的兴与废,已完全置于政府的操控之下,由私学转变为官学。

宋哲宗元祐元年(1086)十月,"改建学于庙之东南隅置教授一员,令教谕本家子弟。其乡邻愿入学者听,寻添入颜、孟二氏子孙"①。颜氏、孟氏子孙正式进入孔子家学学习,三氏学初具雏形。

明代是孔氏家学的发展和鼎盛期。从《阙里文献考》和《明史》等材料看,明代政府对孔氏家学的关注与管理明显加强。明太祖于洪武元年(1368),将孔氏家学改为"孔颜孟三氏子孙教授司"。明宪宗成化元年(1465),"六十一代衍圣公奏准,颁给三氏学官印"。孔氏家学被正式命名为"三氏学"②。明神宗万历十五年(1587),朝廷又"从巡按御史毛在请,添入曾氏,改名四氏学",并改铸四氏学印信。比照国子监例设学官,特许岁贡生员。孔、颜、孟三氏学扩展为孔、颜、曾、孟四氏学。自明太祖到明神宗,孔氏家学飞跃式地完成了由庙学向三氏学、四氏学的发展。在规模壮大的同时,正式完成了家学的政治化、官方化历程。

在四氏学的所有经营管理中,无论是学官设置任免,还是生员入学入仕,孔氏家族都处于毋庸置疑的主导地位。这同样显示着孔氏家族与颜、孟、曾之间在家族教育上的不平衡性和共荣性。

(五) 与孔府互通婚姻

《礼记·昏义》有"昏礼者,将合二姓之好,上以事宗庙,而下以继后世也,故君子重之。是以昏礼:纳采、问名、纳吉、纳徵、请期,皆主人筵几于庙,而拜迎于门外,入,揖让而升,听命于庙,所以敬慎重正昏礼也。"婚姻是家庭与家族成立的基础,封建时代,婚姻强调的是合二姓之好,其职责重在繁衍子嗣与家族昌盛。这样的婚姻形式往往具有以下两个特点:一是家族利益至上。家族之间通婚的目的是为了维系两个家族的生存利益。二是男女地位不平等。片面强调女子贞操,男子则可以借"广子嗣"而公然纳

---

① 孔继汾:《阙里文献考》卷二十七《学校第八之一·四氏学建置始末》,苗枫林主编:《孔子文化大全》,第617、618页。
② 孔继汾:《阙里文献考》卷二十七《学校第八之一·四氏学建置始末》,苗枫林主编:《孔子文化大全》,第619页。

妾。所谓一夫一妻,不过是事实上的一夫多妻。这样的婚姻形式,以往曾不断招致谴责。不过,从历史发展的角度考察,这无非是原始氏族部落早期婚姻形式在封建社会的遗存。在生产力低下的情况下,无论是氏族、家庭还是家族,人口的多少在很大意义上决定着该人群单位的存续和发展。因此,合二姓之好,更多地繁衍子嗣以保障部落或家族的生存,相对于个人情感的满足,显得更根本更为重要。婚姻性质由初级物质型向高级情感型的改变,必须以生产力提高下丰富的物质保障为前提。如此分析,对于早期婚姻的"非人文性",只一味予以单纯的否定和指责便是缺乏历史和理性意识的表现。只是,进入阶级社会后,等级要素掺入婚姻,促成婚姻的质变。突出地体现在由强调血缘的同姓不婚,向强调等级的良贱不婚转变。在这样的情况下,地域相邻而地位、实力相当的两个家族,便成为婚姻缔结首要的理想选择,这就是传统所说的"门当户对"。

关于孟府婚姻禁忌及其缔结形式,虽然由于资料的缺乏已无法详知。但从存世零星资料看,正是遵循了以上规律:一是地域相邻;二是门第相近。由于孟氏家族与孔氏家族之间适合了以上条件,因此,从现有材料看,双方婚姻关系还是较频繁的。下表是存世的亚圣公墓志反映出的孟府婚姻梗概:

关系 姓名	妻	继妻	继妻	继妻	女(适)
五十二代孟惟恭①	李氏				
五十三代孟之训②	孔氏	仇氏			
五十六代孟希文③	孔氏				

① 桂孟《孟惟恭墓志》,见史鹗编明世宗嘉靖本《三迁志》卷六《碑记二》,现存北京首都图书馆。另见刘培桂编著:《孟子林庙历代石刻集》,第88—90页。
② 张思大《孟之训墓志》,见史鹗编明世宗嘉靖本《三迁志》卷六《碑记二》,现存北京首都图书馆。另见刘培桂编著:《孟子林庙历代石刻集》,第105页。
③ 孔公恂:《亚圣五十六代孙世袭翰林院五经博士士焕孟公墓志铭》,见孟衍泰编:清世宗雍正本《三迁志》卷十《祭谒·墓志铭》,四川大学古籍整理研究所编:《儒藏》第10册,第57页。

（续表）

姓名＼关系	妻	继妻	继妻	继妻	女（适）
五十八代孟公綮①	孔氏				孔闻绍
五十九代孟彦继②	孔氏				
五十九代孟彦璞③	颜氏				颜赓
六十代孟承光④	张氏				孔贞桂
六十代孟弘誉⑤	孔氏				
六十一代孟闻玺⑥	孔氏				
六十三代孟贞珮⑦	刘氏	孔氏	苑氏	高氏	
六十三代孟贞仁⑧	董氏	孔氏			
七十代孟广均⑨	王氏	张氏	白氏		

从上表可以看出：孟氏与孔氏两个家族之间的确存在着较为密切的婚姻关系。表中孟子五十二代至七十代共十二个后裔，有八个娶孔氏为妻

---

① 王景：《亚圣五十八代孙世袭翰林院五经博士橐文孟公墓志铭》，见孟衍泰等编：清世宗雍正本《三迁志》卷十《祭谒·墓志铭》，四川大学古籍整理研究所编：《儒藏》第10册，第58页。
② 孔弘干《孟彦继墓志》，见史鹗编明世宗嘉靖本《三迁志》卷之六《碑记二》，现存北京首都图书馆。另见刘培桂编著：《孟子林庙历代石刻集》，第215页。
③ 孔贞干：《亚圣五十九代孙世袭翰林院五经博士朝玺孟公墓志铭》，见孟衍泰等编：清世宗雍正本《三迁志》卷十《祭谒·墓志铭》，四川大学古籍整理研究所编：《儒藏》第10册，第58页。
④ 申时行：《亚圣六十代孙赠太仆寺卿永观孟公墓志铭》，见孟衍泰等编：清世宗雍正本《三迁志》卷十《祭谒·墓志铭》，四川大学古籍整理研究所编：《儒藏》第10册，第58页。
⑤ 孔闻诗：《亚圣六十一代孙世袭锦衣卫千户振扬孟公墓志铭》，孟衍泰编：清世宗雍正本《三迁志》卷十《祭谒·墓志铭》，四川大学古籍整理研究所编：《儒藏》第10册，第59页。
⑥ 孔闻诗：《亚圣六十一代孙世袭锦衣卫千户振扬孟公墓志铭》，孟衍泰编：清世宗雍正本《三迁志》卷十《祭谒·墓志铭》，第59页。
⑦ 孔尚先：《亚圣六十三代孙山西平阳府绛州清军同知玉珂孟公墓志铭》，见孟衍泰等编：清世宗雍正本《三迁志》卷十《祭谒·墓志铭》，四川大学古籍整理研究所编：《儒藏》第10册，第60页。
⑧ 孔兴琏：《亚圣六十三代孙世袭翰林院五经博士加四级静若孟公墓志铭》，见孟衍泰等编：清世宗雍正本《三迁志》卷十《祭谒·墓志铭》，四川大学古籍整理研究所编：《儒藏》第10册，第59页。
⑨ 万青藜《世袭翰林院五经博士加八级雨山公墓志铭》，见王轩手抄稿。以上表格中所引资料又均见刘培桂编著：《孟子林庙历代石刻集》，第89、106、171、204、216、233、270、301、316、338、347、439页。

（包括继妻），并且，其女儿中有两人适孔氏。担任清翰林院检讨、山西学政的孔氏后裔孔尚先，在为孟贞珮写的《墓志铭》中就称："余与孟氏世讲也，又世姻也"①。另一孔氏后裔，担任清盐运使的孔兴琏，在为孟贞仁写的《墓志铭》中也称："余与公累世通家"②。孔子六十一代孙孔弘干，在为孟子五十九代孙孟彦继写的《墓志》中也有"孔孟有朱陈之好"③的记述。上述《墓志铭》中一再提及的"世姻"、"累世通家"、"朱陈之好"④，足以说明孟氏家族与孔氏家族婚姻关系之紧密。⑤

（六）由孔府撰写《墓志铭》

墓志是刻在石头上的历史，碑刻以特有的方式为后人打开一扇异于文献记录的新窗口。仔细研读孟子林庙石刻，从中发现了以往不曾注意的两个家族间在繁茂的政治主从关系掩盖下平等笃厚的私人友情。刘培桂的《孟子林庙历代石刻集》中收有十三篇孟子后裔《墓志》，其中为孔子后裔所

---

① 孔尚先《亚圣六十三代孙山西平阳府绛州清军同知玉珂孟公墓志铭》，见孟衍泰等编：清世宗雍正本《三迁志》卷十《祭谒·墓志铭》，四川大学古籍整理研究所编：《儒藏》第10册，第60页。
② 孔兴琏《亚圣六十三代孙世袭翰林院五经博士加四级静若孟公墓志铭》，见孟衍泰等编：清世宗雍正本《三迁志》卷十《祭谒·墓志铭》，四川大学古籍整理研究所编：《儒藏》第10册，第59页。
③ 孔弘干《孟彦继墓志》，史鹗编明世宗嘉靖本《三迁志》卷之六《碑记二》，现存北京首都图书馆。另见刘培桂编著：《孟子林庙历代石刻集》，第346页。
④ 注："朱陈之好"意为两家世为姻亲，源于唐白居易长诗《朱陈村》："徐州古丰县，有村曰朱陈。……一村唯两姓，世世为婚姻。"
⑤ 注：上表还显示出：孟府婚姻并不仅限于与孔府之间，另有复圣颜氏及李氏、刘氏、苑氏、高氏、董氏、张氏、白氏等一般家族也有婚姻关系。这说明孟府婚姻关系的建立并非仅限于大族。也就是说，在婚姻对象的选择上，孟府似并无严格限定。但有一点似乎可以肯定，即便不是名门望族，也必然是殷实之家、地方官僚或取得功名者。显然，地域相邻与"门当户对"两个婚姻缔结原则在其中起了关键作用。《墓志》对此屡有反映。如潘榛的《孟承相墓志》就曾述及：孟承相凡四子，"婚嫁俱里中名阀"，其孙孟闻钲"为诸生有名"，与嘉靖年间巩昌府通判潘榛家族宿有"秦晋盟"（潘榛：《孟承相墓志》，见胡继先编明神宗万历本《孟志》卷之三《名裔》，现存清华大学图书馆。另见刘培桂编著：《孟子林庙历代石刻集》，第269页）。又如孔兴琏的《亚圣六十三代孙世袭翰林院五经博士加四级静若孟公墓志铭》也曾述及：孟子六十三代孙翰林院五经博士孟贞仁的原配董氏，虽然并非儒学名门，但也是邹邑庠生董铤之女，而其"子八人"、"女六人"、"孙男十六人、孙女十人"、"曾孙十一人、曾孙女十一人"，"嫁娶俱里中名门"。（孔兴琏《亚圣六十三代孙世袭翰林院五经博士加四级静若孟公墓志铭》，见孟衍泰等编：清世宗雍正本《三迁志》卷十《祭谒·墓志铭》，四川大学古籍整理研究所编：《儒藏》第10册，第59页。文另收入刘培桂编著：《孟子林庙历代石刻集》，第346—347页）

撰者即有六篇①，几乎占了一半的比率。墓志铭是存放于墓中载有死者传记的石刻。它是把死者在世时持家、德行、政绩、功业等浓缩为一份个人的历史档案。一个人的生平所为，在逝去的一瞬间化为身后名声，这一转化通过墓志实现。而对于古人而言，个人的行迹事关家族的荣辱，因而对墓志撰写极为重视。而墓志行文的优劣取决于墓志撰写者的客观水平和主观情感，故而多请名家挚友执笔，以便写出客观、质感、丰富而贴切的好墓志告慰逝者。这些早已是常识性的东西。孟子后裔的墓志多请孔子后裔撰写，除了其中有对孔氏后裔的信任与仰慕外，也从一个侧面反映了两个家族之间关系的亲密。孟子五十九代孙孟彦继娶孔弘礼女为妻，而孟彦继去世后，托邹邑庠士张南岗请孔弘干写《墓志》，孔弘干即表达了其与孟彦继之间的友谊基础："君与余少同庠序，厕国学则同堂同班，辱爱甚深，闻讣即哭于室。"②

孔子五十八代孙曲阜少詹事孔公恂③与孟子六十五代孙孟希文"友善二十余年"，所以，当孟希文的长子孟元（字长伯）"走使以公状请为铭"时，孔公恂便自然流露出了彼此情感的深笃："客秋抵邹，往吊孟公士焕，哭失声。盖惜公之年不逮其德，而言念交游，今昔之感系之，安能不大恸于怀也。"④

孟子六十一代孙世袭锦衣卫千户孟弘誉的原配夫人也是孔氏后裔，子

---

① 孔公恂《亚圣五十六代孙世袭翰林院五经博士士焕孟公墓志铭》、孔弘干《孟彦继墓志》、孔贞干《亚圣五十九代孙世袭翰林院五经博士朝玺孟公墓志铭》、孔闻诗《亚圣六十一代孙世袭锦衣卫千户振扬孟公墓志铭》、孔尚先《亚圣六十三代孙山西平阳绛州清军同知玉珂孟公墓志铭》、孔兴璉《亚圣六十三代世袭翰林院五经博士加四级静若孟公墓志铭》，见刘培桂编著：《孟子林庙历代石刻集》，第171、215、269、315、337、346页。
② 孔弘干《孟彦继墓志》见史鹗编明世宗嘉靖本《三迁志》卷之六《碑记二》，现存北京首都图书馆。另见刘培桂编著：《孟子林庙历代石刻集》，第216页。
③ 孔公恂，《明史》有传："字宗文，景泰五年举会试。闻母疾，不赴廷对。帝问礼部，得其故，遣使召之。日且午，不及备试卷，命翰林院给笔札。登第，即丁母忧归。"明英宗天顺初，大学士李贤以"至圣后"上荐，"超拜少詹事，侍东宫讲读。入语孝肃皇后曰：'吾今日得圣贤子孙为汝子傅。'孝肃皇后者，宪宗生母，方以皇贵妃有宠，于是具冠服拜谢，宫中传为盛事云。"（《明史》卷二百八十四《儒林三》，第7298页）
④ 孔公恂：《亚圣五十六代孙世袭翰林院五经博士士焕孟公墓志铭》，见孟衍泰编：清世宗雍正本《三迁志》卷十《祭谒·墓志铭》，第57页。文另收入刘培桂编著：《孟子林庙历代石刻集》，第171页。

孟闻玺又娶孔闻訏女。孟弘誉死后,其子闻玺"持公行状""乞铭于"孔子六十二代孙孔闻诗。孔闻诗欣然应允:"余与令先君姻娅世好也,素为莫逆交。于髫年时见公瑰琦磊落,不与俗侔,心窃韪之。"①少慕不俗之气,长为莫逆之交,缱绻切笃之情溢于言表。

以上事例均属孔、孟近支后裔缘于共同的爱好、经历而于生前建立起来的情深意笃。而孔子六十四代孙孔尚先与孟子六十三代孙孟贞珮的"友谊"与上述相比,则是一个生者对一个死者基于人格崇敬与家族认同之上的特殊"情感"。二人之间的特殊迹遇,演绎了孔府与孟府之间友好关系的一段特殊佳话。

孔尚先,字庵山,山东海宁人。从籍贯看,其先世已离开曲阜故里,属孔子远支苗裔。清承明制,设翰林院,康熙三十六年(1697)丁丑科,孔尚先得馆选,成为孔氏家族有清一朝十六位翰林官中第二位真正意义上的翰林(第一位是康熙九年[1670]庚辰科曲阜孔氏近支孔兴钘),为此而授职山西学政。他与孟贞珮之间的特殊迹遇,即是在任期间视学三晋,路经绛州时。他在为孟贞珮撰写的《墓志》中如此描述当时经过:"余视学三晋,驱车绛州,郊关之外见丰碑矗然,临于歧路。手披苍藓,观其姓氏,则吾乡邹邑孟公玉珂之遗爱也。公官止州佐,惠政在民,其去官迄今十有五年矣,绛人歌思不衰,余固已歆羡其流风。"这真是一个生者与一个死者颇具戏剧性的巧遇,其间的情愫与其说由于冥冥中的偶然,倒不如说在于两个家族间渊源有自的深厚关系,及个人情感上羡其"惠政在民"的必然。于是,接下来一系列偶然中的"必然"便应运而生:"会其遗孤尚岐等,以公与厥继配苑安人合葬期告。余与孟氏世讲也,又世姻也,是当为之铭。因略叙梗概而并志之。"《墓志》记述了孟贞珮可歌可泣的生平事迹,使后人得以领略这位孟氏远支曾经的忠直与惠民:公名贞珮,字玉珂,孟闻养之仲子,虽"幼有文名",但"屡试场屋,颇不第。授例入太学,期满考授二牧。以缺少人众"故

---

① 孔闻诗:《孟子圣六十一代孙世袭锦衣卫千户振扬孟公墓志铭》,见孟衍泰等编:清世宗雍正本《三迁志》卷十《祭谒·墓志铭》,第59页。文另收入刘培桂编著:《孟子林庙历代石刻集》,第171页。

"不作仕宦想",适遭遇山东地震,庙宇毁损,奉帝王之命,"谋诸宗子"①,致力于林庙修葺。同年,康熙幸鲁推恩,逾艾之年,得授绛州司马,遂勤勤恳恳,澄心思治。孔尚先与孟贞珮的友情虽建立于阴阳两隔,事实上却有着深厚的家族渊源和情感、文化认同。这样的际遇,以传奇色彩叙写了两个人、两个家族之间的特殊情谊。

(七) 孟府立石由孔府篆额书丹

仔细研究孟子林庙碑碣,还发现孟氏家族许多碑石的刻立都有孔氏后裔的参与。简洁起见,列表如下:

朝代	碑刻名称	撰写者	篆额书文者
元	先师邹国公孟子庙记	孙 傅	迪功郎、新泰学政、阙里孔端朝书
	圣诏褒崇孟父孟母封号之碑	仁 宗	宣圣五十四代孙、中议大夫、袭封衍圣公孔思晦篆额
	邾国公祠堂记	曹元用	宣圣五十四世孙、嘉议大夫、袭封衍圣公孔思晦篆额
	孟子庙资田记	蔡文渊	宣圣五十四世孙、嘉议大夫、袭封衍圣公孔思晦篆额
	邹国亚圣公庙兴造记	郑 质	宣圣五十五代孙、从仕郎、济宁路曲阜县尹兼管本县诸军奥鲁劝农事孔克钦书
	思本堂记	郑 质	宣圣五十五代孙、嘉议大夫、袭封衍圣公孔克坚篆
	太师右丞相过邹祀孟子之碑	杨 惠	宣圣五□中奉大夫、袭封衍圣公孔克坚篆额

---

① 以上均引自孔尚先:《亚圣六十三代孙山西平阳府绛州清军同知玉珂孟公墓志铭》,见孟衍泰编:清世宗雍正本《三迁志》卷十《祭谒·墓志铭》,四川大学古籍整理研究所编:《儒藏》第10册,第61页。碑文另收入刘培桂编著:《孟子林庙历代石刻集》,第337—338页。

（续表）

朝代	碑刻名称	撰写者	篆额书文者
明	孟惟恭墓志	桂 孟	宣圣五十六代孙、资善大夫、袭封衍圣公孔希学篆
	代祀邹国亚圣公题名记	薛弥充	宣圣五十五代孙、承事郎、世职曲阜知县孔克督篆额
	天顺五年辛巳重修孟母断机祠记	许 彬	宣圣六十一代孙、袭封衍圣公孔弘绪篆额
	大明重修亚圣庙记	刘 健	宣圣六十一代孙、袭封衍圣公、阙里孔弘泰篆
	孟彦继墓志	孔弘干	至圣六十一代孙、太学生、振斋孔弘干撰并篆盖
	重修亚圣祖妣祠堂记	李 玉	阙里三氏庠生、龙川孔承宗书丹
清	亚圣庙新天震井序	方鸣球	至圣六十八世孙孔传枞书
	"亚圣孟子墓"碑	张继邹	候选复设教谕、恩贡生、阙里孔继堋篆额

注：上表中"□"为残毁不清的字。

从上表可以看出，孟子林庙立石多由孔府衍圣公参与，或篆额或书丹，这是一个很有趣的现象。若深究原委，"偶然"二字，恐怕难以解释，应与两个家族之间的友谊不无关联。孔子五十八代孙、孔颜孟三氏子孙学录孔公璜，于明武宗正德十年(1515)秋写的《谒先师邹国亚圣公庙有题》，诗中的两句"邹鲁斯文同一脉，古今乔木第三家"①，可作为诠释这一问题的极好注脚。

（八）孔府与孟府其他的经济文化往来

如果说孟府与孔府的关系，在事关礼仪与政治的家族事务中，较多地表现为前者对后者的依附关系的话。那么，双方在私人生活空间上的往来却带有了更多的平等与友谊成分。这样的友谊建立在两个家族之间趋同

---

① 孔公璜：《谒先师邹国亚圣公庙有题》，现存孟庙致敬门内院东墙。参见刘培桂编著：《孟子林庙历代石刻集》，第186页。

的学缘、地缘及家族子弟在家族教育与府务管理联系中形成的共同的观念与情感认同之上,因而更具鲜活性。

在明代李玉撰写的《重修亚圣祖妣祠堂记》碑的碑阴,刻有《重建祠堂助资题名》,在资助人名单中,首列"孔氏族人:孔承才、孔承方、孔承过、孔闻卿、孔弘诗、孔弘友、孔弘礼,及三氏庠生:孔承廪、孔弘继、孔弘轼"[1],其下才列孟氏资助人姓名。

在今孟府二门内东侧厦下,有一块镶于砖壁中的上书"瑞麦图"的横长方刻石,刻石上刻写着孔子后裔孔宪镞、孔继壎与孟子后裔孟广均及其好友马星冀等相互唱答的诗文,而为之立石者为孔退谷(孔继墉,字退谷,清书画家),刻石者为孔伟宣,均为孔氏后裔。篆题后的瑞麦一株三茎:左茎三穗、中茎四穗、右茎两穗。下随诗文。[2] 清文宗咸丰七年(丁巳),孟广均以父兄救蝗,感天动地,一麦多茎,有感而赋《瑞麦图》诗文,孔氏后裔孔宪镞和孔继壎相继以同韵诗文唱答,并由孔氏后裔孔伟宣、孔继墉刻字立石。其应答之巧,唱和之妙,非用心无以能为。

以上事例,均形象地反映了孔、孟家族后裔在共同的地缘背景和观念认同下密切的文化往来。[3]

---

[1] 李玉《重修亚圣祖妣祠堂记》,石原存孟子故里凫村孟母祠,已毁。孟府有旧拓。参见刘培桂编著:《孟子林庙历代石刻集》,第230页。

[2] 孟广均诗文:于我神君,广行仁政;拯灾救荒,群黎托命。甘霖既降,实望有麦;麦既茂止,惟君感格。古称两歧,今见五穗;遂生邹民,岂曰非瑞?士民同庆,俭易为丰;非常之美,颂我林公。丁巳岁春荒,幸赖亦翁公祖仁兄大人拯救多方,□春得雨,陇麦骤长。还至麦秋,一茎三、五穗者甚□双歧而已……,并成拙句四章□斧正,不足揄扬盛德,聊以纪实云尔。部下世愚弟孟广均拜稿(印)孔宪镞诗文:麦秀两歧,持以报政;佥曰循良,能苏民命。今兹驺绎,更多瑞麦;天心仁爱,治绩感格。三穗一茎,一茎五穗;农家政□,太史纪瑞。□此嘉禾,荐神告丰;东郡救荒,无如贤公。余于闻端阳望之前三日到三迁书院讲席,次日即见雨山太史颂亦翁公祖大人善政,亦致瑞麦图□章,俚句成和,谨步原韵,未免贻笑方家也。菊溪弟孔宪镞(印)。孔继壎赞文:麦秀二歧,自古传为瑞徵。今岁予于陇头得双歧一茎,并相传观,诧为仅见。兹雨山仁兄以所献亦翁老父台《瑞麦图》,见示四穗、三穗,不一而足。不但异于今所见,洵有过于古所闻者,非甚盛德,勿能感此。时在咸丰七年闰五月阙里孔继壎谨识(印)(以上均见曲阜孔退谷摹勒上石,孔传宣刻《瑞麦图》,现存孟府二门东侧厦下。参见刘培桂编著:《孟子林庙历代石刻集》,第429—435页;"□"为磨损字)。

[3] 以上关于"孟府府务管理"的材料,除特殊注明外,另参阅邹城市孟子学术研究会、孟氏宗亲联谊会编:《孟子与孟氏宗族》第七章《分派分户及对族人的管理》,第60—62页;刘培桂主编:《孟子志》第四章《孟府·府务管理》,第359—361页;孙庆元:《孟府档案概述》,见济宁市政协文史资料委员会、邹县政协文史资料委员会编:《孟子家世》,第214—218页。

三、与颜氏、万氏等家族的关系

孟氏家族,作为受政治特殊呵护与扶持的望族,除了与封建帝王、孔氏家族有着密切的关系往来外,与其余邻近家族如颜氏、万氏等也有政治、经济、婚姻以及家族生活上的关系往来。

(一)与复圣颜氏的关系

从现有资料看,孟氏与颜氏家族的关系主要表现在以下两个方面:一是婚姻缔结。从上述孟氏后裔婚姻列表中,可见孟子五十九代孙孟彦璞娶妻颜氏,而其女又嫁与颜氏家族的颜赓为妻。虽然类似材料并不多,但作为四配之二,亚圣与复圣之间也有着共同的地缘文化,二者之间的婚姻与经济往来便是顺理成章的事。二是经济支持。明景泰六年,政府"从都察院左佥都御史徐有贞疏请,复以元时赐田三十顷赐孟氏,又增赐祭田二十顷,佃户十户"时,"颜氏同蒙赐田"。此次颜氏同蒙赐田,就是孟子五十六代孙翰林院五经博士孟希文上疏请求的结果。① 因此,在此后徐有贞撰《锡复颜、孟二庙祭田记》石刻文中,记为:"复野店之田六十顷,又得蔡庄之田四十顷而益之。总为顷百,分而两之。……命二氏之宗子希惠、希文为之主掌,岁收其入以共祭赡族。……希惠、希文偕其族之良拜恩阙下。"②

(二)与万氏的交往

孟氏与万氏两个家族之间的友好交往,现有材料主要见于万氏③第七十世孙万青藜为孟子七十代孙孟广均及妻王氏写的《墓志铭》。《皇清诰封

---

① 孟广均编:清德宗光绪本《重纂三迁志》卷四《祀典》,苗枫林主编:《孔子文化大全》,第222页。
② 徐有贞《大明锡复颜孟祭田之碑》,现存孟庙启圣殿院甬道西侧。参见刘培桂编著:《孟子林庙历代石刻集》,第151页。
③ 万姓始祖说法不同,通常以为出自姬姓。据《通志·氏族略》载,周有大夫受封建芮(今山西芮城和陕西大荔一带),传至春秋有芮伯万,后子孙以祖父字"万"为氏,战国时孟子弟子万章即是其迁入山东一支的后裔。魏晋时,有万姓避北方战火南迁,万青藜概即其后裔。万青藜(1821—1883),字文甫,号照斋,祖籍清江西九江府德化县。道光二十年(1840)进士,咸丰年间历任礼、吏、刑、兵部左右侍郎,道光至同治年间,先后出任顺天乡试同考官,贵州、广东、顺天乡试正考官,并兼任浙江、顺天学政,牒馆大总裁、经筵讲官等。光绪八年(1882)正月以吏部尚书兼翰林院掌院致仕,次年卒,谥文敏。

宜人孟母王太孺人墓志铭》中有"盖以孟氏与万氏世为通家,谊至厚,情至亲"①之语,说明两个家族友好关系渊源有自。从万青藜《世袭翰林院五经博士加八级雨山孟公墓志铭》更可由两个家族七十代后裔的交往,窥见彼此友谊之深:"咸丰元年,青藜以学士典奥东。试归至邹,谒雨山先生于博士署。知先贤万子墓在城南万村,去城十里。敬往展拜,先生命驾偕。礼成,周视堂宇肃然。询为先生所修复,且易墓碑'博兴伯万某'为'先贤万子'。顿首谢先生。先生序世次,为亚圣七十世孙。青藜亦万子七十世孙。古事弟子于师下一行,因以丈人行礼先生。先生欣然订通家谊,语我万氏近今情事特详。复顿首谢先生,……三年春,显皇帝临雍。先生乘传至都,赏貂缎有差,宴于礼部。时青藜贰礼部,以视学浙江,不克与,遂不克复见先生。今年夏,冢嗣昭铨以状至,先生于上元夕无疾谈笑终,葬有日矣,请为铭。青藜感先生谊甚厚,不敢以不文辞。"②文中透露了孟氏与万氏两个家族之间的如下信息:其一,孟氏与万氏世为通家,即两个家族世代通好,情谊深厚;其二,万青黎试归至邹,拜访孟府成为一项重要活动;其三,孟府时刻保持对万子墓的维护并无时不关注万氏家况;其四,孟广均及其夫人王氏的墓志铭均出自万氏七十世孙万青藜。这些事实,展现了孟氏与万氏两个家族的世代友情。

---

① 万青藜《皇清诰封宜人孟母王太孺人墓志铭》,现存孟母林王太孺人墓中,孟府藏旧拓。文收入刘培桂编著:《孟子林庙历代石刻集》,第441页。
② 万青藜《世袭翰林院五经博士加八级雨山孟公墓志铭》,刘培桂录自1990年王轩先生所提供之手抄稿。参见刘培桂编著:《孟子林庙历代石刻集》,第438页。

第六章 家学教育与母教文化

源于儒学的开拓和继承者孔子和孟子的重教思想,也得益于政府儒学政治需求下对孔、孟家学的政策支持,孟府形成了近千年一贯的家族重教风习。孟府家学从参与三氏学、四氏学圣贤家族私学教育,到独立的三迁书院的设立,虽历经朝代更替、战乱动荡的环境变迁,却始终如一地执行着儒家重视道德教化、诗礼传家的家学教育宗旨。这一教育宗旨,对儒学的传承无疑起到了至关重要的示范作用,但单一的教学内容也对家族自我发展构成了严峻挑战。

　　与一般家学教育风格不同的是,孟氏家学教育又得益于"孟母三迁"的文献记载和历史传承,而形成了孟氏家学特有的家教风格。母教文化虽然在我国可以上溯三千年,可谓源远流长,但真正作为普及民间、深入人心的母教文化现象,则是孟母教子以后的事。以此为契机,中国的母教文化才作为一股清新而特异的文化之树,跻身世界母教文化之林,并成为中国现代家庭教育可资汲取的丰富资源。

第一节　孟府重教的历史机缘

　　孟府重视家学教育的理念,既来源于孔子和孟子的重教思想,也源于封建政治为稳定社会秩序而重视儒学在家学教育核心地位的政策导向。孔子和孟子的重教思想与国家重视家族教育,特别是儒学教育的大环境,共同构建了孟府重教的历史机缘。

一、孔子和孟子的重教理念

孔、孟家族的拓荒者孔子和孟子对教育的重视，以及在中国历史上具有开创性的教育思想和教育历程，既决定了两个家族在家族发展史上共同的重教特征，也造就了孟府与孔府在教学实践上的共通共融、携手并行。孔子与孟子的重教指向及其教育思想，共同构成了孟府教育深厚的思想资源。

孔子所处的时代，正是奴隶制等级政治崩溃，教育从"学在官府"向"学在四夷"转变的时期。随着诸侯势力的强大，周室力量的衰微，封建经济的逐步建立，西周宗法制社会形态逐渐解体，"学在官府"的教育体制走上了穷途末路。官府失去了对学术和教育的控制力，"道术将为天下裂"，"帝术下私人"，文化教育开始向民间扩散。

官府对学术控制力的丧失和学术下移的直接结果是私学的兴起。在众多学术派别中，崛起了以孔子、墨子为代表的"显学"，以全新的教育形式，为学术的平民化普及打开了一条通道，也从理论和实践上为新的封建教育制度的形成和确立开辟了道路。关于春秋私学究系何时兴起，因其是一个在民间逐渐变化的过程，很难得出明确结论。学术界也存在歧见：或者认为孔子是创办私学的第一人，或者认为早在孔子之前，邓析就已经是私学的创办者了[①]。但无论究竟由谁率先创办私学，春秋时期影响最大的私学为孔子所创，这一点学界并无异议。

相对于"学在官府"下的传统官学，这种新兴的私学无论就其立足的社会基础、管理体制，还是教学说法、教学手段和教学形式而言，都具有完全不同的特点：它建立于新的以封建地主为核心，包括农民、手工业和小商人等各个阶层在内的广泛的社会基础之上。其管理体制由以往的"官师一体、政教一体"，转变为官师分离、政教分离，教育独立化在中国历史上迈出了可喜的第一步。私学形式下，受教对象也由以往贵族垄断转变

---

① 前者是于盛庭，后者是王越、赵纪彬等。参见中央教科所教育研究室编：《孔子教育思想论文选（1949—1980）》，教育科学出版社，1984年。

为"有教无类",学校向社会上不同职业与身份的民众开放,文化普及于民间。在教学内容、教学方式和教学手段等方面,也都突出了与时迁移的灵活性。总之,这一时期私学的兴起是历史变革的必然产物。作为中国教育制度的重大变革,它的出现,极大地繁荣了学术文化,在后来两千多年的教育发展历程中,私学都在春秋私学的基础上不断完善,绵延不绝,成为不同于官学风格,而又与官学互为补充、相辅相成,且充满活力的教育力量。

孔子对教育意义的认识及其重教理念来源于其实现德治仁政的社会政治目标:"子适卫,冉有仆。子曰:'庶矣哉。'冉有曰:'既庶矣,又何加焉?'曰:'富之。'曰:'既富矣,又何加焉?'曰:'教之。'"①教育是一个社会在劳动力增加、经济发展之后,实现全面发展的最终落脚点和最后归宿。这暗合了马克思、恩格斯关于经济基础决定上层建筑的社会发展理念。教育是由物质丰裕走向观念进步,实现社会全面发展的必由之路。

孔子在"周室微而《礼》、《乐》废,《诗》、《书》缺"的时代创办私学,以《诗》、《书》、《礼》、《易》、《乐》、《春秋》为教材,教弟子礼、乐、射、御、书、数,在道德、知识与技能三者之间,首重前者。"循循善诱","诲而不倦",注重培养学生的文、行、忠、信,成为中国历史上最早开创私人教学,并将毕生精力贡献给教育事业的人。司马迁说他"弟子盖三千焉,身通六艺者七十有二人"虽然未必是确指,但"如颜浊邹之徒,颇受业者甚众"②却是事实。孔子在长期的教育实践中,形成了一系列诸如因材施教、实事求是、学思结合、启发教育等丰富的教育经验和教育理念,这些经验和理念成为"予未得为孔子徒也,予私淑诸人"③的孟子"序《诗》、《书》,述仲尼之意"④,发扬其政治思想和教育思想,继承其教育实践的奋斗目标。孔子的教育思想和理念,正是经过孟子、朱熹等后儒的发展完善,才对中国乃至世界的教育理论和教育实践产生了悠久而深远的影响。

---

① 《论语·子路》,程树德:《论语集释》。
② 《史记》卷四十七《孔子世家》,第 1938 页。
③ 《孟子·离娄上》,朱熹:《孟子集注》,《四书章句集注》。
④ 《史记》卷七十四《孟子荀卿列传》,第 2343 页。

私淑孔子的孟子,在战国争霸的新形势下,以"得天下英才而教育之"①作为人生三大乐事之一,排除客观环境的阻碍,继续践履孔子的教育实践,全面继承和发展了孔子的重教理念和教育思想。有生之年即便没有"弟子三千,贤者七十二"的气派,也一度有过"后车数十乘,从者数百人"②的盛况。

如果说,孔子从社会进步的视角看到了,教育是人类社会由基础的物质丰裕到高层的观念进步的必由之路,提出了"富"而"教"的社会治理思路,凸显了教育在社会整体系统性发展中的重要意义。孟子完全继承了孔子对这一问题的认识。只不过,与孔子相比,问题意识的出发点和侧重点有所不同——更偏重于从单个个人发展的角度理解。这一出发点看似比孔子狭隘了许多,事实上却更接近于人类社会的本质。因为,所谓社会,无非是由一个个单个的人组成,由单个人结成一定的家庭、家族以至于一定的社会组织。透过这些繁茂的组织现象,就会看到单个人是人类社会的最小、也是最基本的组合因子。孟子正是从这个最基本的因子——单个人的角度,探寻教育在个人观念进步以至于社会进步上的作用,提出了"人之有道也,饱食、暖衣、逸居而无教,则近于禽兽"③的命题。对于物质丰裕的个人而言,如果国民个人不能接受及时而正确的教育,则无异于禽兽。这是一个看似耸人听闻,事实上却极其朴素而深邃的哲理命题。人与禽兽的区别就在于人有思想,人的行为的展开总是置于一定的思想指导之下。而由以指导行为的思想,既建立在与动物相同的生存本能之上,更是人建立在一定的思维之上的区别于动物的高级精神体现。排除了后者,人的行为只受生存本能驱使,便无异于禽兽。事实上,沿着孟子的思路再进一步探讨下去,更准确的叙述应该是:"人之有道也,饱食、暖衣、逸居而无教,则不如禽兽。"道理很简单,禽兽只不过是靠着天然的本能维持生存,它们不会创造文化,改造世界,而人则靠着他们的头脑和观念的驱使而发挥自身的主动性,有意识地改造世界,把自然人化。动物的需求只满足它们本身低级

---

① 《孟子·尽心上》,朱熹:《孟子集注》,《四书章句集注》。
② 《孟子·滕文公下》,朱熹:《孟子集注》,《四书章句集注》。
③ 《孟子·滕文公上》,朱熹:《孟子集注》,《四书章句集注》。

的动物性的生存需求,而人则除了满足这些以外,还会有更多更高的欲望。如此一来,人在特异于动物的思想、意识驱使下的行为,作用于自然和社会,其作用力就会远远胜于动物的本能性行为,无论是正方向还是反方向的作用力。如果是后者,那么人的行为表现就其对自然与社会的破坏力而言无疑要甚于禽兽。从这个命题出发,孟子把人是否有"教"从个人修养提升到民族安危、国家兴亡的高度,所谓:"城郭不完,兵甲不多,非国之灾也;田野不辟,货财不聚,非国之害也;上无礼,下无学,贼民兴,丧无日矣。"①方孝孺《童氏族谱序》曾从家族利益的角度阐述了重视礼仪教育的重要性:"当其志得意满,田园不患其不多,而购之益力,室庐不患其不完,而拓之益广。至于子孙久远之计所当虑者,则弃而不省,以为可委之于命,而非人之所为。嗟呼,夫岂知礼仪不修,子孙不贤,则吾所欲富贵之者,适所以祸之也。而岂足恃哉!"②这样的认识,不可谓不高明深远。

二、秦汉以来国家重教的大环境

秦朝长鞭驱策,兼灭六国,建立了中国历史上第一个统一的封建帝国,但由于它在政策上一味奉行法家,在文化教育上偏执地"以法为教","以吏为师",甚至焚书坑儒,以极端、高压的手段摧残文化,终于导致了政权的短命。

汉代建立后,总结经验教训,在高祖与陆贾的一番马上马下、文治武功的激烈辩论中,及时校正了秦代的文教政策。在汉初七十年黄老无为政治使得社会经济和生活秩序得到恢复后,到汉武帝时,适应形势需要,在文化教育上确立了善于守成的儒家思想作为官方意识形态,同时确立了以儒家思想为主导的教育制度。这一教育政策与教育体制,在以后两千年封建社会中虽然依时代不同而有局部变化,但其总体系却一直维系不变。

独尊儒术教育政策的明确,对汉代教育影响巨大。它首先体现在教育为治国之本的地位确立。因为儒家以教育发端,特别重视教育在化民成俗

---

① 《孟子·离娄上》,朱熹:《孟子集注》,《四书章句集注》。
② [日]井上徹著,钱杭译:《中国的宗族与国家礼制——从宗法主义角度所作的分析》,第73页。

和国家治理方面的作用,所谓"化民成俗,其必由学","建国君民,教学为先"(《礼记·学记》)。因而,尊儒必然推崇教育。汉元帝初元二年(前47)诏书强调"国之将兴,尊师而重傅"①。汉章帝也在建初四年(79)颁诏指出"盖三代导人,教学为本"②。

汉代以重教为基本国策的直接结果,体现为国家对教育事业的牢固掌控。董仲舒在《贤良对策》中就明确提出:"立大学以教于国,设庠序以化于邑,渐民以仁,摩民以谊,节民以礼,故其刑罚甚轻而禁不犯者,教化行而习俗美也。"③所以汉武帝在提倡儒学之后,率先批准公孙弘关于设博士弟子员的奏议,正式设立太学,同时"令天下郡国皆立学校官"④完成了官方学校体制的构建。这是在西周官学崩溃之后重新崛起的新的封建官学。它的出现,意味着官学在周代传统官学之后,以全新的形式再次出现。这种新的封建制官学,在以后两千年中,经历代王朝的发展而不断完善。

在官学复兴的同时,汉代也继续开放民间教育。私学同样得到政府的重视,获得了较大的发展空间而继续兴盛。无论在规模、范围,还是质量、效果上,都超过了地方官学教育,实际上担负起了教育的主要任务。国家对私学办学宗旨和教育内容的掌控是通过选士制度这一调节杠杆得以间接实现的。无论是官学还是私学,"学而优则仕"作为所有生徒的唯一出路,像一块巨大而强力的磁石,吸引着学子们乐此不疲地趋走于官学与私学的征途上。

汉代私学有如下特点:教学内容以经学为主,当然也涉及非官方经学及其他技艺教学⑤,且采用多样化的办学形式,在职官员及在野士人均可收徒授业,孔子"有教无类"的观念在实践中得到了持续而切实的贯彻。

---

① 《汉书》卷九《元帝纪》,第283页。
② 《后汉书》卷三《章帝纪》,《四库全书》第252册,第83页。
③ 《汉书》卷五十六《董仲舒传》,第2503—2504页。
④ 《汉书》卷八十九《循吏传·文翁》,第3626页。
⑤ 如东汉杨厚"修黄老,教授门生,上名录者三千人"(《后汉书》卷三十上《苏敬杨厚列传》,第1050页);东汉钟皓"世善刑律","避隐密山,以诗律教门徒千余人"(《后汉书》卷六十二《荀韩钟陈列传》,第2064页)。

士大夫在长期传道授业中体味到了实现自身学术价值的快乐。所以,在接下来的魏晋时期,尽管政局动荡,但在社会需求的强烈刺激下,士大夫的办学热情不仅没有受挫,反而更高。为官致仕、被贬、官场失意或主动退避政治风云无意仕途的人,都把精力放在了私人讲学上。这一时期,与门阀制度的兴盛相伴随,教育发展的一个重大特点是家族教育的异军突起。门第的丧失不外乎两个原因:内部取决于士族子弟自身素质的高低;外部则取决于政局的动荡与否。对一个家族而言,后者往往无力改变,而前者却可以通过自身努力加以改变。而最有效的改变方法就是通过家族教育提高家族成员的素质。家族教育的主要内容一是严格家范,这是家族成员立身处世的准则;二是培养家风。家风看起来是无形的东西,但它是靠家族内部血缘关系和价值取向一代代不懈努力建立起来的家族文化传统。能否使后继家族成员充分认同这一秩序,是家族门第能否延续的关键。而家风培养,在内涵上多侧重于在孝悌仁信、勤苦耕读、积极入世等方面的日常熏陶;三是培养才学。门阀子弟要立身扬名,总离不开一定的知识才能。因而首先从蒙学入手,根据本家族的学术传统,把家学传承并发扬光大下去,从而使家族子弟在社会上立身扬名,成为家族教育的重要内容。而在家学教育内容上特别值得一提的是,与这一时期儒学独尊坚冰被打破以及社会的多方需求相适应,家学教育的内容也在儒学主流形势之下,更多地向道、法、佛、玄、医药、科技、文史拓展,以无所不学的"通才"为时尚。如南朝梁王褒《幼训》教育诸子:"吾始乎幼学,及于知命,既崇周、孔之教,兼循老、释之谈。江左以来,斯业不坠,汝能修之,吾之志也。"[1]家族教育作为私学的一个方面,与私人讲学相辅成,共同适应社会需求,弥补了官学不足的缺陷。

唐宋,是中国古代教育模式确立并得以完善的阶段,在隋唐教育模式基本确立的情况下,宋、元沿用这一模式并进一步调整完善。国家教育体制在这一时期大体成熟,以后的明清,除了一些具体内容的调整外,基本沿袭了这一教育框架和教育体系。

---

[1]《梁书》卷四十一《王规传》,第581页。

这一时期，与教育密切相关的科举取士制度的确立，对当时及其以后的教育模式产生了重大影响，主要体现在以下两个方面：其一，它建立在所有士子公平竞争的基础上，考试面前人人平等，有效地抑制了士族特权，也催化了平民士子地位的上升，实现了官僚系统的开放性、流动性。其二，它成为学校教育与国家人才使用的强力纽带，改善了以往学校与取士之间相对松散的情况，使学校教育与人才选拔直接联为一个系统工程。以上两点意味着，在唐宋至明清科举制畅行的时代，更多的士子为仕途而走进教育行列，成为官、私教育的对象。这一方面极大地拓展了教育基础，另一方面使科举考试内容在更大程度上成为规导教育的方向标。

唐宋以来，随着政治的稳定和一统局面的出现，儒家善守成的政治效用再次凸显，尤其是宋代程朱为应对佛教挑战而再造儒学后，经过宋代的政治适应，至元代，程朱理学作为新的儒学形式，在知识分子的倡导和国家政策的推动下，再一次成为官方意识形态和国家教育主线。直至明朝建立，以儒家为核心，揉合了道家、佛学等思想在内的理学已经成为最高当局进行思想控制的得力工具。在这样的情况下，即便朱元璋对教育功能并无独特的见解，但依然习惯性地在采取政治、经济方面的措施之外，把统一思想、稳定统治的任务交给了教育，形成了以国学和地方儒学（地方官学）为核心的儒学教育系统，承担起了为国家培养高素质官僚队伍的任务。

在以入仕为唯一出路的中国古代教育体制下，科举考试无疑已经成为学校教育的指挥棒，以隐形的巨大威力，规导、制约着学校教育的内容和方式。以明洪武十七年（1384）的科举考试为例：

第一场	第二场	第三场
本经义四道，每道三百字以上，未能者许减一道；《四书》义一道，限三百字以上	论一道，三百字以上；判语五条；诏、诰、表、笺内科一道	经史策五道，各三百字以上。未能者许减二道。

由上表可见,其中本经义与《四书》义的内容,主要测试考生对四书五经儒家伦理,特别是程朱理学的理解和掌握。将这些作为首场考试的主要内容,可见儒家经典在整个科举考试中的分量。以此为标的,我们看一下明代地方儒学的教学内容,就不难发现科举考试与学校教育二者之间的一致性:

时　　间	课　目	课程性质	任教人
清晨	经史	必修	府教授、州学正、县教谕
	律	必修	训导
饭后(上午)	书、礼、乐、算	必修	训导
未时(下午1—3时)	射	必修	训导
余暇	诏诰表笺疏议碑传记	非必修	

明代地方儒学的教育内容虽然在不同时期有局部调整,但基本以经史为核心内容,辅之以礼律乐射算等辅助内容。① 这些教学内容一直沿用到清代科举制废止。

清代以少数民族入主中原,急于尽快实现与中原文化的对接。为此,统治者采取了软硬兼施的文化政策。基于这一基本国策,对于儒家教育在思想控制上的长效性作用,自然不敢小视,遂积极倡导尊孔崇儒,以笼络士子,凝聚人心,消除满汉对立,稳定在中原的统治。

清朝的教学形式除承续前代的中央和地方官学(包括满族官学)外,还有以义学、社学和私塾为主要成分的地方私学。但是在国家的学校调控政策上,则通过免除生员赋役、发放官费伙食,特别是给予官学垄断输送科举考生的特权等手段,提高官学以掌控和抑制私学。这一政策倾向自明代开始,贯穿明、清两代。在这样的调控政策下,明清时期的普通私学在困境中很快走向没落,但这并不包括特殊私学。包括孔、孟、颜、曾子

---

① 以上内容主要参照郭秉文:《中国教育制度沿革史》,《民国丛书》(第三编),上海书店出版社,1934年;周予同:《中国学校制度》,《民国丛书》(第三编),上海书店出版社,1934年;李国钧、王炳照:《中国教育制度通史》,山东教育出版社,2000年。

孙在内的孔氏家学则在政府尊孔崇儒的大环境和办学政策的多方优渥下,在明、清两代一反普通私学的凋零趋势而表现出生机勃勃的发展势头。

第二节　孟府家学管理及其教育特征

一、从三氏学、四氏学到三迁书院的演变

孟府家学建设经历了从孔府家学到孔、颜、孟三氏学,再进一步扩展为孔、颜、曾、孟四氏学的演变历程,当然还包括清代后期孟广均在孟府独立承办的三迁书院在内。

孟府家学的前身是孔府家学,自宋哲宗元祐元年(1086)改建孔子庙学于孔庙东南隅,不久增加颜、孟子孙入学,孔子家学兼收三氏子弟[①]以后,元世祖忽必烈中统二年(1261),九月,又以"大司农姚枢请以儒人杨庸教孔、

---

① 注:关于孔府家学何时延纳颜、孟子孙入学,相关资料记载有分歧,一种以为在宋哲宗元祐元年,如孔继汾《阙里文献考》卷二十七《学校第八之一·四氏学建置始末》记载:"(宋)哲宗元祐元年十月,改建学于庙之东南隅,置教授一员,令教谕本家子弟,其乡邻愿入学者听,寻添入颜、孟二氏子孙。"孔继汾以为,孔府家学增加颜、孟二氏子孙,是在宋哲宗元祐元年,并在本书卷末《阙里志辨伪》中辩称:"旧《志·林庙门》云:'孔、颜、曾、孟四氏学,魏黄初二年创建,宋祥符二年称为庙学,元延祐间又益以颜、孟二氏。'考增入颜、孟二氏乃宋哲宗元祐间事,今讹为元之延祐。"(苗枫林主编:《孔子文化大全》,第617、1943页)清乾隆年间潘相所修《曲阜县志》与同。另一种以为在元仁宗延祐年间,如明陈镐《阙里志》却记为:"宋祥符二年(1009)殿中丞勒知县(曲阜)事,奏准就庙侧建学,称为庙学云,延祐间又益以颜、孟二氏。"(陈镐:《阙里志》卷之十一《林庙志》,苗枫林主编:《孔子文化大全》,第514页)明吕元善《圣门志》也记为:"元世祖中统三年(1261),诏立曲阜庙学,以进士杨庸充庙学教授,又设正、录各一员。仁宗延祐间益以颜、孟二氏子孙受业。"(吕元善:《圣门志》卷之三中《四氏学世职学录一人》,苗枫林主编:《孔子文化大全》,第659—660页)明人于慎行《兖州府志》:"宋大中祥符间,知县事孔勖就庙侧建学。延祐间入颜、孟二氏子孙,其名仍旧,至国朝洪武二年乃改为三氏子孙教授司。"也认为颜、孟二氏子孙加入孔氏庙学在元仁宗延祐年间。(于慎行:《兖州府志》卷十六《学校志》,明神宗万历二十四年刻本,齐鲁书社,1985年,第3页)但既然孔继汾《阙里文献考》有元世祖正统三年诏以杨庸教孔、颜、孟三氏子孙,且从语言叙述风格看,显然是对三氏子孙"自兵乱以来,往往失学"的恢复,三氏子孙此学当早于元仁宗延祐间(1314—1320)。而孔继汾所记元世祖诏,合于《宋史》所记,故从孔继汾《阙里文献考》。

颜、孟三氏子孙"①，诏曰："孔氏、颜、孟之家皆圣贤之后也，自兵乱以来，往往失学，甘为庸鄙，朕甚闵焉，今以进士杨庸教授孔氏、颜、孟子弟，务严加训诲，精通经术，以继圣贤之业。"②孔、颜、孟三氏子孙共学正式得到朝廷认可。明太祖洪武元年（1368）"名庙学曰三氏子孙教授司"③，三氏学纳入国家管理体系。"七年春，二月……戊午，修曲阜孔子庙，设孔、颜、孟三氏学。"④明宪宗成化元年（1465），"给孔、颜、孟三氏学印，令三年贡有学行者一人，入国子监。六年，命衍圣公始袭者在监读书一年"⑤。"三氏学"名称正式得到官方认可。

明神宗万历十五年（1587）秋七月"巡按御史毛在请三氏学益以曾氏之在嘉祥者，改名四氏学"⑥，次年二月"礼部请以曾子子孙视孔、颜、孟三氏为四氏学，盖曾氏裔流寓江西之永丰，支族单弱，至嘉靖中始奉钦依世袭博士复还山东，故御史毛在以为言，部复许之"⑦，"三氏学"又发展为"四氏学"⑧。明、清鼎革以后，清沿其制，并设"四氏学教授一人（正七品）、学录一人（正八品）"⑨，专门教授和管理四氏子孙。

孔氏家学由庙学到三氏学，再到四氏学，校址几经迁移，规模屡有变革。与之同时，政府的关注及其由之决定的官学化特点也日益彰显。

宋哲宗元祐元年（1086）十月，"改建学于庙之东南隅"，这是庙学的第

---

① 《元史》卷四《世祖本纪一》，第74页。另清乾隆官修《续文献通考》卷五十《学校四》，元世祖中统二年九月，"立孔、颜、孟三氏学"。（浙江古籍出版社，2000年第2版，第3242页）
② 孔继汾：《阙里文献考》卷二十七《学校第八之一·四氏学建置始末》，苗枫林主编：《孔子文化大全》，第618页。
③ 潘相：《曲阜县志》卷二十八《通编第三之十四》，清高宗乾隆三十九年（1774）刻本，《中国地方志集成》第73册，第208页。
④ 《明史》卷二《太祖纪二》，第29页。
⑤ 《明史》卷七十三《职官志二》，第1792页。
⑥ 潘相：《曲阜县志》卷三十《通编第三之十六》，清高宗乾隆三十九年（1774）刻本，《中国地方志集成》第73册，第231页。
⑦ 《明神宗实录》卷一九五，《明实录》（五五），第3662页。
⑧ 于慎行：《兖州府志》卷十六《学校志》，明神宗万历二十四年（1596）刻本，第3页。
⑨ 《清史稿》卷一百十五《职官志二》，第3322页；另见乾隆官修《清通典》卷三十二《职官十》，浙江古籍出版社，2000年第2版，第2203页。

一次迁建，同时开始延纳颜、孟二氏子孙入学，这是颜、孟二氏子孙参与孔氏家学教育的开始。明孝宗弘治十一年（1498），由兖州知府龚宏奏请，山东巡抚、巡按亲自主持，对三氏学学馆进行了大规模修建，规模较宋扩大："中为明伦堂，后为讲堂，为公子号。前为东、西二斋，斋后为诸生肆习之号，学门故西向，今易南向。后作中门，又为便门以通庙。教授、学录各为公廨，讲堂后之左右计一百一十楹，缭以崇垣，规制焕然。"①经这次修建，四氏学初具规模。明神宗万历十年（1582），孔子第六十一代孙孔宏复任世职曲阜知县，以三氏学"学舍界于公府、藩臬行署，湫隘抑塞，规制不备"，"迁三氏学于按察司行署东"，至万历十九年"新建四氏学成"②，改建工程历时九年，这是校址的第二次迁移。万历四十二年（1614），六十三代孙曲阜知县孔贞丛又迁四氏学于庙西观德门外，即清代所谓学宫，建制与弘治年间所修大致相同："中为明伦堂三间，左右厢各五间，东曰启蒙斋，西曰养正斋，后为尊经阁，左为教授署，右为学录署，外辟重门，门外为泮池，跨以桥，桥前为状元坊"③，"地东西广三十五步二尺五寸，南北长七十一步五寸，门前路地东西广八步三尺，南北长四十七步五寸，共成中亩四亩七分九厘"④。这是校址的第三次迁移。自此之后，又经清乾隆二十四年知县张若本及道光二年、咸丰五年、光绪二十三年衍圣公在原址基础上多次重修，始终没有再行迁移。

清后期，孟氏子弟在参与"四氏学"子弟教育的同时，又于清宣宗道光十二年（1832），由孟子七十代孙孟广均在孟府西院单独设孟氏家学"三迁书院"，这是孟府自参与孔子家学以来首次独立办学⑤。

---

① 潘相：《曲阜县志》卷二十九《通编第三之十五》，清高宗乾隆三十九年（1774）刻本，《中国地方志集成》第73册，第219页。
② 潘相：《曲阜县志》卷三十《通编第三之十六》，清高宗乾隆三十九年（1774）刻本，《中国地方志集成》第73册，第231页。
③ 孔继汾：《阙里文献考》卷二十七《学校第八之一·四氏学建置始末》，苗枫林主编：《孔子文化大全》，第621页。
④ 潘相：《曲阜县志》卷三十六《类记第四之一》，清高宗乾隆三十九年（1774）刻本，《中国地方志集成》第73册，第270页。
⑤ 注：民国十三年（1924），末代衍圣公孔德成改"四氏学"为"阙里孔氏私立明德中学"，"四氏学"完成了它的历史使命，再次返回到孔氏家学。

二、四氏学管理

（一）管理机构及其职责

在整个孟府家学的发展历程中，三氏、四氏学经历的时间最长，其管理也最成熟，最完善。

四氏学管理机构的设置，以宋代为界，经历了一个由无到有，由私学向官学的变化过程。宋代以前，孔氏家学的管理只是由衍圣公府"延师教授"，并无固定的管理机构与管理者，以至在宋真宗大中祥符二年（1009），孔氏庙学建立时，"犹未闻设官"。随着家学规模的扩大和官方化进程，至宋真宗乾兴元年（1022）孙宣公守兖，始"请以杨光辅为讲书转奉礼郎"。宋哲宗元祐元年（1086）正式"置教授一员"，"此学录官名之始也"①。其后的三氏、四氏学学官在政府的干预下不断走向正规化，并最终固定为教授和学录二人。

教授（又称正堂或正斋）的职责是"掌训课孔颜曾孟四氏生徒，以学录文行兼优，历俸六年者升补"②，即掌理孔、颜、孟、曾四氏子孙的教学任务。它的前身是宋真宗乾兴元年（1022）始设的讲书。宋哲宗元祐元年（1086），在改建庙学后"置庙学教授一员，于举到文官内差，或委本路监司举有义行者为之"，这是四氏学教授设置的开始。金章宗明昌元年（1190），"敕于四举、五举终场进士出身人内，选博学经史众所推服者"③充任四氏学教授，秩正八品。明代秩定为从九品。清高宗乾隆七年（1742）复改定为正七品。

学录（又称副堂或副斋）是教授的辅佐，其职责是"掌副教授，训迪生徒而教公之胄子"④，这是孔府家学比拟国学而设的特殊职位。学录原本为国子监专职，普通学校无权设置，孔氏家学设此一职，表明了政府对圣门之后

---

① 吕元善：《圣门志》卷之三中《四氏学世职学录一人》，山东友谊出版社，1990年，第659页。
② 乾隆官修《清朝通典》卷三十二《职官十》，第2203页。
③ 孔继汾：《阙里文献考》卷十八《世爵职官考第四·孔颜曾孟四氏学教授》，苗枫林：《孔子文化大全》，第405—406页。
④ 孔继汾：《阙里文献考》卷十八《世爵职官考第四·孔颜曾孟四氏学教授》，苗枫林：《孔子文化大全》，第407页。另乾隆官修《清朝通典》卷三十二《职官十》也有："学录掌副教授，训迪生徒"的记载。（浙江古籍出版社，2000年，第2203页）

的特殊眷顾,所谓:"天下学官皆用教谕,独四氏学用学录者,盖以比隆国学,亦以圣贤之子孙不与他学同也。"①学录始设于宋哲宗元祐四年(1089),时学校另有学正一人。元世祖中统二年(1261)"立孔颜孟三氏学"的同时,"置教授、正、录各一员,大司农姚枢请以儒人杨庸为教授,从之。乃诏曰:'孔氏颜孟之家皆圣贤之后也,自兵乱以来往往失学,甘为庸鄙,朕甚闵焉。今以进士杨庸教授孔颜孟三氏子弟,其务严加训诲,精通经术,以继圣贤之业'"②。明洪武七年(1374),裁去学正,只设学录一员,"秩未入流"③。清代因袭明制,雍正十三年(1735)始定学录官秩为正八品。

  学官聘用者及聘用对象也经历了一个变化过程。从学官聘用者看,元初设立的三氏学教授与学录由国家任命,衍圣公无权过问。但是,由于负责三氏学教授任命的官员,任命不分愚贤,引起衍圣公与四氏学员不满。元仁宗延祐六年(1319),因"有司不体优待圣贤之意,将听除人,一概注授",教学质量差强人意。对此,朝廷议准三氏子孙学官的选拔"必听衍圣公遴选,以为定制"。教授和学录的延聘全部改由衍圣公府负责,衍圣公在四氏学管理中获得了越来越多的自主权,比如在学官聘用对象上,表现为孔氏对学录一职的垄断。金、元间,学正、学录还可以聘用异姓,但在明太祖洪武元年(1368)十一月改庙学为"三氏子孙教授司"后,所设学官"教授一员,从流官推转","学录一员"却变为"以孔氏为之"④了。明宣宗宣德元年(1426),依然"定以圣裔任,而令衍圣公保举孔氏生员年德俱尊、学问优长者,咨部除授"⑤。从此,学录专以孔氏充任,并逐渐形成了"教授用异姓,

---

① 《孔府档案》卷七十九之三,转引自党明德、何成主编《中国家族教育》,山东教育出版社,2005年,第577页。
② 乾隆官修《续文献通考》卷五十《学校四》,浙江古籍出版社,2000年第2版,第3242页。
③ 孔继汾:《阙里文献考》卷十八《世爵职官考第四·孔颜曾孟四氏学学录》,苗枫林:《孔子文化大全》,第407页。
④ 于慎行:《兖州府志》卷十六《学校志》,明万历二十四年刻本,齐鲁书社,1985年,第3页;另谈迁《枣林杂俎·三氏学》也有:"国初立孔颜孟三氏学,设教授司,教授一,学录一,学录即孔氏裔为之"的记载。(谈迁:《枣林杂俎·三氏学》,《续修四库全书》第1134册,第818页)乾隆官修《清朝通典》卷三十二《职官十》一并记为:学录"于孔氏岁贡廪生捐贡及廪生内选用"。(浙江古籍出版社,2000年,第2203页)
⑤ 孔继汾:《阙里文献考》卷十八《世爵职官考第四·孔颜曾孟四氏学学录》,苗枫林:《孔子文化大全》,第407页。

学录必以宗人"的四氏学学官延聘规则。但毕竟,四氏学官本已纳入国家官吏序列,本质上属于国家官员,而随着衍圣公对四氏学学官延聘及学录任职的垄断,使衍圣公府对四氏学的控制力过大,以至学官沦为衍圣公的私属,由此在客观上造成了孔府与政府的权力矛盾和对抗。在这种情况下,清高宗乾隆二十六年(1761),政府做出了"令衍圣公将拣选应用人员移送抚臣验看,再送部具题"①的新规定。这一规定,将四氏学学官选拔的最终决定权重新收归朝廷,削弱了衍圣公对学官的控制权限,也由此反映出国家对四氏学控制的不断强化。

学官的俸禄与升迁在孔氏家族的掌控下,也逐渐实现了官方化和正规化。从以上三氏学、四氏学官设置进程可以看出,虽然早在宋朝时,政府就开始参与和操纵孔、孟家学,但其真正受政府掌控并向官学化转变,则是到明代才实现的。学官俸禄的由无到有更明确地验证了这一点。学官俸禄明以前无定制,明代始额定教授、学录的俸禄,"于庙田内支给,额定每月各支俸米五石,节次裁减,岁支银二十四两",清朝"定百官品俸,令于曲阜县正项钱粮内岁给教授、学录俸银五十六两九钱六分。斋薪银各十二两、马草银各十二两,而岁贡袍、帽、伞、盖银十三两九钱七分,及斋夫、门斗各役工食亦准于县正项内开销"②。

关于学官的升迁,清圣祖康熙四十一年(1702),衍圣公孔毓圻奏请四氏学教授应与各府卫教授一体升转,吏部复准"四氏学二教授,由衍圣公于举人贡生内遴选,送部题补,与直省各教授一例较俸升转","并定为四氏学学录升阶"③,四氏学教授正式纳入国家官职升迁体系,教授自然地成为学录的升阶。教授和学录一并纳入国家官职升迁体系,这一变化,再一次印证了三氏、四氏学与国家政治关系的日趋紧密。

从学官的性质看,四氏学官的身份是双重的,他们既是朝廷命官,又是

---

① 孔继汾:《阙里文献考》卷十八《世爵职官考第四·孔颜曾孟四氏学学录》,苗枫林:《孔子文化大全》,第407页。
② 孔继汾:《阙里文献考》卷二十七《学校第八之一·四氏学建置始末》,苗枫林主编:《孔子文化大全》,第622页。
③ 《孔府档案》卷一六四一之九,转引自党明德、何成主编:《中国家族教育》,第576页。

衍圣公属员。在公开身份上,他们是朝廷命官,但由于他们不能直接与地方政府公文移交,一切公务须禀呈衍圣公代为办理,且衍圣公掌握了他们的延聘、升迁大权。这使得他们在执行政府决策的过程中,不得不看衍圣公府的脸色。比如,学官除正常负责三氏、四氏学日常工作以外,还要听凭衍圣公府的差遣,负责府内其他事务,如参与和主持尼山、洙泗等书院的祭祀活动,甚至帮助衍圣公完成诸如勘察祭田,解决族内纠纷,编纂家谱等"分外之事"。这使其在政府官员的身份之外,又附加了衍圣公属员的身份属性。可见,决定官员执行行为的关键,不是呈现于纸面上的堂而皇之的文件任命,而是官员政治命运的实际掌控者。官员究竟会听命于谁,要看谁能够直接决定这些官员的政治命运。官员总是听命于那些能真正操控他们政治命运的上级,这已是封建政治体制下一条颠扑不破的铁律。

(二) 经济管理

四氏学的经济管理,主要体现于对学田及政府拨款的经营、使用和管理。

1. 学田的经营管理

所谓学田,是封建社会州县官学和书院私学所用的田地,它是封建社会学校教育的经济支柱。所谓"学校之政,必先于教养;教养之具,必资于金谷"①。我国自宋代始设学田以赡学,《续资治通鉴》"宋真宗乾兴元年"条下载:"庚辰,判国子监孙奭言:'知兖州日,建立学舍以延生徒,至数百人,臣虽以俸钱赡之,然常不给。自臣去郡,恐渐废散,乞给田十顷为学粮。'从之。诸州给学田始此。"②此后,学田设置一直延续至清。学田的来源或由皇帝诏赐,或由官府拨给,或由地方拨款购置,或由私人捐献。学田管理形式不一,一般分三种形式:一由土地所有者(地主乡绅)直接管理(多为私田),二由学官管理(官学),三由学校生员管理。学田的经营方式大多采用租佃制,以收取的租金(多采用货币、实物兼行的定额租)供给教师薪俸、生员补助及学校日常开支。按照封建政府规定,学田不准出卖,一

---

① 陶安:《陶学士集》卷十五《送马师鲁引》,《四库全书》第1225册,第757页。
② 毕沅:《续资治通鉴》卷三十五《宋纪》"宋真宗乾兴元年"条,第164页。

般学田需向国家完纳田赋,但有些特殊学田(有的《地方志》中所称"原额"学田),可以享受国家免税特权。学田,作为我国封建社会教育财政史上的一大创举,它的设置,在一定程度上缓解了办学经费的困难,为封建社会的人才培育起到了积极作用。

四氏学田的管理,从现有材料看,主要采用两种方式:一是由教授与学录直接管理;二是由学校选派生员进行管理。今日所见《孔府档案》卷七九六五《孔颜曾孟四氏学教授应管地亩册》及陈镐《阙里志》卷二十一《吴达可增置学田记》,体现了相应的管理模式。

四氏学田的经营方式与学田收入用途有关。由于学田收入主要用于学官俸禄、生员廪饩、科考盘费、学宫修葺等非商业盈利为目的,因而,学田主要采用招佃耕种,收取地租的间接经营方式。《孔府档案》中有关于"学田招佃耕种","学田三十顷,佃户十四户"等记载,正是此类经营方式的反映。除此而外,学校也将少量学田分给家境贫寒,不享受廪饩的四氏学生员直接耕种,以解除其学习的后顾之忧。今日所见《孔府档案》卷四八四二有《孔颜曾孟四氏学贫生领种学田地亩花名册》,名册将贫困生员分成极品生和次贫生,并依次详列各自所领土地数量。

因为四氏学田多由国家拨赐,享受免税特权,因而自产生起,除了水淹沙占等自然灾害外,多因居民侵占、佃户倒卖等人为原因而不断流失。因而,围绕学田归属的争夺与纠纷始终与学田管理相伴随。清丈管理学田、处理纠纷,也便成为衍圣公府重要的家族事务之一。如元文宗至顺年间"三氏学旧有田三千亩,占于豪民……思晦皆理而复之"①。在今存《孔府档案》中,也屡有相关争议记录,如《与徐大人书为求情复沛县三千大亩学田事》:"四氏学有学田三千大亩,在沛县之刁阳里,此系历朝拨赐以赡士子者,碑志疆界凿凿可据。以隔省年远,久为沛□□所据。今岁移咨河院,核复故亩,此案转发淮徐道,至今未结。沛民支吾,坚不肯吐。欲烦鼎札致院幕陈年翁,嘱其赞襄力复,事成亦必有以报。"②再如清圣祖康熙二十五年

---

① 《元史》卷一百八十《孔思晦传》,第4168页。
② 《孔府档案》卷六三五八,中国社会科学院历史研究所编:《孔府档案史料选》(六),苗枫林主编:《孔子文化大全》,第20页。

(1686)衍圣公府移文《移滕县为衙役诈丈量屯地锁拿学田佃户事》:"查三界湾湖厂该县地内,除四氏学田三十顷之外,实存若干顷,可耕种开垦者若干顷,止堪刈草者若干顷,有无强占侵隐,查明立界造册情节。昨五月十七日滕县捕衙亲至屯所,指称丈量屯地,将身等捉拿绑缚,百般拷打,带至滕县,命在旦夕,屯□虽遗数家,残黎俱已躲避逃散。切思屯地与民地相沿千载,限界从无相犯。既查民地与屯地无干,今突然欺害,实情理难堪。恳乞恩准□□□马转申移文滕邑,泾渭分明,庶免蠹役欺害。等情到学。据此,查得三界湾学田三十顷,佃户十四户,系至正三十一年钦拨,各有界限,并无被人霸占,亦无侵占民地。今据刘应举等禀,□县捕衙锁拿造册具结,是以屯厂为民地,而佃户为百姓矣。合请移文滕邑,以分泾渭。……康熙二十年五月二十九日 太子少师袭封衍圣公府"①。衍圣公府为三界湾学田佃户与地方百姓就争夺学田的纠纷,而向朝廷申诉,请求对偏袒当地百姓的地方官吏予以查究。再如《孔府档案》卷四〇一四之十《咨户部为禁止尼山祭、学两田买卖事》:"袭封衍圣公府为咨请部示事……《阙里志》载,宋元祐元年拨附近尼山地二十大顷,为四氏学学田。嗣因历年久远,山户转辗租种,民佃夹杂,竟尔私相授受,换段移丘,隐占侵欺,无所不有,以致祭、学两田日渐亏缺。近今查丈,顽佃固结买卖,纷纷告争。查阙里圣庙祀田,无佃户私相买卖之例。伏查近奉新例,凡租遗祀产,子孙并不许典卖,有犯即照盗卖例问拟等语。是民间祀产、义田尚不许子孙典卖,况历朝恩赐先圣祭、学地亩,转许佃户自相买卖乎?但本爵无案可稽,碍难遵守。相应咨请,部示。……乾隆三十一年九月初十日。"②从上述可见,学田的侵占、买卖及土地清丈等纠纷和问题一直是四氏学经济管理中难以解决的痼疾,令衍圣公府伤透脑筋。

2. 政府拨款的使用

作为四氏学资金来源的主要渠道,政府款项主要用于学官俸禄、生员

---

① 《孔府档案》卷四千八百四十一之一,中国社会科学院历史研究所编:《孔府档案史料选》(六),苗枫林主编:《孔子文化大全》,第21页。
② 《孔府档案》卷四千八百四十一之一,中国社会科学院历史研究所编:《孔府档案史料选》(六),苗枫林主编:《孔子文化大全》,第83页。

廪膳,除外,也用于生员科贡盘费和学宫修葺等项。

金章宗明昌元年(1190)的一则材料,反映了金代政府所拨款项的使用情况:"敕旨,夫子庙以系省钱修盖,仍设教授一员……许孔宅子孙不限人数,年十三已上愿习业者皆听就学,已习词赋经义准备应试人,依州府养士例,每人每月支官钱二贯,米三升,小生减半支给。"①此次所拨款项主要用于学宫修建和生员廪膳。

明代,随着官学化程度提高,政府拨款及其使用开始走向制度化。明确规定斋夫每人"银二十四两,由曲阜县均徭征派"。但学官的俸禄,包括教授"岁廪谷九十六石",学录"岁廪谷六十石",还是由"孔庙佃户出办"②。佃户所出的学官俸禄虽然也多来自政府拨赐土地出佃所入,但毕竟还不属于政府直接拨款。这一转变在清代彻底完成了。

清代四氏学所有的学官俸禄全部由"曲阜县正项钱粮内"统一拨给,包括"教授、学录俸银五十六两九钱六分,斋薪银各十二两,马草银各十二两,而岁贡袍、帽、伞、盖银十三两九钱七分,及斋夫、门斗各役工食"③,使用范围和种类很广。这也从一个方面体现了四氏学官方化程度的加深。

明世宗嘉靖六年(1528),为在三氏学生员中引进激励机制,根据山东巡抚刘节上奏,三氏学生员依考试成绩分为"廪膳、增广、附学"④三等。嘉靖十九年(1540)开始按这一等级划分"给生员廪米"。这些廪米,先是由泗水县府出,后因泗水道远,改由曲阜县出。

(三)生徒来源与出路

1. 生徒来源与资格

孔氏家学的生徒来源随着家学的扩展而时有变更,总的趋势是随着学校的正规化、政治化,以及三氏、四氏学生员享受优渥与特权的增多,其生

---

① 孔元措:《孔氏祖庭记》卷七《泽及子孙》,苗枫林主编:《孔子文化大全》,第201页。
② 于慎行:《兖州府志》卷十六《学校志》,明万历二十四年刻本,第3页。
③ 孔继汾:《阙里文献考》卷二十七《学校第八之一·四氏学建置始末》,苗枫林主编:《孔子文化大全》,第622页。
④ 孔继汾:《阙里文献考》卷二十七《学校第八之一·四氏学建置始末》,苗枫林主编:《孔子文化大全》,第620页。

员的入学条件或资格也越来越严格。金章宗明昌元年(1190)敕旨:"许孔宅子孙不限人数,年十三已上愿习业者皆听就学。"①可见,宋代以前的金代,孔氏子孙及乡邻子弟,只要年龄在十三岁以上,不论文化程度,也无需考选,可一律凭自愿入学。其后,是宋哲宗元祐年间加入颜、孟二氏子孙,孔氏家学扩展为三氏学。颜、孟二氏子孙的加入,使三氏学生员数额猛增。对此,明英宗正统九年(1444),五十九代衍圣公孔彦缙提出"三氏子孙初止在学读书习礼,未定生员名额",奏请朝廷"照君县学例,置立生员,听提学官考选,应山东布政使司乡试,诏从之"②。至此,三氏学开始设置生员录取限制名额,三氏子孙需要经过考选才能获取入学资格。明世宗嘉靖六年(1527),为使三氏学生员有所劝惩,依巡抚刘节所奏,通过考选分生员为廪膳、增广和附学三种级别后,部议:"照州学例,设廪、增各三十名。"③又明确规定了前两个级别生员的限额。至神宗万历十六年,根据山东巡抚李戴、御史毛在的奏请,由礼部报朝廷批准,三氏学再加入曾氏子孙成为四氏学,入学生员数额再次增加。万历四十年(1612),山东提学道陈瑛以为四氏学旧额仅三十名偏少,报请山东巡抚,将四氏学廪、增生员名额各增至四十名④。但即便如此,生员名额的增加,相较于四氏子孙人数的增加而言,仍只不过是杯水车薪。清代,科举之法悉依前朝,四氏学生员基本维持原状,未作大的变更。

需要强调的是,对生员名额的限制,决定了并不是所有四氏子孙都有进入四氏学学习的资格。特别是伴随着三氏学、四氏学所受政治优渥的增多,对四氏子孙入学资格的限制也愈加严格。清高宗乾隆五十年(1785),

---

① 孔元措:《孔氏祖庭记》卷第七《泽及子孙》,苗枫林主编:《孔子文化大全》,第201页。
② 孔继汾:《阙里文献考》卷二十七《学校第八之一·四氏学建置始末》,苗枫林主编:《孔子文化大全》,第618、619页。
③ 孔继汾:《阙里文献考》卷二十七《学校第八之一·四氏学建置始末》,苗枫林主编:《孔子文化大全》,第620页。
④ 见孔继汾《阙里文献考》:"是年,提学道陈瑛言于抚按曰:'四氏学官有教授、学录,视国学则(621)少杀,视郡学则较隆,其廪、增额数自当比视郡学。向因人材未盛,故旧额仅三十人,今后裔蕃衍,入学者已三百有余,而廪额如故,非所以重圣贤之裔也,应将四氏学廪生加十名,如府学数,增、广生员亦如之。'"(孔继汾:《阙里文献考》卷二十七《学校第八之一·四氏学建置始末》,苗枫林主编:《孔子文化大全》,第620—621页)

山东学政给孔子七十二代孙世袭翰林院五经博士孔宪增的批文就曾强调:"向来孔、颜、曾、孟大谱内子孙准入四氏学,其支谱只在原籍应试,曲阜及郓城、广东皆同此例……孔、颜、曾、孟支谱尤多,若闻风而来,何以区别,非所以亢大宗而清学校也。"①显然,随着四氏子孙繁衍,入学人数的增多,特别是朝廷对四氏学在考选、入贡和廪膳等政治经济待遇的提高,大量流寓外地的四氏子孙甚至外姓觊觎进入四氏,以分享国家给予四氏学的优厚待遇。在这种情况下,对四氏学生员入学资格的严审也就势在必行。批文明确规定,孔、颜、曾、孟四氏子孙只有在"大谱",即属于四氏大宗者方可有资格入四氏学,所谓"大宗"即:曲阜孔氏、曲阜陋巷颜氏、山东嘉祥曾氏和邹县孟氏。今日仍保存于孟庙的一块乾隆五十八年(1801)《"孟传松等冒考四氏"一案碑》,证实了这一情况,碑文称:"向来孔、颜、曾、孟子孙之在大谱者准入四氏学考,其余支谱只在原籍应试。曲阜及郓城、广东皆同此例。今查孟传松等支谱既非大谱所载,自应仍归宁阳应试。……又孟氏小支,不仅宁阳一族,孔、颜、曾支谱尤多,若闻风而来,何以区别?非所以亢大宗而清学校也。"②

2. 学习内容与生员出路

明、清以来,国家政治强化的一大表现,就是学校教育与科举考试、人才选拔的高度统一。普通学校的课程完全视科举考试内容而设,以儒家《四书》、《五经》、《性理大全》、《大学衍义》等经学为主,而辅之以《二十二史》、《通鉴纲目》、《御策经解》等史学和御策事务策文。而承担着"继圣贤之业"的四氏学,其学习内容除了通常科举考试内容外,更主要地在于"精通经术"③,诗礼传家,以继承圣学,为世人树立尊孔读经典范的政治使命。所以,重点学习儒家经典,由单纯学《诗经》扩展为学儒家《五经》。

明朝以前,学校只是为科举输送考生的途径之一。明朝建立伊始,国

---

① 《孔府档案》卷五八七九之一,转引自党明德、何成主编:《中国家族教育》,第586页。
② 《"孟传松等冒考四氏"一案碑》,该碑由孟子六十八代孙、世袭翰林院五经博士孟传琏率阖族公立于乾隆五十九年(1802),碑现存孟庙启圣殿院甬道东侧。文收入刘培桂编著:《孟子林庙历代石刻集》,第389页。
③ 孔继汾:《阙里文献考》卷二十七《学校第八之一·四氏学建置始末》,苗枫林主编:《孔子文化大全》,第618页。

家急需人才，朱元璋忠实地执行"治国以教化为先，教化以学校为本"的基本国策。以学校教育为根本，重视学校建设和学校教育的人才输送功能，这使学校和科举更紧密地结合起来。

三氏、四氏学生员一般有科举、选贡、选任曲阜知县和选任圣庙执事官等几种出路，其中无一不显示出朝廷对圣门之后的优礼。

首先，科举是四氏生员的主要出路。在这一方面，三氏学、四氏学生员受到朝廷诸如特设"耳"字号、在曲阜专设考棚及增加考试名额等种种特殊优待。

明朝虽然自太祖朱元璋起就加强了对圣贤后裔教育问题的关注，并通过将三氏学纳入国家机构、专设学官、置立学田等手段强化管理，百般奖掖。但三氏子孙通过正常考试中第的却并不多，所谓"科第久稀，仕籍甚少，不称圣贤之里"①，这与朝廷重视圣贤后裔的政策倾向极不协调。缘于此，明熹宗天启元年（1621），云南道御史李日宣请行山东曲阜等县，"请将所在孔氏后裔于山东省额中式外，每科加举一二人，贡之阙下，以光新政"，礼部议准"孔氏后裔另编'耳'字号，于填榜时总查各经房，如孔氏无中式者，通取孔氏试卷，当堂公阅，取中一名，加于东省原额之外；但不必拘定一人，以滋多碍。凡历五科，皆取中二名。后于崇祯七年鲁宗学分去一名，遂止中一名"②。清世祖顺治十四年（1657），允准"提学道施闰章言于山东巡抚缪正心题准，将旧额二名归还四氏，不拘孔、颜、曾、孟，凭文取中"，虽然主要考中者仍为孔氏后裔，但科举优礼已从孔氏一家扩展至孔、孟、颜、曾四氏。清世宗雍正二年（1724），"复增一名，共正额三名"。清高宗乾隆元年（1736），"恩科广额于三名外，得广一名"。四氏学每次科中的举人，都在三名以上。到清穆宗同治九年（1870）竟达到八名，以故山东乡试有"无孔不开榜"之说。这才保证了四氏学在科举应试中的有效名额，孙永汉在《续修曲阜县志》中有过统计：有明一代，曲阜籍进士十七人，四氏学占十人；有清一代曲阜籍翰林七人，四氏学占六人。进士四十三人，四氏学占三十四

---

① 于慎行：《兖州府志》卷四《风土志》，明万历二十四年刻本，第10页。
② 孔继汾：《阙里文献考》卷二十七《学校第八之一·四氏学建置始末》，苗枫林主编：《孔子文化大全》，第621—622页。

人①,所谓"孔、颜族人,十得四、五,科第蝉联,仕籍颇多"②的四氏后裔科考"繁荣"的局面就是在这一条件下才出现的。即便在中举名额过多,造成众多举人长期赋闲等缺,因而不得不在全国范围内大规模削减科考名额的情况下,却依然保留四氏学的选取名额。清高宗于乾隆九年(1744)八月将直解省额"酌减十分之一",时山东共七十六名,按比例减额七名。却特别规定,四氏学三名保持不变,不在减额之列③。相反,每遇朝廷增额录取,却特别指明"耳"字号依例增加,如清仁宗嘉庆二十五年(1820),"钦奉恩诏会试额数,俟礼部临期奏明人数请旨酌量广额……山东四氏学'耳'字号于本省广额二十名内分中一名"④,朝廷对四氏科举的优渥由此可见一斑。

其次,选贡是四氏学生员的另一重要出路。所谓选贡,是通过选拔的方式,使科举未第者进入国子学并踏入仕途。对于四氏学生员而言,选贡种类和数量也较普通生员多,有岁贡、拔贡、优贡、陪侍恩贡等多种。其中最主要的是岁贡,以一年为周期向国子监选拔输送科举不中的优等生。岁贡的数量自明宪宗成化年间始也不断增多。明宪宗成化元年(1465),六十一代衍圣公孔弘绪上奏朝廷以为:圣贤子孙"在学读书者不下二三百名,止由科目一途进取,不无淹滞,乞依各府儒学事例设岁贡。部议令三岁贡一人,以曾经科举及考试,通习经书,素有行止者充选"。此规定及数额并没有依府学例,而是依县学例。至明世宗嘉靖六年(1527),经山东巡抚奏准,三氏学"以廪膳名次起贡,每三年贡二人",增加了一倍。明神宗万历四十年(1612),经提学道陈瑛报请,四氏学岁贡又增加为"每年贡一人"⑤,此后,这一数额成为定例。至此,四氏学的岁贡生在数量上已与府学相同,为曲阜县学的两倍⑥。除岁贡外,四氏学生员还享受拔贡、优贡、陪侍恩贡等

---

① 孙永汉修,李经野、孔昭曾纂《续修曲阜县志》,民国二十三年(1934)铅印本。
② 觉罗普尔泰修:《乾隆兖州府志》卷五《风土志》,乾隆二十五年(1770)刻本,《中国地方志集成》第71册,第121页。
③ 《高宗实录》卷二百二十三,《清实录》第11册,第873页。
④ 刘锦藻:《清朝续文献通考》卷八十五《选举二》,浙江古籍出版社,2000年第2版,第8443页。
⑤ 孔继汾:《阙里文献考》卷二十七《学校第八之一·四氏学建置始末》,苗枫林主编:《孔子文化大全》,第619、620、621页。
⑥ 潘相《曲阜县志》卷四十二《类记第四之七》:"四氏学视府学,岁贡一人,县学二岁一人。"(清高宗乾隆三十九年(1774)刻本,《中国地方志集成》第73册,第294页)

进入国子监的多种选拔途径,孔继汾的《阙里文献考》对明、清两代四氏入贡人数均作了详细记载。①

由贡监踏入仕途,成为四氏学生员在科举以外入仕的另一个重要途径。只不过,在四氏生员入贡优待数额上,孔氏一直独占优势,相比而言,颜、曾、孟三氏则明显居劣势,这显示了孔氏在四氏中的优势地位,也体现了四氏家族在政治上的不平衡性。虽然在明武宗正德年间,颜氏的生员颜重礼曾就此向政府提出,试图以强行命令的方式适当较正这种状况,但效果并不明显。事实上,这一问题的存在,根本上是由孔子与孟子、颜子、曾子在儒学系统中的地位所决定的,并非通过生硬的行政命令便可随意改变。

三、三迁书院的成立及其运作

关于三迁书院的成立时间,迄今资料记载有分歧。孟广均于《孟子世家谱·序》自称:"均前于道光十二年设立三迁书院"②;另《光绪邹县续志》卷十二《人物志》也有"孟广均……立三迁书院,训族中子弟及亲友无力延师者"③。但也有认为三迁书院由孟广均之父、孟子六十九代孙孟继烺始创。④孟昭旃在其小文《孟氏宗支的家庭教育》中曾以不太确定的口气称:"孟氏家学名'三迁书院',大约创办于六十九代孟继烺时,七十代孟广均死后渐废。后世仅存其址,在孟府以西以北的家庙⑤里。券门书'三迁书院'四字,近世犹存。"⑥综合以上资料,孟氏家学三迁书院的建立应该是肯定的,只是,究系由父孟继烺,还是子孟广均所建,现存史料记载有分歧已较难确

---

① 下表据孔继汾《阙里文献考》卷二十八《学校考第八之二》(苗枫林主编:《孔子文化大全》,第634—638页)所记资料统计。所计数额中,拔贡生始于明武正德年间,止于乾隆十八年;优贡生只有清高宗乾隆九年一人;陪祀恩贡生始于明熹宗,止于高宗乾隆三年(1738);岁贡生始于明宪宗成化年间,止于清高宗乾隆年间。
② 孟广均编清穆宗同治本《孟子世家谱》卷首《孟广均序》,现存邹城市文物局。
③ 吴若灏:《光绪邹县续志》卷十二《人物志》,《中国地方志集成》第72册,第621页。
④ 邹城市孟子学术研究会、孟氏宗亲联谊会编:《孟子与孟氏宗族》,中国文史出版社,2005年,第264页。
⑤ 注:所谓"家庙",是明熹宗天启三年(1623)为旌表在白莲教起义中因"协力剿贼"(清世宗雍正本《三迁志》卷八《奏疏·孟弘誉奏请优恤疏》,台湾孟氏亲亲民国七十二年(1983)重印赠孟祥居家藏本)而殉难的孟子六十代孙孟承光而建,又称"旌忠祠"。
⑥ 收入济宁市政协文史资料委员会、邹县政协文史资料委员会编:《孟子家世》,第180页。

定。不过,从孟广均自述及孟氏后裔的认可度①看,基本倾向于由孟广均所建。

仁宗嘉庆十八年(1813)的天理教起义,宣告了清朝统治的中衰。道光以后,大清统治更是江河日下,在内忧外患的社会环境下,作为站在政治风口浪尖的孟府自然难逃其厄。因而,关于三迁书院的生员、授学及管理等具体运作情况,遗留下的资料很少,更兼后来的自然与人为破坏,今天所能知道的更加所剩无几。仅从有限的资料可知,规模不大的三迁书院由孟广均与族内有知识、有威望的长者亲自执教。三迁书院自道光十二年(1832)始设至同治三年(1864)结束,历时三十年。② 以培养族内子弟幼闻祖训,修德立行为教育宗旨。先后有"登贤书者六人,食廪饩者六人,补弟子员者三十一人。当此修谱之役,各自踊跃,共为采该,实心任事"③。由此可见,三迁书院的教育是四氏学的有效补充,而且从其生员除食廪饩、补弟子员外,还参与了孟子家族谱志的修撰事宜等情况,可以判断其教育成效是显著的。

三迁书院于清穆宗同治初废止后,在清末至民国易代的动荡年代,孟府内子弟教育一度时断时续。但是,孔、孟重教思想的影响始终如影随形,孟府的家学教育在极度艰难动荡的间隙,又屡踬屡奋,断断续续地维持下来,建起了"前学"和"后学"两处家塾,分别位于孟府西跨院和缘绿楼西北。其中"前学"生徒范围较广,所有孟氏近支学行兼优的子弟经选拔均可入塾就读;"后学"的生徒范围相对狭窄,只教授翰博子弟。因为前学和后学在动荡艰难的环境下运行,又只收孟氏子孙入学,因而规模都不大,且因应时

---

① 注:为此,作者曾于2012年5月9日,亲往邹城访问孟子七十五代嫡次犹孙孟广居先生。据他称:孟子后裔均认可三迁书院为孟子七十代孙孟广均所立。并且,当时三迁书院所收生徒以孟氏子孙为主,兼收乡里非孟氏子孙入学。至于为什么在四氏学结束之前(1924)的近百年,又另建三迁书院(1832),由于史料缺载,已无法作出准确判断。不过,根据《光绪邹县续志》"训族中子弟无力延师者"的叙述及孟子七十五代嫡次犹孙孟祥居及长期研究孟子府庙文化的刘培桂的推断,三迁书院应是招收不能入四氏学的其余孟氏子孙。因为,能入四氏学的孟氏子孙毕竟少数。如此,对孟氏子孙而言,三迁书院应是四氏学教育的补充形式。
② 参见邹城市孟子学术研究会、孟氏宗亲联谊会编:《孟子与孟氏宗族》,第154页。
③ 孟广均编清穆宗同治本《孟子世家谱》卷首《孟广均序》,现存邹城市文物局;另孟广均编清德宗光绪本《重纂三迁志·孟广均序》有"书院诸生,与有劳焉"的记载。(苗枫林主编:《孔子文化大全》,第21页)

局变化时兴时辍。①

乾隆年间提督学政、内阁学士谢溶生曾总结四氏学的盛衰称:"学校者,帝王所以储才育贤之地也。学校之有衰盛即国家之治乱因之。诚哉,是言欤!阙里家学盖二千年,而每随国故为兴替,君子观此亦可以识世运矣。"②四氏学的盛衰历程,再一次昭示了家与国的一致性,家学乃至于家族的兴衰与国家、民族命运的密切关联。

四、重视道德教化的教育特征

孟府家学教育的内容与宗旨取决于教育目的,而其家学的教育目的则源于儒家文化及其以之为核心的中国传统文化的教育特征。作为中国教育文化与儒家教育文化的典型体现,孟府家学教育在对人的德与才(品德与知识)两方面的教育与培养上,更偏重于前者,即重视对人的道德教化。

儒家创立者孔子的教育目的就包含了两个方面,一方面为修身,博学弘毅,守死善道,提升志士仁人个人的精神境界;另一方面为治国平天下,"不患无位,患所以立","学而优则仕",培养从政的能力和素质。二者是相辅相成的,这就是《中庸》从修身齐家到治国平天下的必然逻辑,也是实现儒家"穷则独善其身,达则兼善天下"理想追求的具体体现。

孟子与孔子教育目的是相同的,都是为了完成儒家由修身齐家达至治国平天下的社会重任。只不过,二人关于教育的出发点有所不同,孔子教育的出发点是生发于"性相近,习相远"(《论语·阳货》)的人性理论。"性相近",人的天赋秉性的相近性,使孔子勇于打破"学在官府"的教育垄断,积极开拓"有教无类"的教育实践;"习相远",后天(社会)对先天秉性(人的自然属性)的巨大影响,使教育有了存在的必要和可能,这成为孔子开拓私人教育、从事教育实践的思想和理论基础。但是,孔子"性相近,习相远"的人性理论的模糊,引发了儒家后学在人性善恶问题上的分裂。从春秋到

---

① 参见孟昭梅:《孟氏宗支的家庭教育》,济宁市政协文史资料委员会、邹县政协文史资料委员会编:《孟子家世》,第180页。
② 孔继汾:《阙里文献考》卷二十七《学校第八之一·四氏学建置始末》,苗枫林主编:《孔子文化大全》,第623页。

战国一百年间对人性问题的关注和由此引发的大讨论,催生了关于人性善恶的不同结论。孟子与公都子的对话,反映了战国中后期人性结论的多样化①。然而,在种种关于人性的不同结论中,儒家后学孟子性善与荀子性恶的理论对立是最典型和最鲜明的。但是,无论孟子的性善还是荀子的性恶,在教育的问题上其实最终走了一条殊途同归的路子:孟子的性善论是通过教育"求放心",保持并扩充人性深处我固有之的"善端";而荀子的性恶论则是通过教育"化性起伪",改变我固有之的"性恶"。善、恶不同的人性发端,通过教育达至相同的结果——"皆出于治,合于善也"。

在与告子的人性辩论中,孟子发展了"生之谓性"的自然人性论,提出人除了与禽兽共有的自然属性外,也有异于禽兽而独有的"四心":"无恻隐之心,非人也;无羞恶之心,非人也;无辞让之心,非人也;无是非之心,非人也。""恻隐之心,仁之端也;羞恶之心,义之端也;辞让之心,礼之端也;是非之心,智之端也。人之有是四端也,犹其有四体也。"②仁、义、礼、智四种道德,规定了人与人、人与社会之间的关系,也划清了人与动物的界限,是人异于禽兽的独有的社会属性,这才是人的本质属性。这种本质属性决定了人先天就具有善的特性。因而"善性",犹如人的四体,是先天固有,与生俱来,所谓:"仁义礼智,非由外铄我也,我固有之也。"至于如何看待人性恶的表现,孟子用人性善端的丧失来解释。孟子认为,人心固有的这种善性,只不过是一种道德的端倪,一种根芽,如果不经过后天内在的修养和外在的教育,就会"蔽于物"、"陷溺其心"。只有经过内在的修养和外在的教育,将人心固有的善端"扩而充之",或者求回所放之心,才能使善的根芽最终成为道德的实现。所以,孟子说:"学问之道无他,求其放心而已矣。"③这就为教育在保持人性善端中的作用找到了一个合理的位置。可见,孟子教育的出发点是其性善论,为了"求放心",使人性善端不被物所蔽,不至陷溺而由

---

① "告子曰:性无善无不善也。或曰性可以为善可以为不善,……或曰有性善有性不善……今曰性善,然则彼皆非与?"(《孟子·告子上》)
② 《孟子·公孙丑上》,朱熹:《孟子集注》,《四书章句集注》。
③ 《孟子·告子上》,朱熹:《孟子集注》,《四书章句集注》。

端倪扩而充之,成为"火之始然,泉之始达"①的道德现实,以由养父母达至安天下。

孟子提出性善论的目的,在于论证其仁政学说的可行性。在孟子看来,仁政之所以可行,在于人人都有仁义礼智四端之心。但是,这四端还只是仁义礼智的四种"发端",要使发端变为现实,需要通过教育这座桥梁的保持和扩充。这便决定了教育的内容必然以发掘人的善端为核心,以仁义礼智的道德启蒙开掘为主题。而仁义礼智在社会关系中的根本表现是孝悌人伦,所谓:"孝悌也者,其为人之本欤?"②所以孟子一再强调"谨庠序之教,申之以孝悌之义","设为庠、序、学、校以教之……皆所以明人伦也"。这里所谓的"人伦",就是"父子有亲,君臣有义,夫妇有别,长幼有序,朋友有信"。孟子相信:从明人伦入手,可以达到使"人人亲其亲,长其长,而天下平"的社会治理目的。如他所说:"周于德者,邪世不能乱。"③

孔子和孟子关于教育的出发点虽然源于不同的人性论,但其最终归宿却在治国平天下的政治诉求下达到一致。共同的教育目的,决定了早期儒家的教育特征,即从明人伦开始,在培养高尚的个人道德境界的基础上,实现仁政,所谓:"有大人者,正己而物正者也。"由保人心而"保宗庙"、"保社稷"、"保四海",由仁人达仁政。

在孔子的重教理念下,孟子同样表现出了对教育的情之所衷。在《孟子》七篇中,除了一般教育理论中所涉及的社会教育、家庭教育和学校教育三种形式外,孟子还提出并特别强调了社会环境对人的影响。所谓"圣人有忧之,使契为司徒,教以人伦——父子有亲、君臣有义,夫妇有别,长幼有叙,朋友有信","仁言不如仁声之入人深也,善政不如善教之得民也。善政,民畏之;善教,民爱之。善政得民财,善教得民心",指的是社会教化。所谓"中也养不中,才也养不才,故人乐有贤父兄也。如中也弃不中,才也弃不才,则贤不肖之相去,其间不能以寸"④,指的是家庭教育。所谓"居移

---

① 《孟子·公孙丑上》,朱熹:《孟子集注》,《四书章句集注》。
② 《论语·学而》,程树德:《论语集释》。
③ 朱熹:《孟子集注》,《四书章句集注》。
④ 朱熹:《孟子集注》,《四书章句集注》。

气,养移体,大哉居乎",指的是环境影响。所谓"谨庠序之教,申之以孝悌之义","设为庠序学校以教之。庠者,养也;校者,教也;序者,射也。夏曰校,殷曰序,周曰庠;学则三代共之,皆所以明人伦也"①,指的是学校教育。孟子看到了,以上几个方面共同构成了一个人生活的综合环境,由它们所形成的教育合力,影响或规导着一个人的成长。而在以上几个方面中,可以作出个人主观选择并为之努力的就只有后者——学校教育了。所以,孟子和孔子一样,在奔走各国,试图影响和改变社会政治环境而不得伸张的情况下,只得以"无官守"的草芥布衣身份收徒讲学,试图通过优化和改善教育环境,由个人独善达至天下兼善。

孔、孟的教育思想、教育理念及其所创造的教育模式和特征,在汉代以后,借着尊孔崇儒的政治潮流而延续下来,奠立了汉代以后两千年中国教育的理念、模式和格局。

西汉经学大师董仲舒继承了儒家重德的教育思想,主张开学校,"立辟雍庠序,修孝悌敬让,明以教化,感以礼乐,所以奉人本也"②。通过将教育纳入天人相与的神圣轨道,进一步论证儒家教育的必要性和可行性。方向一旦确定,接下来就是教育内容的明确,"汉武帝罢除百家,表章六经,专设五经博士,作为朝廷权威的学术官员和最高学府——太学的教师,从而使经学成为封建王朝官方学术、选士的主要衡量标准和教育的基本内容,……学术界则有汉代儒学即为经学,汉代教育即为经学教育的概括"③。学术观点一旦插上政治的翅膀,便立即会表现出无限的威力。自此之后,六经成为毫无疑问的为学、教化的"大本",如匡衡所说:"六经者,圣人所以统天地之心,著善恶之归,明吉凶之分,通人道之正,使不悖于其本性者也。故审六艺之指,则人天之理可得而和,草木昆虫可得而育,此永永不易之道也。"④

宋代以降,原始儒学经历魏晋的失落而被宋儒重新改造,儒家六经虽

---

① 朱熹:《孟子集注》,《四书章句集注》。
② 董仲舒:《春秋繁露》卷六《立元神》,《四库全书》第 181 册,第 733 页。
③ 赵家骥、俞启定、张汝珍:《中国教育思想通史》(第 2 卷),湖南教育出版社,1994 年,第 119—120 页。
④ 《汉书》卷八十一《匡张孔马传·匡衡》,第 3343 页。

然仍作为教育的内容,但其地位显然退居其次:二程治学,"以《大学》、《语》、《孟》、《中庸》为标指,而达于六经"①。朱熹的《四书集注》刊行,又特别加上科举以四书为考试内容的推波助澜,四书地位更是扶摇直上,影响显然超越五经。但是,无论是五经还是四书,儒家经学"以明道、明理为教育目的,通过求仁、明人伦的教育,培养人才,'学而优则仕',使之参与政权"②的教育目的和宗旨是始终不变的,在这个意义上,倒真应合了孔子"吾道一以贯之"的思想理念。

在整个中国封建社会史上,以选仕为制度导向,儒家六经、四书不仅成为国学教育的核心,也毫无例外地成为私学、家学教育的主要内容。曾经以协助张居正推行"一条鞭法"而闻名于时的庞尚鹏,在对他的南海庞氏家族写的《庞氏家训》中,罗列了他对庞氏家族子弟职业教育倾向和从业的期许:一,子弟以儒术为世业、毕力从之。力不能,则必亲农事,劳其身,食其力,乃能立其家。否则束手坐困,独不患冻馁乎?二,士农工商各居一艺。士为贵,农次之,工商又次之。量力勉图,各审所尚,皆存乎其人耳③。显然,即便是地处岭南的庞氏家族,其教育子弟的首选仍是希望子弟操习儒业,由"士"步入仕途,除此而外,退而求其次的才是以农业、工商业为生业,靠劳动自食其力,以"避免束手坐困",这不仅是岭南家族,也是全国所有家族共同的教育期待。

孟府重视家学教育的目的极其明确:除了文化层面上的——即通过家族教育,实践孔孟儒家重教理念,使家族子弟得到儒家思想和礼仪知识的系统熏陶,维系儒家思想统系,同时延续诗礼传家的孟氏家族家风的延续不辍——以外,对于在封建社会后期主要靠外在的政治扶持发展起来的孟氏家族而言,其家学设立还有一个更切合时代的现实性目的,即通过家学对儒家知识的灌输,提升家族子弟的学识素质,使家族子孙更多地由此踏入以儒家经学为主要科考内容的科场,并进一步由科场而官场,借此实现

---

① 《宋史》卷四百二十七《道学一·程颐》,第12720页。
② 蔡方鹿:《华夏圣学——儒学与中国文化》,四川人民出版社,1995年,第169页。
③ [日]井上徹著,钱杭译:《中国的宗族与国家礼制——从宗法主义角度所作的分析》,第301页。

儒家学而优则仕的教育理想,实现本家族的延续和壮大。

在隋唐以前,人才选拔虽然崇尚个人德、才,但在中国重血缘伦理的文化背景下,靠家世血缘和财富关系涉足仕途,仍然是大家族的首选。汉代的赀选和魏晋盛行的九品官人法,都是这一社会现实的反映。以至形成了"上品无寒门,下品无世族"的极端社会现象。唐朝虽然已开始尝试实行通过考试公正评选进入仕途的选才方式,家世的作用开始淡化,但历史的惯性使然,任子、恩荫等家世因素在官位取得及官位级别高低等方面的影响作用仍然很大。而与此相比,宋代科举官僚制度下,旧的世族组织的进一步打破及统治者对人才的渴求,使考试的公正性与机会的均等性等得到了较为彻底的贯彻。因此,宋代以后,家族是否永续的决定条件除了家族自我经营的有效性外,更多要看本家族成员涉足国家政治的分量,亦即掌握儒学知识并顺利踏入仕途的人才的多少。家族子孙成员一代接一代依靠所受到的儒学教育,在科举考试中及第,踏入仕途,成为官僚,更好地实现家族与政治的联姻,又反过来借助于政治的庇护,成为本家族长久存续并不断发展的重要途径。就这一点而言,孟氏家族相比于其它普通家族,更具有得天独厚的条件,在教育思想、教育理念及教育归宿上与国家政治需求保持了天然的一致性。

与此相对应,孟府家学教育的内容,与普通家学教育相比,既有特性,也有共性。前者源于其儒家后裔的直接代表,更直接地肩负着传承儒家教育思想的历史使命,也因此在政治上受到政府的特殊礼遇。这一点,决定了孟府家学无需与其他普通家学一样,要承受来自自身生存方面的经济压力,即在耕与读之间不必担忧前者。因而,与一般耕读传家的家族教育相比,诗礼传家足矣,所谓:"凡生员各治一经。学官月有课,季有考,别其等以报学政,学政考取其最优者食饩于官,曰廪膳生员"①;后者则源于其作为私学教育与国家政治之间的通常关系。作为家族私学,虽然在科举入仕中受到国家的特别护佑享受入仕特权,但毕竟需要凭着对儒术的习染而亲自参与到科举考试的竞争中,以此实现家族与政治之间的紧密结合。缘于

---

① 潘相:《曲阜县志》卷四十二《类记第四之七》,清高宗乾隆三十九年(1774)刻本,《中国地方志集成》第73册,第294页。

此,孟府家学教育的内容以四书五经为核心,而在劳动技能的培养上,则不必像普通家族那样注重。在德才教育的侧重点上,更偏重于"恪遵先祖圣训",注重温良恭俭、礼义廉耻等儒家传统道德品格的培养。

这样的家学教育模式,对于儒家思想的传承与弘扬,无疑会具有积极作用。正如潘相《曲阜县志》所说,曲阜之所以在设县学的同时,还要专设四氏学:"非直以崇报先圣贤也,盖将欲孔颜曾孟之裔学孔颜曾孟之学,而县学及天下学之学孔颜曾孟者,皆式于孔颜曾孟之裔也。"①但从现实的角度看,由于其一味偏重于理论、道德的培养,忽视社会实践能力的培育。家学教育内容的过于纯粹化,对孟氏家族自身发展,势必带来不可避免的负面影响:一方面,在政府经济呵护与衣食无忧下,孟氏子孙长期缺乏家族经济经营方面的危机意识与必要训练。孟氏家族田产的屡赐屡失,虽然有客观环境因素有关,但也不能否认与主观上家族内部经营管理的缺陷有关。这在某种程度上阻碍了孟氏家族自身以经济为基础的全面发展。另一方面,孟氏嫡裔以奉祀为职志以及国家在科举入仕上对孟府的特殊护佑,反而使孟氏子孙因为科举目标的偏离与入仕压力的减弱,而自然削减了其在学业修习方面的进取精神。这一问题的直接后果,曾经被孟子七十四代孙孟繁骥延聘为私塾师的孟昭洊,在其《孟氏宗支的家庭教育》中提及:"因为以奉守林庙、主持祭祀为职责,不求闻达,所以包括繁骥先生本人,在经术、学业上都没有很深的造诣。实际上繁骥夫人王淑芳女士是他家文化水平最高的人。"②在政治的多方扶植下纯粹的诗礼传家式教育,不仅无法使孟氏家族后裔在不断得到激励的环境下茁壮成长,反而在激烈的社会竞争中更多地表现出不断趋弱的态势,这其实正应了"狼群效应"③的法则。与之

---

① 潘相:《曲阜县志》卷四十二《类记第四之七》,乾隆三十九年(1774)刻本,《中国地方志集成》第73册,第294页。
② 孟昭洊:《孟氏宗支的家庭教育》,济宁市政协文史资料委员会、邹县政协文史资料委员会编:《孟子家世》,第181页。
③ 澳大利亚农场主的羊群因常遭受狼群的袭击,农场主对狼群进行了围剿式捕杀,这使羊群在相当时间里再无生存的后顾之忧。但是,令农场主诧异的是,缺少了狼群,他们的羊竟越来越不健康,病死率陡然升高。农场主渐渐明白了:是狼的存在使羊群保持健壮敏捷和优生状态,这就是"狼群效应"。

不同的是,我国多数靠自身力量在民间生长壮大起来的大家族,其家族生存与家族教育的宗旨定位于"耕读传家"。实事上,仔细推敲,"耕"与"读"二者之间的关系是相互辅成的。习于"耕"是家族经济发展、力量壮大的前提,精于"读"是家族保持永续发展的潜力和保障。失去前者,家族的发展会因为缺乏内在基础而面临萎缩的危机。所以,从这一意义上说,政治的特殊呵护所造成的家族自身生存无忧的环境,不仅不是家族壮大的助推力,反而会成为家族壮大发展的障碍。

第三节 母教文化及其现象评议

家庭是社会的基本细胞。《大学》"治国平天下"经由"齐家"开始,"齐家"的主要内容就是家庭教育和管理。在中国古代父家长制社会中,虽然"齐家"的主要实施主体是父亲,然而,由母亲在家庭中的特殊角色所注定的母教,无疑也构成了家庭教育的重要组成部分。父教与母教互为补充,相互辅成,共同构成了中国传统"父严母慈"的完整的家庭教育结构体系。

中国母教文化源远流长,从周朝"三太"(太姜、太妊、太姒)开始,至战国的孟母、晋代的陶(侃)母,再到北宋的岳母,母教文化一直绵延流衍,从未间断。这既与中国血缘伦理文化的大背景密切相关,也凸显了中国教育系统中对母教的重视与关注。母教文化为父权笼罩的社会涂上了一抹亮色。

一、孟母其人及其故里争议

孟母教子,是中国母教文化的一个重要组成部分。而当我们梳理相关文献的时候,却发现:无论是文献史料还是口碑史料,有关孟母其人的相关信息,是随着时间的延伸而从无到有,从少到多,从模糊到清晰的。无论是姓氏、籍贯还是生平行迹,无不经历了这样的一个演变过程。

关于孟母的姓氏,已如前述,从《史记·孟子荀卿列传》的完全缺载。到韩婴《韩诗外传》、刘向《列女传》仅有孟母教子的事迹记载,并无孟母姓氏的记载。再到金代孙弼撰《邹公坟庙之碑》和明代刘浚《孔颜孟三氏志》才出现了孟母姓"李氏"抑或"仉氏"的姓氏争论。明清以后,虽然也会偶有争议,但多数认可孟母姓"仉氏"的说法。孟母事迹及其姓氏从无到有,从不清晰而清晰,从争议而趋同。

而关于孟母的籍贯问题,相比于前者,更显得扑朔迷离。

明陈士元《孟子杂记》卷一在引用列述《韩诗外传》、《列女传》所记孟母教子事迹的同时,在"轲母仉氏"条下按:"《姓苑》'仉氏出梁四公子之后'",在"补传"条下述孟子祖源:"孟子名轲,字子车,邹人也。其先鲁桓公子庆父,称孟孙氏。孟孙激公宜,不知去庆父几世矣,是为孟子父。孟子生三岁而卒,母仉氏,或云魏公子仉脀女也。"①魏公子仉脀究系何人,史书无载。但是,这里所说的魏国,确是三国分晋后的魏国。三国分晋后,魏国疆域在晋南河东地区,今天的行政区划在山西境内。查相关文献记载,明神宗万历四十三年(1615)成书的《太原府志》卷二四"古迹"条下记有:"孟母故宅,在榆次县古城西南隅。盖孟子邹人,其母并人也。其地有三徙乡。""孟母庙,在县城西南隅,弘治年建,相传此地为孟母故宅。"文中的"并"即古并州,今山西太原的别称。②从文字的记述次序可见,明代弘治年间,人们据此地为孟母故宅而建孟母庙。孟衍泰编清世宗雍正本《三迁志》也有:"孟母故宅在山西太原府榆次县,本《志》云:母并州人也,其地有三徙乡。"③孟繁仁根据文献记载,就这一问题进行了实地考证,结果是:在古代与"魏国"接壤的今山西榆次,的确有"孟母故宅",而"东贾里",即今山西太谷县东三十华里阳邑镇西。作者还就仉姓起源及山西仉姓一并做了考证。作者据宋郑樵《通志·氏族略》"仉,音掌。梁州有仉启"④、"掌氏,

---

① 陈士元:《孟子杂记》卷一《孟母》,《四库全书》第207册,第291、300页。
② 顾祖禹《读史方舆纪要》卷三十九《山西一》记载:"古曰冀州。舜分置十二州,此为并州。(应劭曰:地在两谷之间,故曰并州。)《禹贡》仍曰冀州,《周礼·职方》:正北曰并州。成王封叔虞于唐,此为晋地。战国时为赵地,亦兼韩、魏之疆……秦并天下,置太原、河东、上党、代、雁门、云中等郡。汉武帝十三州,此亦为并州……"(顾祖禹:《读史方舆纪要》卷三十九《山西一》,《续修四库全书》第603册,第11页)可见,故并州所辖,包括今太原及晋中一带。
③ 孟衍泰编:清世宗雍正本《三迁志》卷十二《古迹》,第88页。
④ 郑樵:《通志》卷二十九《氏族略五》,《四库全书》第373册,第346页。

鲁大夫党氏之后,以音掌,故从音文"①的记载,以为:山西历史上的确有仉姓存在,且与鲁国党姓共祖。在作者看来,鲁国党姓系山西仉姓迁移而来。也就是说,就鲁、晋仉姓而言,鲁国党姓源于山西仉姓。至于山西仉姓迁鲁的原因,据作者推测认为:是为避春秋战国时期外部"晋秦"、"晋楚"或内部"韩赵魏"之间战乱。"由于动乱频仍,民不聊生,百姓无法安居乐业,所以在这一时期向东南方向的齐、鲁、吴、越等国逃避战乱和移民的很多。孟子母亲的仉氏家族或她的父亲'魏公子仉脊'可能就是在这一时期由'并州'榆次迁徙到邹、鲁一带。"作者还据《山西人口姓氏大全》提供的数据判断,到1991年全国人口普查时,山西境内的"仉"姓人口为二百人,虽然人数不多,但足以作为山西有"仉"姓的证据②。

按照郑樵的解释,"党"(古写作"黨")、"仉"皆音"掌",于是"仉"、"党"、"掌"三姓同音通用,且均与山西(梁州)、山东(鲁)有某种历史关联。从文献记载看,山东的"党"性,最早见于《左传·襄公二十九年》的鲁大夫"党叔"③。至今,仉、掌、党三姓在山东都有较为集中的聚居地,济南(市中区党家镇、历城区党家庄)、章丘(党家镇党家村)、寿光④、阳谷、沂水⑤、济宁、垦利、滕州及邹城市的匡庄乡张家屋村、平阳寺镇黄厂村等地都有仉姓聚居的区域或村落。

但是,就现有材料看,无论是仉、掌、还是党姓,尽管人数较少,在《百家姓》之外,其聚居地还不仅局限于山东和山西,这大概是后期繁衍迁徙所致。如此一来,在古代材料记载不十分清晰确切的情况下,从后代姓氏居住地的角度进行考察,实际难以作为孟母祖籍所在的信据。更何况,以上关于孟母祖籍的考察,本身就建立在一个并不确定的因素——孟母姓仉氏

---

① 郑樵:《通志》卷二十九《氏族略四》,《四库全书》第373册,第324页。
② 孟繁仁:《"孟母"仉氏是"并州"晋中人》,网址:http://www.sxjzwb.com/jzzt/showarticle.2007年9月26日
③ 原文为:"范献子来聘,拜城杞也。公享之,展叔执币,射者三耦。公臣不足,取于家臣。家臣:展瑕、展玉父为一耦;公臣:公巫召伯、仲颜庄叔为一耦,鄫鼓父、党叔为一耦。"(阮元:《十三经注疏》[下册],第2005页)
④ 今山东省潍坊市寿光县仉西村是仉姓聚居地,至今县档案馆还收藏有清朝年间木刻活字印本《山东寿光仉氏家谱》(著者不详)。
⑤ 今山东省的临沂市沂水县杨庄镇有一党家山村,党家山村的东面三公里处有仉林村。

的基础之上。前已有述,孟母究系何姓,由于缺乏早期可信实证材料,现在已很难辨明。那么,建立在这一基础上的祖籍考察,无论最终是何结论,又无论逻辑如何清晰、证据多么确凿,结论都是不足为信的。鉴于孟母的身世歧义,为严谨起见,在没有新的可靠证据出现之前,最好采取审慎的态度。

然而,如若转换一下视角,将孟母看作中国母亲的一个符号,一个代表,看作中国文化的一个象征或者一种现象的话,那么,一味纠结于孟母确切的姓氏、籍贯问题,便已大无必要。

二、孟母教子的文献记载

孟母教子的内容包括胎教、幼儿之教、为学之教、夫妻之教、为仕之教,几乎涵盖了从幼儿习惯的濡染与养成,到成年后家庭关系的处理,以及个人毅力培养等人生成长过程中的多数重要问题。其相关文献记载,均见于汉代韩婴的《韩诗外传》和刘向的《列女传》。

(一) 三迁之教

"三迁择邻"见于《列女传》卷一:"邹孟轲之母也,号孟母。其舍近墓。孟子之少也,嬉游为墓间事,踊跃筑埋。孟母曰:'此非吾所以居处子。'乃去。舍市傍。其嬉戏为贾人衒卖之事。孟母又曰:'此非吾所以居处子也。'复徙,舍学宫之旁。其嬉游乃设俎豆揖让进退。孟母曰:'真可以居吾子矣。'遂居。及孟子长,学六艺,卒成大儒之名。君子谓孟母善以渐化。"[1]孟子家始居于墓地附近,孟子年幼,受环境影响,学做送葬祭享的"墓间之事"。孟母以为这不宜于儿子在正常环境下成长,于是迁居于街市之旁。年幼好模仿的孟子又学贾人做"衒卖之事"。在士农工商,以"士"为上的时代,一心要培养儿子成为士人的孟母,再携子迁居于学宫之旁。年幼的孟子于是学"揖让进退"之礼,在孟母看来,这才是最适合儿子成长的居住环境。

"子墨子言,见染丝者而叹曰:'染于苍则苍,染于黄则黄',所入者变,

---

[1] 刘向:《列女传》卷一《母仪传·邹孟轲母》,《四库全书》第448册,第15页。

其色亦变。五入必,而已则为五色矣。故染不可不慎也。非独染丝然也,国亦有染。"①墨子从染丝,联想到染国。其实,国染始于人染。现代生物学和心理学告诉我们,人类与周围的自然和社会环境共处于一个系统之中。因而,人类必然会受周围环境的影响。这种影响作为人类学习的源头模本,始于人与生俱来的模仿。而与成人相比,儿童的模仿能力更强。并且,这种模仿能力又往往是在一种无意识选择下完成。所谓无意识选择,是指儿童还不具备一定的旨趣意志倾向和判断是非好恶能力,因而,表现为对与自己生活最切近的周围环境无选择性地模仿。所以,在环境会无一例外地对一个人的成长产生程度不同的影响的情况下,对儿童的影响会更大,且往往是缺乏主观选择地予以全面地复制加工。儿童就在对周围环境的复制式模仿加工中,伴随着成长,渐次形成自己的行为习惯、思维方式乃至于性格特征和思想品质。正因为儿童模仿力的无选择性和强烈性,因而,环境的影响对儿童而言至为重要。然而,在儿童生活的切近环境中,父母可以为孩子做出对生存环境的主观选择,代替孩子选择宜于成长的社会环境。所以,孔子说:"里仁为美,择不处仁,焉得知?"②

　　孟母重视环境,三迁择邻,不仅促成了孟子"学六艺,卒成大儒之名",也形成了孟子重视后天环境的认识论思想。《孟子》七篇显示出:在孟子的思想体系中,由"四端"的性善根柢,衍生出"良知"、"良能"的先验论认识倾向。但是,"根柢"、"倾向"尚非事实本身。孟子以为,善的根柢,要成就为善性,还必须经过后天的塑造、培育和环境熏陶。如《孟子·告子上》:"虽有天下易生之物也,一日暴之,十日寒之,未有能生者也。吾见亦罕矣。吾退而寒之者至矣,吾如有萌焉,何哉!""牛山之木尝美矣,以其郊于大国也,斧斤伐之,可以为美乎!是其日夜之所息,雨露之所润,非无萌蘖之生焉,牛羊又从而牧之,是以若彼濯濯也。人见其濯濯也,以为未尝有材焉,此岂山之性也哉!"孟子把人性善端比于益生之物与牛山之木,虽其有好生的韧性,然经不住一曝十寒与斧斤之伐的环境摧残。相反,如果得到适宜

---

① 《墨子·所染》,孙诒让:《诸子集成》第4册,上海书店出版社,1986年。
② 《论语·里仁》,程树德:《论语集释》。

气候环境雨露滋润,人性之善端未必不如益生之物、牛山之木一样,姿彩华茂,开出善花,长出善果。所以,"孟子自范之齐,望见齐王之子。喟然叹曰:'居移气,养移体,大哉居乎!'"这反映出孟子对后天环境的重视,这不能不说与孟母重视环境的启蒙教育有关。

(二) 断机之教

"断织喻学"的故事,同时见载于《韩诗外传》和《列女传》。《韩诗外传》卷九:"孟子少时,诵。其母方织。孟辍然中止,乃复进。其母知其喧也。呼而问之曰:'何为中止?'对曰:'有所失,复得。'其母引刀裂其织,以此诫之。自是之后,孟子不复喧矣。"①《列女传》卷一:"孟子之少也,既学而归,孟母方绩。问曰:'学何所至矣?'孟子曰:'自若也。'孟母以刀断其织。孟子惧而问其故。孟母曰:'子之废学,若吾断斯织也。夫君子学以立名,问则广知。是以居则安宁,动则远害。今而废之,是不免于斯役,而无以离于祸患也。何以异于织绩而食,中道废而不为,宁能衣其夫子,而长不乏粮食哉?女则废其所食,男则堕于修德,不为窃盗则为虏役矣。'孟子惧,旦夕勤学不息,师事子思,遂成天下名儒。君子谓:孟母知为人母之道矣。"②孟子读书中道而辍,正在织布的孟母很生气,挥刀割断了辛苦织就的布,以教育孟子行贵永恒,做事为学不可中途而废。孟子受到教育,就此自诫,坚持不懈,"遂成天下名儒"。《列女传》比《韩诗外传》成书稍晚,所增之辞,今天看来,更合于儿童教育的逻辑。挥刀断织,对于不谙多少世事的儿童而言,产生了强烈震撼,这较之于言语开导,更利于孩子加深认识。

从生理学角度而言,儿童的兴趣培养并不难,因而孩子本身就对事物存在着广泛的好奇。但是儿童兴趣的持久性差,因此,如何培养儿童持之以恒的精神和毅力,是儿童教育的重要内容。正因为毅力培养对孩子成长至关重要,因而孟母采用了较为严厉的手段,不惜以毁掉辛苦织就的布为代价,以便给年幼的孟子以深刻的心理震撼。

---

① 韩婴:《韩诗外传》卷九,《四库全书》第89册,第846页。
② 刘向:《列女传》卷一《母仪传·邹孟轲母》,《四库全书》第448册,第15页。

(三) 杀豚之教

"杀豚示信"见于《韩诗外传》卷九,上承"断织教子",原文为:"孟子少时,东家杀豚。孟子问其母曰:'东家杀豚何为?'母曰:'欲啖汝。'其母自悔而言曰:'吾怀妊是子,席不正不坐,割不正不食,胎教之也。今适有知而欺之,是教之不信也。'乃买东家豚肉以食之,明不欺也。"①

"杀豚示信"的故事,实际上蕴含了三重含义:一是重视胎教。中国胎教文化源远流长,儒家文化立足于中国文化的大背景,继承了中国文化的精神内蕴。"割不正不食"、"席不正不坐"源于《论语·乡党》,这是孔子、儒家道德理念的物化表现,是心导耳目,以德役行的具象化。外在的衣食住行,会内化为人的内心信仰。反之,人在衣食住行的外在表现,也映照出其内心的志趣与品质。其意义不在于外在言行的讲求,而重在外在事物内在化,对人的心灵人格的塑造作用。孟母对胎教的重视,是中国早期胎教文化和儒家慎独、自省与自禁文化的继承。二是重视诚实守信。诚信不欺,是儒家文化的重要元素,它的产生,因为植根于人类普遍的善性基础,和中国文化的深厚土壤而成为两千多年来维系中华民族生存发展的重要合力。在《论语》、《中庸》等儒家早期文献中,"诚"、"信"作为儒家道德观念的重要范畴都被多次提到。"人而无信,不知其可","信以诚之,君子哉","君子诚之为贵",着眼点都在于提醒人们遵循天道,实行人道,讲求诚信。三是身教重于言教。儿童的学习从模仿开始,而儿童的模仿尚不具备主观选择性。父母作为孩子最初也是最经常的模仿对象,其一言一行,在孩子面前无时无刻不起到一种无声的示范作用。因此,人们常说,父母是孩子的第一任老师。父母作为孩子行为的楷模,其言行对孩子的思维与行为影响巨大。因此,在教育孩子的方式上,言传不如身教,与其让孩子记住规则,不如给孩子树立一个榜样。

孟母诚信教育的思想和方法,秉承了孔子的教育理念,对孟子的思想行为产生了巨大影响,促成了孟子对讲求诚信、返身求己的道德人格的追慕。相关内容,我们在《孟子》七篇中不难看到,如《孟子·离娄下》对诚信

---

① 韩婴:《韩诗外传》卷九,《四库全书》第89册,第846页。

的强调:"诚者天之道也,思诚者人之道也","君子行忠信,可以保一国","忠信以为甲胄"、"忠信以为城池",《孟子·滕文公上》"上好之,下必有甚焉"等,并由此直接导出了汉儒"仁义礼智信"五常,及宋儒"夫信者,人君之大宝也。国保于民,民保于信。非信无以使民,非民无以守国。是故古之王者不欺四海,霸者不欺四邻,善为国者不欺其民,善为家者不欺其亲。……上不信下,下不信上,上下离心,以至于败"①等身正正人、以身作则行为导向的独特理解。

人类生存发展需要道德的维系,其作用是法制无法取代的。而诚信作为人类最基本的伦理准则,代表了人类最根本的道德追求。儒家洞彻并立足于这一点,意在通过切己省察、诚实守信、涵养持敬、慎独守一的方法和途径,提升个人道德境界,并由此推而广之,达至人类社会的高度文明。

(四) 出妻之教

"出妻之教"见于《韩诗外传》和《列女传》。

《韩诗外传》:"孟子妻独居,踞。孟子入户视之,白其母曰:'妇无礼,请去之。'母曰:'何也?'曰:'踞。'其母曰:'何知之?'曰:'我亲见之。'母曰:'乃汝无礼也,非妇无礼。《礼》不云乎:将入门,(问孰存);将上堂,声必扬;将入户,视必下,不掩人不备也。今汝往燕私之处,入户不有声,令人踞而视之,是汝之无礼也,非妇无礼也。'于是孟子自责,不敢去妇。"②

《列女传》:"孟子既娶,将入私室,其妇袒而在内。孟子不悦,遂去不入。妇辞孟母而求去,曰:'妾闻夫妇之道,私室不与焉。今者妾窃堕在室而夫子见妾勃然不悦,是客妾也。妇人之义,盖不客宿,请归父母。'于是孟母召孟子而谓之曰:'夫《礼》,将入门,问孰存,所以致敬也;将上堂,声必扬,所以戒人也;将入户,视必下,恐见人过也。今子不察于《礼》而责于人,不亦远乎!'孟子谢,遂留其妇。君子谓:孟母知礼

---

① 《资治通鉴》卷二《周纪二》"显王十年",第32页。
② 注:此段文字"将入门"下疑有疏漏,与刘向《列女传》对照,漏掉"问孰存"三字。韩婴:《韩诗外传》卷九,《四库全书》第89册,第850页。

而明于姑母之道。"①

两文相较,除在孟子"请去"和孟子妻"求去"的叙述上稍有出入外,其余基本类同。唯在语言叙述风格上,前文总括性更强。

这是孟母正确引导处理家庭关系的一则故事。一日,孟子妻独居于家,很随便地踞坐于地,孟子入室,见妻踞坐,转身出来对母亲说:儿媳无礼,请去之。孟母问清缘由后,引《周礼》"将上堂,声必扬"以掩人不备的礼仪规范,批评了孟子的无礼,制止了孟子休妻。

在中国古代男尊女卑的婚姻格局中,越是到后期,女子在夫权、族权、父权、政权的重压下摇首触禁,在婚姻的缔结、消灭和婚姻的权力、义务与地位上越发失去自由、平等和权力。婚姻双方的地位从早期诸如《礼记·郊特牲》"壹与之齐,终身不改",《仪礼·丧服传》"夫妻一体也",对夫妻一体和地位齐同的理论强调,迁演为事实上人格的不平等,以及与之相对应的婚姻自主性、平等性的丧失。汉代以后正式出现的"七出"②,将婚姻消灭的主动权和操控权完全交与男子手中,而女子则成为不平等婚姻下被任意宰割的羔羊。这是孟子以妻子踞坐而求出妻的社会大背景。按照古代礼仪要求,席地而坐的正规坐姿应是"跪坐",即小腿着地,臀部坐于小腿与脚跟之上。而"踞坐"则是臀部着地,两腿自然岔开前伸,又称为"箕"或"箕踞"。这样的"踞坐"因姿势散漫不雅而被视为无礼、傲慢不敬的表现。因而,《礼记·曲礼上》有"坐毋箕"的规诫,《战国策·燕策》也有荆轲刺秦王失败后,"自知事不就,倚柱而笑,箕踞以骂",以表示对秦王傲慢蔑视的记述。但是,按古代礼制,"跪坐"是正规场合下的人际礼仪规定,私人独处时的坐姿则可不必拘泥于此。孟子妻因踞坐于家中而被孟子求出,反映了年轻的孟子对礼仪理解的过激和偏执。所以,孟母从人之常情出发,区别礼仪社交与私人独处场合的不同而对行为表现的不同要求,及时予孟子以正

---

① 刘向:《列女传》卷一《母仪传·邹孟轲母》,《四库全书》第448册,第15—16页。
② 《大戴礼·本命篇》:"妇有七去:……不顺父母,为其逆德也;无子,为其绝世也;淫,为其乱族也;妒,为其乱家也;有恶疾,不可与共粢盛也;口多言,为其离亲也;盗窃,为其反义也。"显然,"七出"与家族宗法有密切关联,全部围绕着对家族祖先的孝顺,延续家族血缘,维系家族血统纯正,保持家族祭祀与子孙传承,维持家族亲情和财产。女子摇首触禁,成为家族宗法的牺牲。

确引导。这充分体现了孟母严与慈、循礼与随和、规范与现实相结合,既严格又灵活的练达的礼仪观。"出妻之教"使我们在夫权、父权笼罩,冷酷与压抑充斥的社会氛围下,领略到了人情的温暖与母性的慈爱,以此折射出了中国女性的人格魅力。

与此同时,这个故事也以特定的方式,表达了儒家"吾日三省吾身"的自省思想。事有不成,首先从自身找原因,检省自己。严格的教育,塑造了孟子严于律己、善于自省,敢于负责,不推泄责任的君子品格,在"五十步笑百步"(《孟子·梁惠王上》)、"人必自侮,然后人侮之"和"行有不得者皆反求诸己"等言论中都体现出了他的这一思想品质和思维特征。由这一思维逻辑起点外推,治家治国才会立于不败,即所谓"家必自毁而后人毁之,国必自伐而后人伐之",由个人修养逻辑地推延到齐家、治国、平天下。

(五)拥楹之教

"拥楹之教"见于《列女传》卷一:"孟子处齐而有忧色,孟母见之曰:'子若有忧色,何也?'孟子曰:'不敏。'异日闲居,拥楹而叹。孟母见之曰:'向见子有忧色,曰不也。今拥楹而叹,何也?'孟子对曰:'轲闻之,君子称身而就位,不为苟得而受赏,不贪荣禄。诸侯不听则不达其上,听而不用则不践其朝。今道不用于齐,愿行而母老,是以忧也。'孟母曰:'夫妇人之礼,精五饭、幂酒浆、养舅姑、缝衣裳而已矣。故有闺内之修而无境外之志。《易》曰:在中馈,无攸遂。《诗》曰:无非无仪,惟酒食是议。以言妇人无擅制之义,而有三从之道也。故年少则从乎父母,出嫁则从乎夫,夫死则从乎子,礼也。今子成人也,而我老矣。子行乎子义,吾行乎吾礼。'君子谓:孟母知妇道。"①孟子在齐,实现王道之政无望,希图行仁政于他国,但顾视老母年高,行动不便,故拥楹而叹。孟母发现,援《诗》引《易》,鼓励孟子立意高远,放下负担,轻装前行。

"拥楹之教"代表着孟母对孟子的入世之教。历史上,孟子以其对儒家学说的继承发扬而被封以"亚圣"称号。从孟母教子的故事叙述,我们看到

---

① 解缙等:《古今列女传》卷三《周列国·邹孟轲之母》,《四库全书》第452册,第102页。

了圣人灵光背后真实的伟人思想。孟母三迁、断机喻学,以缩影的形式,将孟子是如何由一个普通儿童,在孟母的殚精竭虑、言传身教下,成长为一个立志高远,思想深邃的儒学大家的过程展现出来。"拥楹之教",未必就一定是发生在孟母身上的故事,但一定是中华母亲诲子成才最为常用,也最为奏效的教子之方。从理论上看,儒家文化强调的是以孝亲为根柢的"父母在,不远游"。然而,儒家更强调"士志于道,而耻恶衣恶食"。倡导男子积极入仕,心存高远,而以"游必有方"作为孝亲与治国无法两全的权宜和中和。"拥楹之教"在孝亲与治国、情感与理智、"家国不可两全"的矛盾中选择了后者。这样的抉择,成就了孟子一生为道的奔波,也展现了以孟母为典型的中华母亲的伟大。

  蒋伯潜说:"《易》云:'蒙以养正',谚云'教儿婴孩',盖母教之影响于子女者大矣。"①励志勉学、悉心教子的孟母,不仅成就了一代儒师,也成就了自身作为中华母亲的人格形象。

  上述《韩诗外传》和《列女传》二书,及其所记孟母教子的故事,两千年来一直受到学术界的质疑。二书均出现于汉代特定的社会政治与学术背景下。汉武帝推崇儒术,促进了儒学经典继秦火之后的复兴。燕人韩婴,曾任文帝博士,传《诗》于燕赵之间,推阐诗人之意而作《诗内外传》。而汉宗室、经学大师刘向则针对汉朝外戚日盛、后妃干政的政治弊端,博采经、史,"因其志尚,率尔而作",写成了中国历史上第一部史学杂传,为汉代后妃礼制提供模本,以巩固刘氏王权。② 这两部著作的可信度在历史上均不被看好,原因主要有以下几方面:一是两书的时代较晚,非出于先秦;二是在孟母其它生平行迹都模糊的情况下,唯独教子内容如此详细,内容记述缺乏清晰合理的背景,太突兀;三是这两部书并非正史之作。

---

① 蒋伯潜:《诸子通考》上编《诸子人物考·孟子》,浙江古籍出版社,1985年,第145页。
② 《汉书》卷三十六《楚元王传·附刘向传》叙述刘向作《列女传》的意图为:"向睹俗益奢淫,而赵、卫之属,起微贱,逾礼制。向以为王教由内及外,自近者始,故采取《诗》、《书》所载贤妃贞妇,兴国显家可法则,及孽嬖乱王者,序次为《列女传》。凡八篇,以诫天子。"(《汉书》,第1957—1958页)

传统上,不被列入正史的野史、杂传之类①,尽管其所述不一定全属向壁虚造,然按传统思维逻辑,其可信度自然要大打折扣。另外,从具体情况看,透过以下史事辩证和叙述,的确可以窥见其所述内容中的一些问题。

其一,二书所记有关孟母教子的故事,与其余的教子故事多有类同。《韩诗外传》关于"杀豚示信"的故事,与《韩非子》中曾子"烹彘教子"以明不欺的记载类同。《韩非子·外储说左上》:"曾子之妻之市,其子随之而泣。其母曰:'女还,顾反为女杀彘。'妻适市来,曾子欲捕彘杀之。妻止之曰:'特与婴儿戏耳。'曾子曰:'婴儿非与戏也。婴儿非有知也,待父母而学者也,听父母之教。今子欺之,是教子欺也。母欺子,子而不信其母,非以成教也。'遂烹彘也。"明陈士元《孟子杂记》据此并参照《晋书》载皇甫谧母任氏训子曾提到"孟母三徙以成仁,曾父烹豕以存教",指出:韩婴以烹豕为孟母之教,是偶合之意,还是附会之作?另外,对于《列女传》关于孟母断机教子一事的真伪,陈士元也据《列女传》"乐羊子妻,劝夫勤学,亦有断机事",且其"学如累丝之语,取譬甚切,岂亦慕孟母之懿矩,而效法者邪?"②陈士元意在通过对这些故事的不同记载的排比罗列,对其间可能存在的串借,委婉地提出质疑。

其二,孟母教子中的许多情节不合于人之常情,有夸张附会之嫌。提

---

① 关于《韩诗外传》的性质评价,陈振孙谓:"盖多记杂说,不专解《诗》。"(陈振孙:《直斋书录解题·经部·诗类》,上海古籍出版社,1987年,第35页)清四库馆臣引王世贞语评为:"大抵引《诗》以证事,非引事以明《诗》。其说至确。……使读诗者开卷之初,即不见本旨",(永瑢等:《四库全书总目》卷十六《诗类二》,第136页)而将之贬入《诗》之"附录"而"缀于末简",以表不屑。关于《列女传》的性质评价,从《隋书·经籍志》到《四库全书》一直都归于史部杂传类,如张新科的《唐前史传文学》(西北大学出版社,2000年,第166页)、陈兰村的《中国传纪文学发展史》(语文出版社,1999年,第136页)都将之归入杂传。然而,也有大批研究者提出,《列女传》即便不是真正意义上的小说,但至少可以说具备了小说的特征,"开启了汉魏六朝杂传的小说化之路",应该算作由杂传向小说过渡的"杂记体小说"。提出类似观点的如贾冬月《刘向〈新序〉〈说苑〉〈列女传〉的小说特征》(《绥化学院学报》2006年第6期,第66—69页)、熊明《刘向〈列女〉〈列士〉〈孝子〉三传考论》(《锦州师范学院学报》2003年第5期,第15—20页)、吴志达的《中国文言小说史》(齐鲁书社,1994年,第63、66页),另外,王增斌、田同旭的《中国古代小说综论通解》也将之与《新序》、《说苑》一同视为"虽不被古人作为小说看待,而现在看来却真正具有某些小说特质的作品"。(王增斌、田同旭:《中国古代小说综论通解》,中国文联出版社,1998年,第46页)
② 陈士元:《孟子杂记》卷一《孟母仉氏》,《四库全书》第207册,第292页。

出这一看法的主要是清人崔述,他的《孟子事实录》对孟母教子的故事逐条提出质疑。关于三迁之教,以为:虽然"孟母教子之善,当非无故而云然者。即三迁之事,亦容或有之。然谓孟子云云者,则必无之事也。孔子曰:'唯上知与下愚不移。'孟子曰:'豪杰之士,虽无文王犹兴。'人之相远,固由于习,然大圣贤之生必与众异。必不尽随流俗为转移。孟子虽幼,安得遂与市井墟墓之群儿无以异乎？孟子曰:'舜之居深山之中,与木石居,与鹿豕游,及其闻一善言,见一善行,若决江河,沛然莫之能御也。'然则孟子亦当如是。使孟子幼时,绝不知自异于群儿,则孟子壮时,亦安能自异于战国纵横之徒哉!且孟母既知墓侧之不可居,则何不即择学宫之旁而迁之,乃又卜居于市侧乎？《国语》称文王曰:'在母弗忧,在傅弗勤。'《列女传》云:'文王生而明圣,太任教之以一而识百。后世儒者,遂谓文王生有圣德,大王知其必能兴周,故舍泰伯而传国焉。'夫同一圣人也。文王则生而即为圣人,孟子则幼时无少异于市井小儿,一何其相去悬绝乎？盖凡称古人者,欲极形容其人之美,遂不复顾其事之乖,其通病然也。故欲明太任之胎教,遂谓文王之圣,生而已然。欲明孟母之善教,遂若孟子之初,毫无异于庸愚。其实圣人之为圣人,亦必由渐而成。圣人幼时虽未即为圣人,而亦不与流俗同也。善读书者当察其意所在,不必尽以为实然也,故今不载此事。"①崔氏虽引孔子上智下愚之说与文王生而明圣,以否认三徙之教中有关孟子幼时学丧者筑埋与贾人衒卖等平庸之举,以为"圣人幼时虽未即为圣人,而亦不与流俗同也",以先验论的角度否定孟母三迁的事,虽然其论据不免荒唐,但终究还是站在否定的立场。另外,崔氏对"断织之教"、"杀豚之教"和"休妻之教"也一并提出怀疑,称:"余按:自裂以织以喻学之不可中辍,理固当然。然且诵且思,岂无中止之时？乃责其声之必无断续乎！至于'啖汝'云者,不过一时之戏言耳,其失甚小,因悔此一戏而遂买豚肉以弥缝之,是教之以文过饰非也。孟母何反出于此乎！此皆说者欲极形容孟母之善教而附会之,反失其正者,皆不可为信。故今并不录。《韩诗外传》云:'孟子妻独居,踞。孟子入户视之,白其母曰:妇无礼,请去之。母曰:乃汝无

---

① 崔述:《孟子事实录》卷上《在邹》,四川大学古籍整理研究所编:《儒藏》第10册,第303页。

礼也。礼不去乎？将上堂，声必扬；将入户，视必下。不掩人不备也。于是孟子自责，不敢去妇。'余按：独居而踞，偶然事耳，教之则可也，非有大过，岂得辄去！声扬，视下，亦谓朋友宾客间耳。房帏之内安得事事责之。此盖后人所附会，必非孟子之事，故亦不载。"①崔氏以孔子的"上智与下愚不移"以断孟子既为圣贤，必不需母教而成才，实不能不说有失荒唐。对此，倒不如清乾隆皇帝"虽命世亚圣之才，亦资父母教养之力也"来得更真实恰切一些。但其中所指如"孟子妻踞"②等记载，怀疑有为夸大孟母之教而小题大做之嫌，则的确是值得审慎看待的问题。以人之常情审视，孟子是否能如此模糊生活现实与礼仪规范之间的差异，而拘泥如此，实在值得怀疑。

其三，关于孟母断织的时间，不同版本的记载互有参差。刘向《列女传》与《孟子外书》、《韩诗外传》略有出入。刘向《列女传》认为是在"孟子稍长，就学而归"时，而《孟子外书》和《韩诗外传》则认为是在"孟子幼诵，其母方织"时，孰是孰非，难以辨明。曹之升《孟子年谱》卷上"周显王十一年"条下，就此作过一番考证："《孟子年表》：'癸亥十有五岁就学于鲁，归家，母断机以教。'《韩诗外传》：'孟子少时诵，其母方织，孟子辍然中止，乃复进，其母知其諠也，呼而问之曰：何为中止？对曰：有所失复得。其母引刀裂其织，以此诫之。自是之后，孟子不复諠矣。'《列女传》云：'稍长，就学而归，母方织，问曰：学何所至矣？对曰：自若也。母以刀断织，轲惧。问其故，母曰：子之废学，若我断斯织矣。夫君子学以立名，问以广知，是以居则安宁，动则远害。今而废之，是不免于斯役，而无以离于祸患也，何以异于织绩而食！中道废而不为，宁能衣其夫子而长不乏养哉？孟子惧，旦夕勤学不息。师事子思，遂成名儒。'二说所载互异。《孟子正义》独引刘《传》者，所以证邹卿长师孔子之孙子思之说，明乎就学而归在出就外傅之日，非犹是慈母之课读于家也。"③曹氏由《孟子正义》引刘废韩，判断孟母断织是在孟子稍长外傅之时，而非年幼在家诵读之时。而明代许彬《重修孟母断机祠记》又提出新

---

① 崔述：《孟子事实录》卷上《在邹》，第303—304页。
② 元仁宗爱育黎拔力八达《圣诏褒崇孟父孟母封号之碑》，现存孟庙启圣殿院甬道西侧。参见刘培桂编著：《孟子林庙历代石刻集》，第49页。
③ 曹之升：《孟子年谱》第4册，北京图书馆出版社，2005年，第381—383页。

说,以为:"初游学齐、梁之间,未成而归。母怒,引刀趋机断之曰:'是织也,累丝成寸,积寸成尺,如斯不已,遂成丈匹。子之废学,得无似之乎?'孟子惧,而复出就学,遂成大儒。"①以断织之教游学于齐、梁之后,又于《列女传》、《韩诗外传》所记之外更添纷乱,更不知其说之源,概对二书所记误解所致。

由此看来,汉代以后才出现的《韩诗外传》和《列女传》二书,不仅其书本身性质的严肃性受到颇多质疑,且其所记教子之事,也多有参差龃龉矛盾乃至与其他故事类同之处,而引起了诸多学者对其可信度的怀疑。这些怀疑与前此有关孟母姓氏祖籍的歧义相合并,构成了有关孟母其人生平行迹的整体模糊性与不确定性。

对于此类问题,史料所限,已然无法确证。但是,如若转换视角,把孟母看作所有中国母亲的象征符号,把孟母教子看作是中国母教文化的象征。孟母所教,即是千万中国母亲和中国家庭的成才教育。那么,以上问题的存在便无足为怪,对孟母教子的理解也便由一味拘泥、纠结于以上具象问题而超越、升华为一种立足于全民族的宏观社会现象的理解。正如孙葆田所说:"汉人所传三迁之说,其事有无不可知,然亦足见自古圣贤之成其来有自。"②

三、孟母尊崇及其文化遗迹

对孟母的尊崇,伴随着孟子地位的提升而走了一条自下而上的路径:由士人关注开始,终至官僚与帝王的参与。在尊崇方式上总体呈现出诗词赞誉、帝王封谥与相关纪念性场所建设,三者相互交叉,彼此互动,螺旋上升的态势。

(一)文人赞颂

随着西汉《韩诗外传》、《列女传》有关孟母教子的故事在民间的普及流传,东汉以后引起了众多文学家、史学家和士人的广泛关注和赞誉。

率先关注赞颂孟母的是东汉女史学家、文学家班昭。班昭是东汉著名史学家班固的妹妹,因家学渊源,博学高才,赋、颂、辞、书、论无所不善。嫁同郡曹世叔,人称"曹大家"。班固受外戚窦宪牵连被捕,所作《汉书》书稿

---

① 许彬:《重修孟母断机祠记》,刘培桂编著:《孟子林庙历代石刻集》,第155页。
② 孙葆田《孟志编略》,山东省博物馆藏清光绪十六年刻本。见山东文献集成编纂委员会编:《山东文献集成》(第11册)卷二《事实》,山东大学出版社,2009年,第11页。

散乱,班昭应汉和帝令,续作"八表",又曾作《东征赋》、《女诫》等。其《孟母颂》为:"孟子之母,教化别分;处子择义,使从大伦。子学不进,断机示焉;子遂成德,为当世冠。"

至西晋,女文学家左芬①也曾作《孟母赞》曰:"邹母善导,三徙成教;邻止庠序,俎豆是效。断机激子,广以坟奥。聪达知礼,敷述圣道。"②

随着宋代孟子地位的上升,孟母的地位受到民间士人的广泛关注,据《宋史》记载:宋太宗时,"声名藉甚,公卿多荐之者"的华州进士韩丕"尝著《孟母碑》、《返鲁颂》,人多讽诵之"③。从流传至今的《三字经》看,至南宋,孟母教子的故事已在民间广泛流传④。《三字经》以"人之初,性本

---

① 左芬(墓志"芬"写作"棻"),齐国临淄(今山东淄博)人,才华横溢,尤长于诗文。为晋武帝妃嫔,世称左嫔妃,又称九嫔。《晋书·后妃传》记为:"少好学,善缀文,名亚于思,武帝闻而纳之……帝重芬词藻,每有方物异宝,必诏为赋颂,以是屡获恩赐焉。"(《晋书》卷三十一《后妃上·武悼杨皇后·附左贵嫔》,《四库全书》第 255 册,第 576、579 页)今存诗、赋、颂、赞、诔等 20 余篇,多为应诏之作,以《啄木诗》、《离思赋》、《感离诗》为最有名。
② 汉班昭《孟母颂》和晋左芬《孟母赞》,见孟府藏旧拓,现存邹城市博物馆。孟子七十代孙孟广均曾刻石立碑,碑原存孟母断机堂,已毁。参见刘培桂编著:《孟子林庙历代石刻集》,第 409—410 页。
③ 《宋史》卷二百九十六《韩丕传》,第 9859 页。
④ 《三字经》的作者和成书时代问题,自明代以来即引起关注,然至今没有确论。所以,赵南星在《三字经注·序》中说:"世所传《三字经》、《女儿经》者,皆不知谁氏所做。"迄今为止,对这一问题的探讨大致有四种说法,《辞源》即提出其中三种:一为"相传南宋王应麟编"。但紧接其后,又提出为南宋区适撰,并列举出三个证据:明代黄佐《广州人物传》之十,明末屈大均《广东新语》十一和清代恽敬《大云山房记》之二,三为"清邵晋涵说是明人黎贞撰"(广东、广西、湖南、河南辞源修订组,商备印书馆编辑部编《辞源》,商务印书馆,1988 年,第 24 页)。提出第四种说法的是今人吴蒙,他在其标点的《三字经百家姓千字文·前言》中否定了《辞源》的这三种说法,阐述了他的观点:《三字经》的作者,明清人多指为南宋名儒王应麟,也有宋人区适、明人黎贞等说,但都是出于传闻,并无实在的证据,《三字经》中说:'为学者,必有初,《小学》终,至《四书》。'朱熹的著作经庆元党禁后,获得全面的尊崇和推行,已是进入元代的事。而《三字经》又有鼓励仕进的内容,故似当作成于元延祐年间恢复科举,规定考试程式中《四书》用朱氏集注之后。近时人们发现南宋陈淳用三字句写成的《启蒙初诵》,起首为:'天地姓,人为贵,无不善。'以下还有'性相近,君臣义,父子亲,长幼序'等语,很像是《三字经》的先河。说明《三字经》从雏形到更定,经过了相当长的时间。本文《三字经》还有对明清历史的简述,则是历代增补的结果。"吴蒙非常谨慎地提出南宋陈淳的三字句《启蒙初诵》作为《三字经》的先河,后经元、明、清历代不断修改完善而成今本。这一说法很有道理,事实上,我国许多古籍,尤其是类似于《三字经》、《百家姓》等始于民间的启蒙读本多经历不断增补完善的过成,明代黎贞的工作恐即属此类,认为某代一次性成书的说法难免有教条的嫌疑,所以,一定要讨论《三字经》的具体作者,不唯有一定难度,且很没有必要。不过,综观明清学者的观点,《三字经》和《百家姓》一样,均始出于宋代,后历经元、明、清的不断修饰、增补与完善,当是较为通达的看法,从史事上看也切合于宋代孟子地位的变化。

善"的孟子性善论开端,紧接其后便是"昔孟母,择邻处,子不学,断机杼"的孟母教子用典,将这一现象与孟子与孟母在宋代的崛起相对照,若合符节。

元代张頠所撰《孟母墓碑》,对孟母教子多有赞颂之辞,文称:"夫以圣贤之质,在傅不勤,处师不烦,固有不待教而能者?考之刘向《列女传》,孟母之教历历可纪。墓而筑埋,市而贾衒,其居使之舍学官旁,则设俎豆乃性然也。以有知而教信,示断织以劝学,犹曰'童子之教'耳。'子行子义,吾行吾礼'之言,实在齐时,孟子老矣,而母训益严。谓教之所致,非邪。世之人知以教子责之父师,不察母教之尤近也。知乳哺之为恩,而不知训诲之为恩;知蓄养之为慈,而不知礼法之为慈。咻之燠之,贤则亲,无能则怜。婾惰于襁褓之中,养成于长大之后。习与性成,父师之训不能入,虽有美材不得为良器矣。孔子再岁而孤,孟子夙丧其父,操心危,虑患深,以达于大圣大贤之域,繄母训是赖。因表诸孟母之墓,使天下之为人母者知所取则焉。"①通篇不吝词句,综述孟母教子的典例,并以"长大之后,习与性成,父师之训不能入",强调母亲幼教的重要。

明、清时期,随着孟子地位的鼎盛,对孟母的关注度也随之提高,且关注人群的成分也由原来的民间士人进一步扩大至地方官僚,对孟母的赞颂呈现出由民而官的现象。今存大量孟庙刻石、《三迁志》、《邹县志》等文献清晰地显示出:明代凡来孟子故里邹县任职,或道经邹县的官僚显宦,多同时拜谒于孟庙和孟母祠,并留下了大量的诗文赞词。

明洪武间邹县丞邓原忠作《孟母断机祠赞》曰:"……懿惟孟母,克教厥子。始而三迁,慎厥修止。贤哉子舆,孔孙是师。师训惟谨,母言敢违?母也惟贤,断机以喻。……人谁无母?克教者稀。间或有焉,孰喻以机?父而教子,且有未至。矧为母者,罕闻于世。有母若孟,厥子乃贤。有子若孟,母德

---

① 张頠撰《孟母墓碑》,碑现存孟母林孟母墓前左侧。参见孟广均编:《重纂三迁志》(清德宗光绪本)卷七《艺文二》,苗枫林主编:《孔子文化大全》,第425—426页;又见刘培桂编著:《孟子林庙历代石刻集》,第35—36页。

著焉。……"①表彰了孟母功绩。

明世宗嘉靖三十一年(1552),钦差整饬沂州等处兵备、山东按察司佥事史鹗修孟氏家志,径以"三迁"命名,从此奠立了孟氏《三迁志》的家志名称,与孔氏《阙里志》和颜氏《陋巷志》一并,在家谱之外又成家志系列。《志》成,史鹗以牲醴祭告于孟庙,阐明以"三迁"命名的缘由:"志名'三迁',厥义何在? 蒙养以正,由于母爱。爰采蘋藻,用告厥成;师其昭感,俯鉴斯情。"②明示孟氏家《志》为纪念和彰显孟母三迁之功。

明神宗万历十八年(1590),巡按山东监察御史钟化民祭孟庙孟母殿,作《昭告于邾国公宣献夫人文》:"子之圣即母之圣,妻之圣即夫之圣。不有三迁之教,孰开浩然之圣? 人生教子,志在青紫;夫人教子,志在孔子。古今以来,一人而已。为丈夫者,瞻对慈颜,安可不奋然独往,必求至于孔子。尚享!"③以孟母为大丈夫励志的标榜。次年(即明神宗万历十九年,1591)八月,孟子五十九代孙世袭翰林院五经博士孟彦璞和林庙举事孟承桂即马鞍山孟母林重立《邾国宣献夫人墓碑》④。又次年(明神宗万历二十年,1592)春,行学使者李化龙谒孟庙又作专诗《断机》赞曰:"三迁辛苦傍书堂,谁信慈帏有义方? 一断机丝接圣绪,丈夫空自说刚肠。"⑤

清高宗于乾隆三年(1738)七月,亲自遣总理省直山东等处盐法道杨宏俊致祭于孟母,有"惟大贤之教施无穷,皆慈母之恩勤有素"⑥的赞语。伴随着政治封谥的升格与纪念性遗址的建立,对孟母的赞颂由民间士子而官僚

---

① 邓原忠《孟母断机祠赞》,碑原存孟母断机祠,现已佚。文见明世宗嘉靖四年(1525)刻本《新修兖州府邹县志》第三卷,孟衍泰编清世宗雍正本《三迁志》卷十一《题泳》,参见刘培桂编著:《孟子林庙历代石刻集》,第92—93页。
② 史鹗《致告于先师孟夫子之神文》,碑现存孟庙承圣门外西侧北壁。参见刘培桂编著:《孟子林庙历代石刻集》,第215页。
③ 钟化民《昭告于邾国公宣献夫人文》,由兖州府知府易登瀛、邹县知县王自谨共同立碑刻文,碑现存孟庙孟母殿前甬道东侧。参见刘培桂编著:《孟子林庙历代石刻集》,第255页。
④ 孟彦璞、孟承桂《邾国宣献夫人墓碑》,碑原存马鞍山孟母林,现已毁,孟府藏旧拓。参见刘培桂编著:《孟子林庙历代石刻集》,第256页。
⑤ 李化龙《谒孟庙示诸生》碑,现存孟庙启圣殿甬道东侧南首。参见孟广均编:《重纂三迁志》(清德宗光绪本)卷九《艺文四》(苗枫林主编:《孔子文化大全》,第568页);刘培桂编著:《孟子林庙历代石刻集》,第257页。
⑥ 爱新觉罗·弘历《皇帝遣杨宏俊致祭于孟母文》,碑现存孟庙孟母殿前回廊东侧。文收入刘培桂编著:《孟子林庙历代石刻集》,第354页。

进而帝王,完成了自下而上的尊崇历程。

(二) 帝王尊崇

士人的赞誉,引起了国家统治层的关注,帝王窥到了其中利于统治的玄机,对孟母的封谥接踵而至。

唐玄宗天宝七年(748),"诏历代忠臣义士孝妇烈女,史籍所载德行弥高者,并令郡县长官随其所在立为祠宇,岁时致祭。孝妇七人,邹孟子母居第五"①。政府的参与和倡导,作为巨大的政治推动力推动孟母尊崇在民间迅速展开。

元仁宗延祐三年(1316)七月,仁宗下诏正式为孟子父母上封号:"上天眷命,皇帝圣旨:朕惟由孔子至于孟子百有余岁,而道统之传独得其正。虽命世亚圣之才,亦资父母教养之力也。其父凤丧,母以三迁之教励天下后世。推原所自,功莫大焉。稽诸往代,实阙褒崇。夫功大而位不酬,实著而名不正。岂朕所以致怀贤之意哉?肆颁宠命,永贲神休,可追封其父为邾国公,母为邾国宣献夫人。"②此诏书以蒙、汉两种文字镌刻巨碑立于孟庙。这是孟母有封号的开始。

清高宗乾隆二年(1737),侍郎赵殿最奏请加孟母封号,以示尊崇,礼部题奏,赞颂孟母教子功绩,以为:"昔在元代已尊封邹国宣献夫人,崇祀庙庭。我皇上崇儒重道,典礼尤隆。孟母邹国夫人,诚宜加增封号,以作民教而树风声也。应如该侍郎赵殿最所奏,请旨敕加封号,以示尊崇。其封号字样,由内阁撰拟。……十月,内阁交出亚圣孟子母仉氏封号。钦定'端范'"③,乾隆正式"追崇孟母邾国宣献夫人为端范宣献夫人"④。

孟母封号由元至清,由邾国宣献夫人变更为端范宣献夫人,体现了政

---

① 孟广均编:清德宗光绪本《重纂三迁志》卷四《祀典》,苗枫林主编:《孔子文化大全》,第 203 页。
② 元仁宗《圣诏褒崇孟父孟母封号之碑》,现存孟庙启圣殿院甬道东侧。参见刘培桂编著:《孟子林庙历代石刻集》,第 49 页。参见孟广均编:《重纂三迁志》(清德宗光绪本)卷六《艺文一·诏令》,苗枫林主编:《孔子文化大全》,第 302 页。
③ 爱新觉罗·弘历《皇帝遣杨宏俊致祭于孟母文》碑阴"礼部等衙门谨题,为敬请推崇贤母封号,以光圣朝祀典事",现存孟庙孟母殿前回廊东侧。参见刘培桂编著:《孟子林庙历代石刻集》,第 354—355 页。
④ 孟广均编:《重纂三迁志》(清德宗光绪本)卷四《祀典》,苗枫林主编:《孔子文化大全》,第 208 页。

治层关注与尊崇度的不断升级。

(三) 文化遗迹

唐玄宗天宝七年(748)下诏旌表孝归烈女之后,纪念孟母的祠、庙建设在全国范围内不断涌现,仅见于孟衍泰编清世宗雍正本《三迁志》和孟广均编清德宗光绪本《重纂三迁志》的就有如:"孟母庙在阳谷县东北四十里,世传孟母祀蚕之所";"孟社在沂水县,社有孟母祠"①;"明陈公璉曰:'桂林属邑有孟母、太伯等庙'"②。但其建设重点仍围绕邹城孟子故里。

1. 凫村亚圣祖妣祠堂

凫村又称富村、傅村、邹兴乡、邹儒里,是传说孟子出生之地。

关于孟子故宅,刘向《列女传》只有"其舍近墓"的记载。查阅存世资料,今日所见有金代孙弼的《邹国公坟庙之碑》,碑文约略提到了孟子故里:"邹城东南隅有冈曰'文贤',其势回旋掩抱。有沟曰'因利',水自巽方而来,灌城壕而西之。古人传之曰,因此山川之秀而孟子生焉。今鲁国邹兴乡邹儒里即其地也。"后文又说:"公为齐卿时,将母丧而归葬于鲁也,今在邹兴乡马鞍山之麓者是也。"③碑文落款时间为金宣宗"贞祐元年(1213)秋九月十一日"。这是今日所见关于孟子出生地的最早记载。文中记载仍有两处模糊不明之处:一是此资料来源于何处;二是邹儒里在文中位于"城东南隅"与今日所见位于城北的不同。后者盖由城的历史变迁所致,且不管它。这段叙述明确了一个信息:孟子故里在马鞍山之麓的一个号称邹兴乡邹儒里的地方。

明世宗嘉靖四十一年(1562),李玉记孟子六十代后裔孟氏家族举事孟承义在富村重修故里祠堂的《重修亚圣祖妣祠堂记》中,将孟子故里确

---

① 孟衍泰编:《三迁志》(清世宗雍正本)卷十二《古迹》,四川大学古籍整理研究所编:《儒藏》第10册,第88页。
② 孟广均编:《重纂三迁志》(清德宗光绪本)卷十《杂志》,苗枫林主编:《孔子文化大全》,第621页。
③ 孙弼《邹国公坟庙之碑》,碑原存邹县城北十公里凫村马鞍山孟母林孟母墓前,已毁。孟府藏有旧拓。参见刘濬编:《孔颜孟三氏志》(明宪宗成化本)卷六《历代修建庙宇碑文·邹国公坟庙之碑》,四川大学古籍整理研究所编:《儒藏》第9册,第381—382页。

定为富村,文称:"鄹之北二十里,嶔崟砺碑厜㕒蜿蜒者,九龙山也。山之西北有村名富者,初不详其名之所自,始考之旧《志》,是为吾亚圣夫子孕粹钟英之故址也。"于是,"毅然以恢复为己任。乃聚族众经之营之","且绘诞圣之祖妣二像于中"①。

至清朝康熙末,娄一均任邹县知县,也从当地父老口中得到确认:"孟子邹人,未解所生之地,逮余来宰邹邑,至邹之北境,见有居民稠密,山川环抱之区。为之停骖而采风焉。父老告余曰:'此亚圣孟子诞生处也。'古《纪》云,孟母梦有大人自泰山来,将止于峄。明旦,里人见有详云五色环绕其宅,而孟子生焉。盖周烈王之四年四月初二日也。伊时名其地曰:孟孺里。及魏晋时称'邹兴乡',今又名'凫村'。尚有孟子古宅在焉。其后裔聚族而居,代有优崇之典,并无差役。"于是,除令"将集市行税供孟母祠堂之祀"外,又令"一切摊派、杂项概行豁除,以示优宠"②。娄一均所说的"古《纪》"所云关于孟子诞生的记载,即见于孟广均编清光绪本《重纂三迁志》卷十《杂志》"孟子生时,母梦神人乘云自泰山来,将止于绎,母凝视久之,忽片云坠而寐,时间巷皆见五色云覆孟氏之居焉"的一段记载,文后,作者自注:"《拾遗记》、《宋书·符瑞志》、《通志》并载此事,不知何据。明孙瑴《古微书》引作《春秋演孔图》。"从文字表述风格看,来自纬书当为可信。对于纬书的记载,自然不必较真,所以《重纂三迁志》作者在此也提出质疑。重要的是,此段将孟孺里、魏晋时的邹兴乡和今日的凫村连缀在了一起,且证之于当地百姓。可见,这个逐渐清晰起来的关于凫村即孟子故里的结论,至此已然成为事实。所以,孟衍泰编清世宗雍正本《三迁志》和孟广均编清德宗光绪本《重纂三迁志》便分别肯定地记载为:"孟母故宅在马鞍山之西,即孟子所生地也,今名付村。""邹县北有村曰富村,旧名邹兴乡,俗传为孟子故里,金孙弼《谒祠记》所谓邹儒里是也。里皆

---

① 李玉《重修亚圣祖妣祠堂记》,原存孟子故里凫村孟母祠,现已毁。现孟府藏有旧拓。参见刘培桂编著:《孟子林庙历代石刻集》,第229页。
② 娄一均《蠲免富村杂徭记》,碑原存孟子故里凫村,已佚。参见孟广均编:《重纂三迁志》(清德宗光绪本)卷八《艺文三·碑记》(现存山东省图书馆);刘培桂编著:《孟子林庙历代石刻集》,第345页。

孟氏居。"①

关于孟母祠的建造修葺,孟广均编清德宗光绪本(光绪十三年,即1887)《重纂三迁志》和五年后(清德宗光绪十八年,1892)吴若灏修的《邹县续志》均有记载。从记载看,古里孟母祠自明世宗嘉靖四十一年(1562)重建后,清道光三年(1823)孟毓松又增置了古里祠祭田。后又经道光五年(1825)、同治十二年(1873)林庙举事孟毓官、邹县令耿天九及孟子七十一代孙孟昭铨等的重修②而延续下来,但规模不详。③

2. 庙户营三迁祠

庙户营三迁祠,是为纪念《列女传》所载孟母由"舍近墓"一迁至"舍市旁"而建。与其余孟母遗址相比,庙户营三迁祠始建较晚。清圣祖康熙五十二年(1713),由孟衍榛等始以县城西庙户营为"三迁曾经之地"④,于此创建亚圣祠。祠由正殿三楹和东西两配房组成,其后也屡经倾坏又屡次修葺,延续至今。⑤

3. 孟母断机堂

由"舍市旁"到"舍学宫之旁",是孟母三迁的最后一站,也是对于孟子成才至关重要的迁居之地。所以,随着汉晋间三徙教子传说的普及与宋代孟子地位的提高,至元代,地方官僚即已注重相关遗址的建设。

元成宗元贞元年(1295),邹县尹司居敬依当地民间传说,以"孟子故宅,其传有自来矣……又以子思讲堂在县治东"⑥,而在邹县城东南隅复建

---

① 孟衍泰编:《三迁志》(清世宗雍正本)卷十二《古迹》,四川大学古籍整理研究所编:《儒藏》第10册,第87页;孟广均编:清德宗光绪本《重纂三迁志》卷四《祀典·孟子故里祠》,苗枫林主编:《孔子文化大全》,第233页。
② 吴若灏:《邹县续志》卷五《祀典志·祠庙》,《中国地方志集成》第72册,第554页;孟广均编:清德宗光绪本《重纂三迁志》卷四《祀典》,苗枫林主编:《孔子文化大全》,第234页。
③ 今日所见系曲阜市文物局主持于1982年重修,主体规模为一门、一殿三楹,内有孟子父母像。
④ 孟广均《庙户营添设祭田碑记》,现镶于邹县城西庙户营前村孟母三迁祠享殿回廊西壁。参见刘培桂编著:《孟子林庙历代石刻集》,第437页。
⑤ 今日所见营户营三迁祠,系由邹城市文化部门组织自1992年至1996年重新修整而成。
⑥ 张頵《中庸精舍记》碑阴《中庸精舍碑阴记》,碑原存子思书院,现已佚。参见刘浚编:明宪宗成化本《孔颜孟三氏志》卷六《亚圣孟氏志事类·历代修建庙宇碑文》,四川大学古籍整理研究所编:《儒藏》第9册,第400页。参见刘培桂编著:《孟子林庙历代石刻集》,第30页。

孟子故宅及子思讲堂,"又于其东构堂曰'断机',无神像"①,此即为"断机堂"②的由来。

元顺帝至正四年(1344),孟子五十二代孙孟惟让与邹县耆儒马亨、李元彬、李俨等,为断机堂内孟母"埏埴作像,冠服拟一品命妇,端严古雅,甚得其制"③,此为断机堂孟母神像之始。

断机堂在元、明两代屡屡修建,明神宗万历三十七年(1609),县令胡继先重修时,"易断机堂为孟母祠,东与子思祠、书院相望"④,"断机堂"正式改名"孟母祠"。

明代断机堂与子思书院一并毁于天启二年(1622)的白莲教、闻香教起义。清代自康熙七年(1668)始,历经雍正、道光、同治,二百年间屡毁屡修,从未中辍。清宣宗道光十二年(1832)春,孟子七十代孙孟广均又于孟母祠西侧立"孟母断机处"大字石碑一通⑤。断机堂的中丁之祭也一直持续到1944年秋,但这处历元、明、清六百年历史的遗迹,于1945年终毁于战火,今已无存。

4. 孟庙孟母殿

孟庙于宋徽宗宣和三年(1211)三迁至邹县城南(即今址)时,主持筹建

---

① 孟广均编清德完光绪本《重纂三迁志》卷四《祀典》,现存山东省图书馆。最早的孟氏家志,刘濬编明宪宗成化本《孔颜孟三氏志》记有:"孟母断机堂三间,在今亚圣公庙北半里许,隔因利沟,元邹县尹司居敬建,祀邾国公及孟母。"(刘濬编:明宪宗成化本《孔颜孟三氏志》卷六《亚圣孟氏志事类·庙宇》,四川大学古籍整理研究所编:《儒藏》第9册,第351页)郑质《断机堂邾国宣献夫人新像记》也记有:"邹邑巽隅,有台崇丈许,曰'曝书',世传为孟子故居。元贞元年,邑尹司君居敬,因建沂国公书院于左,追往意也。又台下构室,曰'断机',思懿范也。然无神像。"(刘濬编:明宪宗成化本《孔颜孟三氏志》卷六《亚圣孟志事类·历代修建庙宇碑文》,第398页;刘培桂编著:《孟子林庙历代石刻集》,第76页)

② 清曹之升《孟子年谱》卷上"周显王七年"条下称:"古迹荒远多不可考,或子思教学之地,其门人多居之者,传所称三徙学宫之旁,当即指此。"(曹之升:《孟子年谱》,《先秦诸子年谱》第4册,北京图书馆出版社,2005年,第366页)

③ 刘濬编:明宪宗成化本《孔颜孟三氏志》卷六《亚圣孟氏志事类·历代修建庙宇碑文》,四川大学古籍整理研究所编:《儒藏》第9册,第398页;另见刘培桂编著:《孟子林庙历代石刻集》,第76页。

④ 孟广均编:《重纂三迁志》(清德完光绪本)卷四《祀典》,苗枫林主编:《孔子文化大全》,第236页。

⑤ 现存孟庙康熙御碑亭东侧。

的徐绂以"三迁之教,实系贤母","东为堂三间六架,见行塑邹国公父母"①,奏疏获朝廷许可。这是孟庙中祭祀孟母的开始。

元仁宗延祐三年(1316),诏封孟母为邾国宣献夫人后,"自邹国公新庙成,适其父母神像于故殿。盖以有年,今既加封,欲创建宫室东南隙地"。但因"时未暇,乃即故基而更其制,冠以冕旒,服以五彩"。孟母服制仪容从此以"危危峨峨,煌煌烨烨"之貌,而"俨然南面,春秋祭祀一同其子"②。

宋代所建孟庙,毁于金季战乱。元世祖至元年间,孟氏后裔孟德昌等又"别构孟子前殿,像邾国公若夫人于故室而时祀之。然逼隘不能容礼器之设,风雨穿漏,摧圮将压"。基于此,元泰定帝致和元年(1328),监县帖哥及县令杨钦等重修孟子父母祠堂,"檐四出,楹五间。南北深三丈有奇,东西广五丈,高如深之数而少缩焉。栋宇户牖庭陛与夫丹垩之饰,俭而弗陋,侈而弗逾,于以妥灵揭虔"③。经孟德昌和帖哥等前后相承的努力,孟庙中终于有了专祀孟子父母的专祠,且规模有所扩大。

明孝宗弘治十年(1497),又"诏修孟庙,始于庙东建堂各四楹,前为邾国公殿,后为宣献夫人殿,而以故殿祀亚圣夫人"④。孟庙中孟父和孟母专殿建成,分别祭祀,原孟子父母合殿变为祭祀孟子夫人的专殿。

5. 孟母林享堂

孟母林,即孟母去世后埋葬之所,地在邹县城东北二十五里马鞍山。据孟广均编《重纂三迁志》卷四《祀典》记载,自宋太宗时华州进士韩丕作孟母碑,后又陆续有元成宗元贞元年(1295)邹县令司居敬、明武宗正德二年

---

① 宣和四年(1212)《邹县榜》,现存孟庙致敬门内院西壁。参见刘培桂编著《孟子林庙历代石刻集》,第8页。另,孟广均编清德宗光绪本《重纂三迁志》也有:"孟庙自宋宣和四年徙建于邹县南门外,邹县贡士徐绂等始于庙东为堂,祀孟子父母,并疏闻于朝"的记载(见孟广均编:《重纂三迁志》(清德宗光绪本)卷四《祀典》,苗枫林主编:《孔子文化大全》,第217页)

② 延祐四年(1317)《圣诏褒崇孟父母封号之碑》碑阴《追封邾国公邾国宣献夫人碑阴之记》,现存孟庙启圣殿院甬道西侧。参见刘培桂编著:《孟子林庙历代石刻集》,第50页。

③ 曹元用《邾国公祠堂记》,现存孟庙启圣殿院甬道东侧。参见孟广均编:《重纂三迁志》(清德宗光绪本)卷七《艺文二·碑记》(现存山东省图书馆);刘培桂编著:《孟子林庙历代石刻集》,第56页。

④ 孟广均编:《重纂三迁志》(清德宗光绪本)卷四《祀典》,苗枫林主编:《孔子文化大全》,第233页。

(1507)孟子五十七代孙孟元,及明神宗万历九年(1583)孟子五十九代孙孟彦璞,分别为孟母墓立碑。

但孟母林享堂的建设则较晚,系由孟子六十五代孙孟衍泰于清朝乾隆九年(1744)创建。为此,孟衍泰特作《创建享堂记》以记:"自元仁宗延祐三年,封……圣祖母仉氏为宣献夫人,……又加封圣祖母仉氏为端宣献夫人。历代推奖有加无已。予因赐频临,益思坤德难没。于是统领阖族,兴兹土木,庶有以仰笃追美之典。抑且春露秋霜,瞻拜坟墓而致精诚,以为昭假者,即于此焉。"①碑文记录了孟衍泰为便于后人祭祀孟母林墓而建孟母林享堂的目的。

清宣宗道光二十一年(1841),孟子七十代孙孟广均修孟母林享殿时,又于堂后立"启圣邾国公、端范宣献夫人神位"碑,碑现仍存孟母林享殿后,有残损,但尚基本保持完好。

今日的孟母林,红墙、绿树、古冢相互掩映,以有形的文化形式,彰显着无形的母教文化魅力。

四、母教文化现象评议

不同的民族在不同的历史阶段和生存环境中,孕育了各具特色的文化类型。拥有五千年文明史的中华民族经过不断创造与积累,同样形成了自己博大精深、丰富璀璨而富有特色的传统文化,母教文化是中华文化中特有的文化现象之一。

顾名思义,母教文化就是关于母亲教育的文化。在语言学意义上,所谓"母教",原本包含两个意向:一是"母亲对子女的教育",母亲既是新生命的孕育者,更是人生的第一位教师,承担着子女教养,特别是早期教育的重大责任;二是"对母亲的教育",即通过对母教实施者——母亲的教育,提高母亲自身素质,从而提升母教质量。在此,我们所要讨论的是前者,即母亲这一社会群体,在中国特有的文化教育大背景下,在抚养教育子女的社会实践活动中,所表现出的思想观念、行为习惯,以及在教育内涵、教育特征等

---

① 孟衍泰《创建享堂记》,现存孟母林"启圣邾国公、端范宣献夫人神位碑"东南侧,已残。参见刘培桂编著:《孟子林庙历代石刻集》,第358页。

方面体现出的精神文化现象。

(一) 中国母教文化的渊源

从历史上看,中国在从史前社会向文明过渡的过程中,由地域广大、腹里纵深的独特的地理特征和农耕生产方式所决定的血缘纽带解体不充分,使中国在步入文明社会以后,血缘与家族长期存在。这在某种意义上决定了中国文化具有特别深厚的文化渊源和血缘伦理特色。

中国母教文化虽然肇始于知母不知父的母系氏族时期,但就教育内涵的丰富性和母教意义的明确性而言,主要指向进入文明社会以后。中国进于阶级社会以后,家族的长期兴盛和妇女远离社会,决定了子女的教育仍然只能或更多由母亲承担。

刘向《列女传》有周室三母教子的记载[①]。如果将"周室三母"算作中国母教文化源头的话,那么,中国母教文化就已经有三千年的历史了。从周室三母教子开始,在长期的文化流转中,中国形成了重视母教的悠久传统,《韩诗外传》有"贤母使子贤也"[②]的说法。重视母教的文化氛围,塑造了中国历史上许多深明大义,教子有方的贤母,从春秋战国的鲁季敬姜、孟母、齐田稷母,到两汉的叔孙敖母、隽不疑母,再到晋隋陶侃母、郑善果母和两宋的苏(轼)母、欧(阳修)母、岳(飞)母,她们用高尚的道德情操、伟大的人格修养和完美的教育艺术,培养出无数博学廉洁爱国之士。她们的身上,彰显着母教力量的伟大。

(二) 中国母教文化的特征

孟子为论证人性的趋同性,有"口之于味也,有同耆焉;耳之于声也,有同听焉;目之于色也,有同美焉。至于心,独无所同然乎"(《孟子·告子上》)的论述。孟子无意间揭示了一个普适的道理:人类作为同种,其属性的一致性。由人性的一致性看,母爱和母教及由此凝练而成的对母亲的崇尚,是全人类共有的,并非中国独有。在人类社会发展实践上,从早期古希腊时期崇敬众神之母瑞亚的母亲节,到后来英国、美国、泰国、葡萄牙、印度,在世界范围遍

---

① 刘向:《列女传》卷一《母仪传·周室三母》,《四库全书》第448册,第10页。
② 韩婴:《韩诗外传》卷九,《四库全书》第89册,第846页。

地开花的形形色色的母亲节的设置,从柏拉图在《理想国》中阐述母亲的重要,到日本小原国芳《母亲教育学》的撰写,再到17世纪捷克教育家夸美纽斯对儿童教育与母教的重要的呼吁,都以各民族特有的方式证明了这一点。但是,地域、民族与文化的不同,又决定了不同地域、民族、国家母爱与母教内涵的不同,这正是文化趋同性与异质性并存的重要体现。

中国母教文化在历史发展与文化内涵上的独特性,主要表现在两个方面:一是在教育内容上重视道德的培育与毅力的锤炼。"子曰:'弟子:入则孝,出则弟;谨而信,泛爱众而亲仁;行有余力,则以学文。'"(《论语·学而》)德与才,是个人成才的两个根本。德才兼备,以德为本,是中国传统教育思想的核心。在成人与成才之间,中国传统教育首重前者。历史上,勤俭尚善、忠孝仁义的家庭教育,造就出众多见利思义、廉洁奉公、忠君爱国的志士仁人。田稷返金①、陶母退鱼②、岳母刺字③均属此类。在会做人与有知识二者之

---

① 刘向《列女传》:"田稷子相齐,受下吏之货金百镒,以遗其母,母曰:'子为相三年矣,禄未尝多若此也,岂修士大夫之费哉,安所得此?'对曰:'诚受之于下。'其母曰:'吾闻士修身洁行,不为苟得,竭情尽实,不行诈伪。非义之事不计于心,非理之利不入于家。言行若一,情貌相副。今君设官以待子,厚禄以奉子,言行则可以报君。夫为人臣而事其君,犹为人子而事其父也,尽力竭能,忠信不欺,务在效忠,必死奉命,廉洁公正,故遂而无患。今子反是,远忠矣。夫为人臣不忠,是为人子不孝也,不义之财非吾有也,不孝之子非吾子也,子起。'田稷子惭而出,反其金,自归罪于宣王,请就诛焉。宣王闻之,大赏其母之义,遂舍稷子之罪,复其相位,而以公金赐母。君子谓稷母廉而有化。"(刘向:《列女传》卷一《母仪传·齐田稷母》,《四库全书》第448册,第18页)

② 南朝宋刘义庆《世说新语》:"陶公少时,作鱼梁吏。尝以坩鲊饷母。母封鲊付使,反书责侃曰:'汝为吏,以官物见饷,非唯不益,乃增吾忧也!'"(刘义庆:《世说新语》卷下之上《贤媛》,《四库全书》第1035册,第165页)文同见明解缙《古今列女传》:"陶侃母湛氏,豫章新淦人也。初,侃父丹聘为妾,生侃,而陶氏贫贱,湛氏每纺绩资给之,使交结胜已。侃少为浔阳县吏,尝监鱼梁以一坩鲊遗母,湛氏封鲊及书,责侃曰:'尔为吏,以官物遗我,非唯不能益吾,乃以增吾忧矣。鄱阳孝廉范逵寓宿于侃,时大雪,湛氏乃彻所卧新荐自剉,给其马,又密截发卖与邻人供肴馔。逵闻之,叹息曰:'非此母不生此子。'后侃竟以功名显。"(解缙:《古今列女传》卷二《晋》,《四库全书》第452册,第90页)

③ "岳母刺字"的故事,不见于宋人记载,包括野史笔记。《宋史·岳飞传》有"初命何铸鞫之,飞裂裳以背示铸,有'精忠报国'四大字,深入肤理"(《宋史》卷三百六十五《岳飞传》,第11393页)的记载,但书中并未提及刺字者为岳母。明中叶以后,岳飞的故事始在民间广泛流行,熊大木于明世宗嘉靖三十一年(1552)创作的《武穆精忠传》方有岳飞请工匠刺"精忠报国"四字的记载。至明末,由李梅草创,冯梦龙改定的《精忠旗传奇》有"史言飞背有'精忠报国'四大字,系飞令张宪所刺"的记载,明指刺字者为张宪。直到清乾隆年间,杭州钱彩根据民间传说创作的小说《精忠说岳》第二十二回"结义盟王佐假名,刺精忠岳母训子"方有岳母刺字的明确表述。可见,有关"岳母刺字"史无依据,只不过是在母文化这一大的文化氛围下催生的民间传说故事。但是,刺字者由工匠到母亲的演变,恰又从反面说明了中国母教文化的兴盛。

间,后者更重要,它涉及子女一生世界观、处世观和人生观的树立,是子女终生为人处世的准则,也是子女一生幸福的源泉。当然,除此而外,我国传统母教也把勉学作为教育的重要内容,前述孟母仉氏三迁、断机,及宋代欧母教子①,都是通过改善环境、塑造性格、磨砺意志,而勉励学习、增长知识的教子故事。二是在教育方式上,重视"说理""垂范"式的柔性教育。父严母慈,是中国传统家庭教育的既有格局,这是由父亲和母亲不同的个人性格角色与社会角色定位决定的。特别是后者,父权社会赋予父亲以家族权威的代表,体现在家族教育中更多借助于家法家规的严格规范。相比之下,母亲则适合于运用"说理"、"垂范"等柔性手段,通过言传身教,循循善诱,使子女在领悟其中道理的基础上,自觉践行。在传统母教故事中,孟母豚示信及郑善果母纺绩不辍②都是言传与身教结合的典范。母亲的柔性教育与父亲的刚性教育在教育方法上各有优长,互为补充,构成刚柔结合的完整的家庭教育体系。然而,就这两种不同教育方式的效果而言,则母教的柔性手段,无疑更能凸显出良好的教育成效。

(三) 中国母教文化的现实意义

现代中国,正处于从传统农业文明向现代工业文明的转型期,经济的飞速发展与社会竞争的日趋激烈,使传统社会的生活方式及其价值观念不断地推翻与重建。这使得传统母教面临两种决然相反的境况:一方面,传统家族组织的湮灭、家庭观念的淡泊,使教育责任更多归之于社会与学校。妇女从传统的家族与家庭教育角色中蜕变出来,热衷于走向社会。这种状况,当然会因为女性的社会化与知识化,而为母教的文化性内涵提供可能。但也会因为现代女性在巨大的社会工作压力下,在家庭与社会角色的双重

---

① 欧阳修《泷冈阡表》:"修不幸生四岁而孤,太夫人守节自誓,居贫,自力于衣食,以长以教,俾至于成人。"陈亮编:《欧阳文粹》,《四库全书》第 1103 册,第 802 页。
② 《隋书》卷八十《列女传·郑善果母》:"母恒自纺绩,夜分而寐。善果曰:'儿封侯开国,位居三品,秩俸幸足,母何自勤如是邪?'答曰:'呜呼!汝年已长,吾谓汝知天下之理,今闻此言,故犹未也。至于公事,何由济乎? 今此秩俸,乃是天子报尔先人之徇命也。当须散赡六姻,为先君之惠,妻子奈何独擅其利,以为富贵哉! 又丝枲纺织,妇人之务,上自王后,下至大夫士妻,各有所制。若堕业者,是为骄逸。吾虽不知礼,其可自败名乎?'"《隋书》卷八十《列女传·郑善果母》,第 1805 页。同见明解缙:《古今列女传》卷二《隋·郑善果母》,《四库全书》第 452 册,第 92 页。

承担中沦人两难选择。这种情况,无疑为传统社会下以妇女为主要支撑的家教预设了更大的障碍。建国前复旦大学校长李登辉曾就此提出过警醒:"尝观今日之妇女,受高等教育者固多,然徒知求知识之高深,崇尚趋时,冀能活动于社会,而忽于治家教子之道,欲求一永萦回于余脑海如吾母者,殊不多见,不知母德母教之影响于子女本身,及人类之将来者甚大,吾人实未容忽视。"①但另一方面,随着社会经济的发展和物质文明的提高,物质名利诱惑加大情况下的功利性生活状态,却进一步凸显了儿童人格与品德教育的重要。而儿童人格与品德教育主要靠母教的途径实现,因而也凸显了母教的重要。由此看来,无论是古代还是现代,母教都以其它教育渠道所无法替代的特殊功能,显示着其独特的价值和意义。

1. 教育内涵:母教侧重品格塑造

在对一个人的成长的认识上,以往不同学科从不同角度做出了不同衡量。诸如教育学角度的德、才衡量,伦理学角度的仁、义、礼、智衡量和心理学角度的知、情、意、行衡量。但无论是基于哪个学科角度的衡量,其基本点无非德与才两个方面,且在二者的重要性上,又都同时倾向于前者。它们不约而同的共识是:一个人不会做人,更遑论成才,在德与才之间,道德人格的树立是基础的和首位的,其次才是学识。这就决定了,就教育内涵而言,重要的是人的道德精神的培育和人的心灵的建设。而这样的培育和建设主要靠早期教育完成。由于早期幼教的主要承担者是母教,因而,道德人格的培育与心灵的建设,便无疑成了母教的核心内容,如王东华所说:"早期智力教育不在于获取知识的多少,而在于发展孩子的思考能力,培养孩子的思考习惯,尽管获取知识也许是一种结果,但却绝非是目的。"②

从这一角度出发,母亲的博闻多识及对子女的知识性教育固然是重要的,如历史上清河房爱亲妻崔氏,"历览书传,多所闻知,子景伯、景先,崔氏亲授经义,学行修明,并为当世名士"③。但是,对于子女,尤其对于幼小的子女而言,母教的力量,重要的不在于母亲以自身的博学多识教会了子女

---

① 转引自王东华:《发现母亲·导论》,中国妇女出版社,2003年,第19页。
② 王东华:《发现母亲》,第349页。
③ 《魏书》卷九十二《列女传》,第1980页。

多少知识,而在于母亲在卑弱的社会地位下对生命的乐观体认及其基于此而表现出的坚韧、信念与毅力。如一岁半即在八国联军入侵中阵亡了父亲的老舍对母亲的回忆:"母亲并不软弱","联军入城,……皇上跑了,丈夫死了,鬼子来了,满城是血光火焰,可是母亲不怕,她要在刺刀下,饥荒中,保护着儿女。……为我们的饮食,母亲要给人家洗衣服,洗一两大绿瓦盆。她作事永远丝毫不敷衍,就是屠户们送来黑如铁的布袜,她也给洗得雪白。晚间,她与三姐抱着一盏油灯,还要缝补衣服,一直到半夜。她终年没有休息,可是在忙碌中她还把院子收拾得清清爽爽。……院中,父亲留下的几盆石榴与夹竹桃,永远会得到应有的浇灌与爱护,年年夏天开许多花。"母亲在战争、动荡与灾难中的那份镇定、倔强、坚强与乐观,都在刀光剑影中那雪白的布袜、清清爽爽的院子与盛开的夹竹桃花中展现出来,以无声的语言熏陶、影响、教育着幼年的老舍,使他在对这一切不断地细细回味与咀嚼中潜移默化着自己的性格与处世态度。诚如老舍自己的总结:母亲"是我真正的教师,把性格传给我的,是我的母亲。母亲并不识字,她给我的是生命的教育"①。

2. 教育方式:母教长于化育

一个人成长的关键在于道德品格的培养,这是古代人和现代人的共识。中国古代以儒家为核心的教育内容,自然重视道德品质的培养,即便现代社会,也始终将道德思想教育放在首位。但是,无可否认,现代教育实践的结果又似乎总是事与愿违地陷入"智能中心主义"或"道德虚无主义"泥淖。其症结就在于现代社会母教的淡化或缺失。道德教育最有效的时段在于一个人成长的早期。而道德教育最有效的方式不是生硬地说教,而是身体力行的化育(或习育)。这些特点,决定了道德教育的最好执行者是母亲,而不是学校的老师或其他社会上的什么人。正像王东华所强调的:"习育可以说是一种后天的社会遗传,意志、品德都要靠这种习育来完成的,它最终形成一个人的行为范式,也就是为人处世的态度和程序。""一旦范式养成,便不好再靠教育改造,而范式多在早期孩童时代,从母教的垂范

---

① 老舍:《老舍自传》,江苏文艺出版社,1996年,第11—13页。

中获得、养成,而不是从口头教育、外在教育、理论教育中获得。"范式既然在如此大的意义上决定了一个人一生的发展,而这样的范式又主要靠幼儿对与之最密切的母亲的行为的模仿获得,因此,母亲的垂范式教育在早期幼儿教育中便起着决定性作用。唯有母亲,才是幼儿习育的最佳实施者,从孩童呱呱坠地到蹒跚学步和道德品性的形成,母亲始终是不离左右的第一任老师,以自己的言行,在养育中达至教化,这一教育功能是学校老师和其他社会成员所难以企及的。

  缘于此,母亲在日常生活中自我教育的角色意识也便尤为重要,如王东华带有比喻性的分析:"面对母亲,孩子的目光就像永不停息的雷达一样,全天候地注视、跟踪着。它将母亲行为完整地复制下来,成为自我塑造的资料库。"①从情理上讲,母亲也是人而不是神,不可能在孩子全方位跟踪的视野里,始终保持言行"全天候"的正确。既然如此,建立在自我约束基础上的及时的自我省视与错误纠正,就是十分必要的了。孟子邻家杀豚,母亲也曾信口开河地随意应对"给你吃",但话说出口,立马懊悔并及时纠正——买肉示信。这就是在自我约束基础上及时的自我反省。从这个角度看,母亲教育孩子的过程,的确也是再现自己、教育自己和检视自己的反省能力和道德人格的过程。

  3. 教育效果:母教优于父教

  建立在生理学分析基础上的男性与女性不同的生理与心理特征,证实了父爱与母爱的不同,而这一点又进一步决定了父教与母教在教育方法与教育效果上的不同。

  母子关系的亲密从怀孕期间就已确立,而父子关系的建立则从子女出生之后才开始。另外,父、母不同的社会角色定位,也决定了父、母对子女的情感差异。前者对子女的爱,掺杂了更多的社会义务与责任,表现为严厉而高远;后者对子女的爱则从纯粹的亲情出发,表现为宽和而慈善。《诗经·魏风·陟岵》形象地表达了这两种不同的情感期待:"陟彼岵兮,瞻望父兮。父曰:嗟!予子行役,夙夜无寐。上慎旃哉,犹来无止。陟彼屺兮,

---

① 以上均见王东华:《发现母亲》,第 65、70、440 页。

瞻望母兮。母曰：嗟！予季行役，夙夜无寐。上慎旃哉，犹来无弃。"父亲的"犹来无止"充斥着对中止军事的忧虑，而母亲的"犹来无弃"则饱含着盼子速归的义无反顾，二者的区别是不言而喻的，毛《传》将这种区别解说为："父尚义"，"母尚恩"①。

对于父爱与母爱的差异性，《礼记·表记》就曾有所表述："使民有父之尊，有母之亲，如此而后可以为民父母矣，非至德其孰能如此乎？今父之亲子也，亲贤而下无能。母之亲子也，贤则亲之，无能则怜之。母亲而不尊，父尊而不亲。"父亲的爱，"亲贤而下无能"。由于父亲更多地从自身的社会角色定位出发，注重社会责任，而表现出对子女的"爱才而厌无能"。父亲对子女较高的社会角色期待，对子女的爱往往表现得冷酷而缺乏温情，使子女敬畏而缺乏亲近。母亲的爱，则是"亲贤而怜无能"。由于母亲更多地从家庭角色定位出发，注重家庭亲情，无论子女是否有才，都从亲情出发，或亲之，或怜之，没有条件，没有差异，充满了最原始本真的情愫和温暖。扬雄把父、母对子女情感的不同侧重，区别为敬与爱："或问：太古德怀不礼怀，婴儿慕，驹犊从，焉以礼？曰：婴犊乎？婴犊母怀不父怀，母怀爱也，父怀敬也。"②马克斯·韦伯曾对这两种不同类型的情感有过对比性表述：父亲爱的是最能实现他期望和要求的儿女。而母爱则不同，母亲公平地爱着每个孩子。母爱是无条件的，母亲爱这新生的婴儿，因为这是她的孩子，而并不是因为这个孩子具备了何种特定的条件，或者达到了何种特定的目的，或者实现了何种特定的期望。但是，父爱却是有条件的：我爱你是因为你实现了我的期望，是因为你尽了你的义务③。

两种爱相比较，母爱源自天性，更加根本而深厚，是子女终生永恒的情感渴求。刘劭《人物志》曾经有过如是分析："盖人道之极，莫过爱敬……然则人情之质，有爱敬之诚，则与道德同体，动获人心，而道无不通也。然爱不可少于敬，少于敬，则廉节者归之，而众人不与。爱多于敬，则虽廉节者不悦，而爱接者死之，何则？敬之为道也，严而相离，其势难久。爱之为道

---

① 孔颖达：《毛诗正义》，阮元：《十三经注疏》（上册），第358页。
② 扬雄：《扬子法言》卷三《问道》，《四库全书》第696册，第293页。
③ 转引自王东华：《发现母亲》，第313页。

也,情亲意厚,深而感物。"①而父爱在责任的遮蔽下,对子女的爱表现得深邃而藐远。在限于以感性的方式体察世故的幼小的子女那里,可能不容易体会得到。但当子女步入社会,更多体认到广泛的社会责任后,父爱才成为子女对母爱渴望的一种重要补充。这也就是《孝经·士章》所说的:"资于事父以事母而爱同。资于事父以事君而敬同。故母取其爱,而君取其敬。兼之者,父也。"所以,父爱与母爱同样以爱为基点,其表现方式各有侧重,前者更倾向于社会责任,后者更倾向于家庭亲情,二者具有差异性和互补性。

  基于以上各点,即便在家族已然消失,母亲愈益成为社会角色的现代,家庭教育依然应该是父母,尤其是母亲重要的工作和不可忽视的责任,也是社会教育不可或缺的重要组成部分。毕竟,子女未来的社会表现,在很大意义上是家庭教育成果的社会再现。无论古与今,母亲特有的角色定位,都天然地赋予了她承担子女教育,尤其是幼儿教育的重任,别人无法替代。子女是否能成就为德才兼备的社会人才,在很大程度上取决于子女的第一任教师——母亲的垂范力、教育力和影响力。从这个角度立论,弘扬中国母教文化,形成重视母教的社会风尚,对于未来的社会发展乃是至关重要的事情。

---

① 刘邵:《人物志》卷中《八观》,《四库全书》第 848 册,第 778 页。

附　　录

一、孟氏家谱世系

（一）孟子先祖世系表

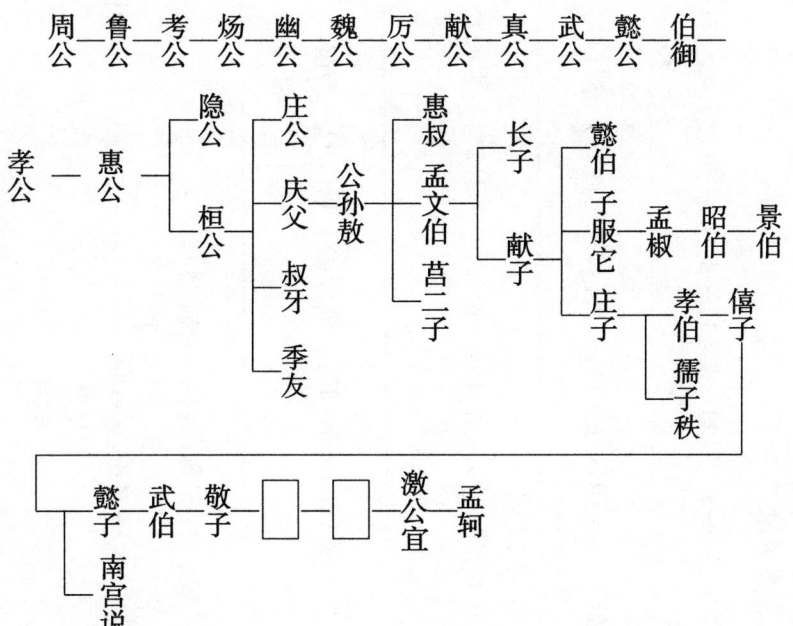

（二）孟子嫡裔世系表

孟轲（1）—仲子（2）—睾（3）—寅（4）—舒（5）—之后（6）—昭（7）—但（8）

卿（9）—喜（10）—镃（11）—兴（12）—尝（13）—展（14）—（畡）（15）—敏（16）

光（17）—康（18）—宗（19）—揖（20）—观（21）—嘉（22）—怀玉（23）—表（24）
└龙符

斌（25）—威（26）—恂（27）—儒（28）—景（29）—善谊（30）—洗（31）—大融（32）

浩然（33）—云卿（34）┬简（35）
                    └华
                    庭玢┬郊
                        ├鄏
                        └鄩

常谦（36）—遵庆（37）
              └元阳

琯（38）┬方立（39）—承海（40）—汉卿（41）—贯（42）—昶（43）—公济（44）
        └方迕

附　录　355

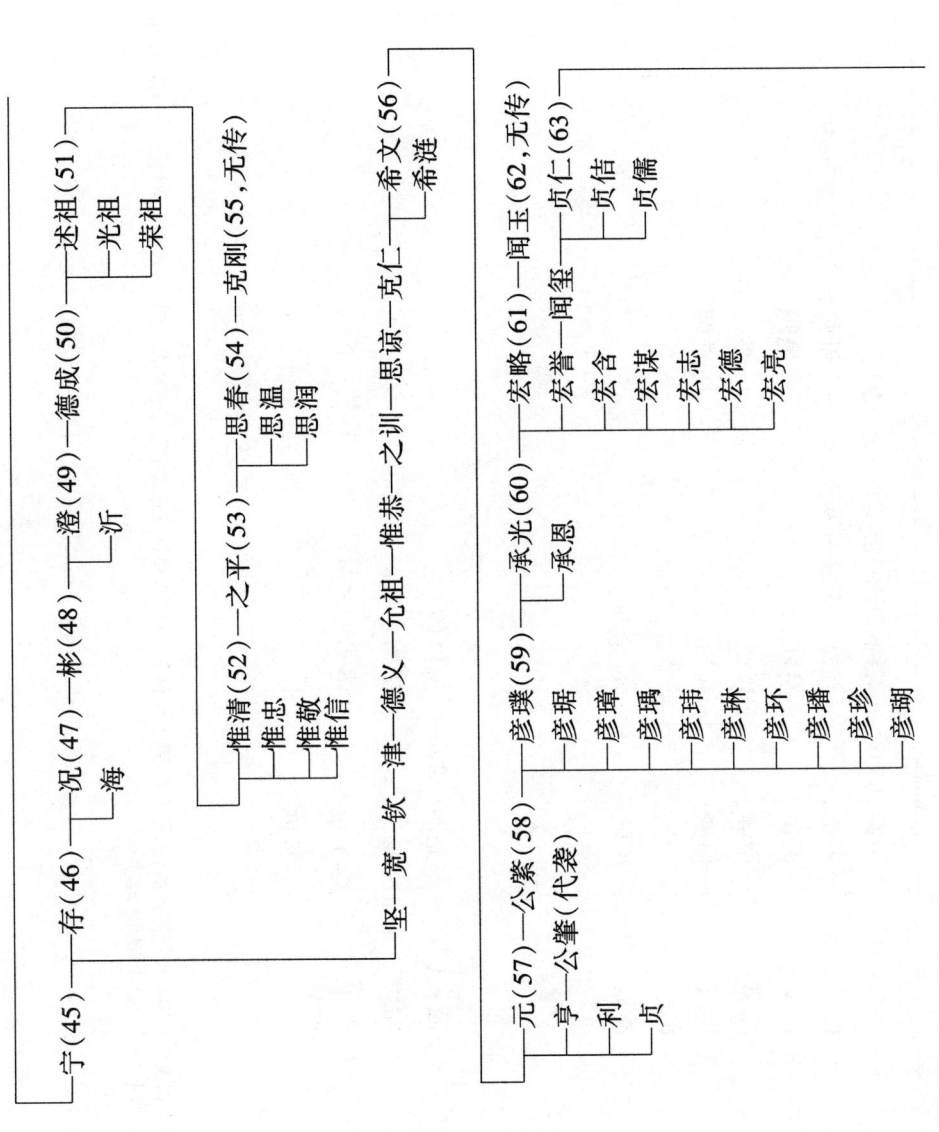

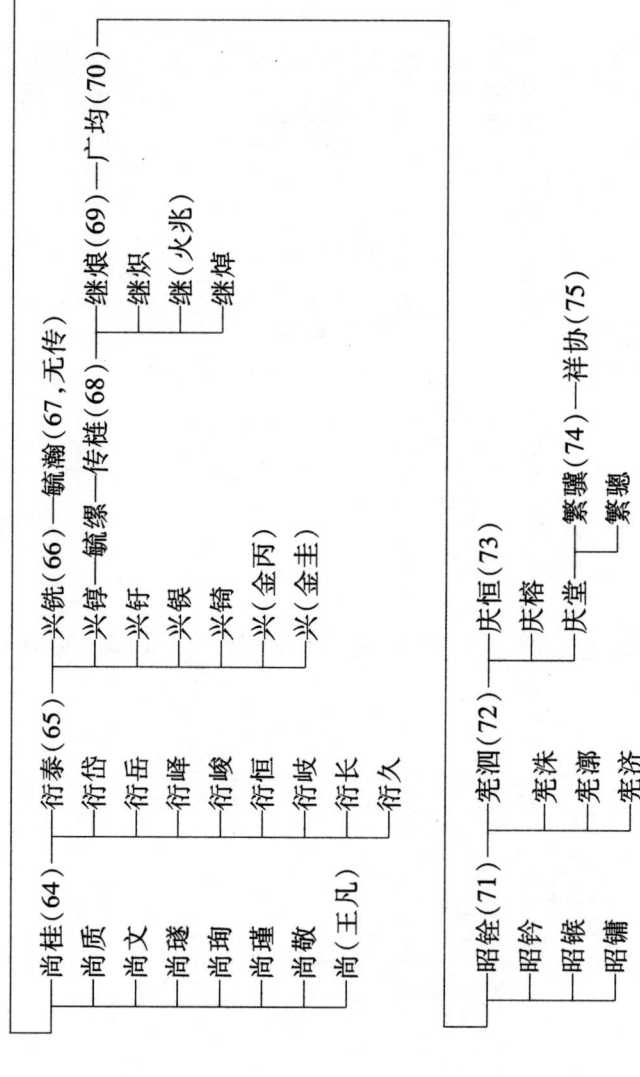

注：此表据孟广均编清穆宗同治本《孟子世家谱》及清德宗光绪本《重纂三迁志》等孟子家志，并参照刘培桂主编《孟子志》（山东人民出版社，2009年，第401—402页）整理而成。

二、孟氏家族"十一派""二十户"分支表

第一派：克仁──希文──元──公綮─┬─彦璞──第一大宗户
　　　　　　　　　　　　　　├─彦琚─┐
　　　　　　　　　　　　　　├─彦璋─┼─第十六关南户
　　　　　　　　　　　　　　└─彦璠─┘

第二派：克诚─┬─希渊
　　　　　　└─希源────────第二城西户

第三派：克昭─┬─希升─┬─溎────第三故里户
　　　　　　│　　　└─俊────第四故宅户
　　　　　　└─希暎─┬─讦────第五凫峄户
　　　　　　　　　├─敏────第六西阁户
　　　　　　　　　└─善────第七影堂户

第四派：克威─┬─希本─┬─详────第八元庵户
　　　　　　│　　　├─训────第九山头户
　　　　　　│　　　└─聪────第十林东户
　　　　　　├─希胜──────第十一龙渊户
　　　　　　└─希膡──────第十二古彭户

第五派：克珏──希钺────────第十三泗源户

第六派：克宽──希政────────第十四大源户

第七派：克尹─┬─希然
　　　　　　└─希浩────────第十五临鞍户

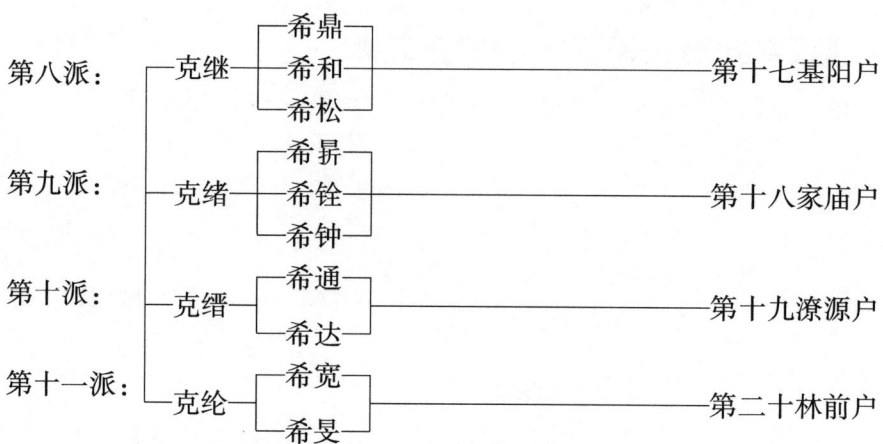

注：此表据孟子七十代孙孟广均编清穆宗同治本《孟子世家谱》整理而成。

三、孟氏家族大事记

周成王三年(前1041)：伯禽封鲁，为孟氏先祖。

周桓王九年(前711)：鲁桓公继位，三桓之一庆父为孟氏始祖。

周匡王四年(前609)：鲁文公死，三桓崛起，孟孙氏筑郕。

周灵王十年(前562)：三桓操纵鲁国政权，"作三军"，三分公室。

周景王七年(前538)：鲁国四分公室，季氏独强，孟孙氏在三桓中趋弱。

周威烈王十四年(前412)：齐国破郕，孟氏子孙分适他国，邹国孟氏之始。（存疑）

周烈王四年(前372)：孟子出生，为邹孟氏第一代始祖。

周赧王三年(前312)：孟子结束游历，归邹著述，《孟子》问世。

周赧王二十六年(前289)：孟子卒，寿八十四。

唐玄宗开元十三年(725)：朝廷诏免孟氏子孙赋役。这是孟氏家族享受免赋役之始。

唐僖宗文德元年(888)：孟子四十代孙孟承训，率族人徙居朝鲜半岛，成为韩国孟氏的始迁祖。孟氏后裔开始向海外开拓。

宋仁宗景祐四年(1037)：孔道辅为孟子建墓立庙，得孟氏四十五代孙孟宁，荐于朝廷，为孟氏"中兴祖"，孟氏授公职之始。

宋神宗熙宁四年（1071）：宋神宗采纳王安石建议，推行科举新制，《孟子》正式列入国家科举考试内容。

宋神宗元丰六年（1083）：朝廷追封孟子为邹国公，孟子始封爵。修东郭孟庙及颁定孟子像冕服规制。

宋神宗元丰七年（1084）：孟宁整理孟氏家谱。

宋哲宗元祐元年（1086）：孟氏子孙入孔氏庙学学习。

宋徽宗宣和三年（1121）：重建孟府、孟庙，即今址。

宋徽宗宣和四年（1122）：宋政府拨赐孟府庙户。这是政府首次拨赐孟府庙户。

宋理宗淳祐四年（1244）：陈振孙撰《直斋书录解题》，将《孟子》列入经部。《孟子》正式由子升经。

元仁宗延祐三年（1316）：朝廷封孟子父为邾国公，母为邾国宣献夫人。孟子父母始授封赠。

元泰定帝泰定五年（1328）：元政府拨赐孟庙祭田三十顷，孟氏家族始有祭田；孟子五十二代孙孟惟恭，以政府所拨钱款，建孟庙、中庸书院、曝书台。基本奠定今之孟子府庙格局。

元文宗至顺二年（1331）：加封孟子为邹国亚圣公。

明太祖洪武元年（1368）：孟子五十四代孙孟思谅于元末战乱后，偕袭封衍圣公朝京面奉明诏，归乡继典祀事，确立为孟氏大宗。

明太祖洪武四年（1371）：孟子五十四代孙孟思谅为使宗支定位，子孙不紊，携族人立宗支法，自五十五代"克"字辈分为十一派，为孟氏后裔十一派、二十户分支的开始。

明太祖洪武五年（1372）：孟子罢享事件。

明代宗景泰三年（1452）：孟子五十八代孙孟希文授翰林院五经博士。孟子后裔授始授世职。

明代宗景泰六年（1455）：政府诏赐孟庙礼乐生。这是政府首次拨赐礼乐生。

明熹宗天启二年（1622）：孟子六十代孙孟承光及其母孔氏、长子孟弘略在白莲教起义中殉难。

清圣祖康熙二十六年（1687）：赐《御制孟子庙碑》。

清世宗雍正三年（1725）：赐孟庙"守先待后"和孟府"七篇贻矩"匾额。

清高宗乾隆三年（1738）：将孟母封号由"邾国宣献夫人"改为"端范宣献夫人"。

清高宗乾隆十三年（1748）：御书《亚圣孟子赞》。

清高宗乾隆十五年（1750）：清高宗亲自颁定孟庙祭器。

清高宗乾隆二十二（1757）、二十七年（1762）：乾隆帝两次亲诣孟庙祭孟。

清宣宗道光十二年（1832）：孟子第七十代孙孟广均授翰林院五经博士，同年在孟府西院建三迁书院；清宣宗道光十五年（1835）修《重纂三迁志》；清穆宗同治四年（1865）修同治本《孟子世家谱》；扩建孟府，奠定今日规模。

民国三年（1913）：孟子七十三代孙孟庆棠授奉侍官，孟氏后裔翰林院五经博士世职结束。

参考文献

一、著作

孔颖达：《春秋左传正义》，《十三经注疏》（下册），中华书局，1980年。
孔颖达：《礼记正义》，《十三经注疏》（上册），中华书局，1980年。
孔颖达：《毛诗正义》，《十三经注疏》（上册），中华书局，1980年。
旺晫：《子思子全书》，《诸子百家丛书》，上海古籍出版社，1990年。
赵岐：《孟子题辞》，《诸子集成》（第1册），上海书店出版社，1986年。
孙奭：《孟子音义》，《四库全书》（第196册），上海古籍出版社，1987年。
朱熹：《孟子集注》，《四书章句集注》，中华书局，1983年。
黄宗羲：《孟子师说》，《四库全书》（第208册），上海古籍出版社，1987年。
焦循：《孟子正义》，《诸子集成》（第1册），上海书店出版社，1986年。
金履祥：《孟子集注考证》，《四库全书》（第202册），上海古籍出版社，1987年。
康有为：《孟子微》，中华书局，1987年。
杨伯峻：《孟子译注》，中华书局，1962年。
刘谨辉：《清代〈孟子〉学研究》，社会科学文献出版社，2007年。
刘鄂培：《孟子大传》，清华大学出版社，1998年。
杨泽波：《孟子评传》，南京大学出版社，1998年。
杨泽波：《孟子性善论研究》，中国社会科学出版社，1995年。
杨泽波：《孟子与中国文化》，贵州人民出版社，2000年。
董洪利：《孟子研究》，江苏古籍出版社，1997年。
杜敏：《赵岐、朱熹〈孟子〉注释传意研究》，中国社会科学出版社，2004年。
林慎思：《续孟子》，《四库全书》（第696册），上海古籍出版社，1987年。

张九成:《孟子传》,《四库全书》(第196册),上海古籍出版社,1987年。
程復心:《孟子年谱》,《先秦诸子年谱》(第4册),北京图书馆出版社,2005年。
陈士元:《孟子杂记》,《四库全书》(第207册),上海古籍出版社,1987年。
姚士粦:《孟子外书》,清乾隆壬午古新坡乡校藏本。
薛应旂:《四书人物考》,李经纶编:《四库全书存目丛书》(第157册),齐鲁书社,1997年。
阎若璩:《孟子生卒年月考》,《丛书集成续编》,上海书店出版社,1994年。
周广业:《孟子四考》,《续修四库全书》(第158册),上海古籍出版社,2002年。
崔述:《孟子事实录》,四川大学古籍整理研究所编:《儒藏》(第10册),四川大学出版社,2005年。
曲春礼:《孟子传》,山东友谊出版社,1992年。
时鉴:《孟子传》,中国社会出版社,2007年。
刘培桂著:《孟子与孟子故里》,中国文史出版社,2001年。
刘培桂:《孟子大略》,泰山出版社,2007年。
刘培桂主编:《孟子志》,山东人民出版社,2009年。
刘培桂编著:《孟子林庙历代石刻集》,齐鲁书社,2005年。
刘培桂:《孟庙历代碑文题咏选注》,泰山出版社,2009年。
查昌国:《孟子与〈孟子〉》,山东文艺出版社,2004年。
王其俊主编:《中国孟学史》(上下册),山东教育出版社,2012年。
济宁市政协文史资料委员会、邹县政协文史资料委员会编:《孟子家世》,中国文史出版社,1991年。
邹城市孟子学术研究会、孟氏宗亲联谊会编:《孟子与孟氏宗族》,中国文史出版社,2005年。
孙葆田:《孟志编略》,《山东文献集成》(第11册),山东大学出版社,2009年。
史鹗编:《三迁志》,明嘉靖本,现存北京首都图书馆。
胡继先编:《孟志》,明万历本,现存清华大学图书馆。

孟衍泰编:《三迁志》(清雍正本),四川大学古籍整理研究所编:《儒藏》(第10册),四川大学出版社,2005年。
孟广均编:《重纂三迁志》(清光绪本),苗枫林主编:《孔子文化大全》,山东友谊出版社,1989年。
孟广均编:《孟子世家谱》,清同治本,现存邹城市文物局。
《孟府档案》,现存邹城市博物馆。
刘濬编:《孔颜孟三氏志》(明成化本),四川大学古籍整理研究所编:《儒藏》(第9册),四川大学出版社,2005年。
陈镐:《阙里志》,《孔子文化大全》,山东友谊出版社,1989年。
吕元善:《圣门志》,《孔子文化大全》,山东友谊出版社,1990年。
孔继汾:《阙里文献考》,《孔子文化大全》,山东友谊出版社,1989年。
《光绪邹县续志》,《中国地方志集成》(第72册),凤凰出版社,2004年。
《曲阜县志》,清乾隆三十九年(1774)刻本,《中国地方志集成》(第73册),凤凰出版社,2004年。
《续修曲阜县志》,民国二十三年(1934)铅印本。
《乾隆兖州府志》(乾隆二十五年[1770]刻本),《中国地方志集成》(第71册),凤凰出版社,2004年。
于慎行:《兖州府志》(明万历二十四年刻本),齐鲁书社,1985年。
曲阜师范学院历史系编辑:《曲阜孔府档案史料选编》,齐鲁书社,1980年。
程树德:《论语集释》,中华书局,2006年。
《世本八种》,北京图书馆出版社,2008年。
《国语》,上海古籍出版社,1998年。
司马迁:《史记》,中华书局,1982年第2版。
班固:《汉书》,中华书局,1962年。
范晔:《后汉书》,中华书局,1965年。
陈寿:《三国志》,中华书局,1982年第2版。
魏收:《魏书》,中华书局,1974年。
刘向:《列女传》,《四库全书》(第448册),上海古籍出版社,1987年。
刘向:《战国策》,上海古籍出版社,1985年第2版。

沈约：《宋书》，中华书局，1974年。
萧子显：《南齐书》，中华书局，1972年。
房玄龄等：《晋书》，中华书局，1974年。
姚思廉：《梁书》，中华书局，1973年。
魏徵等：《隋书》，中华书局，1973年。
李延寿：《南史》，中华书局，1975年。
刘昫：《旧唐书》，中华书局，1975年。
欧阳修、宋祁等：《新唐书》，中华书局，1975年。
郑樵：《通志》，《四库全书》（第373册），上海古籍出版社，2003年。
薛居正等：《旧五代史》，中华书局，1976年。
欧阳修：《新五代史》，中华书局，1974年。
李焘：《续资治通鉴长编》《四库全书》（第319册），上海古籍出版社，1987年。
李心传：《建炎以来系年要录》，《四库全书》（第325册），上海古籍出版社，1987年。
叶绍翁：《四朝闻见录》，《四库全书》（第1039册），上海古籍出版社，1987年。
脱脱等：《宋史》，中华书局，1977年。
脱脱等：《金史》，中华书局，1975年。
宋濂等：《元史》，中华书局，1976年。
张廷玉等：《明史》，中华书局，1974年。
赵尔巽等：《清史稿》，中华书局，1977年。
顾祖禹：《读史方舆纪要》，《续修四库全书》（第603册），上海古籍出版社，2002年。
赵翼：《廿二史札记》，王树民：《廿二史札记校证》，中华书局，1984年。
陈鹏：《春秋国都爵姓考》（正、补），《丛书集成初编》（第3479册），中华书局，1991年。
王献唐：《春秋邾分三国考》，《王献唐遗书》，齐鲁书社，1982年。
孙诒让：《墨子间诂》，《诸子集成》（第4册），上海书店出版社，1986年。

王先慎:《韩非子集解》,《诸子集成》(第 5 册),上海书店出版社,1986 年。
王先谦:《荀子集解》,《诸子集成》(第 2 册),上海书店出版社,1986 年。
董仲舒:《春秋繁露》,《四库全书》(第 181 册),上海古籍出版社,1987 年。
贾谊:《新书》,《四库全书》(第 695 册),上海古籍出版社,1987 年。
刘向:《说苑》,《四库全书》(第 696 册),上海古籍出版社,1987 年。
班固:《白虎通义》,《四库全书》(第 850 册),上海古籍出版社,1989 年。
王充:《论衡》,《四部丛刊初编》(第 75 册),上海书店出版社,1989 年。
《韩诗外传》,《四库全书》(第 89 册),上海古籍出版社,1987 年。
王符:《潜夫论》,《四库全书》(第 696 册),上海古籍出版社,1987 年。
扬雄:《扬子法言》,《四库全书》(第 696 册),上海古籍出版社,1987 年。
应劭:《风俗通义》,《四库全书》(第 862 册),上海古籍出版社,1987 年。
桓宽:《盐铁论》,《四库全书》(第 695 册),上海古籍出版社,1987 年。
孔鲋:《孔丛子》,《诸子百家丛书》,上海古籍出版社,1990 年。
葛洪:《抱朴子》,《四库全书》(第 1059 册),中华书局,1987 年。
傅玄:《傅子》,《四库全书》(第 696 册),上海古籍出版社,1987 年。
孙绰:《喻道论》,《弘明集》卷三,《四部丛刊》(第 81 册),上海书店出版社,1989 年。
刘邵:《人物志》,《四库全书》(第 848 册),上海古籍出版社,1987 年。
刘义庆:《世说新语》,《四库全书》(第 1035 册),上海古籍出版社,1987 年。
韩愈:《昌黎文集》,魏仲举编:《五百家注昌黎文集》,《四库全书》(第 1074 册),上海古籍出版社,1987 年。
皮日休:《皮子文薮》,《四库全书》(第 1083 册),上海古籍出版社,1987 年。
柳开:《河东先生集》,《四部丛刊初编》(第 134 册),上海书店出版社,1989 年。
余允文:《尊孟辨》,《四库全书》(第 196 册),上海古籍出版社,2003 年。
《张载集》,中华书局,1978 年。
《二程集》,中华书局,1981 年。

《苏轼文集》,中华书局,1986 年。

苏洵:《嘉祐集》,《四库全书》(第 1104 册),上海古籍出版社,1987 年。

王应麟:《困学纪闻》,《四库全书》(第 854 册),上海古籍出版社,1987 年。

孙复:《孙明复小集》,《四库全书》(第 1090 册),上海古籍出版社,1987 年。

石介:《徂徕石先生文集》,中华书局,1984 年。

司马光:《涑水记闻》,《四库全书》(第 1036 册),上海古籍出版社,1986 年。

欧阳修:《文忠集》,《四库全书》(第 1102—1103 册),上海古籍出版社,1986 年。

陆游:《老学庵笔记》,中华书局,1979 年。

宋濂:《文宪集》,《四库全书》(第 1223—1224 册),上海古籍出版社,1987 年。

《宋大诏令集》,中华书局,1962 年。

《李觏集》,中华书局,1981 年。

王禹偁:《圣宋文选》,郯城于氏清光绪八年(1882)刊本。

王安石:《临川文集》,《四库全书》(第 1105 册),上海古籍出版社,1987 年。

罗从彦:《豫章文集》,《四库全书》(第 1135 册),上海古籍出版社,1987 年。

晁公武:《郡斋读书志》,《郡斋读书后志》,《四库全书》(第 674 册),上海古籍出版社,1987 年。

晁说之:《嵩山文集》,《四部丛刊续编》(第 60 册),上海书店出版社,1985 年。

陈亮:《龙川集》,《四库全书》(第 1171 册),上海古籍出版社,1987 年。

叶适:《习学记言》,《四库全书》(第 849 册),上海古籍出版社,1987 年。

朱熹:《晦庵集》,《四库全书》(第 1145 册),上海古籍出版社,1987 年。

黎靖德编:《朱子语类》,中华书局,1986 年。

《陆九渊集》,中华书局,1980 年。

《王阳明全集》(上下册),上海古籍出版社,1992年。

马端临:《文献通考》,浙江古籍出版社,2000年第2版。

王世贞:《弇州四部稿》,《四库全书》(第1279—1281册),上海古籍出版社,1987年。

顾炎武:《日知录》,《四库全书》(第858册),上海古籍出版社,1987年。

黄宗羲:《宋元学案》,中华书局,1986年。

黄宗羲:《明夷待访录》,《续修四库全书》(第945册),上海古籍出版社,2002年。

全祖望:《鲒埼亭集》,《续修四库全书》(第1429册),上海古籍出版社,2002年。

万斯同:《群书疑辨》,《续修四库全书》(第1145册),上海古籍出版社,2002年。

吴骞:《拜经楼丛书》,清乾隆壬午古新坡乡校藏本。

朱彝尊:《经义考》,《四库全书》(第677—680册),上海古籍出版社,1987年。

丘濬辑:《朱子家礼》,清嘉庆六年(1801)宝宁堂刊本。

阎若璩:《四书释地》,清东浯王氏重刊本。

宋翔凤:《过庭录》,北平富晋书社中华民国十九年(1930)刊本。

崔述:《崔东壁遗书》,上海古籍出版社,1983年。

许谦:《读四书丛说》,《四库全书》(第202册),上海古籍出版社,1987年。

贝琼:《清江文集》,《四库全书》(第1228册),上海古籍出版社,1987年。

陶安:《陶学士集》,《四库全书》(第1225册),上海古籍出版社,1987年。

胡应麟:《少室山房集》,《四库全书》(第1290册),上海古籍出版社,1987年。

解缙:《古今列女传》,《四库全书》(第452册),上海古籍出版社,1987年。

焦竑:《焦氏笔乘》,上海古籍出版社,1986年。

钱曾:《读书敏求记》,《续修四库全书》(第923册),上海古籍出版社,2002年。

魏源:《魏源集》(上下册),中华书局,1976年。

章学诚:《文史通义》,上海书店出版社,1988年。
袁枚:《小仓山房尺牍》,《袁枚全集》(第五卷),江苏古籍出版社,1993年。
洪榜:《初堂遗稿》,北平通学斋民国二十年(1931)版。
戴震:《戴东原集》,《续修四库全书》(第1434册),上海古籍出版社,2002年。
戴震:《戴震全集》(一),清华大学出版社,1991年。
赵翼:《檐曝杂记》,《续修四库全书》(第1138册),上海古籍出版社,2002年。
江藩:《汉学师承记》,漆永祥:《汉学师承记笺释》,上海古籍出版社,2006年。
马国翰:《玉函山房辑佚书》,《续修四库全书》(第1200册),上海古籍出版社,2002年。
龚自珍:《龚定庵全集类编》,中国书店出版社,1991年。
沈亚之:《沈下贤集》,《四库全书》(第1079册),上海古籍出版社,1987年。
桂馥:《历代石经略》,《续修四库全书》(第183册),上海古籍出版社,2002年。
刘毓松:《通义堂文集》,《续修四库全书》(第1546册),上海古籍出版社,2002年。
《钦定大清会典事例》,商务印书馆光绪戊申(光绪三十四年,1908)年版。
《钦定大清通礼》,《四库全书》(第655册),上海古籍出版社,1987年。
刘锦藻:《清朝续文献通考》,浙江古籍出版社,2000年第2版。
皮锡瑞:《经学历史》,中华书局,1959年。
马宗霍:《中国经学史》,商务印书馆,1936年。
梁启超:《中国近三百年学术史》,人民出版社,2008年。
梁启超:《清代学术概论》,中华书局,2010年。
王国维:《古史新证——王国维最后的讲义》,清华大学出版社,1994年。
王国维:《王国维遗书》,《静庵文集续编》,上海古籍出版社,1983年。
蒋伯潜:《诸子通考》,浙江古籍出版社,1985年。

钱穆:《中国近三百年学术史》,中华书局,1986年。
钱穆:《先秦诸子系年》,商务印书馆,2001年。
钱穆:《朱子学提纲》,生活·读书·新知三联书店,2002年。
郭沫若:《十批判书》,东方出版社,1996年。
杨宽:《战国史料编年辑证》,上海人民出版社,2001年。
杨宽:《战国史》,上海人民出版社,1998年第3版。
郭秉文:《中国教育制度沿革史》,《民国丛书》(第三编),上海书店出版社,1989年。
周予同:《中国学校制度》,《民国丛书》(第三编),上海书店出版社,1989年。
李国钧、王炳照:《中国教育制度通史》,山东教育出版社,2000年。
赵家骥、俞启定、张汝珍:《中国教育思想通史》(第2卷),湖南教育出版社,1994年。
冯天瑜、何晓明、周积明:《中华文化史》,上海人民出版社,1990年。
[日]井上徹著,钱杭译:《中国的宗族与国家礼制:从宗法主义角度所作的分析》,上海书店出版社,2008年。
钱杭:《中国宗族史研究入门》,复旦大学出版社,2009年。
徐扬杰:《中国家族制度史》,人民出版社,1992年。
蔡方鹿:《华夏圣学——儒学与中国文化》,四川人民出版社,1995年。
叶坦、蒋松岩:《宋辽夏金元文化史》,东方出版中心,2007年。
商传:《明代文化史》,东方出版中心,2007年。
胡适:《中国古代哲学史》,《胡适文集》(6),北京大学出版社,1998年。
冯友兰:《中国哲学史》,中华书局,1961年。
唐君毅:《中国哲学原论》,香港新亚研究所,1974年。
任继愈主编:《中国哲学发展史》,人民出版社,1983年。
姜义华主编:《胡适学术文集·哲学与文化》,中华书局,2001年。
徐复观:《中国人性论史》,上海三联书店,2001年。
杜维明主编:《思想·文献·历史:思孟学派新探》,北京大学出版社,2008年。

梁涛:《郭店竹简与思孟学派》,中国人民大学出版社,2008年。
孔德立:《子思与思孟学派》,山东文艺出版社,2004年。
杨树达:《孟子学说多本子思考》,《积微居文录》,上海商务印书馆,1931年。
余家菊:《孟子教育学说》,上海中华书局,1935年。
杨国荣:《孟子评传:走向内圣之境》,广西教育出版社,1994年。
何晓明:《亚圣思辨录:〈孟子〉与中国文化》,河南大学出版社,1995年。
山东邹城市孟子学术研究会编:《孟学研究》,山东人民出版社,1998年。
黄俊杰:《孟子思想史论》,"中央研究院"中国文哲研究所筹备处,1997年。
方俊吉:《孟子学说及其在宋代之振兴》,文史哲出版社,1993年。
武汉大学中国文化研究院编:《郭店楚简国际学术研讨会论文集》,湖北人民出版社,2000年。
丁四新:《郭店楚墓竹简思想研究》,东方出版社,2000年。
郭沂:《郭店竹简与先秦学术思想》,上海教育出版社,2001年。
李零:《郭店楚简校读记》,北京大学出版社,2002年。
吴雁南、秦学硕、李禹阶主编:《中国经学史》,人民出版社,2010年。
孙筱:《两汉经学与社会》,中国社会科学出版社,2002年。
傅隶朴:《〈春秋〉三传比义》,中国友谊出版公司,1984年。
刘瑞林:《孔氏家族》,华语教学出版社,2000年。
李学勤:《郭店楚简研究》,《中国哲学》(第20辑),辽宁教育出版社,1999年。
李泽厚:《初读郭店竹简印象记要》,《中国哲学》(第21辑),辽宁教育出版社,2000年。
山东师范大学齐鲁文化研究中心,美国哈佛大学燕京学社编:《儒家思孟学派论集》,齐鲁书社,2008年。

二、论文

傅斯年:《历史语言研究所工作旨趣》,《"中央研究院"历史语言研究所集刊》1928年第1卷第1期。

李学勤：《竹简〈家语〉与汉魏孔氏家学》,《孔子研究》1987年第2期。

李学勤：《从简帛佚籍〈五行〉谈到〈大学〉》,《孔子研究》1998年第3期。

黄怀信：《〈孔丛子〉的时代与作者》,《西北大学学报》1987年第1期。

庞朴：《马王堆帛书解开了思孟五行说之谜》,《文物》1977年第10期。

庞朴：《孔孟之间——郭店楚简的思想史地位》,《中国社会科学》1998年第5期。

赵建伟：《郭店竹简〈忠信之道〉、〈性自命出〉校释》,《中国哲学史》1999年第2期。

陈伟：《郭店楚简〈六德〉诸篇零释》,《武汉大学学报》(哲社版)1999年第2期。

湖北省荆门市博物馆：《荆门郭店一号楚墓》,《文物》1997年第7期。

徐洪兴：《唐宋间的孟子升格运动》,《中国社会科学》1993年第5期。

熊明：《刘向〈列女〉〈列士〉〈孝子〉三传考论》,《锦州师范学院学报》2003年第5期。

梁涛：《孟子"四端"说的形成及其理论意义》,《中国社会科学院历史所学刊》2001年创刊号。

郭齐勇：《郭店儒家简与孟子心性说》,《武汉大学学报》1999年第5期。

朱松美：《赵岐〈孟子章句〉的诠释学意义》,《山东大学学报》2005年第3期。

朱松美：《经典诠释与体系建构——朱熹〈孟子集注〉的诠释特色及其时代性分析》,《孔子研究》2005年第4期。

孟宪杰、翟伯成：《孟氏"祥"字号的经营管理思想及其史证分析》,《山东社会科学》2004年第10期。

胡宁宁：《章丘旧军孟氏"祥"字号兴盛原因探析》,《聊城大学学报》2010年第2期。

后　　记

　　自 2010 年 4 月开始承担此书写作任务,以迄于今,三年时光瞬息而过。书是写出来了,不敢敝帚自珍,因为还有许多不满意之处。尽管如此,如果没有来自各方的鼎力扶持与热忱帮助,恐怕很难及时完成。在此,谨向孟子故里的邹城市政府、市政协以及市文物局各位领导,刘培桂先生,王彦女士,孟子第七十五代孙孟祥居先生,山东师范大学齐鲁文化研究中心王志民教授、王钧林教授等表达诚挚的谢意。

　　明代学者潘榛在《孟志·后序》中有言:"惟不求异乃所以成独异,惟不急功乃所以成至功。学《孟子》者去好异与急功之心,其几乎!"在今日尘嚣甚上、人心浮躁的社会环境下,写书而"不急功"似乎很难,再兼以"三余少暇"、"汲绠不修",虽然也曾经钩沉索隐,求之不得则继之以思,亦未必有所发明,不过萃集前人成果,略述个人陋见,缀连成书,以充滥竽而已。

朱松美
2013 年 5 月 31 日于济南